기독교 여성사

기독교 여성사

펴낸날 1판 1쇄 2017년 8월 17일
지은이 정용석
펴낸이 권은미
펴낸곳 이화여자대학교출판문화원
주소 서울특별시 서대문구 이화여대길 52(우03760)
등록 1954년 7월 6일 제9-61호
전화 02) 3277-2965(편집), 362-6076(마케팅)
팩스 02) 312-4312
전자우편 press@ewha.ac.kr
홈페이지 www.ewhapress.com
책임편집 민지영
디자인 신성기획
찍은곳 (주)현문자현

ISBN 979-11-5890-237-7 94230
979-11-5890-235-3 (세트)
값 25,000원

이 도서의 국립중앙도서관 출판예정도서목록(CIP)은 서지정보유통지원시스템 홈페이지 (http://seoji.nl.go.kr)와 국가자료공동목록시스템(http://www.nl.go.kr/kolisnet)에서 이용하실 수 있습니다. (CIP제어번호: CIP2017019247)

* 본 저서는 교육부 대학인문역량강화사업(CORE)의 지원을 받아 출판하는 이화인문학총서임

이 화
인 문 학
총 서

A HISTORY OF CHRISTIAN WOMEN

기독교 여성사

정용석 지음

이화여자대학교출판문화원

| 책을 펴내며 |

필자가 이화여자대학교 기독교학과에서 교회사 교수로 가르치기 시작한 때가 1995년 3월이니 그동안 22년여의 세월이 흘렀다. 필자는 이화여대에서 신학을 연구하고 가르치면서 여성주의 관점으로 신학을 연구하고 기독교의 역사를 재조명하는 일에 관심을 갖게 되었다. 그래서 기독교 역사를 여성에 초점을 맞추어 기술하고 해석하는 '기독교 여성사' 과목을 개설하여 강의하면서 꾸준히 자료를 모으고 관련된 주제를 연구해왔다. 이제 정년퇴임을 앞두고 그동안 썼던 글들을 모으고 정리해서 한 권의 책으로 펴내게 되었다. 절반은 학술지에 게재했던 논문들을 책의 구조와 내용에 적합하도록 상당 부분 개정·증보했고 나머지 절반 정도는 새롭게 쓴 글이다.

성서의 여성들의 이야기를 다룬 서적은 이경숙 교수의 『구약성서의 여성들』과 최영실 교수의 『신약성서의 여성들』이 있는데 기독교 역사에 등장하는 여성들의 이야기를 다룬 문헌이 별로 없어서 오랫동안 부심하던 끝에 책을 발간하게 되었다. 본서의 제목을 이전에 출판된 책들과 운을 맞추어 '기독교 역사의 여성들'이라고 정할까 했으나 인물사라기보다 초대부터 현대에 이르는 기독교의 역사적 배경과 사건의 맥락 속에서 기독교 여성들의 삶의 행보를 기술했기 때문에 원래의 강의 제목대로 『기독교 여성사』라고 정했다. 이 책은 여성주의 관점에서 기술되었다. 다시 말해서 여성의 주체성과 자율성, 지도력과 창의력을 높이 평가하고 고양하는 입장을 지향한다. 그러므로 기독교 여성들을 소개하고 그들의 삶이나 가르침을 서술할 때 단순히 백과사전식으로 많은 여성들을 나열하는 것이 아니라 여성주의 가치와 의미를 지닌 여성들을 선별했다. 예를 들면, 기독교 역사에 등장했던 괄목할 만한 지도자나 신학자의 어머니나 아내라고 해서 소개하는 것이 아니라 그 여성 자신의 삶과 가르침, 여성들의 모임이나 운동이 여성주의 관점에서 볼 때 높이 평가할 수 있는지에 비중을 두었다.

최근 기독교 역사 연구의 동향은 '세계 기독교 역사'이다. 글로벌 시대인 오늘날 기독교 신앙은 온 세상에 퍼져 있으며 그 중심축이 북반부에서 남반부로 옮겨지고 있는 추세이다. 특히 중·남아메리카와 아프리카의 기독교 전파는 그 속도와 범위가 놀랄 만큼 빠르고 광범위하다. 종래의 기독교 역사 연구가 유럽과 미국 등 서구 세계를 중심으로 이루어져왔지만 이제 각 대륙별, 지역별 기독교 역사에 대한 연구가 활발하게 진행되고 있다. 본서는 지면의 한계와 필자의 역량 부족으로 세계 기독교 여성사라고 할 수는 없고 서구 기독교 여성사가 많은 부분을 차지한다고 할 수 있다. 후학들에 의해서 중·남아메리카, 아시아, 아프리카를 아우르는 명실공히 세계 기독교 여성사라고 부를 수 있는 저술이 나오기를 기대한다. 부족하나마 이 책에 소개된 기독교 여성들의 삶과 가르침을 접하면서 기독교 역사와 여성에 대한 새로운 관심을 갖게 되기 바란다.

신학 초년생 때부터 사랑과 가르침으로 스승의 본이 되셨던 한국신학대학(현 한신대학교)의 이장식 교수님, 황성규 교수님, 이역만리 먼 땅에서 온 유학생을 제자로 받아들이고 학문의 길로 인도하신 유니온신학대학원(Union Theological Seminary)의 고(故) 노리스(Richard A. Norris) 교수님, 랏츠(David W. Lotz) 교수님, 오랫동안 동료로서 마음과 뜻을 나눈 이화여대 기독교학과 교수님들, 눈을 반짝이며 강의를 듣고 재기 발랄한 토론을 하던 학부와 대학원 학생들, 자료를 수집하는 데 도움을 준 하버드대학교 박사과정의 임은영 씨, 논문 정리와 교정을 맡아준 이화여대의 송진순 박사, 박혜림 양에게 감사의 마음을 전한다. 무엇보다도 항상 곁에서 애정과 격려로 용기와 힘을 준 아내 정경애 씨가 있었기에 이 책을 낼 수 있었음을 고백하며 감사를 드린다. 이 책이 이화인문학총서로 간행될 수 있도록 선정해주신 심사위원들과 세심하게 원고를 편집해서 출판해준 이화여자대학교출판문화원에도 감사의 뜻을 표한다.

2017년 7월

23년 동안 몸담았던 이화동산에서

정용석

차례

제1장

여성 새로 보기

기독교의 가르침에서 중요한 것들 중 하나는 '평등'의 개념이다. 예수 그리스도의 삶과 가르침에서도 '평등한 제자직(discipleship of equality)'과 '하나님 가족(family of God)'의 개념은 중요한 위치를 차지한다. 사도 바울은 "너희는 유대인이나 헬라인이나 종이나 자유인이나 남자나 여자나 다 그리스도 예수 안에서 하나"(갈 3:28)라고 말함으로써 그리스도 안에서 인종차별이나 계급차별이나 성차별 없이 평등한 관계 속에서 하나가 됨을 선포했다. 이런 가르침은 그 궁극적 근거를 창세기에서 찾을 수 있다. "하나님이 자기 형상 곧 하나님의 형상대로 사람을 창조하시되 남자와 여자를 창조하시고…"(창 1:27)라는 성경 구절에서 인간이 하나님의 형상대로 지음을 받았다는 것은 모든 인간에게 하나님의 고유한 속성, 즉 존엄성, 선함, 자유의지, 책임 등이 주어졌다는 것을 의미한다.

그러나 인간의 죄와 타락으로 인해 평등한 관계로 조화를 이루던 창조질서가 깨어지고 억압과 지배의 타락 구조가 나타나게 되었다. 남자는 여자를 지배하게 되었고 여자를 열등한 존재, 나아가서는 죄인이라고까지 여기게 되었다. 이런 생각의 성서적 근거가 된 것은 "하나님이 아담에게서 취하신 그 갈빗대로 여자를 만드시고"(창 2:22)라는 구절과 "여자가 그 열매를 따먹고 자기와 함께 있는 남편에게 주매 그도 먹은지라"(창 3:6)라는 구절이다. 창세기 2장과 3장에 나오는 창조 이야기와 타락 이야기는 후대에 성차별적 고정관념을 낳은 대표적인 내용이다. 창조 이야기에 근거한 성차별적 주장은 여자가 남자보다 열등하고 종속되며 죄인이라는 것이다.

사도 바울은 그리스도 안에서 모두가 평등하며 하나라고 선언했지만, 오히려 그의 다른 말씀이 후대에 성차별의 근거로 이용되었는데 그것은 "여자는 교회에서 잠잠하라. 그들에게는 말하는 것을 허락함이 없나니 율법에 이른 것 같이 오직 복종할 것이요"(고전 14:34)라는 말씀이다. 교회는 이러한 사도 바울의 말씀을 근거로 여자가 가르치는 일을 해서는 안 된다거나 지도자의 직분을 맡아서는 안 된다고 주장하면서 여성의 설교권과 사제직을 허락하지 않았다.

흔히 기독론적 고백을 최초로 한 사람이 누구냐는 질문을 받을 때 "주는 그리스도시요 살아 계신 하나님의 아들이십니다"(마 16:16)라고 고백한 베드로라고 대답한다. 하지만 베드로와 똑같은 고백을 베다니의 마르다라는 여자가 했다는 사실(요 11:27)을 모르거나 간과하기 쉽다. 그리스도의 부활 사건을 전하는 사도 바울은 수백 명의 남자들이 그 증인이라고 말하면서 여자들에 대해서는 언급하지 않으며 심지어 막달라 마리아의 이름도 빠져 있다(고전 15:1-8). 이 내용은 사도 바울이 의도적으로 삭제한 것일까, 아니면 무의식적으로 누락시킨 것일까? 예수의 복음전파 사역에서 여자들은 중요한 역할을 했다. 예수와 일행을 물질로 섬겼으며 말씀을 듣고 제자로서 예수를 따랐다. 예수에게 기름을 부어 장사를 예비했고, 예수가 체포되어 십자가 처형을 당할 때까지 믿음의 절개와 용기를 가지고 끝까지 그의 곁에 머물렀으며, 예수의 부활 소식을 가장 먼저 전한 사람도 모두 여자들이었다.

그런데 우리는 성경을 읽거나 기독교 역사를 공부할 때 무의식적으로 또는 습관적으로 남자들에게 초점을 맞추게 된다. 하나님의 소명을 받은 왕이나 선지자나 제사장은 모두 남성들이었으며 예수의 열두 제자를 비롯해 그를 따르는 사람들이나 교회의 지도자들, 즉 교부와 감독들도 모두 남자였다고 당연시한다. 남성이 우두머리요 중심이라는 가부장사상(patriarchalism)[1] 또는 남성중심주의(androcentrism: male-centeredness)는 고대부터 인류의 사고와 문화 속에 내재되어왔으며 이런 태도로부터 여성혐오(misogyny),[2] 즉 여성을 사악하고 열등한 존재이며 남성을 타락시키는 유혹자로 여기는 생각이 사람들 마음속에 자리 잡게 되었다.

성서에는 여성의 종속성이나 열등성을 시사하는 내용들이 나타나는데 그 대표적인 경우가 창세기의 아담과 하와의 창조와 타락 이야기, 복음서의 막달라 마리아 이야기, 그리고 "여성은 교회에서 잠잠하라"는 사도 바울의 가르침이다. 교회는 이런 성서 내용을 근거로 여성은 남성에서 비롯되었으니 남성에게 종속하는 열등한 존재라거나, 남성을 유혹하여 타락하게 한 죄인이라거나, 여성은 원래 사악한 본성을 지니고 있으며 악마의 유혹에 빠지기 쉬운 성향을 지니고 있다고 가르쳤다. 또한 예수의 열두 제자가 모두 남성이었다는 점과 사도 바울의 여성은 잠잠하라는 말을 근거로 여성이 성직자가 되거나 설교하거나 가르칠 수 없다는 규정을 만들어 오랫동안 전통으로 지켜왔다. 과연 이런 일이 당연하

---

1 가부장제의 기원에 대해서는 Lerner, *The Creation of Patriarchy*, 15-35를 참조하라.

2 misogyny는 그리스어 *misein*(to hate)과 *gyne*(woman)의 합성어로서 여성을 미워한다(hatred of women)는 말이다. 반대말인 남성혐오는 misandry(hatred of men)이며, 여성옹호는 philogyny(love of women)이다. 여성혐오의 역사에 대해서는 Clark, *Misogyny in the Western Philosophical Tradition*; Rogers, *The Troublesome Helpmate*가 유용하다.

고 합당한 일일까? 이제 가부장제와 남성중심주의, 여성혐오의 근거로 삼아왔던 하와, 막달라 마리아와 바울의 가르침을 다시 살펴보자.

1. 하와: 아담의 갈빗대?

창세기 2장과 3장은 남성이 여성보다 우월하다고 주장하는 사람들이 근거로 제시하는 성서 구절이다. 창세기에 근거한 남녀차별적인 주장은 이렇다. 첫째, 여자는 남자를 돕는 배필로 창조되었기 때문에 남자보다 열등하다. 둘째, 여자는 남자의 갈빗대로 만들어졌기 때문에 남자에게 종속된다. 셋째, 여자는 남자를 유혹해서 타락시켰기 때문에 죄인이라는 것이다. 남녀차별을 반대하는 입장에서 볼 때 창세기 2장과 3장에 나오는 창조 이야기와 타락 이야기는 커다란 걸림돌이 되고 있다. 그런데 창세기의 말씀을 자세히 살펴보면 기존의 생각과는 전혀 다른 내용을 담고 있다는 것이 나타난다.[3]

첫째, 여자는 남자를 돕는 배필로 창조되었기 때문에 남자보다 열등하다는 주장이다. 창세기 2장 18절과 20절에 보면 하나님께서 아담이 혼자 있는 것이 보시기에 좋지 않아서 '돕는 배필'을 지으시겠다고 한다. 먼저 '돕는 자'라는 말을 살펴보자. 돕는 자라는 말은 히브리어로 '에셀(*ezer*)'이다. 구약성서에는 에셀이라는 말이 여러 곳에 쓰인다. 그중에서 가장 많이 나타나는 것이 하나님에 대한 호칭으로 쓰이는 경우이다. 예를 들면, 출애굽기 18장 4절에 "하나님의 이름은 엘리에셀이라"는 말씀이 있다. 엘리에셀이라는 말은 '나를 도우시는 하나님'이라는 뜻이다. 시

3 Trible, *God and the Rhetoric of Sexuality*, 72-143.

편 33장 20절도 하나님은 우리의 도움과 방패시라고 말한다. 그밖에 많은 곳에서 우리를 도우시는 하나님을 언급한다.

만일 돕는 자라는 말이 열등한 위치에 있는 것을 나타낸다고 주장한다면 우리를 도우시는 하나님도 우리보다 열등하다는 결론이 나오게 된다. 성경에서 에셀, 즉 돕는 자라는 말은 열등한 위치에 있는 조력자를 의미하는 말이 아니라 호혜적 관계를 나타내는 말이다. 또한 '배필'을 뜻하는 히브리어 '케네그도(*kenegdo*)'라는 말은 동등한 위치의 동반자를 의미한다. 그러므로 하와가 아담의 '돕는 배필'로 지음을 받았다는 것은 결코 열등한 지위를 가리키는 것이 아니라 동등한 삶의 동반자임을 나타내는 말이다.

이제 가장 문제가 되는 두 번째 내용을 보자. 창세기 2장 21절과 22절의 내용은 이렇다. "하나님이 아담을 깊이 잠들게 하시고 갈빗대 하나를 취하여 여자를 만드셨다." 여자가 남자에게 종속된다고 주장하는 사람들은 이 말씀을 근거로 삼는다. 즉 여자는 남자로부터 나왔기 때문에 남자에게 속한다는 것이다. 그런데 이 내용을 자세히 생각해보면 그렇지가 않다. 우선 하와를 만든 분은 아담이 아니라 하나님이시다. 그러면 아담은 하와의 창조에서 어떤 역할을 했을까? 아담이 한 일은 깊이 잔 든 일밖에 없다. 여자를 만드신 분은 하나님이고, 남자는 여자를 창조하는 일을 목격하지도 못했고 그 일에 참여하지도 않았다.

그렇지만 계속 이런 주장을 하는 사람이 있다. "그래도 여자는 남자로부터 나왔으니까 남자에게 종속되는 것이 아니냐?" 그렇다면 아담은 어디에서 나왔을까? 아담은 흙(*adama*)에서 만들어졌다. 아담이라는 말 자체가 '흙에서 난 것'이란 뜻이다. 만일 여자가 남자로부터 나왔기 때문에 남자에게 종속한다면 흙으로부터 나온 남자는 흙에 종속하고 흙보다 못하다는 논리가 성립하게 된다. 또 한 가지를 생각할 수 있다. 하와의 창조에서 아담이 한 일은 자기의 몸으로 재료가 된 일이다. 어떤 재료로부터 작품이 완성되었을 때 어느 것이 더 훌륭하고 완성도가 더 높을까? 재료일까, 아니면 작품일까? 후자라고 해야 할 것이다.

어떤 사람은 아담이 하와보다 먼저 지어졌기 때문에 더 우월하다고 주장하기도 한다. 하지만 이 주장도 설득력이 없다. 창세기 1장에 보면 인간이 맨 마지막으로 창조된다. 그러면 인간이 먼저 창조된 자연이나 동물보다 더 열등한 존재일까? 그렇게 생각하는 사람은 없을 것이다. 16세기에 네테샤임의 아그리파(Agrippa of Nettesheim)라는 인문주의자는 이렇게 말한다. "여자는 어떤 면에서 남자보다 우월하다. 하와의 우월성은 생명을 의미하는 그녀의 이름에서도 나타난다. 반면에 아담이란 이름은 흙을 의미한다. 가장 마지막으로 창조된 이브는 하나님의 가장 으뜸가는 업적이며 가장 완전한 작품이다." 아담과 하와의 창조 이야기는 결코 남녀관계를 우월과 열등 또는 지배와 종속이라는 도식으로 말하지 않고 동등성, 상호의존, 연대와 조화의 관계로 말하고 있다. 그것이 창조주 하나님이 보시기에 좋은 모습이며 하나님이 바라시는 것이다.

이제 창세기 3장에 나오는 타락 이야기를 살펴보자. 이 이야기의 주제는 물론 인류의 타락이 하나님에 대한 불순종에서 시작되었다는 것이지만, 우리가 초점을 맞추는 부분은 타락 이야기에 나타난 남자와 여자의 역할과 그들의 관계에 대한 것이다. 타락 이야기에는 뱀과 여자와 남자가 등장한다. 이 내용을 자세히 들여다보면 주인공은—물론 좋은 역할은 아니지만—뱀과 여자이다. 남자는 대사가 한마디도 없다. 영화의 배역으로 말하자면 엑스트라이다. 뱀이 여자에게 선악과를 따먹으라고 유혹한다. 왜 뱀은 남자가 아닌 여자를 유혹했을까? 어떤 사람은 여자가 남자보다 유혹에 더 약하기 때문이라고 해석하기도 한다. 과연 그럴까?

뱀의 유혹을 받은 여자는 처음에는 완강하게 거부한다. 하지만 먹을까 말까 고민하다가 결국 그 열매를 먹고 남자에게도 주어서 먹게 한다.

여기서 여자와 남자의 행동을 비교해보자. 여자는 남자에 비해서 더 주체적이고 적극적이며 지적이다. 스스로 고민하다가 선악과를 따먹고 남자에게도 주어서 먹게 한다. 이 내용을 보면 여자는 남자를 유혹하지 않았다. 마치 대장처럼 남자에게 주어서 먹게 했다. 여자에 비해서 남자는 어떤가? 옆에서 가만히 있다가 여자가 주니까 그냥 받아먹었다. 어떤 사람은 이런 말을 한다. "만일 뱀이 아담을 먼저 유혹했더라면 그는 이 유혹을 물리쳤을 것이다." 결코 그렇지 않다. 아담은 머뭇거리지도 않았고 먹으면 안 된다고 말리지도 않았다. 그저 여자가 하라는 대로 했다. 여자에 비해서 남자는 의존적이고 수동적이며 아무런 생각이 없다. 그는 침묵의 공범자이다. 뱀이 왜 여자를 먼저 유혹했는지 알 수 있을 것 같다. 여자가 주도권을 쥐고 있기 때문에 여자만 넘어뜨리면 남자는 자동적으로 여자를 따를 것이기 때문이다.

이제 하나님이 문책을 하시며 아담에게 물으신다. "네가 그 열매를 먹었느냐?" 아담의 대답이 좀 엉뚱하다. "하나님이 저와 함께 있게 하신 여자가 그 열매를 주기에 먹었습니다." 그의 대답은 두 가지의 내용을 내포하고 있다. 먼저, 아담은 하나님을 원망한다. 하나님이 여자를 짝 지워 주시지 않았더라면 내가 선악과를 먹게 되지 않았을 텐데 당신이 만들어 주신 여자 때문에 이렇게 된 것이 아니냐고 은근히 하나님에게 항변하고 있다. 또한 아담은 자신의 행위에 대한 책임을 여자에게 전가시키고 있다. 여자를 처음 보았을 때 "내 뼈 중의 뼈요, 살 중의 살이라"고 환호하던 그가 이제는 자신과 여자를 분리시키고 발뺌을 하고 있다. 아담의 이런 태도는 둘 사이의 연대성과 공동체성을 여지없이 깨뜨리는 것이다.

아담에 비해서 여자의 대답은 어떨까? "뱀이 나를 꾀므로 내가 먹었

나이다." 하와의 대답은 아담과 다르다. 하와는 하나님에게 항변하지 않는다. 또한 자신이 저지른 일을 다른 사람에게 떠넘기지도 않는다. "아담이 하도 먹고 싶어하길래…" 뭐 이런 말을 하지 않는다. 하와의 대답은 담담하게 잘못을 인정하고 책임을 지겠다는 것이다. 물론 하와의 행동이 잘한 것이라고 할 수는 없다. 여기서 지적하고자 하는 것은, 아담과 하와를 비교할 때 하와가 훨씬 더 주체적이고 능동적이라는 것이다. 수동적이고 아무 생각 없어 보이는 사람은 하와가 아니라 아담이다.

하나님은 두 사람에게 벌을 내리신다. 하와에게는 해산의 고통을 아담에게는 노동의 수고를 벌로 주신다. 두 사람의 관계도 달라진다. 타락 이전에 아담과 하와의 관계는 동등했고 서로 연합하여 한 몸을 이루는 사이였다. 그런데 이제 아담은 아내의 이름을 하와라고 짓는다. 이름을 지어준다고 하는 것은 지배권을 갖는다는 것을 의미한다. 이로써 남자와 여자가 평등한 관계로 조화를 이루던 창조질서가 깨어지고 억압과 지배의 타락 구조가 나타나게 된다.

창세기 2장과 3장에 나타나는 창조와 타락의 이야기는 결코 남성이 여성보다 우월하고 여성에 대한 지배권을 갖는 것이 하나님의 뜻이라고 말하려는 것이 아니다. 오히려 그 반대로 남성의 여성 지배나 노동의 수고, 해산의 고통은 창조질서가 깨어진 타락의 결과로 나타나게 된 것임을 설명하고 있는 것이다. 그러므로 남녀차별적인 생각이나 구조는 하나님의 본래의 뜻, 하나님의 창조의지와는 다른 비정상적인 것이다. 우리는 창조와 타락 이야기를 통해서 세상과 인간을 만드신 하나님의 뜻을 바르게 이해하고, 타락 이전의 상태, 곧 조화롭고 아름다운 창조질서를 회복해야 한다.

2. 막달라 마리아: 죄 많은 창기?

이런 질문을 받은 적이 있다. "예수님이 독신이었던 것이 아니라 사실은 막달라 마리아와 결혼을 했었고 자식도 낳아서 그 후손이 있다고 하는데 맞는 말인가?" 그런 황당한 말을 누가 하더냐고 물었더니, 『다빈치 코드』라는 책에 그런 내용이 나온다는 것이다. 댄 브라운(Dan Brown)이라는 미국 작가가 쓴 『다빈치 코드』라는 책이 미국에서뿐만 아니라 한국에서도 베스트셀러를 기록했다. 700페이지나 되는 긴 소설이기 때문에 그 내용을 다 말할 수는 없고 예수와 막달라 마리아에 관한 부분만 살펴보자. 이 소설에 의하면, 예수와 막달라 마리아는 둘 다 왕족 출신으로서 결혼을 하여 부부가 된다. 예수가 십자가에 달려 돌아가실 때 마리아는 임신 중이었고 후에 프랑스 남부지방으로 가서 아이를 낳는다. 그 후 예수의 자손은 중세 프랑크왕국의 메로빙거왕조를 이루었고, 소설에 등장하는 소피라는 여인이 그 자손이라는 것이다. 예수의 후예를 보호하기 위해서 시온수도회가 조직되었고 그 회원 중의 한 사람이 레오나르도 다빈치라고 한다. 다빈치는 그의 그림인 최후의 만찬에 막달라 마리아를 그려 넣음으로써 기독교가 예수님의 결혼 사실을 숨기기 위해서 막달라 마리아를 창기로 비하하고 철저하게 배제해왔다는 사실을 은근히 고발하고 있다는 것이다. 실제로 다빈치가 그린 최후의 만찬을 자세히 살펴보면 예수님의 오른편에 비스듬히 앉아 있는 제자가 꼭 여자처럼 보이기도 한다.

작가 댄 브라운은 여러 가지 고대 문서의 글귀와 기호들을 교묘하게 엮고 자신의 상상력을 발휘해서 하나의 추리소설을 썼다. 그런데 문제는 은연중에 이 소설의 내용이 역사적 사실인 것 같은 분위기를 풍기고 있고, 또 이 소설을 읽은 많은 사람들이 그 내용을 여과 없이 그대로 믿으려 한다는 것이다. 하지만 작가가 고대 문서의 여기저기에서 발췌한 내용들은 역사적인 신빙성이 없는 것들이 많다. 예를 들면, 막달라 마리아가 프랑스로 이주했다는 것은 중세에 전설로 전해 내려오는 이야기이지 믿을 수는 없다. 그리고 작가는 유대교 문헌인 사해사본이나 영지주의 자료인 나그 하마디 문서가 그리스도의 사역에 관한 기록이라는 황당한 말을 한다. 결론적으로 『다빈치 코드』라는 책은 풍부한 상상력과 추리소설의 기법을 사용한 허구의 이야기이지, 역사적 사실을 증명하고 중요한 의미를 찾는 학문적 가치를 지닌 내용은 아니라고 할 수 있다. 사람들이 항상 관심을 갖고 즐겨 이야기하는 소재들 중의 하나가 아마 남녀관계 또는 스캔들일 것이다. 그래서 이전부터 예수와 여자들 이야기, 특히 막달라 마리아와의 관계는 소설이나 영화의 소재로 많이 이용되던 것이었다. 『다빈치 코드』도 이런 종류의 하나라고 할 수 있다.

이제 막달라 마리아를 새롭게 살펴보자.[4] 막달라 마리아란 이름을 들으면 제일 먼저 떠오르는 모습은 아마 눈물을 흘리면서 예수의 발에 향유를 붓고 머리카락으로 씻는 죄 많은 여인일 것이다. 기독교인들은 이 여인을 흔히 창기라고 생각하면서 막달라 마리아라고 여겨왔다. 그래서 찬송가 346장은 "값비싼 향유를 주께 드린 막달라 마리아 본받아서 향기론 산 제물 주님께 바치리"라고 노래한다. 하지만 이 내용이 나오는 누가복음 7장 36절 이하를 자세히 읽어보면 이 여인의 이름은 나오지

---

4 Brock, *Mary Magdalene, The First Apostle*, 19-40, 70-1, 73-92, 161-75를 보라. 막달라 마리아에 대한 새로운 조명과 해석으로는 다음과 같은 글들을 참조하라. Boer, *Mary Magdalene: Beyond the Myth*; Chilton, *Mary Magdalene: A Biography*; Haskins, *Mary Magdalen: Myth and Metaphor*; Jansen, "Maria Magdalena: *Apostolorum Apostola*," Kienzle and Walker, eds., *Women Preachers and Prophets through Two Millennia of Christianity*; King, *The Gospel of Mary of Magdala: Jesus and the First Woman Apostle*; Schaberg, "How Mary Magdalene Became a Whore?"; Thompson, *Mary of Magdala: Apostle and Leader*.

않는다. 다시 말해서, 이 죄 많은 여인이 막달라 마리아라는 근거는 성서 어디에도 없다. 또한 이 이야기 바로 다음 부분인 8장 3절에 막달라 마리아의 이름이 처음으로 등장하는데, 만일 7장에 나오는 죄 지은 여인이 막달라 마리아라면 굳이 이름을 밝히지 않았다는 것이 이상하다.

6세기 말에 이르기까지 수백 년 동안 초대 교회 문서 어디에도 막달라 마리아를 창기라고 일컫는 기록은 없다. 초대 교부들은 막달라 마리아와 누가복음 7장의 죄 지은 여인, 그리고 요한복음 12장에서 역시 예수님에게 향유를 부었던 베다니의 마리아를 구분하여 말하고 있다. 그런데 왜 우리는 막달라 마리아를 죄 많은 여인이요 창기 출신이라고 생각하게 되었을까? 막달라 마리아를 창기라고 최초로 말한 사람은 로마의 감독인 그레고리우스(Gregory the Great)이다. 그는 591년에 행한 설교에서 막달라 마리아를 죄 지은 여인과 동일시했고,[5] 후대 사람들은 별다른 의견 없이 그렇게 죄인으로 또 창기로 여기게 되었다.

그런데 여러 초대 기독교 문서에 보면, 막달라 마리아는 예수님과 가장 가까웠던 제자 중의 한 사람이요, 제자들 중의 우두머리요 지도자로까지 불리고 있다. 막달라 마리아뿐만 아니라 많은 여성들이 교회의 지도자들이었다. 3세기 초 로마의 교부인 히폴리투스(Hippolytus of Rome)는 이렇게 말한다. "그리스도께서 자신을 남자 사도들에게 나타내시고 그들에게 말씀하시기를… 내가 이 여자들에게 나타났었고 여자들을 너희에게 사도로 보내기를 원했노라." 또한 6세기 말 안디옥의 그레고리오스(Gregory of Antioch)라는 교부의 글에 보면, 예수께서 무덤가에 있는 막달라 마리아에게 나타나셔서 이렇게 말씀하신다. "선생들을 가르치는 으뜸가는 선생이 되어라. 그래서 나를 부인했던 베드로로

---

5 Brock, *Mary Magdalene*, 168. 같은 페이지의 주 13에서 Jansen, "Maria Magdalena," 60은 그 설교가 591년 9월 21일 성 클레멘스 성당에서 행해진 것이라고 밝힌다.

하여금 내가 여자들도 사도로 뽑았다는 것을 알게 하려는 것이다." 이런 내용이 시사하는 바는, 초대 교회에 사도나 교사라고 불리는 여성 지도자들이 있었고 막달라 마리아는 그중에서도 뛰어난 사람이었다는 것이다. 그런데 남성 지도자들이 주도권을 잡게 되면서 여성 지도자들은 점점 배제되고 소외되었던 것이다.

우리는 "예수님의 제자는 몇 명이었나?"라는 질문을 받으면 흔히 열두 명이었다고 대답하기 쉽다. 하지만 예수의 제자는 열두 명보다 훨씬 더 많았다. 누가복음 6장 13절에는 "예수께서 제자들을 부르시고 그중에서 열둘을 택하여 사도라는 이름을 주셨다"고 말하고 있다. 그 말은 예수께서 많은 제자들 중에서 특히 열두 명을 택하여 세우셨다는 말이다. 이 많은 제자들 중에는 물론 여인들도 속해 있었다. 복음서에서 예수를 '따른다'는 말은 '제자(*akoloutheo*)'가 되었다는 말이다. 또 예수를 '섬긴다'는 말은 고린도후서 11장 23절에 나오는 '그리스도의 일꾼'이라는 말과 의미가 같다. 즉 예수를 섬긴다는 말은 흔히 가정주부가 하는 뒷바라지의 일을 넘어서서 예수님의 제자직의 사명을 수행한다는 것을 말한다.

복음서는 예수를 따르는 여인들을 말할 때 항상 막달라 마리아의 이름을 제일 먼저 말하고 있다. 이 사실은 막달라 마리아가 여인들 중에서 가장 지도적인 역할을 했다는 사실을 가리키는 것이다. 막달라 마리아는 그 호칭에서 알 수 있듯이 갈릴리 호숫가 북서쪽에 있는 막달라라는 마을 출신의 여인이다. 당시의 여자들은 누구의 부인 아무개 또는 누구의 어머니 아무개로 불렸는데 이 여인은 연고자가 없이 막달라 마리아로 불린 것으로 보아서 자식이 없는 과부이거나 독신녀였다고 추측된다. 막달라 마리아가 젊은 여인이었는지 나이가 많은 여인이었는지는 알 수 없고, 물론 소설이나 영화에서 그리듯이 아름다운 여인이었는지도 알 수 없다. 이 여인은 일곱 귀신이 들려서 고통을 겪고 있었다. 그러나 예수를 만나서 고침을 받음으로써 구원을 얻었고 새로운 삶을 살게 되었다. 막달라 마리아는 그 후로 줄곧 예수를 따라 섬기며 그의 사역에서 중요한 역할을 했다. 복음서에 의하면 막달라 마리아는 예수께서 십자가에 못 박혀 돌아가시는 모습과 무덤에 안치되는 광경을 빠짐없이 지켜본 사람이었다. 부활하신 예수를 처음으로 만나고 부활 소식을 가장 먼저 전한 사람도 바로 이 막달라 마리아였다. 이 여인이야말로 예수님의 가장 사랑하는 제자 중의 한 사람이었다.

그런데 교회가 시작되고 점점 커지면서 막달라 마리아의 중요한 역할을 평가절하하거나 인정하지 않으려는 경향이 나타났다. 신약성서에서 복음서 외에 막달라 마리아를 부활의 증인이라고 말하는 구절은 없다. 그리고 사도행전 2장 32절에 보면, 베드로가 예수의 부활을 전하면서 "우리가 다 이 일의 증인"이라고 말하고 있다. 여기서 '우리'라는 말은 그리스어의 '남성형'으로 쓰이고 있다. 다시 말하면 베드로는 "우리 남자들이 다 예수 부활의 증인"이라고 말하고 있는 것이다. "믿음의 지혜(*Pistis Sophia*)"라는 초대 기독교 문서에 보면 베드로와 막달라 마리아는 별로 좋은 사이가 아니었던 것 같다. 이 문서에서 베드로는 예수께 이렇게 불평한다. "주여, 막달라 마리아가 너무 말이 많아서 도저히 같이 있을 수가 없습니다." 베드로는 또 예수에게 청하기를 "주여, 우리도 질문 좀 하게 여자들이 질문을 하지 않게 해 주십시오"라고 말한다. "막달라 마리아 복음(*The Gospel of Mary Magdalene*)"이라는 문서에 보면 베드로가 막달라 마리아로부터 부활의 소식을 들었을 때 이렇게 말하고 있다. "우리 주님께서는 부활하신 사실을 왜 우리를 제쳐놓고 여자에게만 슬며시 알려주셨을까? 그러면 우리가 모두 회개하고 그 여자의 말을 들어야 한단 말인가?"

정말 이랬는지는 알 수 없지만 당시 남성 위주의 유대 사회에서는 충분히 있을 수 있는 일이었다. 사실 각 복음서를 비교해보면 베드로와 막달라 마리아가 경쟁 관계에 있었다는 것을 암시하는 내용들이 있다. 그리고 어떤 경우에는 복음서의 기자가 막달라 마리아의 지위나 역할을 의도적으로 낮추거나 무시하는 듯한 흔적을 볼 수가 있다. 이런 경향은 복음서 중에서 특히 누가복음에 강하게 나타난다. 다시 말해서, 누가복음의 기자는 막달라 마리아와 베드로 사이의 경쟁 관계를 의식하면서, 친(親)베드로적 입장을 가지고 막달라 마리아를 깎아내리고 베드로를 치켜세우는 듯한 기록을 하고 있다는 것이다. 누가복음의 기자는 다른 복음서의 기자들과 달리 어려운 형편에 있는 사람들, 사회적으로 소외된 사람들에 대한 관심이 유난히 크다. 그래서 이방인이나 소외계층에 있는 사람들, 즉 거지나 세리나 여인들에 대한 기록이 많다. 예를 들면, 세리장 삭개오, 바리새인과 세리, 돌아온 탕자, 부자와 나사로 등의 이야기는 누가복음에만 나온다. 누가복음의 기자는 이렇게 소외계층에 대한 관심과 애정이 많음에도 불구하고 막달라 마리아와 베드로 사이에서는 베드로 편을 든다. 몇 군데 살펴보자.

마태, 마가, 누가복음에는 똑같이 예수의 수난 예고가 실려 있다. 즉 "인자는 고난을 당하고 죽었다가 사흘 만에 살아날 것"이라는 말씀이다. 그러자 베드로가 예수님을 따로 불러서 그런 말씀하시지 말라고 항변했고 이에 대해서 예수는 "사탄아 물러가라"고 심하게 꾸짖으신다. 그런데 베드로가 항변하고 예수께서 꾸짖는 이 내용이 마태와 마가복음에는 있는데 누가복음에는 없다. 또 마가복음과 마태복음에는 베드로가 예수로부터 야단맞는 내용이 여러 번 나온다. 그런데 누가복음에는 예수께서 베드로를 직접 야단치는 내용이 없다. 예수가 겟세마네 동산에서 간절히 기도하다가 제자들에게 왔을 때 그들은 잠이 들어 있었다. 마가와 마태복음에 보면, 예수께서 베드로에게 "네가 한 시간도 나와 함께 깨어 있을 수 없느냐?"고 꾸짖으신다. 그런데 누가복음에서는, 베드로의 이름이 없고 슬픔으로 인하여 잠든 제자들에게 "어찌하여 자느냐? 시험에 들지 않게 일어나 기도하라"고 완곡하게 타이르신다. 베드로가 예수를 부인하는 장면에서도 누가복음은 슬며시 말을 바꾸어서 베드로를 두둔하고 있다. 마가와 마태복음에서는 베드로가 예수님을 맹세코 모른다고 말한다. 그런데 누가복음에서는 내용이 바뀌어 베드로는 자신을 알아본 종에게 단지 "나는 당신이 무슨 말을 하는지 모르겠다"고 말한다. 누가복음의 기자는 베드로에게 흠이 될 것 같은 내용이 있을 때마다 그것을 삭제하거나 변경한 것이다.

그렇다면 누가복음에서 막달라 마리아는 다른 복음서에 비해 어떻게 묘사가 될까? 전체적으로 볼 때 누가복음의 기자는 막달라 마리아가 예수의 제자로서 지도적 역할을 했다는 사실을 애써 지우려 한다. 혹자는 누가복음 8장 2, 3절을 들어 반론을 펼칠 수 있다. 막달라 마리아의 이름이 나오고 또 여러 여자들이 자기들의 소유로 섬겼다는 내용이다. 얼핏 보면 누가복음의 기자가 여자들의 역할을 중요시하고 있다는 인상을 받는다. 하지만 자세히 살펴보면 그렇지 않은 것 같다는 느낌이 든다. 마가나 마태복음에는 막달라 마리아를 비롯한 여인들이 예수께서 갈릴리에 계실 때부터 따르며 섬기던 사람들이라고 기록하고 있다. 그런데 누가복음에는 이 여인들이 '그들을' 섬겼다고 기록하고 있다. 다른 복음서에서 '예수를' 섬겼다는 말이 누가복음에서는 '그들을' 섬겼다는 말로 바뀐 것이다. 다시 말해서, 여자들은 예수와 열두 명의 남자 제자들을 함께 섬겼다는 말이다. 여자들이 남자 제자들을 섬기는 종속적인 위치에 서게 된다. 또한 여자들이 자기들의 소유로 섬겼다는 말은 여자들이 한 일이 지도적인 역할이 아니라 보조적인 역할이었다는 점을 은연중에 시사하고 있는 것이다.

예수께서 십자가에 달리셨을 때 끝까지 그 광경을 지켜본 제자들은 막달라 마리아를 비롯한 여자들이었다. 그런데 누가복음 23장 49절은 "예수를 아는 자들과 갈릴리로부터 따라온 여자들이 다 멀리 서서 이 일을 보았다"고 기록되어 있다. 여자들만이 나타낸 용기 있는 행동을 여러 사람이 함께 했다고 말함으로써 그 의의를 약화시키고 있는 것이다. 가장 중요한 부분은 부활하신 예수를 누가 제일 먼저 목격했느냐 하는 것이다. 마가, 마태복음과 또 요한복음에서도 부활하신 예수를 제일 먼저 만나고 그 소식을 전한 사람은 막달라 마리아이다. 그런데 누가복음에서는 전혀 다른 내용이 전개된다. 막달라 마리아는 부활하신 예수를 만나지 못하고 단지 두 천사만을 만나서 그들로부터 예수의 부활 소식을 듣는다. 누가복음 24장 23절은 이 사실을 다시 한 번 언급한다. 즉 "여자들이 새벽에 무덤에 갔다가 그의 시체는 보지 못하고 그가 살아나셨다 하는 천사들을 보았다"고 기록한다. 그리고 34절에 "주께서 살아나셔서 시몬, 즉 베드로에게 보이셨다"는 전혀 다른 내용을 첨가하고 있다.

다른 세 복음서에서는 예수 또는 천사가 막달라 마리아에게 부활 소식을 전하라는 사명을 준다. 그런데 유독 누가복음에는 막달라 마리아가 이런 사명을 받는 내용이 없다. 다시 말해서 누가복음의 기자는 막달라 마리아가 부활 소식을 처음으로 전하라는 사명을 받았다는 사실을 인정하고 싶지 않았다는 것이다. 주님으로부터 부활 소식을 전하라는 사명을 받는다는 것은 사도의 자격을 갖추기 위한 매우 중요한 내용이다. 친베드로 입장에 서 있던 누가복음의 기자는 그와 경쟁 관계에 있었던 막달라 마리아의 역할을 가능한 한 축소하려고 했고 그럼으로써 막달라 마리아가 사도 또는 지도자라고 불리는 것을 막으려고 했던 것이라고 추정할 수 있다. 막달라 마리아가 일곱 귀신 들렸던 사람이라는 것을 말한 것도 오직 누가복음이다. 이것 또한 막달라 마리아의 사도직을 인정하지 않으려는 의도가 숨어 있었던 것은 아닌지 하는 의구심이 생긴다.

이렇게 말하는 것이 결코 베드로의 역할이나 사도직을 무시하려는 것이 아니다. 베드로와 버금가는 중요한 역할을 했던 막달라 마리아가 지녔던 원래의 위치를 회복시키고 그 역할의 중요성을 인식하자는 것이다. 막달라 마리아는 초대 교회에서 사도로 불렸으며 교회의 지도자로서 베드로와 바울 못지않게 그리스도의 복음을 전하는 일에 힘썼다. 그래서 3세기 초에 로마의 감독 히폴리투스는 "부활하신 예수님 자신이 막달라 마리아에게 '사도 중의 사도(*apostola apostolorum*)'라는 칭호를 주셨다"고 말하고 있다. 막달라 마리아는 예수를 만난 후부터 그를 따르고 섬기는 제자직의 사명을 충실히 수행했다. 이 여인은 믿음의 절개와 용기를 보여주었다. 예수의 공생애 기간 동안 항상 그와 함께 했으며 십자가에서 돌아가실 때, 또 무덤에 안치될 때까지 그의 곁을 떠나지 않았다. 예수께서 체포당하실 때 막달라 마리아와 여인들은 믿음의 절개와 용기를 가지고 예수님 곁에 끝까지 남아 있었다. 막달라 마리아는 부활의 첫 증인이 됨으로써 교회의 초석이 되었으며 복음이 전파되는 데 큰 역할을 한 사도라고 불릴 만한 여성이었다.

3. 바울: 성차별주의자?

남녀평등을 주장할 때 많이 읽는 성서 구절이 있다. 창세기 1장 27절의 "하나님의 형상대로 남자와 여자를 창조하셨다"는 말씀과 갈라디아서 3장 28절의 "남자나 여자나 다 그리스도 예수 안에서 하나"라는 말씀이다. 그런데 반대로 읽기가 꺼려지는 성서 구절도 있다. 그중 대표적인 것 하나를 들자면 고린도전서 14장 34절의 "여자는 교회에서 잠잠하라"는 말씀인데 여자가 가르치는 일을 해서는 안 된다든지 여자가 지도자의 직분을 맡아서는 안 된다고 주장하는 사람들이 내세우는 구절이다.

"여자는 교회에서 잠잠하라"는 말씀이 후대에 끼친 악영향은 그야말로 지대하다. 전통적으로 교회는 이 말씀을 근거로 여성들의 지위와 활동을 제약해왔다. 예를 들면, 여자는 사람들 앞에서 소리 내어 기도를 할 수 없었고, 찬송을 불러서도 안 되었고, 물론 설교를 할 수도 없었다. 아직도 많은 교파에서 여성의 목사 안수를 허용하지 않고 있고, 어떤 교회에서는 강대상에 여자가 설 수도 없다. 중세에는 여자가 성가대원이 될 수 없기 때문에 거세한 남자를 세워서 높은 음을 내게 하기도 했는데 이런 사람이 카스트라토(*castrato*), 즉 거세한 남자이다. 여성에 대한 이런 모든 억압의 근거로 제시되는 것이 바로 사도 바울의 "여자는 잠잠하라"는 말씀이다. 그래서 어떤 사람들은 바울이야말로 대표적인 남녀차별주의자요 남성독재주의자라고 비난하기도 한다. 그리고 사도 바울이 그리스도의 복음을 전파하고 교회를 세우는 중요한 일을 하기는 했지만 남녀관계에 있어서는 그 당시의 가부장적 사고에서 벗어나지 못했다고 평가한다.

물론 남녀차별 사상은 바울 이전부터 고대 사회에 존재하고 있었다.[6] 그렇다면 그 근원은 어디일까? 사상사적으로 볼 때 남녀차별이 서구 사상의 시조라고 할 수 있는 소크라테스에게서 비롯되었다고 보는 견해가 있다. 소크라테스는 여자가 남자보다 열등하며 여자로 태어나는 것은 신의 벌을 받았기 때문이라고 말한다. 또 여자는 남자와 동물 사이에 있는 중간 존재라고 말하기도 한다. 소크라테스는 왜 이런 생각을 하게 되

---

6 Bristow, *What Paul Really Said About Women*, 3-14.

었을까? 어떤 사람은 소크라테스의 부인이 악처였기 때문에 여자에 대해서 부정적인 생각을 갖게 되었다고 말하기도 한다. 소크라테스의 제자인 크세노폰도 말하기를 "이상적인 여자는 가능한 한 적게 보고, 적게 듣고, 적게 묻는 사람"이라고 했다. 소크라테스의 가르침은 그의 제자 플라톤에게 전해졌고, 또 플라톤의 제자인 아리스토텔레스에게로 이어졌다. 아리스토텔레스는 벌떼를 예로 들면서, 한 마리의 대장벌이 벌떼를 이끌고 새로운 장소를 찾아서 둥지를 만드는데 이 벌은 수컷, 즉 왕벌이다. 인간 사회도 마찬가지로 남자가 지도자가 되어야 하며, 남자와 여자가 평등하다거나 여자가 남자를 다스린다는 것은 있을 수 없다고 가르쳤다. 아리스토텔레스는 그 대장벌이 암컷, 즉 여왕벌이라는 사실을 몰랐다. 아리스토텔레스는 남편과 아내를 영혼과 육체에 비유하면서 지혜를 지닌 남편이 아내를 다스려야 한다고 가르쳤다. 그는 "남자의 용기는 명령하는 데 있고 여자의 용기는 복종하는 데 있다"고 한다.

이런 가르침 속에서 아테네의 여인들은 남자의 지배를 받으면서 사회활동이 제한되었고 교육도 제대로 받지 못했다. 반면에 스파르타나 이집트의 여성들은 활발한 사회활동을 했고 높은 지위에 오르거나 막대한 재산도 가질 수 있었다. 불행하게도 스파르타나 이집트는 후대에 철학적 유산을 남기지 못했다. 반면에 아테네 철학자들의 가르침은 알렉산더 대왕의 마케도니아제국을 통해서 지중해 연안에 퍼지게 되었고 후에 헬라문화라고 불리게 되었다.

이러한 문화적 배경에 비추어볼 때 사도 바울도 별 수 없이 남녀차별적 생각을 갖고 있었던 것이 아니냐고 생각하는 것이다. 그러나 과연 그럴까? 바울의 "여자는 잠잠하라"는 말씀에 대해서 여러 가지 해석이 있는데 크게 두 가지 유형으로 나눌 수 있다. 첫째 견해는 바울을 비판하는 입장이다. 바울도 어쩔 수 없이 그 시대의 사람으로서 그리스 사상이나 유대교의 관습을 따라서 남녀차별적인 생각을 갖고 있었다고 보는 것이다. 우리나라에서도 오래 전에 바울의 이 말씀 때문에 말썽이 난 적이 있었다. 1934년에 장로교의 김춘배 목사가 "여자는 조용히 하라 또는 여자는 가르치지 말라"는 말씀은 2천 년 전의 가르침이기 때문에 만고불변의 진리가 아니라고 주장해서 보수적인 목사들의 반발을 받은 적이 있다.

과연 사도 바울은 남녀차별적인 생각을 갖고 그런 말씀을 했을까? 바울서신 전체를 볼 때 그 반대로 생각하게 하는 내용들이 너무 많이 있다. 갈라디아서 3장 28절의 "남자나 여자나 다 그리스도 예수 안에서 하나"라는 말씀도 분명히 바울이 한 말씀이다. 그밖에도 바울서신에는 남녀평등을 강조하고 여성의 지위와 역할을 중요하게 여기는 구절들이 많이 있다. 바울이 수십 년 동안 선교여행을 하면서 복음을 전하고 교회를 세울 때 그 지역의 여성들이 큰 공헌을 했다. 바울은 그 여성들을 동역자요 교회의 일꾼들이요 심지어는 사도라고 부르면서 감사의 마음을 전한다. 로마서의 마지막 부분인 16장에서 바울은 사람들의 이름을 부르면서 감사하고 칭찬하는데, 26명 중에 8명이 여자이다. 그렇게 여성들과 함께 일하고 또 그들을 교회의 지도자로 인정한 바울이 "여자는 교회에서 잠잠하라"고 말했다는 것은 납득이 되지 않는다.

이제 두 번째 입장을 살펴보자. 이것은 사도 바울을 옹호하는 입장이다. 이 입장을 다시 둘로 나누어보자. 하나는, 그 구절은 바울이 쓴 것이 아니라 후대에 첨가된 것으로 보는 것이다. 그러나 바울의 말씀이 아니라고 주장할 만한 근거가 약하다. 또 하나는 이 구절을 바울의 말씀으로 보면서 새롭게 해석하는 것이다.[7] 바울이 쓴 서신에는 교리적인 내용도

7 Ibid., 58-66.

있지만 무엇보다도 각 교회의 구체적인 상황에 대해 훈계하는 내용들이 있다. 고린도전서도 마찬가지이다. 그 당시 고린도 교회에는 여러 가지 문제가 있었다. 신도들 간에 여러 파로 갈려서 다투기도 했고, 도덕적으로 문란한 사람도 있었고, 예배가 무질서했고, 성찬을 잘못 행했고, 부활에 대해서 잘못된 생각을 가진 사람들도 있었다. 바울은 그런 문제들을 하나하나 짚어가면서 훈계를 하는데 고린도전서 14장은 방언과 예언에 대한 가르침이다.

고린도 교회에는 방언과 예언의 은사를 받은 사람들이 많았고 그중에는 여신도들도 있었다. 그런데 여러 사람이 한꺼번에 방언을 하고 예언을 해서 교회가 소란스러워지고 질서가 없어졌다. 그래서 사도 바울은 방언을 할 때 한 사람씩 차례대로 하고, 방언에 대한 통역을 할 사람이 없을 때는 하지 말라고 한다. 마찬가지로 예언도 질서를 지켜서 하고, 다른 사람이 말할 때는 조용히 하라고 당부한다. 왜냐하면 하나님은 무질서의 하나님이 아니라 평화의 하나님이기 때문이다. 그리고 이어서 모든 신도들이 교회에서 질서를 지키고 조용히 해야 하듯이 여신도들도 조용히 하라는 것이다. 바울은 여신도가 기도하거나 예언하는 것을 막은 적이 없다. 그러므로 "여자는 잠잠하라"는 말은 결코 여자가 가르쳐서는 안 된다거나 설교를 해서는 안 된다는 말이 아니다.

그렇다면 왜 바울은 이어서 "여자들에게는 말하는 것이 허락되지 않는다"라고 말할까? 바울은 여기서 '말하다'를 그리스어로 '랄레오(*laleo*)'라는 단어를 쓴다. 랄레오는 어떤 중요한 것을 말한다는 의미도 있지만 또한 단순히 말한다, 이야기한다는 의미를 갖고 있다. 예를 들어서, "예배 중에 이야기하지 마세요"라고 주의를 준다면 그때 사용하는 단어가 랄레오이다. 그러므로 "여자들에게는 말하는 것이 허락되지 않는다"는 말은 여자들에게 발언할 자격이 없다는 말이 아니라 "여자들이 예배 중에 계속 이야기함으로써 소란스럽게 하는 행동을 삼가 달라"는 말이다.

또 이런 의문을 제기할 수 있다. 왜 바울은 모든 신도들에게 주의를 주지 않고 여자들에게만 주의를 주었을까? 고린도 교회의 예배 광경을 상상해보자면 이렇다. 그 당시 여자들은 주로 가정에 매여 있었고 사람들이 모이는 곳에 갈 기회가 없었다. 그러다가 복음을 받아들이고 예수님을 믿게 되면서 교회에 나가게 되었다. 교회라고 해도 건물이 따로 있는 것이 아니라 주로 형편이 좀 괜찮은 사람의 집에서 모이는 가정교회였다. 당시 사회의 관습과는 달리 교회에서는 여자라고 해서 무시하지 않았다. 기도도 할 수 있었고 방언과 예언도 할 수 있었다. 또 아는 사람도 만날 수 있었다. 이런 자유로운 분위기에 활기를 얻은 여신도들은 다른 사람이 발언할 때 자기도 발언하고 큰 소리로 질문도 하고 또 아는 여신도들과 집안 이야기도 나누었을 것이다. 그러니 예배 분위기가 어떻게 되었을까? 당연히 웅성거리고 소란스러웠을 것이다. 그래서 바울은 그런 여신도들에게 제발 창피스럽게 소란 좀 피우지 말고 물어볼 것이 있으면 집에 가서 남편에게 물어보고 교회에서는 조용히 하라는 것이다.[8]

그렇다면 "율법에 이른 것 같이 오직 복종하라"는 말은 또 무엇일까? 여자가 발언할 수 없다고 율법에 정해져 있다는 말이 아닌가? 그렇지 않다. 구약성서 어느 곳에도 여자가 예배 중에 조용히 해야 한다는 법은 없다. 또 당시 사회의 어느 법에도 그런 규정은 없다. 그러므로 그리스어 '노모스(*nomos*)'라는 말을 율법이라고 번역한 것은 적절하지 않다. 우리는 상대방이 억지를 부릴 때 "그런 법이 어디 있어"라는 말을 한다. 그때 법이란 말은 어떤 명문화된 법 규정을 말하는 것이 아니라 경우나 이치를 말하는 것이다. 그러므로 "율법에 이른 것 같이"라는 말은 "경우

8 Fiorenza, *In Memory of Her*, 231.

를 따라" 또는 "이치에 맞게"라고 이해하는 것이 바람직할 것이다.

또 바울이 여기서 복종하라는 뜻으로 쓴 그리스어 '후포타소마이(*hupotassomai*)'라는 말은 명령을 따르거나 법을 지키는 것을 뜻하는 것이 아니라 다른 사람을 배려하는 자발적인 태도를 의미한다. 에베소서 5장 21절에 같은 말이 나오는데 그것은 남편과 아내가 그리스도를 경외하는 마음으로 서로 존중하고 사랑하라는 말이다. 그러므로 바울은 여기서 율법에 규정된 대로 여자는 오직 복종하라고 훈계하는 것이 아니라 예배 중에 질서를 지키고 다른 사람들이 말씀을 들을 수 있도록 존중하는 마음으로 경우에 맞게 조용히 해달라고 훈계하는 것이다. 사도 바울은 사람들을 차별하지 않고 똑같이 대하고 사랑하신 예수님을 따랐다. 그는 그리스도가 선포한 복음의 본질이 자유와 평등임을 깨달았으며 이 가르침을 실현하려고 노력했다. 바울은 많은 여성 동역자들과 협력하여 복음을 전파하는 일에 힘썼으며 교회가 그리스도 안에서 사랑을 나누는 공동체가 되기를 간절하게 원했다. 그래서 바울은 이렇게 선포한다. "그리스도 안에서는 유대인이나 헬라인이나, 종이나 자유인이나, 남자나 여자나, 차별 없이 모두 하나입니다."

* * *

전통적인 기독교 역사 연구는 교리의 발전이나 교회 지도자의 삶과 가르침, 또는 조직 교회의 활동에 관심을 갖고 이루어졌다. 이러한 역사 기술에서는 남자가 역사의 주체가 된다. 교회 지도자로서 목회하고 가르치고 교인들을 지도한 사람들은 주로 남자들이었고 여자들은 남자들의 뒷전에 머무를 수밖에 없었다. 여자들은 아무리 중요한 역할이나 공헌을 해도 인정받기 어려웠고 소외되었으며 심지어는 이단으로 몰리기까지 했다. 거의 모든 기독교 문헌이 남성에 의해서, 그리고 남성을 중심으로 기록되었다. 기독교 여성에 대한 연구도 예외가 아니다. 어떤 여성 학자의 지적대로 "기독교 여성에 대한 대부분의 연구는 여자들에게 초점을 맞추지 않고 주로 남자들이 여자들에 대해서 생각하고 있는 것에 초점을 맞추고 있다."[9]

기독교인의 과반수를 차지하는 여성들의 삶과 교회와 사회에서의 역할이 무시해도 좋을 만큼 미미했을까? 초대 교회가 유대교의 방해, 로마제국의 탄압, 이단의 난립이라는 삼중고를 극복하고 로마제국의 종교로 발돋움하게 되기까지 밑거름이 되고 중요한 역할을 했던 사람들은 오직 남자들이었을까? 중세에는 많은 수녀원이 설립되었고 여성 공동체가 나타났으며 이와 함께 수녀를 비롯한 여성 종교인들과 신비주의자들을 배출했다. 이 여성들의 삶과 가르침은 당대와 후대의 그리스도인들에게 큰 영향을 끼쳤고 특히 여성 신비주의는 기독교 영성 형성에 공헌을 했다. 종교개혁 시대도 예외는 아니다. 여성들은 종교개혁을 지지하거나, 반대하거나 또는 타협하면서 그녀들의 신앙을 고수하고 공동체를 존속시키려고 필사적으로 노력했다. 여성들은 개혁의 물결을 단지 운명으로 받아들이고 순응한 것이 아니라 주체적으로 대응하며 자신들이 처한 혼란과 위기의 상황을 극복해나갔다. 근대 이후 여성주의가 본격적으로 싹트면서 여성해방운동이 일어났고, 전통과 고정관념을 비판적으로 성찰하고 새롭게 이해하며 양성평등, 여성의 자율성과 주체성, 개별성과 고유성을 주장하며 전통과 문화를 변화시키고 교회와 사회를 개혁하는 일에 앞장섰다. 기독교 역사를 통한 '여성 새로 보기'의 작업은 사랑과 정의, 자유와 평등을 추구하는 이 시대가 요청하는 중요한 과제들 중의 하나일 것이다.

---

9 Brooten, "Early Christian Women and Their Cultural Context," 65.

제2장

여성사 연구의 역사

역사는 사건이며 동시에 사건에 대한 해석이다. 과거의 사건을 기술할 때 역사가의 해석을 개입시키지 않고 랑케(Leopold von Ranke)의 주장대로 과거의 사건을 "일어났던 그대로(what really happened)" 재구성한다는 것은 불가능하다. 과거의 사건은 시대와 상황의 변화에 따라 항상 새로운 관점으로 재조명되고 재해석된다. 그래서 카(E. H. Carr)는 역사가에 의한 해석의 당위성과 필요성을 강조하면서 "역사가와 그의 자료 사이에는 부단한 상호반응의 과정, 즉 현재와 과거 사이의 끝없는 대화"가 있다고 말한다. 교회사의 대가인 하르낙(Adolf von Harnack)은 역사가를 재판관에 비유한다. 그는 역사가의 역할은 과거의 사건을 비판적으로 판단하고 올바른 길을 제시하여 미래를 대비하게 하는 것이라고 말한다.

그동안 기독교의 역사에 관한 다양한 저술과 해석이 있었지만 전통적인 기독교 역사 연구는 많은 업적에도 불구하고 역사적 관점과 기술에 있어서 취약점을 지니고 있다. 첫째, 유럽과 미주의 서구학자들은 대체로 기독교의 역사를 서구 세계를 중심으로 한 확장의 역사로 기술하는 경향을 나타내고 있다. 기독교의 역사를 유럽의 기독교 제국들이 그 세력을 전 세계로 확장해서 지배하는 일종의 정복주의 또는 제국주의적 안목으로 보았다고 할 수 있다. 이런 관점에서는 아프리카, 아시아, 중남미의 기독교 역사는 소홀히 다루어질 수밖에 없으며, 세계 각 지역의 교회가 주체가 되어 복음을 수용하고 성장하는 모습보다는 서구 교회와 선교사가 주체가 되어 복음을 전하고 피선교지의 교회를 통치, 관리하는 모습을 부각하게 되었다. 둘째, 종래의 기독교 역사는 교파 간의 갈등, 특히 로마가톨릭교회와 개신교회 간의 경쟁 관계 속에서 조명되었다. 기독교 역사가들은 자신이 속한 교파만이 진정한 기독교의 전통을 이어받았고 본래의 신앙의 본질을 보존하고 있다는 입장에 서서 일방적이고 논쟁적인 기독교 역사를 그려냈다. 셋째로 지적될 것은 기독교 역사가 지나치게 제도교회 중심으로 기술되었다는 점이다. 교회가 근본적으로 조직이나 제도라기보다는 그리스도인들의 공동체라고 할 때 평범한 그리스도인들의 신앙생활의 모습과 그 역사가 등한시되고 교직자나 교회제도에 초점을 맞추어 연구되었다는 것이다. 넷째로 기독교 역사의 내용이 사상 중심의 교리의 역사에 편중되었다는 점이다. 자연히 교부들과 신학자들의 가르침이나 정통과 이단 간의 교리 논쟁이 기독교 역사의 주요 내용이 되었다.

20세기 중반 이후 기독교 역사학자들은 새로운 관점과 해석으로 새롭게 기독교 역사를 연구하고 기술하는 노력을 기울여왔다. 서구 기독교 중심이 아닌 세계 각 지역의 기독교의 특성과 주체성을 존중하면서 균형 있는 역사를 기술하는 기독교 세계사(world/global history of Christianity)를 지향하고 있다. 또한 타 교파에 대해 적대감을 표출하는 편파적 역사가 아니라 대화와 조화를 모색하는 '기독교 에큐메니칼 역사'가 되어야 할 것이다. 기독교 역사 연구는 각 시대와 상황의 종교적,

문화적, 정치적, 경제적 배경에 비추어 조명하는 '기독교 사회사'의 측면도 중요시해야 하며, 그리스도인들의 삶의 내용에 비중을 두는 '기독교 대중사'를 기술하는 일도 중요하다. 그리고 기독교의 소중한 유산인 영성을 주제로 연구하는 '기독교 영성사' 연구도 소홀히 할 수 없는 과제이다.

오늘날 역사학뿐만 아니라 일반 학문 분야에서도 활발한 논의와 연구가 진행되고 있는 주제는 '여성'이다. 여성주의를 표방하는 여성 학자들에 의해서 1960년대 후반에 '여성학'이 태동했으며 이어서 '여성사' 연구도 시작되어 1970년대에 활발하게 진행되다가 1980년대 중반 '젠더' 개념이 부각되어 각 학문 분야에 급속하게 적용되었고 '젠더의 역사'가 등장하게 되었다. 본 장은 여성사 연구 경향을 고찰하면서 기독교 여성사 연구와 기술의 방법을 모색하고자 한다.

1. 근대 이전의 여성사 연구

여성사 연구[1]의 선구자인 거다 러너(Gerda Lerner)는 4천 년의 서구 문명 역사 기록에서 거의 3천8백 년 동안은 주로 남자들의 활동과 경험과 업적에 대한 것이라고 지적한다. 그러나 러너는 현대 역사학자들이 18세기 후반에 이르기까지 역사 기술에 중요한 영향을 끼친 여성들이 없었다고 주장하는 것에 대해 의문을 제기하면서 7세기 이후로 여성들은 여성의 역사를 만들기 위해 의미 있고 부단한 노력을 해왔다고 말한

---

1 Lerner, *Creation of Feminist Consciousness*, 247-273의 제11장 "The Search for Women's History"를 참조하라.

다.[2] 여성에 의한 최초의 여성 전기는 7세기에 기록된 수녀 보도비니아(Bodovinia)의 『성 라데군드의 생애*Life of St. Radegund*』이다.[3] 그리고 간더샤임의 로스비타(Hrosvitha of Gandersheim, 932-약 1002)는 유럽 최초의 여성 극작가로서 전설, 희곡, 시 등을 저술했는데 등장인물들의 이야기를 통해 하나님의 구원의 역사를 서술했다. 로스비타는 특히 동정녀, 순교자 등의 여성들을 신앙의 모델로 등장시켰다. 르네상스 시대에 이르기까지 많은 여성들의 생애가 주로 수녀들에 의해 기술되었다. 이 글들은 주로 한 여성의 삶을 칭송하고 그것을 후대의 여성들이 본받게 하기 위한 것이었다. 이런 저술을 통해 고대와 중세 사회에 족적을 남긴 여성들의 생애와 가르침이 역사 기록으로 남게 되었다.

여성의 주체적 의식을 일깨우고 여성이 남성과 함께 가정과 사회의 중요한 구성원이라는 점을 역설한 사람은 르네상스 시대의 피사의 크리스틴(Christine de Pizan)으로서 '장미의 논쟁'[4]으로 잘 알려진 여성이다. 피사의 크리스틴은 유럽 최초의 여성 전문작가로서 시, 소설, 역사, 철학, 신학, 정치, 윤리, 교육 등 다방면에 걸쳐 박식한 르네상스 시대의 여류 학자였다. 크리스틴은 또한 초기 프랑스 문학의 초석을 놓은 인물이기도 하다. 그러나 무엇보다도 크리스틴이 알려지고 재평가받게 된 것은 그녀의 여성주의 의식 때문이었다. 크리스틴은 『여인들의 도성*Le livre de la cité des dames*』(1405)과 『삼덕(三德)*Livre de trois vertus*』(1405)

---

2 Ibid., 248-249.

3 Ibid., 249.

4 '장미의 논쟁(querelle de la rose)'은 13세기 기욤 드 로리스(Guillaume de Lorris)가 썼고 후대에 장 드 멩(Jean de Meung)이 완성한 『장미의 사랑』에 나타난 내용에 대해서 동조하는 남성 지식인들과 이를 반박하는 피사의 크리스틴 사이에 일어난 논쟁이다. 크리스틴은 여성을 유혹과 정복의 대상으로 보는 태도와 여성비하적이고 외설적인 표현을 지적하면서 신랄하게 비판했다. 장미의 논쟁은 그 후 '여성에 대한 논쟁(querelle des femmes)'으로 이어져 17세기까지 약 300년 동안 진행되었다.

의 저술을 통해 역사 속에 나타났던 유명하고 뛰어난 여성들을 발굴하여 역할모델로 제시하고 덕을 바탕으로 이루어지는 이상적인 사회를 그린다. 그녀는 『여인들의 도성』에 대한 아이디어를 아우구스티누스의 『하나님의 도성*De civitate Dei*』에서 얻었으며 또한 보카치오(Boccaccio)의 『유명한 여인들*De mulieribus claris*』에서 뛰어난 여인들의 목록을 빌려왔다. 그러나 크리스틴은 자신의 독창적인 시각과 주관적인 견해로 여성의 선한 본성을 옹호하고 아름다운 덕을 칭송했다. 그녀는 당시 사회에 팽배하던 '성차별'과 '여성혐오'의 풍조가 잘못되었다는 것을 과감하게 지적하고, 나아가서 여성에 초점을 맞춘 역사 기술을 새롭게 시도함으로써 여성을 부각시키고 그들의 지위와 역할을 고양시킨 주체적이고 창의적인 역사가이기도 했다. 크리스틴의 여성주의 사상과 그녀가 불러일으킨 논쟁은 여성들의 의식을 일깨우는 큰 역할을 했으며 후대에 근대 여성주의가 발전하는 데 일조했다. 그녀의 주체적 자세와 '여성옹호'의 주장은 양성평등과 여성의 권리를 주장하는 현대 여성주의와도 맥을 같이한다. 피사의 크리스틴은 여성주의의 사상적 기초를 제공했으며, 여성운동의 내용과 방향을 설정하는 데 필요한 역사적 배경이 된 여성주의의 선구자였다. 그리고 그녀의 사상적 기반에는 하나님에 대한 신앙과 성서의 진리에 대한 확신이 확고하게 자리 잡고 있었다.

크리스틴에 의해 시작된 장미의 논쟁은 여성에 대한 논쟁으로 이어졌다. 수 세기 동안 친여성 또는 반여성 인사들은 여성의 본성과 사회적 지위, 역할에 대해 각자의 주장을 폈다. 이들이 벌인 논쟁의 주제는 여성의 교육, 정치 참여, 재산 소유, 의상이나 언어의 통제 등이었다. 이런 주제들은 후대에 일어난 여성의 설교권, 선거권, 공직의 자격, 직업과 임금, 낙태 등의 논점으로 이어졌다. 논쟁에 참여한 사람들은 과거의 역사 속에서 뛰어난 여성들 또는 악명 높았던 여성들을 찾아내어 그들의 업적과 오류를 열거하면서 자신들의 주장을 관철시키려 했다. 그러나 역사 속의 여성들을 찾아내어 그들의 생애와 사상을 자신의 주장에 맞추어 임의로 해석하는 작업을 여성사 기술이라고 하기에는 부족함이 많았다. 여성의 역사에 대한 새로운 접근은 19세기 말에 이르러서야 나타났다.

2. 근대의 여성사 연구

19세기 말부터 미국 여성들은 새로운 관점과 방법으로 여성의 역사를 기록하기 시작했다. 그들은 과거의 여성 목록을 만드는 일에서 벗어나 여성의 역사를 위한 생생한 자료들을 수집했는데 이 자료들은 평범한 여성들의 일상생활과 공동체 형성 작업에 대한 것이었고 이를 바탕으로 교회와 사회를 개혁하기 위한 여성사 기술을 추진했다. "여성들은 더 이상 '뛰어난' 인물과 그 지도력을 찬양하는 일에만 몰두하지 않았다."[5] 여성들은 '훌륭한 여성들(women worthies)'의 개인적 업적을 서술하는 보충사(compensatory history)에서 벗어나 남성 위주의 사회에서의 여성들의 공헌, 지위, 억압, 일반 여성들의 삶과 활동, 여성주의적 의식으로 전개된 여성운동에 관한 이야기들을 기술하는 공헌사(contribution history)를 펼쳐나갔다.[6] 여성들이 많이 참여하거나 주도한 운동들, 예를

5 Lerner, *Creation of Feminist Consciousness*, 268.

6 Lerner, "Placing Women in History," 5-7. 여성사 연구의 선구자인 러너는 보충사와 공헌사 다음 단계로 '과도기적 역사(transitional history)'를 말하는데, 특히 역사학에 끼친 사회사 방법론의 영향으로 여성사 연구에 새로운 기준과 개념이 적용되고 성(sexuality), 출산, 육아 등의 범주가 추가되었으며 남성과 여성의 문화 사이의 변증법적 관계와 긴장에 주목하게 되었다. Ibid., 13.

들면 여성참정권운동, 노예제폐지운동, 사회개혁운동 등의 내용과 전개 과정을 기술했다. 그중 대표적 저서로는 당시 여성주의운동의 대표자들이었던 엘리자베스 캐디 스탠튼(Elizabeth Cady Stanton)과 수잔 앤소니(Susan B. Ahthony) 등이 주도하여 출판하기 시작한 『여성 참정권의 역사*History of Woman Suffrage*』(6 vols. 1881-1886)가 있다. 이 저서는 편견으로 인해 내용이 왜곡되고 역사서로서는 불완전했지만 그럼에도 불구하고 여성에 의해서 여성주의 관점에서 기술된 여성의 조직적 행동의 역사라는 점에서 여성사 연구의 한 획을 그었다.[7]

그러나 남성들로 이루어진 역사학계에서는 여성들에 의한 자료 수집과 해석을 학문적으로 인정하지 않았다. 1880년대에 근대적 대학이 나타나고 역사학이 학문의 한 분과로서 자리를 잡기 시작했지만 여전히 여성의 역사학과 입학이나 역사 연구는 지극히 제한적이어서 반세기가 지난 1934년에 이르러서야 최초의 여성 역사학자들의 모임인 버크셔 역사학회(Berkshire History Conference)가 시작되었다. 여성 역사학자들은 식민지 시대의 여성들의 역사, 여성 교육의 역사 등과 함께 미 대륙 개척, 노예해방운동, 도시화 과정, 산업화 현상 등에 참여한 여성들의 활동에 대해 기술했다. 그들 중에서 메리 비어드(Mary Beard)는 수백 년 전 크리스틴 드 피장이 지녔던 여성주의 의식을 되살린 사람이다. 여성운동과 노동운동에 참여하던 비어드는 『역사의 원동력으로서의 여성*Woman as Force in History*』(1946)을 저술하여 여성들이 역사 속에서 항상 원동력이었다고 주장하면서 "여성은 역사이고 역사를 만든다(Woman *is* and *makes* history)"[8]고 선언했다. 근대 여성주의의 선구자라고 불리는 울스톤크래프트(Mary Wollstonecraft)가 역사란 단지 여성들

7 Lerner, *The Creation of Feminist Consciousness*, 269.

8 Ibid., 271.

의 예속과 고난의 역사에 대한 기록[9]이라고 말한바 있지만, 비어드는 여성을 억압의 희생자로만 보아서는 여성이 인류문화에 끼친 공헌을 찾을 수 없다고 하면서 여성사 연구는 여성의 권리를 위한 투쟁, 특별히 참정권운동의 승리와 조직적이고 제도적인 여성운동의 역사와 그 운동의 여성 지도자들에게 초점을 맞추어야 한다고 주장했다.

3. 여성해방운동과 여성사

노예제폐지운동, 여성참정권운동과 더불어 활발했던 여성주의운동은 제2차 세계대전 이후 전쟁의 여파로 소강상태였다. 그러나 1960년대에 들어서면서 사회 분위기는 급격하게 변화했다. 서구사회에서 기존 질서에 대한 도전과 저항이 일어나면서 서부 유럽과 미국, 캐나다 등 영어권 국가에서 인권운동과 반전운동이 일어났으며 이와 함께 여성해방운동이 본격적으로 시작되었다. 인권운동으로 자극을 받은 미국 여성들과 신좌파운동의 영향을 받은 유럽 여성들이 여성해방을 외치며 운동을 전개했는데 이것이 제2물결 여성주의(Second Wave Feminism)이다.[10] 여성주의자들은 여성 자신에 대한 새로운 인식과 함께 여성의 권리 신

---

9 Spongberg, *Writing Women's History since the Renaissance*, 85.

10 제1물결 여성주의(First Wave Feminism) 또는 제1차 여성해방운동(First Women's Liberation Movement)은 1860대부터 여성 참정권이 이루어진 1920년까지 주로 미국과 유럽에서 일어난 여성주의운동으로서 교육, 기혼 여성의 법적 권리, 취업의 기회, 참정권 등에 있어서 여성의 권리를 주장했다. 특히 노예제폐지 운동과 여성의 참정권운동은 인권운동으로서 맥을 같이 한다. 제2물결 여성주의(제2차 여성해방운동)는 1960년대 후반부터 1970년대 후반까지 미국과 유럽에서 일어난 여성주의운동으로서 여성의 법적, 문화적 평등, 국제 평화, 인종 평등, 학생의 권리, 사회주의적 정책 등을 주장했다. LeGates, *In Their Time*, 197-280, 327-367을 참조하라.

장과 지위 향상을 위해 노력하면서 여성학을 설정하여 발전시켰고 또한 여성들의 과거를 여성주의적 관점으로 조명하고 해석하는 여성사 연구를 본격적으로 시작하여 활발하게 추진했다. 그러므로 "여성들의 역사 기술 작업은 여성의식의 등장과 연관 짓지 않고는 이해될 수 없다."[11]

1970년대 초반부터 본격적으로 전개된 여성사 연구는 크게 두 개의 배경을 지니고 있다. 첫 번째는 여성주의[12]운동이다. 세계대전 이후 여성주의 의식을 일으켜 여성주의운동에 영향을 끼친 한 인물인 보부아르는 『제2의 성』에서 여성이 자율적 주체로 인정받지 못하는 상황을 비판하며 남자(man)라는 말은 남성(male)뿐만 아니라 인간(human being)을 지칭하기도 하며 "남자는 여자를 그녀 자체로서가 아니라 그와 관련된 존재로 규정한다. 여자는 자율적 존재로 여겨지지 않는다"[13]고 말한다. 여성주의의 저변에는 여성도 남성과 같은 인간으로서의 권리를 가져야 한다는 신념이 자리 잡고 있다. 여성주의자들은 역사에서 언급되지 않

---

11 Spongberg, *Writing Women's History sincc thc Renaissance*, 8.

12 여성주의(feminism)라는 용어는 19세기 말 프랑스에서 일어난 참정권 논쟁에서 비롯되었다. 여성의 참정권을 주장하던 오클레르(Hubertine Auclert)가 자신을 일컬어 'féministe'라고 했는데 이 말에서 'féminismc'이란 말이 생겼다. 그 후 '여성운동(women's movement)', '여성해방(women's emancipation)', '여성의 권리(women's rights)', '여성 참정권론자(suffragists)'라는 말이 여성주의와 같은 의미로 사용되었다. 거다 러너는 여성주의 의식은 "첫째, 여성들이 종속적 집단에 속해 있고, 그 집단의 일원으로서 부당하게 고통당해왔다는 의식, 둘째, 그들의 종속 상황이 자연적이 아니라 사회적으로 결정된다는 인식, 셋째, 자매애(sisterhood) 의식의 발전, 넷째, 그들이 처한 상황을 바꾸기 위한 목표와 정책에 대한 여성들의 자율적 정의(autonomous definition), 다섯째, 미래에 대한 대안적 안목의 발전"으로 이루어진다고 말한다. Lerner, *The Creation of Feminist Consciousness*, 274. 하남은 여성주의의 특성을 다음과 같이 정의한다. "첫째, 여성이 남성에 대해서 종속적 역할을 한다는 성 사이의 힘의 불균형에 대한 인식, 둘째, 여성들이 처한 상태는 사회적으로 형성된 것이며 따라서 변화될 수 있다는 믿음, 셋째, 여성의 자율성에 대한 강조이다." Hannam, *Feminism*, 4. 여성주의에 대한 간략한 안내서로 Hannam의 책과 함께 Walters, *Feminism* 이 유용하다.

13 Simone de Beauvoir, *The Second Sex*, xvii-xviii.

았던 여성들과 그들의 삶이 회복되고,[14] 여성들이 종속적 위치에 있게 된 이유가 무엇인지 밝히기를 원했다. 그러므로 여성사는 "여성들을 역사에로 회복시키고 여성들의 고유한 역사적 경험의 의미를 탐구"[15]하려는 것이다. 여성주의 의식으로부터 비롯된 여성사 연구는 여성에 대한 지배와 억압의 기원에 집중적으로 초점을 맞추었고 여성을 희생자요, 매 맞고, 속고, 천대받고, 착취당하고, 외롭고, 매춘하는 모습으로 그렸다.[16] 여성들이 불평등한 대우를 받고 있다는 인식은 그들로 하여금 역사 속에서 억압의 근원을 찾아내는 작업에 몰두하게 했다. 만일 여성의 지위와 역할이 자연적이고 보편적인 것이 아니라 특정한 역사적 상황 속에서 사회적으로 형성되었다는 점이 밝혀진다면 그것은 변화될 수 있다고 믿어졌다.

둘째는 사회사의 영향이다. 신(新)사회사(new social history)의 등장은 역사가들로 하여금 위대한 사람(great men)에 대한 관심을 돌려 평범한 대중(ordinary people)에게로 향하게 함으로써 농민, 노예, 노동자 등을 주제로 하는, '대중의 역사(people's history)' 또는 '아래로부터의 역사(history from below)'를 연구하게 했고 가정, 농촌, 공장 등 평범한 사람들과 관련된 분야에 대한 새로운 탐구가 이루어졌다. 하지만 신사회사학자들도 종전의 역사가들과 마찬가지로 여전히 여성혐오와 여성배제의 입장을 취하면서 여성을 역사 연구의 주제로 삼지 않았다.[17] 그러나

---

14 Kelly-Gadol, "The Social Relation of the Sexes," 809. "여성사는 이중 목적을 가지고 있다. 여성을 역사에로 회복시키는 것이고 또한 우리 역사를 여성에게 회복시키는 것이다."

15 Bridenthal, Koonz and Stuard, eds. *Becoming Visible*, 1. Daniel Woolf, *A Global History of History*, 488. "모든 학문 중에 최고인 역사학은 주로 남성에 의해서 지배되고 있다. 남성 역사가들 중 어느 한 사람도 인류의 절반을 차지하는 여성을 논하는 데 한 장(章)을 할애하지 않는다."

16 Perrot, ed., *Writing Women's History*, 6.

17 Ibid., 50.

여성주의 의식으로 고양된 여성 역사가들은 역사기술은 여성을 포함해야 한다고 주장했고 그동안 역사학 주류에서 관심 밖이었던 여성의 역사 연구가 급속도로 진행되었다. 영국에서는 마르크주의 역사와 사회사 전통에서 많은 여성주의 역사가들이 나타났고, 프랑스에서는 아날학파(Annales School)의 전통에서 여성의 과거를 연구했으며, 미국에서는 '신사회사'로 불리며 평범한 사람들에게 초점을 맞추어 역사를 재조명했다. 예를 들어 오스트리아에서는 수많은 여성의 전기가 쓰였으며, 미국에서는 노예제폐지운동, 참정권운동, 사회복지운동, 여성해방운동에 참여한 여성들이 여성주의 역사가들의 주목을 받게 되었고, 영국에서는 마르크스주의 역사기술 방법론의 영향을 받아 엘리트 여성보다는 보통 여성들의 삶을 연구하는 데 초점을 맞추었고, 프랑스에서는 아날학파의 인류학적 전통에 따라 성(sexuality), 모성(motherhood)과 같은 문화적 주제를 다루면서 여성의 역사를 기술했다.

여성사 연구와 저술은 근본적으로 역사에서의 여성의 부재를 정정하기 위한 것이었다. 여성주의 역사가들의 처음 의도는 "여성들에게 과거를 주고, 그들을 기록에 올리는 것이다. 보부아르가 말했듯이 어떤 사람도 과거 없이는 존엄성을 가질 수 없다."[18] 페로는 여성사 연구의 방향에 대해서 이렇게 말한다. "우리의 연구는 상처로부터 시작해야 한다. 왜냐하면 과거에 대해 성별(性別)을 무시한 진술 속에서 역사는 여성의 모든 흔적을 지웠고, 여성 연구자들에게 일련의 긴 남성 자료들을 제공함으로써 여성들의 부재에 대한 문제를 배가했다. 우리는 두 부류의 여성에 대해서 연구해야 하는데, 한편으로는 잊혀진 여성 영웅들, 뛰어난 여성들이 있고 다른 한편으로는 역사를 통해 침묵해왔던 억압된 여성

---

18 Olwen Hufton, "Women, Gender and the *Fin de Siècle*," 931.

대중이 있다."[19]

그러나 여성사가들이 역사 속에서 소홀히 여겨지고 평가절하 되었던 "훌륭한 여성들을 찾아내어 기존 역사에 끼워 넣는 작업, 즉 남성 위주로 기록된 역사에 "여성들을 첨가하여 뒤섞는 방법(add women and stir approach)"[20]은 한계가 있다. 그것이 비록 잊혔던 여성들을 역사에로 회복시켜서 가시화했다는 점에서는 의의가 있을지라도 기존 역사의 관점과 방법론을 그대로 답습하는 데 그쳤고 새로운 역사 해석은 이루어지지 않았다. 조앤 스콧(Joan W. Scott)은 그동안 이루어졌던 여성사 기술에 대해서 다음과 같이 비판한다. "역사가들은 여성들에 대한 새로운 정보를 발견함으로써 오랫동안 방치되었던 것에 균형을 맞추었다고 생각한다. 그러나 실증주의(positivism)에 대한 거의 순진무구한 보증은 곧 그것에 대한 비판을 초래하게 된다. 새로운 사실들은 과거의 여성의 존재에 대한 자료를 제공할 수는 있지만 여성들의 활동이 지니는 중요성(또는 중요성의 결여) 여부를 필연적으로 바꾸지는 않았다. 사실 여성들을 별도로 취급하는 것은 이미 지배적이고 보편적으로 확립된 (남성) 주체들에 대한 주변적이고 특수한 관계를 확인하는 데 일조할 수 있다."[21] 스콧의 지적대로 1970년대에 활발하게 진행되었던 여성사 연구는 전통적인 남성 위주의 역사기술 관점과 방법론, 연대기, 시대구분을 그대로 답습하여 결과적으로 '남자중심적(phallocentric)'[22] 기술방법에 머물고 말았다는 비판을 피할 수 없게 되었다.

한편 여성주의자들 가운데서 서구의 백인 여성이 주도적으로 운동을

19 Perrot, *Writing Women's History*, 12.

20 Spongberg, *Writing Women's History since the Renaissance*, 2. 여성사 기술의 한계와 젠더의 역사 등장에 대해서는 Downs, *Writing Gender History*, 2-6을 보라.

21 Joan W. Scott, *Gender and the Politics of History*, 3.

22 Spongberg, *Writing Women's History*, 3.

이끌고 역사를 해석하는 것에 대한 반성과 비판이 일어났다. "그들 자신이 여성주의자들이었던 여성사가들은 실제로 모든 경우에 여성주의 프로그램의 주제요 대상인 여성들이 공통된 본성과 공통된 필요와 공통된 바람과 공통된 욕구와 공통된 억압을 지니고 있다는 여성주의 사고에 대한 기본적인 믿음을 대체로 공유했다."[23] 그러나 백인 여성의 경험과 생각이 모든 여성에게도 해당되는 보편적 공통사항이 아니라는 비판이 일자 여성주의자들의 시선은 인종, 민족, 계급, 성적 성향을 포함하여 여성들 사이에 있는 차이점과 다양성으로 향했다.[24] 흑인 여성들, 아시아 여성들, 여성 동성애자들의 다양한 삶의 경험과 의식이 새롭게 조명되고 그들의 역사가 기술되었다.

4. 젠더의 역사

1980년대 중반 이후 젠더 개념[25]을 학문에 적용하는 시도가 나타나

23 Kent, *Gender and History*, 51.

24 1990년대 초반 10대 후반과 20대의 여성들을 사이에서 여성주의 제2물결에 대한 반발로 일어난 운동을 제3물결 여성주의(Third Wave Feminism)라고 부르기도 한다. 이들은 여성주의 제2물결이 상류층 백인여성의 경험을 지나치게 강조했다고 비판하면서 여성주의에 대해서 포스트모더니즘적 해석을 시도하고 유색 여성과 빈곤층 여성을 포용하려고 노력한다. 또한 미디어를 통해 여성주의를 홍보하고 확산시키는 특징을 지니고 있다. Hannam, *Feminism*, 164-168을 보라.

25 Bennett, *History Matters*, 16: "'성(性, sex)'은 남자와 여자 사이의 생물학적 차이를 가리키며, '젠더(gender)'는 사회가 그 생물학적 차이를 바탕으로 형성하는 방식을 가리킨다. 어린 소녀는 여자의 성(female sex)을 지닌 것으로 여겨지지만 그녀의 분홍색 옷은 여자의 젠더(female gender)를 가리킨다." Smith-Rosenberg, "Hearing Women's Words," 11-12. "우리는 젠더를 남성이 만들었으며 문화적 규정의 산물이라고 주장한다. 어떤 보편적인 여성됨이나 남성됨은 존재하지 않는다. 오히려 경제학적, 인구학적 그리고 관념화의 요인들이 특정한 사회 속에서 여성들과 남성들이 지닐 권리와 특권과 성격을 결정하는 데 함께 작용했다."

학문의 방법론에 근본적인 변화를 시도했다. 젠더 개념은 역사 해석뿐만 아니라 사회학, 심리학, 인간학, 법학 등 모든 학문의 분야에 적용되었다. 조앤 스콧은 1985년 미국역사학회(American Historical Association)에서 발표한 「젠더: 역사적 분석에 대한 유용한 범주」[26]라는 논문에서 "젠더는 성(性)들 사이에서 인지된 차이점에 근거한 사회적 관계의 구성 요소이며 또한 젠더는 힘의 관계를 나타내는 근본적 방법"[27]이라고 정의한다. 스콧은 별도의 여성사는 있을 수 없다고 하면서 새롭게 기술되는 역사는 성들 간의 관계의 변화에 초점을 맞추는 작업을 수반할 것을 재의한다. 젠더는 정치적 논리와 언어와 담론에 두루 나타나며, 여성들뿐만 아니라 모든 역사적 주제들이 젠더 분석을 받아야 하기 때문에 정치, 경제, 사회, 문화 등 역사를 이루는 모든 영역에 젠더의 개념을 적용하여 해석할 때 왜 여성이 역사의 주변으로 밀려났는지를 파악할 수 있고 나아가서 여성이 역사를 움직이는 적극적 주체요 동반자임을 가시적으로 드러낼 수 있다. 그녀는 또한 "젠더는 성뿐만 아니라 계급과 인종을 포함하는 정치적이고 사회적인 평등의 관점과 관련되어 재정의되고 재형성되어야 한다"[28]고 주장한다. 스콧은 과거에 있었던 여성의 활동을 회복시키는 것에 초점을 맞추는 것이 아니라 어떻게 젠더가 남성적인 것과 여성적인 것을 구분하는 데 작용하는지를 질문하는

---

26 "Gender: A Useful Category of Historical Analysis," *American Historical Review* 91 (1986): 1053-1075. 이 논문은 저자에 의해서 개정되어 Scott, *Gender and the Politics of History*, 28-50에 실렸다.

27 Scott, Ibid., 42.

28 Ibid., 50. Perrot, *Writing Women's History*, 8. "우리의 목표는 여성사라고 불리는 새로운 영역, 곧 모순된 것으로부터 벗어나 평화롭게 작업할 수 있는 조용한 조차지(租借地)를 만들려는 것이 아니라 성(性)들 간의 관계에 대한 문제를 중심적인 것으로 제기함으로써 역사적 관심의 방향을 바꾸려는 것이다." 또한 Davis, "'Women's History' in Transition," 90도 같은 생각을 피력한다.

새로운 접근방법을 제시했다.[29]

프랑스 후기구조주의(post-structuralism)의 영향을 받은 스콧은 의미는 언어(language)나 담론(discourse)을 통해서 형성되고 소통된다고 주장한다. 언어나 담론은 필연적으로 차이성과 상반성을 내포하고 있으며 이것들은 상호의존적이며 본래 불안정하다. 남성과 여성의 관계에서도 볼 수 있는 이런 양분성은 시대와 상황에 따라 다양하게 나타나며 여기에 권력과 정치가 결부하게 된다. 어느 사회에 의해서 생성되어 기록된 담론들은 그 자체로 권력의 형태이며, 그것은 남성과 여성이라는 개념, 남성적이고 여성적인 자질을 만들어내고 억압과 지배의 관계를 형성한다. 역사가의 과제는 이런 작용과 현상을 탐구하는 것이다. "여성주의 역사가들의 과업은 과거의 남성지배 전략과 가부장제도가 스스로를 반복하는 역학구조를 파헤치는 것이다. 이런 관점에서 사회사는 충분하지 않다. 왜냐하면 사회사적 접근방법은 경제적 결정론과 서술에 잠겨있어서 젠더는 단지 사회를 설명하기 위한 많은 도구들 중의 하나일 뿐이기 때문이다. 젠더는 그 대신 남성의 주도권을 보장하기 위해 사용되는 표현(담론)의 형태에 집중하는 심각한 분석적 도구가 되어야 한다."[30] 언어와 담론에 대한 강조는 여성 고유의 삶의 경험, 여성의 종속, 여성이라는 범주의 사용에 대한 종래의 여성주의의 확신에 도전장을 내밀었다. 여성사가들의 관심은 구체적이고 물질적인 여성의 삶의 여건으로부터 재현, 상징주의, 담론, 텍스트로 옮겨졌다.

젠더의 역사는 여성사로부터 자라났으며 둘은 서로 많은 부분에 있

29 Rose, *What is Gender History?*, 12. Kent, *Gender and History*, 53. "그녀[Scott]는 다음과 같이 제안한다. 실천으로서의 역사를 변화시키기 바라는 여성주의 역사가들을 위한 해결책은 그들의 연구에 '젠더'를 결합시키는 것이며 이것은 여성사가들에 의해서 이미 산출된 풍부한 연구들로부터 유래되고 확장된 분석적 범주이다."

30 Hufton, "Women, Gender and the *Fin de Siècle*," 935.

어서 공통점을 지니고 있다. 여성사가들이 르네상스 이래 "여성을 주제로 삼아 연구"를 해왔다면, 젠더 역사가들은 남성 정체성과 여성 정체성의 상호작용에 특별한 주의를 기울이면서 다양한 사회 상황에서 "남성에 대한 여성의 관계성에 대해서 연구"한다.[31] 이전의 여성사가 남성과 격리된 여성을 연구했다면 젠더의 역사는 남성과 관련된 여성, 남성과 여성의 관계를 연구하는 것이다. "젠더의 역사는 남성 또는 여성으로 규정되는 것이 의미하는 바는 역사를 지니고 있다는 기본적 사고에 근거한다. 젠더 역사가들은 남성과 여성 간에 인지된 차이점, 그들의 관계 형성, 그리고 성별(性別)된 존재(gendered beings)로서 여성과 남성 간의 관계의 본질과 관련해서 시대에 따라 일어나는 변화와 과거의 어떤 특정 기간에 어느 단일 사회 안에서 나타나는 현상에 관심을 갖는다. 그들은 이런 차이성들과 관계성들이 어떻게 역사적으로 나타났고, 어떻게 변화되었는지 관심을 기울인다. 중요한 것은 그들이 역사적으로 중요한 다양한 사건들과 과정들에 끼친 젠더의 영향에 대해서 관심을 갖는다는 것이다."[32] 젠더 역사가들은 역사가들이 관심을 기울였던 주제들, 즉 권력, 사회 구조, 소유, 상징, 시대구분 등에 대해서 새로운 젠더의 관점으로 접근하고 해석한다. "여성들의 활동과 세력 그리고 여성들에 대한 문

---

31 Kent, *Gender and History*, 49. Hufton, "Women, Gender and the *Fin de Siècle*," 932. "…남성에 대해서 말하지 않고는 여성에 대해서 말할 수 없다…. 시몬 드 보부아르는 『제2의 성』에서 선언하기를 여성은 태어나는 것이 아니라 만들어지는 것(women were made, not born)이라고 했다. 여성은 남성과 마찬가지로 문화적 구성이다. 그러나 여성의 문화적 구성은 그들을 약한 존재가 되게 했으며 주로 남성의 이익을 위해 조직된 사회에서 본질적으로 외부인이 되게 했다."

32 Rose, *What is Gender History?*, 2. Davis, "'Women's History' in Transition," 90: "우리는 여성과 남성 모두의 역사에 관심을 가져야 한다…. 우리의 목표는 역사적 과거에서 성들(*sexes*)과 젠더 집단의 중요성을 이해하는 것이다. 우리의 목표는 다양한 사회와 기간 속에 내재된 성 역할과 성적 상징주의의 범주를 알아내는 것이며, 그것들이 사회질서를 유지하거나 변화를 촉진하는 데 있어서 어떤 의미를 갖고 있으며 어떻게 작용했는지 찾는 것이다."

화적 평가는 남성들의 활동과 세력 그리고 남성들에 대한 문화적 평가와 비교하고 대조하는, 그리고 성적 질서를 형성하는 제도와 사회적 발전에 관련된 상관적 표현 없이는 검증될 수 없다."[33] 역사가들은 남성과 관련된 여성을 연구함으로써 여성에 대해서 더욱 포괄적으로 이해할 수 있을 뿐만 아니라 또한 젠더, 즉 '성들의 관계(the relations of the sexes)'로 하여금 사회에 대한 어떤 연구라도 그 중심에 타격을 가하게 하는 것이다.[34] 젠더 개념을 여성사에 적용하는 일은 지지와 비판을 동반하고 있지만 새로운 학문의 방법론을 제시하면서 중요한 역할을 하고 있으며, 젠더의 역사는 역사 연구의 한 분야로 자리 잡고 있다.

5. 여성주의와 여성사 연구

조앤 스콧은 여성사의 등장과 전개과정에 대해 설명하면서 "여성주의로부터 여성으로 그리고 젠더로, 즉 정치로부터 특화된 역사로 그리고 분석으로"[35] 진행되었다고 한다. 여성사 연구와 기술이 여성주의 의식에서 비롯되었다는 것은 분명하다. 그러나 여성사 연구가 기존의 역사학 방법과 다르지 않고 여성해방과 평등성 및 자율성을 추구하는 여성주의운동을 지원하는 점에 있어서 미흡함이 드러나게 되었다. 그래서 젠더 개념을 역사에 적용하여 분석하고 해석하는 젠더의 역사가 등장했다. "그리고 대다수의 젠더 역사가들이 후기 구조주의와 언어론적 '전회(linguistic turn)'에 대해 일부 또는 모든 것을 받아들이는 방향으로 나아

33 Kelly-Gadol, "The Social Relation of the Sexes," 817.

34 Kent, *Gender and History*, 54.

35 Joan W. Scott, "Women's History," 44.

갈 때 여성 역사가들은 여성주의 학문과 운동을 위한 필요 불가결한 근거로서 '여성의 삶의 경험'과 '공통의 젠더 정체성'을 강조하면서 지속적으로 기반을 잃었다."[36] 하지만 젠더의 역사 또한 취약점을 지니고 있다. 여성주의자들 중에는 여성의 역사로부터 젠더의 역사로 옮겨가는 것이 여성주의가 추구하는 것을 약화시킬 수 있다고 우려한다. "만일 여성주의가 여성의 억압에 대한 분석이요 도전이라면 성을 젠더로 대체하는 것은 여성주의의 기반을 무너뜨릴 수 있다…. '실재 여성들(real women)'에 대한 연구를 가로막지 않으면서… 젠더를 탐구하는 것이 특히 바람직하게 보인다."[37] 젠더의 역사는 성차의 문제에 치중함으로써 여성사 연구에 지장을 초래할 수 있다. "우리는 남성/여성의 관계에 대한 조사가 여성사에 대한 새로운 부정이 되는 것을 허용해서는 안 된다."[38]

여성주의 역사 기술은 잊혀진 여성을 찾아내어 역사 속으로 등장시키는 작업에서 머무를 것이 아니라 다음 단계로 나아가야 한다. 이 말은 결코 여성을 역사에로 회복시키는 일을 평가절하 하는 것이 아니다. 그 일은 역사 속에서 행해진 여성들의 중요한 역할을 인식하고 재조명하기 위해 유용한 것이다. 그리고 "여성들은 역사를 가져야 하지만 그 역사는 또한 남성들 그리고 더 넓은 공동체뿐만 아니라 다른 여성들과의 관계도 반영해야 한다."[39] 오늘날 여성사 연구와 기술은 정치학, 문화인류학,

---

36 Downs, *Writing Gender History*, 74. Elizabeth A. Clark은 "The Lady Vanishes," 3에서 사건이나 인물이나 집단보다 담론을 강조하는 언어론적 전회(轉回)가 여성이 세상을 만들어나가는 주체자임을 부인한다고 비판한다. "여성들이 주체성을 주장하기 시작한 바로 그 역사적 순간에 왜 우리는 그것을 포기하라는 말을 듣는가?" 또한 Wiesner-Hanks, "Women, Gender, and Church History," 601-2를 보라.

37 Clark, "Women, Gender, and the Study of Christian History," 417, 419. 클락은 "실재 여성들"에 대한 연구가 계속되어야 함을 역설한다. 또한 Ibid., 425를 보라.

38 Perrot, *Writing Women's History*, 23.

39 Hufton, "Women, Gender and the *Fin de Siècle*," 939.

철학, 문학, 심리학 등과 폭넓게 연계되어 제학문적 방향으로 이루어지고 있으며 세계 각 지역, 인종, 민족, 계층의 여성들과 그들을 포함하는 세계여성사의 방향으로 나아가고 있다.[40] 여성사 연구영역도 더욱 확장되어 인권과 평등권, 고용, 성과 출산, 의복, 사회적 지위, 종교, 전쟁 등의 주제를 다루고 있다.

인류 역사를 통해서 여성들은 가부장적 전통과 문화 속에서 차별과 억압을 받으며 인고의 세월을 지냈다. 기독교 역사도 예외는 아니다. 이브는 아담을 유혹해서 타락하게 한 장본인이라고 낙인찍혔고 여성들은 '이브의 후예들'로서 유혹자요 죄인이요 열등한 존재로 여겨져 가정이나 사회나 교회에서 정당한 권리와 지위와 역할을 박탈당하고 통제를 받았다. "여자는 교회에서 잠잠하라"는 사도 바울의 말로 인해 여자는 가르치는 일이나 설교를 할 수 없었고 성직자가 되기 위한 안수를 받을 수 없었다. 여성을 차별하고 억압하는 사고와 체제를 개혁하고 변화시키는 방법 중의 하나는 새로운 관점과 방식으로 여성의 역사를 조명하고 기술하는 것이다. "과거의 역사를 잊는 사람은 그 역사를 되풀이할 수밖에 없다"라는 격언이 있다. 교회사가 하르낙은 역사가의 목적과 사명을 다음과 같이 말한다.

> 우리는 역사의 과정에 개입하기 위해서 역사를 연구한다…. 역사에 개입한다는 것—이것은 과거가 우리를 방해하려고 현재에 이르렀을 때 그것

---

40 예를 들면, Sarah Shaver Hughes and Brady Hughes, *Women in World History,* 2 vols.; Catherine Clay, Chandrika Paul and Christine Senecal, *Envisioning Women in World History,* vol. 1; Pamela McVay, *Envisioning Women in World History,* vol. 2. 또한 "Restoring Women to History"라는 주제로 *Women in Asia; Women in Latin America and the Caribbean; Women in the Middle east and North Africa; Women in Sub-Saharan Africa* (Indiana University Press, 1999)가 출판되었다.

을 거부해야 한다는 것을 의미한다. 그것은 또한 우리가 현재 올바른 일을 해야 한다는 것, 즉 미래를 예견하고 신중한 태도로 미래에 대한 준비를 해야 한다는 것을 의미한다. 의심할 여지없이 역사가는 과거에 대해서 심판관과 같은 위풍당당한 직분을 갖는다. 왜냐하면 과거의 무엇이 활동을 계속하게 할지 또한 무엇이 없어지거나 바뀌어야 할지를 결정하기 위해서 역사가는 왕처럼 심판해야 하기 때문이다. 모든 것이 미래에 대한 준비를 갖추기 위해서 계획되어야 한다.[41]

하르낙은 트뢸치가 즐겨 말하는 "역사로써 역사를 극복해야 한다"[42]는 진술에 동의한다. 즉, 우리는 자신이 물려받은 유산이 무엇인지 알아야 하고 그것을 판단해야 하며 그런 다음 그것을 현재 안에서 그리고 미래를 위한 생생한 가능성으로 만들어야 한다는 것이다. 거다 러너는 "자신들의 과거의 역사를 소홀히 하는 여성들은 반복해서 헛수고를 할 수밖에 없었다"[43]라고 말한다.

전통적인 역사 기술이 '남자의 이야기(his story)'를 중심으로 이루어졌다면 이제 '여자의 이야기(her story)'도 찾아내어 들어야 하지 않을까? 여성에 대한 대부분의 글은 남성에 의해 기록되었고, 계몽주의 이전에

---

41 Adolf von Harnack, "Über die Sicherheit und Grenzen geschichtlicher Erkenntnis," *Reden und Aufsätze*, IV. 7. Wilhelm Pauck, *Harnack and Troeltsch: Two Historical Theologians* (New York: Oxford University Press, 1968), 19에서 재인용.

42 "역사로써 역사를 극복한다—우리의 대화 중에 얼마나 자주 그가 말했는지: '사람은 자신의 운명을 받아들여야 하며 사랑해야 하며 더 나은 것으로 변화시켜야 한다. 사람의 목표가 무엇이 될지 그리고 그것을 어떻게 이룰지는 이러한 태도에 달려 있다.'" "Ernst Troeltsch: A Funeral Address delivered by Harnack," Pauck, *Harnack and Troeltsch*, 124f.

43 Lerner, *The Creation of Feminist Consciousness*, 268: "women, ignorant of their history, had to reinvent the wheel over and over again."

여성에 의해 기록된 글 중 현존하는 것은 많지 않으며 그것도 여성들이 쓴 편지의 내용이나 그들에 대한 이야기가 남성들의 글 속에 단편적으로 소개되고 있는 경우가 많다. 그리고 여성의 생애를 서술한 글들은 흔히 역사적 신빙성이 있는 전기라기보다는 전설이나 소설 같은 형태로 기술되었다. 엘리자베스 클락은 여성사 연구의 필요성과 유용성을 역설하면서 다음과 같이 말한다. "우리는 텍스트로부터 여성을 순수하고 온전하게 회복시킬 수 있는가? 나의 대답은 아니오이다. 그러나 그것이 마지막 말은 아니다. 그녀는 발자취를 남겼고 그것은 더욱 커다란 사회-언어적 구조 속에 파묻혀 있는데 누군가의 탐구를 통해 그녀는 계속해서 살아 있다."[44]

여성사 연구는 여성주의 의식을 바탕으로 이루어져야 하며 그 과제가 여성들만의 몫은 아니다. 여성의 경험을 이해하고 여성의 인식과 의지에 공감한다면 굳이 여성과 남성을 구별할 필요는 없을 것이다. 여성사 연구의 주제와 대상도 여성에 국한해서는 안 된다. 젠더 개념을 적용하여 성들의 관계가 여성의 사회적 지위와 역할에 어떤 영향을 끼쳤으며 인류 역사를 진행시켜왔는지 분석하고 규명해야 한다. 젠더 개념의 적용은 기존의 여성사 연구를 부정하거나 지장을 초래하는 것이 아니라 소홀히 여겨졌던 내용을 부각시키고 새로운 시각으로 역사를 해석하는 길을 제시할 수 있을 것이다. 역사 속에 숨겨져 있는 여성들의 모습과 그녀들의 이야기를 찾아내어 새롭게 조명하고 평가하는 작업은 역사가가 수행해야 할 중요한 과제 중의 하나일 것이다.

44 Clark, "The Lady Vanishes," 31.

제3장

초대 기독교 여성

1. 초대 교회와 여성

초대 기독교 시대는 흔히 교부들의 시대라고 불린다. 초대 교회의 지도자인 교부들은 모두 남성이었으며 거의 모든 문헌이 남성에 의해서, 그리고 남성을 중심으로 기록되었다.[1] 동방교회의 4대 박사인 아타나시오스, 바실레이오스, 나지안조스의 그레고리오스, 요안네스 크리소스토모스와 서방교회의 4대 박사인 암브로시우스, 아우구스티누스, 히에로니무스, 로마의 그레고리우스 등이 모두 남성이었으며 아리우스, 아폴리나리오스, 네스토리오스 등 기독교론 논쟁에서 이단으로 정죄당한 교

1 종래의 '남성 중심적인 역사 기술(male-centered historiography)'에 대한 비판과 함께 초대 기독교 여성에 대한 연구 자료와 방법의 제시로는 Bernadette J. Brooten, "Early Christian Women and Their Cultural Context: Issues of Method in Historical Reconstruction," Adela Yarbro Collins, ed., *Feminist Perspectives on Biblical Scholarship* (Atlanta: Scholars, 1985), 65-91을 참조하라. 또한 Elizabeth E. Clark, "Early Christian Women: Sources and Interpretation," Coon, Haldane & Sommer, eds., *That Gentile Strength*, 19-35를 보라.

부들이나 황야 교부라고 불리는 수도자들도 모두 남성들이었다. 초대 기독교 여성에 관한 자료나 정보는 미미하며 그것도 대부분 교부들의 저술에 기초한 것이다. 이렇게 남성 중심적이고 가부장적인 초대 기독교의 사회와 문화 속에서 여성들의 지위나 역할은 무엇이었을까?

가부장적 전통이 초대 교부들의 사고를 지배하고 있었지만 그래도 기독교는 타종교 사회와 비교할 때 상대적으로 여성의 지위와 역할을 상승시켰다. 워싱턴대학교의 사회학 교수인 스타크는 초대 기독교 승리의 원인을 사회학적으로 분석한 『기독교의 발흥』이라는 책의 제5장에서 "기독교 성장에 있어서 여성의 역할"이라는 제목으로 흥미로운 고찰을 한다.[2] 가부장적인 그레코 로마 사회에서는 절대적으로 남자 선호의 경향이 있었다. 당시 여성 사망의 가장 큰 원인은 수명이 다해서 죽는 자연사나 병사 또는 사고사가 아니라 유아 살해, 더 정확히 말하자면 여아 살해였다. 기원전 1년에 쓰인 편지가 고고학자들에 의해 발굴되었는데 그 편지는 이집트에 근무하던 힐라리온이라는 로마 군인이 로마에서 출산을 앞두고 있는 부인에게 보낸 것이다. 그는 부인에게 이렇게 말한다.

> 나는 여전히 알렉산드리아에 있음을 알립니다. 모든 사람이 돌아가고 나만 알렉산드리아에 남아 있더라도 염려하지 마시오. 앞으로 태어날 우리 아들을 잘 보살피기를 요청하고 바랍니다. 봉급을 받는 대로 당신에게 보내겠소. 만일 당신이 [내가 귀향하기 전에] 출산을 했을 경우 아들을 낳으면 키우고 딸이면 없애버리시오. 당신이 "나를 잊지 마세요"라는 말을 전해왔는데 어떻게 내가 당신을 잊겠소. 걱정하지 말기 바랍니다.[3]

2 Stark, "The Role of Women in Christian Growth," *The Rise of Christianity*, ch. 5, 95–128.

3 Ibid., 97f.

아쉬켈론(Ashkelon)이라는 이탈리아의 한 항구에서 고고학자들에 의해 발굴된 고대 하수구에서는 100여 구의 어린아이 유골이 발견되었다. 이 어린아이들은 태어난 지 며칠이 되지 않아서 하수구에 버려진 것으로서 학자들은 이 아이들 중 거의 전부가 여자아이인 것으로 추정한다. 남아 선호의 경향은 남녀 인구의 불균형을 초래해서 고대 로마시의 남녀 비율은 131대 100, 그밖에 이탈리아, 소아시아, 북아프리카 지역은 140대 100이라는 불균형을 나타냈다고 추정된다.[4] 여성 사망의 또 하나의 치명적인 원인은 낙태였다. 당시 낙태의 방법은 치사량에 미치지 않는 독약을 먹거나 독극물을 자궁에 주입시키거나 바늘, 갈고리, 칼을 이용한 것이었다. 무분별한 독극물 사용과 비위생적인 수술은 태아뿐만 아니라 산모의 목숨까지 빼앗는 결과를 낳았다.

또한 어린 나이에 결혼한 로마 여성은 결혼 생활의 행복을 느끼지 못했으며[5] 남편이 죽어서 과부가 되면 재혼하지 않고 독신으로 살기를 원하는 경우가 많았다. 이에 로마 황제가 과부들의 재혼을 종용하는 법과 자녀 출산을 장려하는 법을 제정하기도 했다.[6] 여성 인구의 저하는 여성의 사회적 지위와 권한의 약화와 함께 출산율의 저하를 초래했고 결과적으로 로마제국의 인구가 감소하게 되었으며 이것은 로마제국 멸망의 한 요인이 되었다.

반면에 기독교에서는 유아 살해나 낙태를 살인 행위로 규정했고 피

---

4 Ibid., 97, 118.

5 Ibid., 105. 로마법에 의하면 여자가 12세가 되면 결혼할 수 있으며, 그 이전에 결혼한 경우 12세가 되었을 때 정식 부인으로 인정했다. 실제로 옥타비아와 아그리피나라는 여성은 각기 11세와 12세에 결혼했으며 퀸틸리아누스라는 사람의 부인은 13세에 아들을 낳았고 타키투스는 13세의 여자와 결혼했다.

6 Ibid., 104, 115f. 아우구스투스 황제는 과부가 된 지 2년 안에 재혼하지 않으면 벌금을 내는 법을 제정했으며, 세 명 이상의 자녀를 둔 아버지에게 정치적 혜택을 주었고, 자녀가 없는 부부나 여자 20세, 남자 25세를 넘어서도 결혼하지 않는 사람에게 재정적인 제재를 가했다.

임이나 변태적 성행위, 혼외정사, 일부다처, 이혼 등을 철저하게 금지했다. 또한 로마제국의 여성들이 기독교를 받아들임에 따라 남편과 가족들이 기독교로 개종하게 되는 경우가 많았다. 기독교인들은 당시 로마제국의 이교도 여성이 조혼하는 경향과는 달리 비교적 성숙한 후 결혼하는 비율이 높았으며,[7] 따라서 부부관계도 원만했고 출산율도 높았다. 이러한 결과로 로마제국의 인구 감소와는 대조적으로 기독교 인구는 급증하게 되었다.[8] 초대 기독교인은 여성이 남성보다 월등하게 많았다고 추정되는데 그 이유로는 첫째로 낙태나 유아 살해를 교리와 교회법으로 금지했기 때문이고, 둘째로 남자보다 여자가 기독교로 개종하는 경우가 더 많았기 때문이다.[9] 또한 기독교 여성의 사회적 지위와 권한은 이교도 여성들에 비해 높았다.

---

7 Ibid., 7.

로마 여성의 결혼 연령 비율

연령	이교도	기독교인
13세 이하	20%	7%
13–14세	24%	13%
15–17세	19%	32%
18세 이상	37%	48%

8 Ibid., 107.

초대 기독교인 성장율(매 10년마다 40%씩 성장)

연대	기독교인수	총인구에서 차지하는 비율(%)
40	1,000	0.0017
50	1,400	0.0023
100	7,530	0.0126
150	40,496	0.07
200	217,795	0.36
250	1,171,356	1.9
300	6,299,832	10.5
350	33,882,008	56.5(총인구 6천만 명 추정)

9 Ibid., 99.

2. 초대 교부들의 여성관[10]

여성에 대한 부정적 견해

여성에 대한 초대 교부들의 견해는 당시 그레코 로마 사회의 가부장적 사고와 제도를 반영하고 있다. 남성 중심적 또는 남성 우월적 전통 속에서 여성은 죄악시되거나 열등한 존재로 여겨졌다. 고대 그리스 속담에 "여자들은 제우스가 만든 가장 큰 악이다" 또는 "여자가 당신[남자]을 신선하게 하는 때는 이틀뿐이다. 그것은 결혼식 날과 그 여자를 장사지내는 날이다"라는 말이 있다. 성차별 또는 여성혐오 사상은 고대 사회로부터 존재하고 있었다. 예를 들면, 소크라테스는 자주 여성을 '열등한 성(weaker sex)'이라고 지적하면서 여자로 태어나는 것은 신의 징벌이며, 여자는 인간과 동물의 중간에 위치한다고 주장했다.[11] 아리스토텔레스 또한 남성과 여성이 같지 않다는 것은 영원한 것이며, 영혼이 육체를 지배하듯이 남편이 아내를 다스려야 하고, 둘이 평등해지거나 또는 열등한 쪽이 다스린다는 것은 항상 해로운 것이라고 가르쳤다.[12] 그리스 철학자들의 생각은 기독교의 가르침에 적지 않은 영향을 끼쳤다.

초대 교부들의 여성관도 예외는 아니다. 초대 교부들 중에서 여성을 비하하는 말을 해서 악명(?) 높은 사람은 서방신학의 시조라고 불리는 카르타고의 테르툴리아누스이다. 그는 여자를 향해서 이렇게 말한다.

---

10 Clark, *Women in the Early Church*; Coyle, "The Fathers on Women and Women's Ordination," 51-101을 참조하라.

11 Plato, *Timaeus* 42A-C; 90C; 91A.

12 Aristotle, *Politics*, 1.1259B; 1.1254B.

당신은 악마의 출입구이다. 당신은 금지된 나무의 과일을 처음으로 딴 사람이며 하나님의 계명을 저버린 최초의 사람이다. 당신은 악마도 감히 넘보지 못할 남자를 유혹해서 너무도 쉽게 남자, 즉 하나님의 형상을 파괴했다.[13]

이레나이우스도 여자가 남자에게 종속됨을 가르친다.

두 사람[아론과 미리암]이 똑같이 모세에게 대항하는 행동을 했을 때 왜 미리암만 벌을 받았을까? 그 대답은 우선 여자는 본성이나 계명에 따라 남자에게 종속되는 처지에 있기 때문에 더욱 흠이 많다는 것이다.[14]

알렉산드리아의 교부 클레멘스는 여자가 남자보다 열등한 존재라고 주장하면서 엉뚱한 예를 든다.

그의[남자의] 턱수염은 남자의 표식이며 그가 틀림없이 남자라는 것을 나타낸다. 그것[턱수염]은 이브보다 더 오래된 것이며 [남자가 여자보다] 더욱 강한 본성을 지니고 있다는 상징이다. 털이 있다는 것은 남자의 뛰어난 속성 중의 하나이다…. 털이 있다는 것은 털이 없는 것보다 본질적으로 더 건조하고 따뜻하다는 것을 가리킨다. 그러므로 남자는 여자보다 더 털이 많고 더 따뜻한 피를 가지고 있으며 더욱 완벽하고 더욱 성숙하다.[15]

여자의 영혼은 남자의 영혼과 같기 때문에 그녀는 같은 덕을 이룰 것이

13 Tertullian, *On the Dress of Women* 1.1.

14 Irenaeus, *Fragments* 32.

15 Clement, *Instructor* [*Paidagogos*] 3.19.

다. 그러나 몸의 구조에 있어서는 뚜렷한 차이가 있기 때문에 여자는 아이를 잉태하고 집안일을 할 운명을 지니고 있다.[16]

3세기 후반 로마의 암브로시아스테르는 남자만이 하나님의 형상대로 지음을 받았다고 주장한다. "남자의 지배에 복종해야 하고 아무런 권한도 갖지 못하도록 정해진 여자가 어떻게 하나님의 형상이라고 말할 수 있는가? 여자는 가르칠 수 없고 법정에서 증인이 될 수 없으며 서약을 하거나 판결을 내릴 수 없다."[17]

여성에 대한 부정적 견해는 여성의 사회적 지위를 낮추고 활동을 제한하는 결과를 초래했다. 여자는 교회에서 설교하거나 가르치거나 성례전을 집행할 수 없었고 단지 남자 성직자의 일을 보조하는 데 머물러야 했다. 교부들은 여자가 사제가 되거나 가르치거나 세례를 주는 것이 이단이나 이방 종교에서 행해지는 것임을 주장한다.

세례를 주는 여자들은 결코 적지 않은 위험을 안고 있다는 것을 알아야 한다. 그러므로 함부로 그것을 행하지 않도록 충고한다. 왜냐하면 그것은 위험하며 또한 사악하고 불경한 것이기 때문이다. 그것은 그리스도가 제정하신 것이 아니라 이방 무신론의 무지한 행위들 중의 하나이다. 왜냐하면 그들은 여신들을 위하여 여사제들을 세우기 때문이다. 무엇보다도 만일 세례가 여자들에 의해서 집행되어야 한다면 우리 주님도 요한이 아닌 자신의 어머니에게서 세례를 받았을 것이다. 또는 세례를 주기 위해서 그리스도가 [사도들을] 보낼 때 여자들도 보냈을 것이다.[18]

---

16 Clement, *Miscellanies* [*Stromata*] 4.8.

17 Ambrosiaster, *Quaestiones Veteris et Novi Testamenti*. 45.3.

18 *Apostolic Constitutions* 3.9.

여자는 교회에서 말해서는 안 되며 가르쳐서도 안 되고 세례를 주거나 헌금을 걷어서도 안 되며 남자의 직분이나 성직을 맡아서도 안 된다.[19]

여자는 교회에서 가르칠 수 없으며 단지 기도하고 교사들의 가르침을 들을 수만 있다. 왜냐하면 우리의 스승이요 주님이신 예수 그리스도께서 사람들과 이방인들에게 열두 제자를 보내셨지만 어디에도 여자들을 설교하라고 보내지 않으셨기 때문이다. "남편은 아내의 머리이다." 그러므로 몸의 지체가 머리를 다스리는 것은 합당치 않은 것이다.[20]

306년경에 열린 스페인 남부의 엘비라(Elvira) 회의에서는 다음과 같은 교회법을 제정했다.

아내는 남편의 허락 없이 다른 교인에게 편지를 써서는 안 된다. 아내는 남편의 이름이 적히지 않고 자신에게만 온 안부 편지를 받을 수 없다(canon 81).[21]

여자는 밤에 묘지에 머물러서는 안 된다. 왜냐하면 기도보다는 사악한 일을 할 염려가 있기 때문이다(canon 35).[22]

여자에 대한 이러한 부정적 견해는 하와가 아담을 유혹해서 타락시켰다고 생각한 데서 비롯되었고, 여자는 남자의 갈빗대로 만들어졌기

---

19 Tertullian, *On the Veiling of Virgins* 9.1.

20 *Apostolic Constitutions* 3.6.

21 Womer, *Morality and Ethics in Early Christianity*, 82.

22 Ibid., 78.

때문에 남자보다 열등하며 남자에게 종속될 수밖에 없다고 여겨졌다. 또한 생리는 여자가 불결한 존재라는 상징이며 생리 기간에는 제단에 접근하거나 성찬을 받을 수 없다고 가르치기도 했다.

여성에 대한 긍정적 견해

여자가 남자보다 열등한 존재이며 남성에게 종속된다는 가부장적 사고를 초대 교부들이 지니고 있었음은 부정할 수 없는 사실이다. 그러나 또 다른 한편으로 남녀평등을 시사하는 진술을 찾을 수 없는 것은 아니다. "그리스도의 자비와 그 결과로 따라오는 하늘의 은총은 성이나 나이나 사람의 구별 없이 모든 사람에게 똑같이 나뉨을 알 수 있다"[23]고 말하기도 하며, "모든 사람은 나이나 성이나 지위에 관계없이 생각하고 느끼는 역량과 능력을 가지고 똑같이 태어났음을 알아야 한다"[24]고 가르치기도 한다. 특히 자기 수행과 덕의 실천은 남녀에 관계없이 똑같이 행해야 하는 것임을 강조한다.

> 남자와 여자의 덕은 같다. 왜냐하면 남자와 여자의 하나님이 한 분이시라면 주님도 또한 한 분이시기 때문이다. 하나의 교회와 하나의 절제와 하나의 겸손이 있다. 음식도 공통된 것이며 결혼도 같은 멍에이다…. 공통된 삶을 사는 모든 사람들은 같은 은총과 같은 구원을 받는다. 사랑과 훈련도 그들에게는 공통된 것이다…. 마찬가지로 인간이라는 이름은 남자나 여자에게 공통된 것이다.[25]

---

23 Cyprian, *Epistle* 75.14.

24 Minucius Felix, *Octavius* 16.

25 Clement, *Instructor* 1.4.

> 여자와 남자는 서로 다른 본성을 지니고 있는 것이 아니다. 오히려 그들은 같은 것을 지니고 있다. 덕에 있어서도 마찬가지다…. 따라서 여자도 남자와 마찬가지로 자기 절제와 의, 그리고 그 밖의 모든 덕을 실천해야 한다. 이것은 종이나 자유인에게도 똑같이 적용된다. 왜냐하면 같은 본성은 하나의 같은 덕을 지녀야 하는 것이 당연한 결과이기 때문이다.[26]

교부들은 성서에 나오는 훌륭한 여성들, 예를 들면 미리암, 드보라, 훌다, 유딧, 에스더, 동정녀 마리아, 안나, 엘리자베스, 빌립의 딸들 등의 믿음과 행동을 높이 평가하고 여자들이 그들을 본받을 것을 권면했다. 특히 동정녀 마리아의 순종적 태도와 순결성은 크게 칭송을 받았고 나아가 숭배의 대상이 되었다.

3. 초대 기독교 여성의 역할

초대 기독교 여성들은 특히 "그들의 신앙을 전파하는 특성"[27]으로 기독교가 로마제국 전역에 확산되는 데 큰 기여를 했다. 여자는 남자에 비해서 비교적 사회적이고 정치적인 제약에 매이지 않았으며 때때로 새로운 문화와 종교에 대해서 남자보다 더 개방적이었다. 여자들이 먼저 기독교를 받아들이면 이어서 남편과 자녀, 그리고 가솔들이 개종했고 또한 이웃에도 기독교 신앙이 전파되는 경우가 많았다. 가이사랴의 바실레이오스는 어려서부터 할머니 노(老) 마크리나(Macrina the Elder)에게

---

26 Clement, *Miscellanies* 4.8; 또한 Tertullian, *On the Dress of Women* 1.2를 보라.

27 Monique Alexandre, "Early Christian Women," Pauline S. Pantel, ed., *A History of Women I*, 442.

서 신앙 교육을 받았음을 기억하고 있으며, 그의 동생인 니사의 그레고리우스도 어머니 에멜리아가 그들의 누이인 소(少) 마크리나(Macrina the Younger)에게 성서를 가르쳤다고 말한다. 이렇게 신앙은 가정의 일에 속했으며 주부에 의해서 이전 세대로부터 다음 세대로 전해졌다.

기독교가 시작된 초기 단계에서 여성의 활동은 비교적 활발했었으나 로마제국 전역에 뿌리를 내리고 조직화되면서 여성의 활동은 제약을 받기 시작했으며 교회의 법령들이 제정되어 여성의 직분과 역할을 제한했다. 자연히 여성의 활동은 위계질서와 규범이 강한 정통교회 안에서보다는 분파나 이단에서 더욱 활발했다. 몬타누스주의나 영지주의에서는 여자 지도자가 사제직을 맡아서 세례를 베풀고 성찬식을 집행했다. 교부들은 이런 일이 성서와 전통에 어긋나는 것이라고 비판하면서 교회의 여신도들에게 이단자들을 본받지 말라고 훈계했다.

교회의 여신도에게 비록 사제직이나 가르치는 자격이 부여되지는 않았지만 그들은 비공식적인 활동을 통해 상당한 영향력을 행사했다. 특히 콘스탄티누스 황제의 기독교 승인 이후 부와 권력을 지닌 거의 모든 귀족층의 부인들이 기독교로 개종하면서 그 역할과 영향력은 기하급수적으로 증가했다. 예를 들면, 콘스탄티노플 감독인 크리소스토모스는 황제 아르카디우스의 왕비 유독시아와 그녀의 측근이며 막강한 권세를 지닌 마르사, 카스트리키아, 유그라피아와의 갈등 끝에 결국 감독직에서 축출되고 유배를 당했다.

기독교 여성들은 교리 논쟁에도 관여했다. 로마의 마르켈라는 히에로니무스 부재 시에 성서 본문에 대한 논쟁이 일어났을 때 판정해달라는 요청을 받을 정도로 신학적 조예가 깊었다. 그녀는 오리게네스주의자들을 지지했으며, 노(老) 멜라니아는 오리게네스 저서의 번역자인 루피누스가 비난을 받자 그를 옹호하기도 했다. 동로마제국의 황제 아르카디우스의 딸이며 테오도시우스 2세의 누이인 풀케리아(Pulcheria, 399-453)[28]는 여황제(*Augusta*)로서 국정을 운영하는 막강한 권력을 가지고 있었으나 경건하고 수덕적인 삶을 살았다. 그녀는 동생의 뒤를 이어 황제가 된 남편 마르키아누스와 함께 칼케돈 공의회를 개최하여 네스토리오스파를 정죄하고 정통교회의 신앙을 지키는 주역을 담당했다.

순교(martyrdom)와 수덕주의(asceticism)는 초대 기독교 여성들이 기존 사회 체제를 벗어날 수 있는 두 개의 통로였다.[29] 기독교는 네로 황제의 박해 이후 콘스탄티누스 황제에 의해 승인을 받을 때까지 약 250년 동안 고난을 겪으면서 많은 순교자들을 배출했고 그중에는 여신도들도 있었으며 아그네스, 블란디아, 페르페투아, 펠리키타스 등의 순교사화는 기록으로 남겨져 당대와 후대의 신자들에게 큰 감동과 교훈을 주었다.

기독교가 로마제국의 승인을 받고 황제의 강력한 지원을 받게 되면서 순교의 기회가 사라지자 기독교인들은 신앙의 열정과 순수성을 지키기 위한 대안으로 수덕주의를 발전시켰다. 3세기부터 이집트, 시리아, 팔레스타인, 가이사랴, 스페인, 메소포타미아, 페르시아 등지에 홀로 또는 공동으로 수도생활을 하는 사람들이 있었으며, 팔라디우스에 의하면 4세기에 수만 명의 남녀 수도자들이 황야에서 수도생활을 했다.[30] 수도원운동의 선구자라고 불리는 안토니오스가 황야로 나아갈 때 동행한 누이동생을 수도생활을 하고 있던 여성 수도자에게 데려다 주었고, 콘스탄티누스의 모친 헬레나는 성지를 방문했을 때 동정녀들과 과부들의 공

---

28 Sozomen, *Church History* 9.1-2; Leo the Great, *Letters* 31, 45, 58, 61, 70, 74, 77, 94, 95; Theodoret, *Letter* 43. 풀케리아는 15세에 동정녀로 살기로 서약을 했으며 마르키아누스와 결혼하면서 그와 약속을 맺고 계속 동정녀로 살았다.

29 E. A. Clark, "Early Christian Women," 25.

30 LaCelle-Peterson, *Liberating Tradition*, 162.

동체를 방문한 바 있다. 히에로니무스와 친분이 두터웠던 파울라와 마르켈라도 이런 공동체의 일원이었다. 서방 기독교 최초의 수녀원은 약 410년 카시아누스에 의해 마르세유에 설립되었다. 이후 6세기부터 본격적으로 수녀원들이 설립되기 시작했는데 512년 아를의 감독 카이사리우스(Caesarius of Arles)는 수녀원을 세우고 그의 누이 카이사리아에게 담당하도록 했다.[31] 가장 체계적인 수녀원을 세운 사람은 누르시아의 베네딕투스였다. 그는 쌍둥이 자매인 스콜라스티카(Scholastica, 약 480-543)의 도움으로 530년경 여성들을 위한 수녀원을 세웠다.

수녀들은 남성 수도사들과 마찬가지로 순결과 청빈과 순종을 서약하고 엄격한 규범에 따라 수도생활을 했다. 때로는 여성 수녀원장이 수도원과 수녀원 모두를 관장하고 신앙생활을 지도하기도 했다. 7세기에 이르러 교회의 여집사 직이 폐지되자 수녀원은 여성이 직분을 갖고 신앙적 역할을 수행할 수 있는 거의 유일한 통로가 되었다. 당시 기독교 여성이 특별한 종교적 활동을 하기 위해서는 수녀가 되는 것이 거의 유일한 길이였다. 여성들은 수녀원 생활을 통해 가부장적 제도로부터 벗어나서 자립적이고 주체적인 삶을 누릴 수 있었다. 다른 한편으로 수녀원은 결혼하지 않은 딸이나 남편 부재 시에 부인을 머무르게 하는 장소로도 이용되었으며, 부유한 귀족층에서는 가족들을 위한 수녀원을 독자적으로 세우기도 했다.

공동체에서 수도생활을 하는 여성 수도자들에게 수도생활의 규칙을 저술한 초기의 사람으로는 아우구스티누스가 있는데 그는 누이 페르페투아(Perpetua)에게 각 개인이 공동체에 순종할 것을 강조하면서 수도생활에 관한 권면을 했는데 후대에 수정되어 성 아우구스티누스 규칙이

31 Hamburger and Marti, eds., *Crown & Veil*, 15.

되었다. 수도원 규칙의 기본적 틀을 세워서 큰 영향을 끼친 사람은 누르시아의 베네딕투스(Benedict of Nursia)이다. 수녀원장인 그의 누이 스콜라스티카는 베네딕투스 규칙을 받아들였다. 6세기 초 아를의 감독 카이사리우스는 남, 녀 수도자들에게 각기 하나씩의 규칙을 저술했다. 그가 저술한 '거룩한 동정녀 규칙(*Regula sanctarum virginum*; Rule of Holy Virgins)'은 특히 여성 수도자들을 울타리 안에 엄격하게 격리시킬 것을 지시했고 공동생활(*vita communis*)을 위해 사유재산을 금하고 기도, 노동, 식사, 수면 등을 함께 해야 한다고 강조했다.

이런 경향 속에서 로마제국의 귀족 여성들은 기독교를 받아들인 후 수도자의 길을 걷기로 결심하고 막대한 재산을 자선을 위해 기부하거나 수도원을 설립하기도 했다. 파비올라(Fabiola, ?-399)[32]는 이탈리아 여러 곳에 병원을 설립하고 병자와 노인을 보살폈다. 그녀는 또한 포르토 로마노에 여행자들을 위한 숙소를 세웠다. 파울라, 올림피아스, 소(少) 멜라니아 등은 수도원과 수녀원을 세우고 기도와 성서 연구에 힘쓰면서 많은 수도자들을 영접하고 가난한 사람과 병자를 구제하여 칭송을 받았다.

기독교가 로마제국 전역에 퍼지게 된 저변에는 기독교 여성들의 적극적 선교활동과 헌신적인 봉사가 있었다. 교회는 또 하나의 가정으로서 공동체 의식을 바탕으로 굳게 결속하여 고난을 극복했고 불안의 시대에 정신적, 물질적 안정을 갈구하는 많은 사람들을 기독교로 끌어들이는 구심력을 갖게 되었다.

---

32 Jerome, *Letters* 64; 77; 78. 파비올라는 예루살렘에서 제롬에게 성서를 배우기도 했으며, 히에로니무스는 자신의 글(이스라엘 민족이 광야를 지나는 42 단계에 대한 주석)을 그녀에게 헌정했다.

4. 초대 기독교 여성들

과부[33]

초대 교회 여성의 교회 직분으로서 먼저 과부직을 들 수 있다. 과부는 원래 고아, 거지와 마찬가지로 어려운 처지에 있어서 교회의 돌봄을 받았다. 로마의 감독 코르넬리우스에 의하면 251년 로마에는 천오백 명의 과부들과 거지들이 교회의 도움을 받았으며,[34] 크리소스토모스는 안디옥 교회가 삼천 명의 과부들과 동정녀들을 지원했다고 말한다.[35] 과부의 직분은 초대 교회에 널리 퍼지게 되었고 주로 기도, 금식, 병자들을 돌보는 일, 전도 활동을 했다. 알렉산드리아의 클레멘스는 교회의 직분을 열거하면서 감독, 장로, 집사 다음으로 과부직을 언급한다.[36] 과부는 "하나님의 산 제단"이라고 불리기도 했으며,[37] 재혼의 가능성을 배제하기 위해서 60세 이상이 되어야 한다고 규정하고 있다.[38] 초대 교회의 직제와 그 기능에 대해서 중요한 정보를 제공하는 히폴리투스의 『사도전승*Apostolic Tradition*』이나 『사도교훈집』[39]에 의하면 과부는 안수 받지 않고 임명되었으며 말씀을 가르치거나 성찬 집례의 보조를 할 수 없

---

33 Tertullian, *To His Wife*; John Chrysostom, *Letter to a Young Widow*; Ambrose, *On Widows*; Jerome, *Letters* 46, 79; Augustine, *On the Good of Widowhood.* 참고. Thurston, *The Widows.*

34 Eusebius, *Ecclesiastical History* 6.43.11.

35 John Chrysostom, *Homilies on Matthew* 66.3.

36 Clement, *Instructor* 3.12.

37 Methodius, *The Banquet of the Ten Virgins* 5.8; Polycarp, *The Epistle to the Philippians* 4.

38 *Apostolic Constitutions* 3.1.

39 *Didascalia Apostolorum*(*Apostolic Teaching*)은 3세기 전반 시리아 교회의 규율과 훈계를 기록한 책으로서 4세기 후반에 기록된 『사도규정*Constitutiones Apostolorum*; *Apostolic Constitutions*』의 기초가 되었다.

었고 반드시 감독과 남집사의 지시를 받아야 했다. 『사도규정』은 교회의 직제에 대해 규정하면서 감독, 집사, 장로와 함께 여집사와 과부와 동정녀를 언급한다.

> 그러므로 감독으로 하여금 하나님의 권위를 갖고 존경받는 자로서 신자들을 주재하게 하라. 그는 하나님의 권위로 사제들을 관장하며 모든 신자들을 치리한다. 그리고 집사로 하여금 그리스도가 성부에게 하신 것처럼 감독을 보좌하게 하라…. 또한 여집사는 성령의 위치에서 신도들의 존경을 받게 하라. 그러나 여집사는 [남]집사 없이 행동이나 말을 해서는 안 된다…. 그리고 우리가 성령의 가르침 없이 그리스도를 믿을 수 없는 것처럼 어떤 여신도도 여집사 없이 스스로 집사나 감독에게 말을 걸어서는 안 된다. 장로들로 하여금 신자들로부터 사도로 여김을 받게 하라. 그들은 거룩한 지식을 전하는 교사들이다…. 과부들과 고아들로 하여금 번제물의 제단으로 여겨지게 하라. 그리고 동정녀들로 하여금 분향 제단으로서 공경 받게 하라. 그들은 향불 그 자체이다.[40]

과부들은 단지 원로로서 대접 받는 위치에 있는 것이 아니라 교회에서 젊은 여신자들을 훈계하고 보살피면서 금식과 기도와 봉사의 역할을 수행했다. 교회는 과부직에 대한 엄격한 규정을 만들어서 위계질서를 무시하거나 도를 넘어서는 행동을 하지 않도록 경계했다.

> 그러므로 과부들은 감독과 장로와 집사에게 신중하며 순종적이어야 한다. 그리고 여집사에게는 경건과 존경과 경외의 마음으로 대해야 한다. 집

---

40 *Apostolic Constitutions* 2.26.

사의 허락 없이 권위를 침해하거나 법령집을 넘어서는 어떤 행동도 시도해서는 안 된다. 또한 남자와 함께 음식을 먹거나 음료를 마시려고 해서는 안 되며 사사롭게 물건을 받아서도 안 된다. 만일 과부가 지시를 받지 않고 이런 일을 한다면 그 경솔함에 대해 금식의 벌을 주거나 격리시켜야 한다.[41]

3세기 중반부터 여집사직이 본격적으로 나타나면서 과부직은 사라지기 시작하여 4세기 말 이후에는 교회의 직제에서 사라졌다.

동정녀[42]

초대 교회에는 동정녀 직분이 있었는데 그리스도와 약혼하고 독신으로 순결하게 살기로 서약한 여신도가 안수 없이 이 직분을 받았으며 나이가 많아지면 과부직에 임명되기도 했다. 동정녀의 직분을 받는 것은 결혼을 하지 않기 위한 것이 아니라 자발적인 수행을 하면서 하나님을 섬기는 시간을 더 많이 갖기 위한 것이다.[43] 동정녀는 후에 발전된 수도사와 수녀의 전형이라고 할 수 있다. 동정녀는 "그리스도의 권능과 기독교의 진리에 대한 증거"[44]라고 일컬어지기도 했으며, "그리스도의 진정

---

41 Ibid., 3.7.

42 Justin Martyr, *1 Apology* 15; Athenagoras, *Plea* 33; Minucius Felix, *Octavius* 31; Tertullian, *Apology* 9; *On the Veiling of Virgins*; Origen, *Against Celsus* 1.26; Cyprian, *On the Dress of Virgins*; Pseudo-Clement, *Two Epistles concerning Virginity*; Methodius, *The Banquet*; Aphraates, *Demonstration* 18; Basil of Ancara, *De vera virginitate*; Gregory of Nazianzus, *In laudem virginitatis*; Gregory of Nyssa, *On Virginity*; John Chrysostom, *On Virginity*; *Against Remarriage*; Ambrose, *Concerning Virgins*; *On Virginity*; Augustine, *Of Holy Virginity*.

43 *Apostolic Constitutions* 8.24.

44 Athanasius, *On the Incarnation* 48.2, 51.1.

한 사제"[45] 또는 "하나님께 드리는 향기로운 제물"[46]이라고 불리기도 했다. 키프리아누스는 동정녀를 찬양하면서 계속해서 순결을 지킬 것을 훈계한다.

> 이것은 교회의 씨앗이 꽃을 피운 것이다…. 그들은 자신을 그리스도에게 바쳤다. 그들은 육체적인 비도덕성으로부터 벗어났으며 자신의 육체와 영혼을 하나님께 드리기로 서약했다.[47]

> 순교자들의 첫 열매가 100가지라면 여러분의 것은 60가지이다…. 여러분에게 주어지는 상은 은총 안에서 [순교자들 다음으로] 두 번째가 된다. 그들 다음으로 굳건하게 인내하자…. 여러분은 여자의 슬픔과 신음의 두려움을 가지지 않는다. 여러분의 주인이요 머리가 되시는 분은 그리스도이며 그분이 남편의 자리를 대신한다. 여러분의 운명과 처지는 [남자와] 같다…. 여러분은 세상에 오염되지 않은 채 세상에서 벗어났다. 계속해서 절제하며 순결을 지킨다면 여러분은 하나님의 천사와 같다.[48]

여집사

과부직을 대체하면서 나타난 여집사직은 대체로 동정녀 중에서 임명했지만 여의치 않을 때는 결혼을 한 번만 했던 과부 중에서 성실하고 존경받는 사람을 임명했다.[49] 『사도교훈집』은 감독을 하나님의 형상, 집사

45 Victorinus, *Commentary on the Apocalypse of St. John* 20.6.

46 Tertullian, *On the Resurrection of the Flesh* 8.

47 Cyprian, *Treatises* 2.3–4.

48 Ibid., 2.21–22.

49 *Apostolic Constitutions* 6.17.

를 그리스도, 여집사를 성령, 그 밖의 사제들을 사도들, 과부와 고아를 제단에 비유하기도 한다.[50] 니케아 공의회는 여집사를 평신도로 간주했지만 칼케돈 공의회는 여집사의 안수에 대해 언급하면서(canon 15) 40세 이전에 이 직분을 받을 수 없다고 규정하고 있다. 『사도규정』도 여집사가 감독의 안수와 기도에 의해 임명되는 직분임을 말한다.[51] 6세기에 유스티니아누스 황제가 세운 교회에는 60명의 사제, 100명의 [남]집사, 40명의 여집사, 90명의 부집사, 100명의 독자(讀者), 25명의 독창자, 100명의 문지기가 있었다.[52]

여집사의 임무는 주로 여신도를 상대하는 보조적인 것이었다. 여집사는 여신도에 대한 세례나 성찬을 보조하고 여신도 병자에게 성찬을 운반하거나 교회에서 여신도를 안내하고 감독이나 집사의 여신도 방문이나 면담 시에 동반하는 일을 했으며 그 외의 일은 엄격하게 제한되었다.

> 여집사는 축복 기도를 할 수 없으며 장로나 [남]집사의 직분에 속한 어떤 일도 해서는 안 된다. 그녀는 단지 여자들에게 세례를 줄 때 품위를 지키기 위해서 문을 지키거나 장로들을 수행해야 한다.[53]

여집사는 특히 여신도가 세례를 받을 때 옆에서 보조하고 도유(塗油) 의식을 맡았다. 가운 하나만 걸친 여신도에게 세례를 주고 몸에 기름을 바르는 일은 거북한 일이었고 추문이 날 염려가 있었다.

---

50 *Didascalia Apostolorum* 2.26, 9.82.

51 *Apostolic Constitutions* 8.19–20.

52 Justinian, *Novella* 3.1.1. Alexandre, "Early Christian Women," 434.

53 *Apostolic Constitutions* 8.28.

> 여자들을 돌보기 위해서 성실하고 경건한 여집사를 안수하여 임명하라. 왜냐하면 때로는 불신자들 때문에 감독이 [남]집사를 여자에게 보낼 수 없기 때문이다. 그러므로 악한 자들의 상상을 피하기 위해서 여집사를 보내야 한다. 우리는 많은 일로 여집사가 필요한 상태이다. 예를 들면, 여자들에게 세례를 줄 때 집사는 성유(聖油)를 그들의 이마에만 바른다. 그다음에 여집사가 그들에게 기름을 바른다. 왜냐하면 여자들은 남자에게 [몸을] 보일 필요가 없기 때문이다.[54]

동방교회에서는 여집사직이 안수 받고 임명되는 교직으로 널리 인정되었으나 서방교회에서는 여집사보다는 동정녀나 과부가 여신도의 일반적인 교회 직분이었다. 예를 들면 3세기 로마 교회의 교직 명단에는 여집사직이 없다. 서방교회에는 여집사직이 널리 퍼지지 않았으며 여집사직을 이단과 관련된 것으로 생각하기도 했다. 4세기에서 6세기 사이의 서방교회 회의, 예를 들면 오렌지 회의(441), 에파옹 회의(517), 오를레앙 회의(533)에서는 여집사 임명을 금지하거나 기존의 여집사직을 폐지하는 결정을 내렸다. 동방교회에서는 12세기에 들어설 즈음 여집사직이 사라졌다.[55]

---

54 *Apostolic Constitutions* 3.15. 여자의 세례와 관련된 일화가 있다. "코논(Conon)이라는 사제가 펜투카의 수도원에서 세례를 주는 일을 맡게 되었다. 그가 젊고 아름다운 페르시아 처녀에게 세례를 주게 되었을 때 그녀의 몸에 기름을 바를 자신이 없었다. 그런데 수도원에는 여집사가 들어올 수 없었다. 그는 할 수 없이 도망을 갔다. 그러자 세례 요한이 나타나서 그의 배꼽 밑에 성호를 세 번 긋고 수도원으로 돌려보냈다. 다음날 그는 페르시아 처녀가 여자라는 것을 의식하지 않고 세례를 주고 도유할 수 있었다. 그 후 그는 12년 동안 아무런 자극이나 의식 없이 여자들에게 세례를 주고 도유를 행했다." John Moschus, *Pratum Spirituale*, ch. 3. Alexandre, "Early Christian Women," 434.

55 Alexandre, "Early Christian Women," 435.

예언자

1세기의 교회에는 여예언자가 있었다. 그러나 정통교회에서는 여성이 대중 앞에서 말하거나 가르치는 것을 금하고 억제했기 때문에 여예언자들은 분파나 이단종파에서 많이 활동했다. 2세기 후반부터 3세기 초반에 걸쳐 홍했던 예언운동인 몬타누스주의에는 프리스킬라(Priscilla), 막시밀라(Maximilla), 퀸틸라(Quintilla)와 같은 여예언자들이 몬타누스의 동역자로서 활동했으며 몬타누스가 죽은 후 지도자로서 말씀을 가르치고 세례를 베풀고 성찬을 집례했다.[56] 특히 프리스킬라는 자신이 "말씀이요 권능"[57]이라고 하면서 그리스도가 여성의 모습으로 나타나서 자신에게 계시를 주었다고 말한다. "그리스도가 빛나는 옷을 입은 여인의 모습으로 나타나서 내 안에 지혜를 심어주었고, 이 장소[페푸자]는 거룩한 곳이며 예루살렘이 하늘로부터 이곳에 임재할 것이라고 계시했다."[58] 208년 이후 몬타누스주의에 합류한 테르툴리아누스도 환상을 보고 예언을 하는 프리스킬라에 대해서 말한다. "그녀는 천사들과 대화하며 때때로 주님과도 이야기한다. 그녀는 신비스러운 교통을 보기도 하고 듣기도 한다. 그녀는 사람들의 마음을 식별하며 도움이 필요한 사람들을 치유하는 방법을 알아내기도 한다."[59] 테르툴리아누스는 그들의 가르침에 잘못된 것이 없음을 강변한다.

---

56 Tertullian, *On the Soul* 9; *Prescription against Heresies* 41.5; Hippolytus, *Refutation of All Heresies* [*Philosophumena*] 8.12; Epiphanius, *Medicine Box* [*Panarion*] 49.1-9; Eusebius, *Ecclesiastical History* 5.16.

57 Eusebius, *Ecclesiastical History* 5.16.17.

58 Epiphanius, *Medicine Box* 49.1.3.

59 Tertullian, *On the Soul* 9.

몬타누스, 프리스킬라 그리고 막시밀라는 다른 하나님에 대해서 설교하지 않는다. 그들은 예수 그리스도를 (하나님으로부터) 분리시키지 않으며 어떤 특정한 신앙 규범이나 소망을 바꾸지도 않고 단지 결혼보다는 금식을 자주 할 것을 가르칠 뿐이다.[60]

그러나 정통교회의 교부들은 여자들이 지도자가 되어 말씀을 가르치고 성례전을 집행하는 것을 맹렬히 비난했다.

그들은 보혜사 성령이 이 여자들에게 임했다고 주장한다…. 그들은 자신들의 경전을 통해서 율법서와 예언서 그리고 복음서보다도 더 많은 것을 알고 있다고 주장한다. 사실 그들은 이 가증스러운 여자들이 사도들이나 모든 은사보다도 위에 있다고 과장한다. 더욱이 그들 중 일부는 그녀들에게 그리스도보다 우월한 것이 있다고 주장하기도 한다.[61]

그들은 카타프리기아인들(Cataphrygians)처럼 프리스킬라와 함께 퀸틸라를 창시자로 여 긴다. 그들은 이브가 지혜나무의 열매를 처음으로 먹었기 때문에 특별한 은총을 받았다고 생각하면서 쓸모없는 많은 증거를 제시한다. 그들은 여자를 성직에 임명하는 행위를 뒷받침하기 위해서 모세의 누이를 여예언자로 여긴다. 또한 필립의 네 딸이 예언했음을 말한다. 가끔 그들의 모임에는 사람들에게 예언을 하기 위해서 흰 옷을 입고 등불을 든 일곱 명의 동정녀가 들어온다. 그들은 황홀경에 빠진 모습을 보여줌으로써 사람들을 속인다…. 그들 중에는 마치 [남자와 여자의] 본성에 있어

60 Tertullian, *On Fasting* 1.

61 Hippolytus, *Refutation of All Heresies* 8.12. 또한 Eusebius, *Ecclesiastical History* 5.16을 보라.

서 구별이 없는 것처럼 여자들이 감독, 장로, 그리고 그 외의 직분을 갖고 있다. "왜냐하면 그리스도 안에는 남자나 여자가 없기 때문이다." 이러한 것들이 우리가 알고 있는 사실이다. 그들은 떡과 치즈의 사람들(*Artotyritai*)[62]이라고 불린다. 왜냐하면 그들은 성찬식에 떡과 치즈를 사용하며 이런 식으로 예식을 치르기 때문이다.[63]

몬타누스주의자들은 여지도자의 이름을 따라서 프리스킬라인들(Priscillians)이라고도 불렸다. 그들은 갈라디아서 3장 28절의 "그리스도 예수 안에서는 남자나 여자의 구별 없이 모두가 하나"라는 말씀을 근거로 남녀의 동등한 지위와 역할을 주장했다. 교회는 여러 차례 회의를 소집하여 몬타누스를 정죄했고 그 후 몬타누스주의에 대한 반작용으로 정통교회는 예언을 경계하게 되었으며 특히 여성의 예언을 억제했다. 현대 여성신학자들은 몬타누스주의에 나타난 여성의 지도적 역할과 사제직 수행에 관심을 갖고 이 운동을 긍정적으로 평가한다.[64]

순교자

로마제국의 박해하에 많은 여자 순교자들이 나왔다.[65] 여종이었던 블

62 이 명칭은 떡(ἄρτος)과 치즈((τυρός)의 합성어이다.

63 Epiphanius, *Medicine Box* 49.2.

64 Klawiter, "The Role of Martyrdom and Persecution in Developing the Priestly Authority of Women in Early Christianity: A Case Study of Montanism," 147-150.

65 초대 기독교 여성의 순교사화를 담고 있는 글들은 다음과 같다. *Letter of the Churches of Vienne and Lyons*; *Martyrs of Scilli*; *Martyrdom of Potamiana and Basilides*; *Martyrdom of Agape, Irene, Chione, and Companions*; *Martyrdom of Crispina*; *Martyrdom of Perpetua and Felicitas*. 참고. Herbert Musurillo, *The Acts of the Christian Martyrs* (Oxford: Clarendon, 1972)에는 초대 기독교 순교사화의 그리스어, 라틴어 원문과 영역본이 수록되어 있다.

란디나(Blandina, ?-177)는 리옹 순교자로 에우세비오스의 『교회사』에 기록되어 있다.[66] 그녀는 심한 고문에도 굴하지 않고 신앙의 절개를 지켰고 오히려 다른 신자들에게 강건할 것을 당부했다.

> 그들[고문자들]은 그녀의 온 몸이 부서지고 찢겼는데도 아직 살아 있는 것에 놀랐다…. 그러나 그 복된 여자는 훌륭한 운동선수처럼 계속해서 힘있게 신앙을 고백했고 "나는 그리스도를 믿는 여자이며 우리 중에는 어떤 사악한 일도 없었다"고 말하면서 그녀가 받은 고문으로 인한 고통으로부터 평안과 안정과 자유를 얻었다.[67]

블란디나가 맹수의 먹이로 기둥에 달렸을 때 동료 신자들은 그녀 안에서 사람들을 위해 십자가에 달린 그리스도를 보았다. 블란디나는 결국 그물에 묶여져서 황소에 의해 죽음을 당했다.

페르페투아(Perpetua, ?-203)와 펠리키타스(Felicitas, ?-203)의 순교사화는 현존하는 기독교 문헌 중 여성에 의해서 기록된 최초의 것이다. 이 순교사화는 카르타고에서 순교한 페르페투아라는 젊은 여성이 일기 형식으로 기록한 글과 후대의 편집자가 첨가한 글로 이루어져 있다. 순교 내용의 일부를 소개하면 다음과 같다.

> 출산의 고통으로 괴로워하자 간수가 그녀[펠리키타스]에게 말했다. "지금 그렇게 힘이 들면 나중에 맹수들에게 던져질 때는 어떻게 하겠느냐? 네가 희생제물 바치는 것을 거절했을 때 맹수들을 잊고 있었느냐?" 그녀가 대답했다. "지금은 내가 고통을 받지만 그때는 다른 분이 내 안에서 나를

66 Eusebius, *Ecclesiastical History* 5.1.17-19, 37, 41-42, 53-56.

67 Ibid., 5.1.

위해 고통을 짊어지실 것입니다. 왜냐하면 나 역시 그분을 위해서 고통을 당할 것이기 때문입니다. 그리고 그녀는 여자아이를 출산했는데 어떤 여인이 데리고 가서 그녀 자신의 딸로 키웠다."[68]

승리의 날이 밝았다. 그들은 얼굴을 가다듬고 마치 천국에 가는 것처럼 기뻐하며 감옥에 서 원형경기장으로 나아갔다. 만일 그들이 떠는 것 같았다면 그것은 공포 때문이 아니라 기쁨 때문이었을 것이다. 페르페투아는 모든 사람의 시선을 맞받아 응시하며 그리스도의 신부요 하나님을 기쁘게 해드리는 여인으로서 밝은 안색과 조용한 걸음걸이로 따라갔다. 펠리키타스도 아이를 무사히 출산한 것에 기뻐하며 앞으로 나아갔다. 이제 그녀는 산모가 아니라 검투사가 되어 피를 흘리며 맹수들과 싸울 수 있게 되었으며 출산 후 제2의 세례[순교]로 씻김을 받게 되었다.[69]

여자들은 옷이 벗겨지고 그물로 덮어서 경기장으로 끌려 나갔다. 한 사람은 젊은 여자였 고 또 한 사람은 최근에 출산했기 때문에 젖을 흘리고 있어서 그것을 보는 사람들을 경악 하게 했다. 결국 그들은 다시 불려 들어가 헐렁한 옷이 입혀졌다. 페르페투아가 먼저 [황소에게] 받혀 넘어졌다. 그녀는 마치 고통보다는 정숙함을 염려하는 듯 일어나 앉아 한 쪽이 찢어진 옷자락으로 다리를 가렸다. 그리고 순교자는 흐트러진 머리카락을 한 채로 고난 받을 수 없다고 생각하면서 떨어진 머리핀을 집어서 꽂았다… 그녀는 심한 상처를 입은 펠리키타스를 보고 그녀에게 가서 손을 뻗어 일어서게 도왔다…. 그녀는 남동생과 세례준비자들에게 외쳤다. "믿음과 서로 간의 사랑 안에서 강건하시오. 우리의 심한 고통을 보고 걸려 넘어지지

68 *Martyrdom of Perpetua and Felicitas* 15.

69 Ibid., 18.

마시오."[70]

페르페투아와 펠리키타스 순교사화의 주제는 '저항과 해방'이며, 순교를 믿음을 통한 자기완성의 길로 묘사한다.[71] 순교는 기독교 여성들에게 억압에 저항하고 그것으로부터 해방되는 기회를 제공했다. 또한 순교자들은 그들과 고통을 나누며 힘을 주시는 그리스도와 함께 하는 믿음의 신비를 맛볼 수 있었다.

황야 교모(Desert Mother)

4세기와 5세기에 세속을 떠나 이집트, 팔레스타인, 시리아 등지의 황야에서 수도생활을 한 사라(Sarah), 신클레티카(Syncletica), 테오도라(Theodora), 탈리스(Talis)[72]와 같은 황야 교모(*Amma*: desert mother)들도 있었다. 황야 교부들의 가르침을 기록한 『교부들의 가르침*Apophthegmata Patrum*; *Sayings of the Fathers*』에는 황야 교모들의 가르침도 수록되어 있다.

> 가장 쓴 약이 병균을 몰아내는 것처럼 금식을 하면서 드리는 기도는 악한 생각을 쫓아낸다.[73]

---

70 Ibid., 20.

71 Wilson-Kastner, et al., *A Lost Tradition*, 2-3.

72 Palladius, *Lausiac History* 59. "탈리스는 젊은 여성 수도자들과 함께 생활했다. 그 수녀원 담장에는 자물쇠가 채워져 있지 않았으나 그녀를 사랑하는 마음 때문에 아무도 밖으로 나가지 않았다."

73 Syncletica 3.

보물이 드러나면 그 가치를 잃는 것처럼 미덕은 알려지면 사라지게 된다. 초가 불 가까이 있으면 녹듯이 영혼은 칭찬에 의해서 파멸되며 모든 수고한 결과를 잃게 된다.[74]

동시에 나무와 씨앗이 될 수 없는 것처럼 세상의 명예에 둘러싸여 있으면서 천상의 열매 를 맺을 수는 없다.[75]

어떤 수도자가 악령들에게 물었다. "무엇이 너희를 쫓아낼 수 있느냐? 금식이냐?" 그들이 대답했다. "우리는 먹지도 마시지도 않는다." "철야기도냐?" "우리는 잠을 자지 않는다." "세상에서 멀어지는 것이냐?" "우리는 황야에서 산다." "그러면 어떤 힘이 너희를 몰아낼 수 있느냐?" 그들이 말했다. "어느 것도 우리를 정복할 수 없고 오직 겸허만이 할 수 있다."[76]

어떤 수도자가 수많은 유혹에 시달리다 못해 "나는 이곳을 떠나리라"고 말했다. 그는 신 발 끈을 매다가 또 한 사람이 역시 신발 끈을 매고 있는 것을 보았다. 그는 수도사에게 말했다. "네가 이곳을 떠나려는 것이 나 때문이냐? 나는 네가 어디를 가든지 항상 너보다 앞서간다."[77]

수도자

수도자의 길은 여성이 가부장적 사회에서의 종속적이고 보조적인 지

74 Syncletica 21.

75 Syncletica 22.

76 Theodora 6.

77 Theodora 7.

위와 역할로부터 해방되어 자유롭고 주체적인 삶을 영위할 수 있는 방법이었다. 여성들은 홀로 또는 신앙 공동체를 이루어 극기와 절제, 헌신적 봉사와 구제활동, 학문 연구, 성지 순례, 남성 성직자와 수도자들과 교분을 통해 삶의 이상과 의미를 추구했다. 특히 마리아의 순결성과 전설적인 여성 테클라의 수덕적 삶은 기독교 여성의 이상적 모델이 되었다.

이코니움 출신인 테클라(Thecla, 1세기?)[78]는 사도 바울을 존경했는데 스스로 자신에게 세례를 주고 머리카락을 자른 후 남장을 하고 바울을 찾아가 만나 그로부터 하나님의 말씀을 전파하라는 사명을 받았다. 테클라의 세례와 기적에 대한 이야기 중 한 부분을 인용하면 다음과 같다.

> 그녀[테클라]가 서서 손을 뻗고 기도하는 동안 그들은 많은 짐승들을 몰아넣었다. 그녀는 기도를 끝냈을 때 물이 가득한 큰 웅덩이를 보고 말했다. "이제 나 자신에게 세례를 줄 바로 그 시간이다." 그녀는 [웅덩이로] 몸을 던지면서 말했다. "예수 그리스도의 이름으로 마지막 날에 나 자신에게 세례를 주노라." 그것을 본 여자들과 모든 군중은 "너 자신을 물에 던지지 말라"고 울면서 소리쳤다. 총독조차도 그렇게 아름다운 여인이 바다표범에게 먹힐까봐 눈물을 흘렸다…. 그러나 바다표범은 불꽃의 섬광을 보고 죽은 채로 떠올랐다. 그리고 그녀 주위에는 불구름이 있어서 어떤 동물도

78 테클라의 이야기는 *Acts of Paul*에 수록되어 있는데 그녀의 이야기 부분이 따로 분리되어 *Acts of Paul and Thecla*, *Acts of Thecla*, *Life and Miracles of Thecla* 등의 이름으로 널리 유포되었다. 테클라에 대한 교부들의 기록은 다음을 참조하라. Methodius, *Banquet* 8; 11; Gregory of Nyssa, *Homily 14 on the Song of Songs*; *Life of Macrina* 2; Gregory of Nazianzus, *Oration against Julian* 1.69; Ambrose, *Letter* 63.34; *Concerning Virgins* 2.3; John Chrysostom, *Homily 25 on the Acts of the Apostles*; Epiphanius, *Medicine Box* 47.1-2; Jerome, *Letter* 22.41; Sulpicius Severus, *Dialogues* 2.13.5; *Acts of Xanthippe and Polyxena* 36; Egeria, *Pilgrimage* 22-23.

건드릴 수 없었고 아무도 그녀가 알몸인 것을 알아차리지 못했다.[79]

총독이 짐승들 한가운데 있는 테클라를 불러서 말했다. "네가 누구냐? 너에게 무엇이 있기에 어떤 짐승도 너를 건드리지 않느냐?" 그녀가 대답했다. "나는 살아계신 하나님의 종입니다. 나에게 있는 것이란, 내가 하나님의 아들을 믿었고 그분 안에서 하나님이 기뻐하시는 자라는 것입니다. 그분 때문에 어떤 짐승도 나를 건드리지 않습니다. 왜냐하면 그분만이 구원의 길이며 영생의 근원이시기 때문입니다. 그분은 슬퍼하는 사람들의 피난처이며, 괴로워하는 사람들을 용서하시는 분이고, 낙심하는 사람들의 안식처입니다. 그분을 믿지 않는 사람은 살지 않고 영원히 죽을 것입니다."[80]

테클라는 바울을 그리워하며 사람들을 각처로 보내서 그를 찾았다. 그리고 그가 무라(Myra)에 있다는 소식을 들었다. 그녀는 젊은 남녀들을 데리고 스스로 띠를 두르고 외투를 손질하여 남자의 옷으로 만들었다. 그녀는 무라로 가서 하나님의 말씀을 전하고 있는 바울을 보고는 그에게 다가갔다. 그는 많은 사람들을 동반한 그녀를 보고 놀랐으며 어떤 다른 시련이 그녀에게 다가오지 않았는지 염려했다. 그러나 그것을 알아차린 테클라가 그에게 말했다. "바울이시여, 내가 세례를 받았습니다. 복음 안에서 당신과 함께 일하시는 그분이 내가 세례 받는 것에도 함께 일하셨습니다." 바울은 그녀의 손을 잡고 헤르미아스의 집으로 데려가서 자초지종을 들었다…. 테클라는 일어서서 바울에게 말했다. "나는 이코니움(Iconium)으로 가겠습니다." 그러자 바울이 말했다. "가서 하나님의 말씀을 가르치시오."[81]

79 *Acts of Paul and Thecla* 34.

80 Ibid., 37.

81 Ibid., 40-41.

교부들은 테클라가 스스로 자신에게 세례를 베푼 일을 문제 삼았지만 많은 여성들은 테클라의 주체적이고 적극적인 행동, 금욕적 삶, 기적으로 인해 그녀를 존경했으며 딸을 낳았을 때 테클라라고 이름을 짓는 경우가 많았다.

마르켈라(Marcella, 약 325-410)[82]는 17세에 과부가 되자 로마의 아벤티누스 언덕에 있는 그녀의 집에 경건한 여자들을 모아서 성서 연구, 기도, 영적 훈련에 힘썼다. 그녀는 특히 겸허하고 청빈한 삶을 살면서 성서 연구에 전력했다. 히에로니무스가 로마에 왔을 때 마르켈라는 그를 간곡하게 설득하여 여자들에게 성서 연구를 지도하게 했다. 히에로니무스는 그녀를 성서학자로서 높이 평가했다. 이민족의 침입으로 히에로니무스, 파울라 등이 팔레스타인으로 피신했으나 마르켈라는 따라가지 않고 로마에 남아 있다가 410년 로마가 고트족의 침략을 받은 직후 그들에게 받은 고초로 인해 죽음을 맞았다.

카파도키아 교부들 중 가에사랴의 바실리우스와 니사의 그레고리오스의 누이인 소(少) 마크리나(Macrina the Younger, 약 327-379/80)[83]는 높은 학식과 경건한 신앙으로 동생들에게 깊은 감화와 영향을 끼쳤다. 그녀의 할머니 노(老) 마크리나(Macrina the Elder)는 네오가에사랴의 감독인 그레고리오스(Gregory Thaumaturgus)의 제자였다. 손녀 마크리나는 12세에 약혼자가 죽자 독신으로 살 것을 결심하고 어머니 에멜리아와 함께 소아시아 폰투스 지방에 있는 안네시에 정착하여 수녀원을 세우고 원장으로서 성서 연구와 영적 훈련에 전념했다. 니사의 그레고리오스는 마크리나가 임종하기 직전 그녀를 방문하여 만난 장면을 기록했는데 그가 얼마나 누이를 사랑하고 존경했는지 잘 나타나 있다.

---

82 Jerome, *Letters* 23-29, 32, 34, 37-44, 46, 59, 92, 127.

83 Gregory of Nyssa, *Life of Macrina*; *On the Soul and the Resurrection*; *Letter* 19.

문 가까이 온 나를 보았을 때 그녀는 팔꿈치에 의지하여 몸을 일으켰지만 이미 심한 열로 힘이 다 빠졌기 때문에 내게 가까이 오지는 못했다. 그러나 마루에 손을 디디고 가능한 한 자리에서 일어나 나에게 경의를 표했다. 나는 달려가서 바닥을 향해 숙인 그녀의 머리를 손으로 치켜들어 바로 앉게 했다. 그리고 조금 전처럼 편안한 자세를 취하게 했다. 그 녀는 하나님을 향해 손을 뻗고 말했다. "오 하나님 제 소원을 저버리지 않고 이런 은혜를 베풀어주셔서 당신의 종이 하녀를 방문하게 해주셨습니다." 그녀는 내 마음을 서글프게 하지 않으려고 신음 소리를 죽이고 호흡이 힘든 것을 감추며 가능한 한 즐거운 분위기를 만들려고 했다. 그녀는 질문을 함으로써 마음에 있는 주제들을 이야기했고 나에게도 말할 기회를 주었다. 대화 도중에 대 바실리오스에 대한 기억이 떠올라서 가슴이 내려앉았다. [379년 죽음]. 나는 얼굴을 숙였고 눈물이 솟아올랐다. 그러나 그녀는 감정에 빠져 낙심하지 않고 성자[바실리오스]에 대한 회상을 높은 철학을 위한 출발점으로 삼았다. 그녀는 자연현상에 대해서 말했고, 슬픈 일들 속에 감추어진 하나님의 계획에 대해서 자세히 이야기했으며, 미래의 삶에 관련된 것들에 대해서 상세하게 말했다. 그녀는 마치 성령에 사로잡힌 것 같았다. 그녀의 말을 듣고 나니 내 영혼이 마치 인간의 본성을 떠나 들어 올려져 아무것도 부족함이 없는 것 같았고, 그녀의 말의 인도로 천상의 성소에 서 있는 것 같았다.[84]

니사의 그레고리오스는 마크리나를 교사요 수도자요 신앙 지도자로 묘사하면서 그녀를 제2의 테클라로 조명하고 고대 철학자 소크라테스와 견준다. 그러나 테클라나 소크라테스와는 다른 면이 있다는 것을 지

84 Gregory of Nyssa, *Life of Macrina* 17.

적한다. "마크리나가 추구한 순결은 『바울과 테클라 행전』에서 제시한 육체를 거부하는 형태가 아니라 '그리스도를 위한' 자유였다."[85] 또한 마크리나는 기독교의 소크라테스라고 불릴 만하지만 두 사람 사이에는 다른 점이 있었다. 소크라테스는 애정을 덕으로 여기지 않았지만 마크리나의 기독교적 관점에서 애정은 분명한 기독교의 덕목이었다.[86]

신분 높은 로마 여인이었던 노(老) 멜라니아(Melania the Elder, 약 342-410)[87]는 남편이 일찍 죽자 로마를 떠나 이집트를 거쳐 예루살렘에 가서 루피누스(Rufinus of Aquileia)와 함께 감람산에 남자와 여자를 위한 수도원을 각각 하나씩 세웠다. 팔라디우스는 멜라니아의 학문에 대한 열정을 다음과 같이 기록하고 있다.

> 그녀는 밤을 낮 삼아 모든 고대 주석가들의 글을 읽었는데 그중에는 오리게네스의 글 300만 줄과 그레고리오스, 스테파노스, 피에리오스, 바실리오스 외에도 권위 있는 저자들의 글 250만 줄이 포함된다. 그녀는 그 글들을 단지 한 번 대충 읽은 것이 아니라 각각의 책을 일곱 번 내지 여덟 번씩 정독했다.[88]

멜라니아의 하나님 말씀에 대한 깊은 이해와 덕행은 히에로니무스에 의해서도 칭송을 받았다.

> 그녀가 성서에서 얻는 기쁨은 놀라웠다. 그녀는 항상 이렇게 찬송을 불

---

85 Wilson-Kastner, "Macrina: Virgin and Teacher," 109.

86 Ibid., 114.

87 Pelladius, *Lausiac History* 46, 54, 55; Jerome, *Letters* 3.3, 4.2, 39.5, 45.4, 133.3; Paulinus of Nola, *Letters* 28.5, 29.5-14, 31.1, 32.11, 45.2-3.

88 Palladius, *Lausiac History* 60.

렀다. "주의 말씀이 내 마음을 가려서 주 앞에 죄를 짓지 않게 하셨나이다."…. "그[완덕을 이룬 사람]의 기쁨은 율법에 있으니 밤낮으로 율법을 묵상하나이다." 그녀는 율법을 묵상한다는 것을 유대인들 중에서 바리새인들이 생각하듯이 단지 기록된 말씀을 읽는 것이 아니라 사도의 말씀대로 "먹거나 마시거나 무엇을 하든지 하나님의 영광을 위해 모든 것을 하라"는 행동으로 이해했다.[89]

그러나 그녀는 오리게네스의 정통성을 옹호하는 루피누스를 지지하여 히에로니무스과 대립하기도 했다. 멜라니아의 신앙심과 학식은 그녀의 손녀인 소(少) 멜라니아에게 이어졌다.

로마의 귀족 부인인 파울라(Paula, 347-404)는 노 멜라니아와 함께 히에로니무스의 제자요 동료였으며 선구자적인 여성 지도자였다. 다섯 명의 자녀를 둔 그녀는 남편을 여의자 33세의 나이에 세상을 등지고 수도와 선행의 삶을 시작했다. 파울라는 베들레헴을 순례하고 그곳에 남자 수도원, 여자 수도원과 여행자들을 위한 숙소를 세웠다.

그녀는 남자를 위한 수도원을 세워서 남자들에게 맡긴 것 외에도 수녀원을 세우고 각 지방에서 모집한 많은 동정녀들을 세 집단으로 나누었는데 그들 중 일부는 귀족 출신이었고 나머지는 중류와 하류 계층에 속한 사람들이었다. 이 세 집단은 따로 작업과 식사를 했지만 시편 찬송과 기도를 위해 함께 모였다…. 그들은 새벽, 제3과, 제6과, 제9과, 저녁, 한밤중에 차례로 시편을 낭송했다.[90] 모든 수녀는 시편을 익혀야만 했으며 매일 성서

---

89 Jerome, *Letter* 127.4.

90 중세 수도원에서 지키던 8정시과(八定時課)는 다음과 같다. 조과(朝課, Matins), 찬과(讚課, Lauds), 1시과(一時課, Prime), 3시과(三時課, Terce), 6시과(六時課, Sext), 9시과(九時課,

의 특정 부분을 공부했다. 그들은 주일에만 숙소에서 벗어나 각 집단의 수녀원장을 따라 교회에 갔다.[91]

파울라의 수덕적 삶과 선행은 많은 사람들의 귀감이 되었다. 그녀는 성서에 담겨 있는 영적 진리를 깨우치고 싶어 했으며 이를 위하여 히브리어도 공부하여 상당한 수준에 이르렀다. 히에로니무스는 파울라의 성서에 대한 탐구 정신과 의욕에 대해 기록하고 있다.

> 그녀는 마음으로 성서를 알았고 그 속에 담긴 역사가 진리의 기초라고 말했다. 그녀는 이것을 사랑했지만 그 밑에 있는 영적 의미를 여전히 찾고 싶어 했고 그것을 영혼 안에 세워진 영적 건물의 초석으로 삼았다. 그녀는 딸과 함께 나의 지도를 받아 신·구약성서를 통독할 수 있게 해달라고 간청을 했다. 나는 처음에 겸손하게 사양했지만 그녀가 뜻을 굽히지 않고 끈질기게 재촉했기 때문에 결국 허락하고 내 스스로 깨우친 것이 아닌—왜냐하면 자만심은 가장 나쁜 교사이기 때문에—교회의 가장 잘 알려진 저자들로부터 배운 것을 가르쳤다…. 파울라는 그것[히브리어]을 배우기로 마음을 정하자 아주 성공적이어서 시편을 히브리어로 낭송할 수 있었고 라틴어의 독특한 억양 없이 그 언어로 말할 수 있었다.[92]

히에로니무스는 파울라를 칭송하는 글을 그녀의 딸인 에우스토키움에게 보내면서 이렇게 말한다.

None), 만과(晩課, Vespers), 종과(終課, Compline). Francis of Assisi, *The Later Rule* 3.

91 Jerome, *Letter* 108.20.

92 Ibid., 108.27.

두려워하지 말라, 에우스토키움. 너는 눈부신 유산을 물려받았다…. 너의 어머니는 오랜 순교 끝에 이제 면류관을 썼다. 신앙을 고백한다는 것이 피를 흘리는 것만은 아니다. 경건한 마음으로 흠 없는 봉사를 한다는 것 자체가 매일의 순교(daily martyrdom)이다. 전자의 경우가 장미와 제비꽃 면류관을 쓰는 것이라면, 후자의 경우는 백합 면류관을 쓰는 것이다.[93]

콘스탄티노플의 여집사인 올림피아스(Olympias, 약 365-410)[94]는 명문가 출신으로서 부귀영화를 버리고 헌신적인 삶을 산 그리스도인이었다. 서방 로마 쪽에 소 멜라니아가 있었다면 동방 그리스 쪽에는 올림피아스가 있었다고 할 수 있다.[95] 그녀는 18세에 결혼했으나[96] 얼마 되지 않아서 남편이 죽자 독신으로 살 것을 결심했다. 올림피아스가 이런 결심을 하게 된 배경에는 같은 삶의 길을 걸었던 요안네스 크리소스토모스의 어머니 안두사의 영향이 컸다. 테오도시우스 황제는 그녀의 재혼을 종용했지만 올림피아스가 거절하자 콘스탄티노플 시장에게 명하여 그녀가 30세에 이르기까지 재산을 위탁 관리하도록 했다. 그러나 그녀는 곧 자신의 재산권을 되찾았다. 많은 교회 지도자들이 그녀에게 도움을 청했으며, 알렉산드리아 감독 테오필로스는 돈을 얻기 위해 찾아와서 그녀의 무릎에 입을 맞추기까지 했다.[97]

올림피아스는 25세의 젊은 나이에 콘스탄티노플 교회의 여집사로 임

93 Ibid., 108.32.

94 John Chrysostom, *Epistulae* 1-17; *Life of Olympias*; Palladius, *Dialogue* 10.16; *Lausiac History* 56.1; 61.3; Sozomen, *Church History* 8.9, 24, 27.

95 C. Baur, *John Chrysostom and His Time*, vol. 2 (London: Sands, 1960), 100.

96 Ibid., 98. 나지안주스의 그레고리오스는 올림피아스의 결혼식에 다른 감독들과 함께 초청 받았지만 병 때문에 가지 못하고 결혼을 축하하는 시를 써서 보냈다. 「여자들을 위한 거울 Mirror for Women」이라는 제목의 이 시는 현존하는 기독교 시 중에서 가장 오래된 것이다.

97 Palladius, *Dialogue* 56.

명되었다. 그녀는 여집사로 임명되는 날 콘스탄티노플의 감독인 넥타리오스에게 금 1만 파운드, 은 2만 파운드를 헌금했고 또한 드라스, 갈라디아, 카파도키아, 비투니아에 있는 모든 재산과 콘스탄티노플에 있는 3채의 궁전을 교회에 헌납했다. 그리고 그녀 자신은 극단적인 금욕 생활을 하여 육류를 전혀 입에 대지 않았고 아플 때 외에는 목욕을 하지 않았으며 그 결과 위장병이 생겨 큰 고통을 받았다. 올림피아스는 교회 옆에 수도원을 세우고 젊은 여인들과 함께 수도 생활을 했는데 겸손한 행동과 누추한 옷차림으로 인해 아무도 그녀를 알아차리지 못했다. 올림피아스와 절친한 사이였던 크리소스토모스는 그녀에게 많은 편지를 보냈는데 그중 17통이 남아 있으며, 5세기에 익명의 저자는 『올림피아스의 생애』를 기록했다. 그 글 중 올림피아스를 칭송하는 내용을 인용하면 다음과 같다.

> 그녀는 허영심 없는 삶을 살았으며. 겉치레가 없는 모습이었고, 허식이 없는 성격이었으며, 얼굴을 장신구로 꾸미지 않았다. 또한 그녀는 자지 않고 깨어 있었으며, 육신을 돌보지 않았고, 헛된 영광을 구하지 않는 마음, 자만하지 않는 지성, 흐트러지지 않는 가슴, 소박한 정신, 한없는 사랑, 매이지 않은 자비로움, 초라한 옷, 놀라운 자제심, 올곧은 생각, 하나님 안에서 꺼지지 않는 소망, 형언할 수 없는 긍휼의 마음을 지니고 있었다.[98]
>
> 그녀는 "주님을 위해 모든 사람에게 순종하면서"(벧전 2:13) 밤낮으로 한없는 눈물을 흘리며 흠 없이 살았다. 그녀는 모든 사람을 공경하여 성자들 앞에서 머리를 숙이고, 사제들을 존경하고, 수도자들을 반갑게 맞아들이고, 동정녀들을 염려하고, 과부들을 돕고, 고아들을 키우고, 노인들을 보호

98 *The Life of Olympias* 13.

하고, 약한 사람들을 돌보고, 죄인들에게 애정을 갖고, 방황하는 사람들을 인도하고, 모든 사람에게 연민을 가졌는데 그것은 가난한 사람들에 대해서는 아무것도 아까워하지 않는 마음이었다.[99]

올림피아스는 크리소스토모스를 비롯한 많은 성직자들과 수도자들을 후원했다. 그러나 요안네스 크리소스토모스가 왕비 유도키아와의 불화로 모함을 받고 귀향을 가자 그를 변호했으며 결국 자신도 재판을 받고 귀향을 가게 되었다. 올림피아스의 청빈한 삶과 박애 정신은 많은 사람들에게 깊은 감화를 주었다.

소(少) 멜라니아(Melania the Younger, 약 383-439)[100]는 노 멜라니아의 손녀로서 남편 피니아누스와 함께 수도자의 길을 걸었다. 그들은 고트족의 침략이 있기 전에 이탈리아를 떠나 북아프리카 타가스테에 정착하여 그곳에서 아우구스티누스를 만났다. 그녀는 남편이 죽은 후 아우구스티누스와 함께 예루살렘에 와서 감람산에 수도원을 세우고 신학 연구와 자선 사업에 힘썼다. 멜라니아의 전기는 그녀의 후계자인 수도승 게론티오스에 의해서 기록되었다. 그는 멜라니아에 대해서 이렇게 말한다.

많은 원로원 의원들의 부인들과 신분 높은 남자들이 정통신학을 논의하기 위해서 그녀를 찾아왔다. 그녀 안에는 성령이 거하고 있었으며, 그녀는 아침부터 밤까지 신학을 논하면서 길을 잘못 든 많은 양들을 정통교회로 돌아오게 했고 회의에 빠진 사람들을 도왔다. 한마디로 그녀는 가르침을 받으려고 찾아온 모든 사람들에게 하나님의 영감으로 도움을 주었다.[101]

---

99 *The Life of Olympias* 15.

100 Jerome, *Letter* 143.2; Augustine, *Letters* 124-6; *On the Grace of Christ* 1.1.

101 Gerontius, *Life of Melania* 54.

저술가

초대 기독교 여성들의 글 중 현존하는 것은 몇 편밖에 없다. 앞에서 소개한 페르페투아는 자신과 동료들이 고난당하는 내용을 글로 남겼고, 에게리아는 순례기를 썼으며, 프로바는 시문(詩文)을 지었고, 유도키아는 성 키프리아누스의 순교 이야기를 남겼다.

스페인 출신의 수도자 에게리아는 4세기 말에 서부 유럽으로부터 이집트를 거쳐 팔레스타인에 이르렀다가 다시 콘스탄티노플로 순례 여행을 하면서 일기를 썼다. 그녀는 출애굽 여정을 따라 여행하면서 구약성서에 나오는 장소들, 예를 들면 네보 산, 하우란의 카르네아스에 있는 욥의 무덤, 에데사의 사도 도마의 무덤, 카르해의 아브라함의 집 등과 테클라 순교 성소를 탐사한 내용, 팔레스타인의 관습과 그 지방 교회의 예배 의식에 대한 정보를 제공한다. 그녀의 여행기 중에는 예루살렘에서 오순절을 기념하는 예배의식에 관한 기록이 있다.

> 부활절 후 50일째 되는 날은 주일인데 교인들이 크게 애쓰는 날이다. 첫 닭이 울 때부터 모든 일이 관습에 따라 이루어진다. 교인들은 부활교회(*Anastasis*)에서 철야기도를 한다. 그리고 감독이 주일에 항상 봉독하던 복음서 구절, 즉 주님의 부활에 관한 내용을 읽는다…. 아침이 밝아오면 모든 교인들은 대교회, 즉 순교자 기념교회로 가서 항상 해오던 일을 한다. 그리고 사제들이 설교를 하고 나서 감독이 설교를 한다. 모든 필요한 일들이 행해지는데, 헌금은 관습대로 주일에 드린다. 그날 순교자 기념교회에서 마치는 시간은 앞당겨져서 오전 9시 전에 이루어진다. 순교자 기념교회에서 예배를 마친 직후 모든 교인들은 감독을 모시고 찬송을 부르며 오전 9시까지 시온에 이르게 된다.[102]

에게리아는 성서에 대한 풍부한 지식을 갖고 있었으며 특히 구약성서와 신약성서가 하나의 연속적인 거룩한 글임을 시사하고 있다.[103] 예루살렘 교회의 예배 의식에 대한 기록은 예배의 역사를 연구하는 데 중요한 자료를 제공하며 또한 순례기는 초대 교회의 건축 양식 연구에 큰 도움을 준다. 에게리아의 순례기 중 예루살렘 교회의 세례 준비 과정에 대한 글을 소개하면 다음과 같다.

> 나는 부활절에 세례 받을 사람들이 어떻게 교육받는지를 기록하겠다. [세례를 받으려는] 사람은 사순절이 시작하기 전에 이름을 등록해야 하며 사제는 모든 이름을 기록한다…. 사순절이 시작하는 날 대교회 중앙에 감독의 의자가 놓여진다…. 세례를 받으려는 사람들이 한 명씩 나온다. 남자는 아버지와 함께 여자는 어머니와 함께 온다. 그러면 감독이 입장하는 각 사람의 이웃에게 묻는다. "이 사람이 선한 생활을 하고 있습니까? 부모를 공경합니까? 술주정뱅이이거나 거짓말쟁이가 아닙니까?" 그는 인간에게 있는 더욱 심각한 악덕에 대해서 질문한다. 만일 그 자리에 참석한 증인들에게 질문한 모든 것에 대해서 잘못이 없음이 인정되면 감독은 그 사람의 이름을 자신의 손에 적는다. 그러나 만일 어떤 부분이라도 고발된다면 감독은 "그 사람의 행동을 교정하게 하고 고쳐졌을 때 세례 받으러 나오게 하라"고 말하고 그 사람의 퇴장을 지시한다. 그는 남자와 여자를 이런 식으로 조사한다. 그러나 만일 낯선 사람일 경우 그 사람을 아는 증인을 찾지 못한다면 세례 받기가 쉽지 않다.[104]

4세기 후반에 프로바(Proba)는 기원전 1세기의 유명한 시인이었던

---

102 Egeria, *The Pilgrimage of Egeria* 43.1-2.

103 Wilson-Kastner, *A Lost Tradition*, 74.

104 Egeria, *The Pilgrimage of Egeria* 45.1-3, 5.

베르질리우스(Virgil)의 시에 나타나는 용어와 형식을 답습하여 총 694행의 시문(*cento*)을 썼다. 이 시문의 전반부는 창세기와 출애굽기의 내용을 담고 있으며, 후반부는 복음서에 기록된 예수 그리스도의 탄생, 활동, 수난, 승천 등을 다루고 있다. 그녀의 시문은 시를 익히기 위한 교과서로 쓰이기도 했다.

여제(女帝)

4세기와 5세기에 걸쳐 로마제국을 통치했던 테오도시우스 가문에서 태어난 풀케리아(Pulcheria, 399-453)는 어려서부터 후일 테오도시우스 2세가 된 동생의 후견인 역할을 했다. 풀케리아는 14세에 공적으로 동정녀 서약을 하고 자신의 두 여동생을 종용하여 서약하게 했다. 테오도시우스 2세는 그녀를 여제(*Augusta*)로 명명했다. 풀케리아는 450년 테오도시우스 2세가 죽자 장군이었던 마르키아누스(Marcian)와 결혼했으나 동정녀 서약을 깨뜨리지는 않았다. 그녀는 당시 기독교 신자들 사이에 확산되고 있는 마리아 숭배에 자신의 동정을 연결시켜서 마리아에게 봉헌하는 세 개의 교회를 세웠으며 자신의 동정녀 서약문이 새겨진 제단을 만들고 그곳에서 성찬을 받았다. 풀케리아는 이 일을 통해 자신의 권위가 신성하며 초자연적인 것임을 나타냈다. 그런데 동정녀 마리아 호칭에 문제를 제기하는 감독이 나타나 풀케리아와 갈등을 빚게 되었다. 콘스탄티노플의 감독 네스토리오스는 그리스도의 신성과 인성에 대한 논쟁이 진행되는 와중에 동정녀 마리아를 '하나님의 어머니(*Theotokos*)'라고 부르는 것에 반대하면서 '그리스도의 어머니(*Christotokos*)'로 불려야 한다고 주장했다. 그리고 교회는 황제가 아니라 감독이 다스려야 한다고는 입장을 나타내면서 풀케리아가 교회 제단에 서는 것을 허락하지 않았다. 풀케리아는 네스토리오스의 주장을 자신의 신성한 권위에 대한 도전으로 간주하면서 동정녀 마리아가 하나님의 어머니인 것처럼 자신도 동정녀로서 하나님의 말씀을 몸 안에 받았다는 반대 주장을 폈다. 풀케리아의 막강한 권세를 간과하고 신자들의 마리아 신앙을 무시한 네스토리오스는 431년 에베소 공의회에서 정죄되어 귀향을 가게 되었다. 풀케리아는 계속해서 종교적 신앙과 정치적 권력을 연결시켰고 451년 칼케돈 공의회에서 그리스도의 신성과 인성에 대한 긴 논쟁이 마무리되고 새로운 신조가 공표되는 것을 마르키아누스 황제와 함께 지켜보았다. 풀케리아는 정통신앙을 수호했다는 찬사를 받기도 했지만 신앙을 정치적으로 이용했다는 비판도 피할 수 없었다. 그러나 그녀가 정치적 야심에 의한 것이었든지 또는 신앙적 열심에 의한 것이었든지 칼케돈 신조의 형성에 일조한 것은 부인할 수 없는 사실이다. 교회사가 소조메노스(Sozomen)는 풀케리아의 업적을 높이 평가하면서 그의 『교회사』에서 다음과 같이 말한다.

> 그녀는 특히 그[테오도시우스 2세]를 경건으로 인도했고, 그가 지속적으로 기도하고, 정기적으로 교회에 가고, 예물과 보물들로 기도의 집들을 존중하고, 사제들과 다른 선한 사람들, 그리고 기독교의 법을 철학으로 삼은 자들을 공경하는 것을 익히도록 했다…. 얼마나 큰 경외심으로 그녀가 하나님을 예배했는지, 얼마나 많은 기도의 집들을 웅장하게 지었는지, 가난한 자들과 나그네들을 위한 많은 숙소들과 수도 공동체들을 세웠는지, 또한 이것들에 대한 경비 및 주민들의 식료품을 지속적으로 조달한 것 등을 누군가가 이야기하려면 너무 장황해질 것이다.[105]

105 서원모 외 편역, 『여성과 초대 기독교』, 214.

로마 황제 테오도시우스 2세의 왕비인 유도키아(Eudokia, 약 400-460)는 아테네에서 태어난 이교도였고 원래의 이름은 출생도시의 이름을 따른 아테나이스(Athenais)였다. 그녀는 재산 상속 문제로 콘스탄티노플에 왔다가 비잔틴제국의 여제 풀케리아를 만나게 되었고 421년 그녀의 동생인 황제 테오도시우스 2세와 결혼하면서 기독교로 개종했고 '선한 의지'라는 뜻의 유도키아라는 기독교 이름을 받았다. 그녀는 강한 정치적 영향력을 지니고 있었으며 황제로부터 '여황제(*Augusta*)'라는 칭호를 받기도 했다. 그리고 소 멜라니아와 함께 성지순례를 다녀오면서 성 스데반의 유물을 가져오기도 했다. 그러나 유도키아는 황제에 의해 간통죄로 고소되어 재판을 받고 예루살렘에 유배되었다. 그녀는 그곳에서 단성론을 주장하는 반(反)칼케돈주의자들을 지지했었으나 시메온(Symeon the Stylite)과 로마 감독 레오의 노력으로 정통교회로 되돌아왔다. 유도키아는 여러 편의 시와 함께 디오클레티아누스 황제의 박해를 배경으로 한 『성 키프리아누스의 순교』를 썼다.

비잔틴제국의 황제 유스티니아누스 1세의 왕비로서 여제가 된 테오도라(Theodora, 약 497-548)는 남편과 함께 제국을 통치하며 큰 영향력을 행사했는데, 도덕적 개혁을 추진하고 새로운 기구와 건물을 세우고 병원을 설립하는 등 정치, 사회적인 업무뿐만 아니라 종교적 사태에도 관여를 했다.[106] 콘스탄티노플의 감독 아가페투스 1세가 죽자 비질리우스를 후원하여 감독이 되게 하고 경쟁자였던 실베리우스를 귀향 보내기도 했다. 테오도라는 오랜 그리스도론 논쟁을 통해 성자가 완전한 신성

---

106 6세기 초에 유스티니아누스 1세 때 활약했던 비잔틴제국의 역사가 프로코피우스(Procopius)는 『비밀의 역사*Secret History*』를 저술했는데 유스티니아누스 1세를 잔인하고 무능한 황제로, 테오도라를 저속하고 정욕으로 가득 찬 왕비로 묘사한다. 그러나 이런 서술은 그의 편견과 악의에 의한 것으로서 분별력을 가지고 읽어야 한다.

과 완전한 인성을 지니고 있음을 선포한 칼케돈 공의회의 결정에 반발하는 단성론자들(Monophysites)을 지지했다. 그녀는 유스티니아누스 황제를 움직여 칼케돈 공의회의 신조 중 일부분을 정죄하는 법령을 선포하게 하여 오리엔트정교회(Oriental Orthodox Church: 아르메니아교회, 시리아의 야고보교회, 이집트의 콥트교회, 에티오피아의 아비시니아교회 등)가 분리되는 계기를 제공했다. 그녀의 지원으로 시리아에 단성론교회가 세워졌고 또한 단성론파의 사제가 누비아의 주민을 개종시키려는 시도를 했다. 비록 정통교회에서 분리된 분파를 지지했지만 테오도라의 행동은 여성으로서 초대 기독교의 흐름에 한 획을 그은 역사적 역할이었다고 평가할 수 있다.

* * *

초대 교회의 여성들은 결코 가정주부나 어머니에 머무르지 않았다. 그들은 남성에게 종속되어 수동적이고 보조적인 역할만을 한 것이 아니라 능동적이고 주체적인 삶을 영위하면서 때로는 남성들의 동역자로서 때로는 기독교 공동체의 지도자로서 봉사와 선교의 사명을 충실히 감당했고, 기독교가 로마제국의 박해를 극복하고 승리하여 제국 전역에 전파되는 데 큰 몫을 담당했다. 교부들도 깊은 신앙과 덕행으로 기독교의 발전에 기여한 여성 지도자들의 역할을 인식하고 높이 칭송했다. 그러나 그들을 여성으로서 인정하기보다는 남성으로서 인식하려는 경향이 있었다.[107] 취약한 여자임에도 불구하고 남자의 역할을 훌륭하게 했다

107 예를 들면, 교부들은 노 멜라니아를 "남자의 용기를 지닌 여자", "하나님의 여성 남자(the female man of God)", 올림피아스를 "여자가 아닌 인간, 남자다운 피조물, 육체를 빼고는 모든 면에서 남자", 소 마크리나를 "그녀의 성[여성]을 극복한", 소 멜라니아를 "남자다운 행동을 한", "자신의 성의 한계를 극복하고 남자다운" 등으로 묘사하고 있다. Cloke, *This Female Man of God*, 214.

는 것이다. 초대 기독교 여성을 연구한 여성학자의 결론대로 "후기 제국의 거룩한 여성들은 실로 제국의 방향을 바꿀 수 있었다. 그러나 그들은 교회 교부들의 방향을 바꿀 수는 없었다."[108]

1976년 로마 교황청은 교령을 발표하여 사제직에서 여성을 제외하는 입장을 표명했다. 여성신학자들은 이러한 결정에 반발하면서 성서와 교회 전통에서 여성의 지도력과 사제직에 관한 역사적 근거를 발굴하여 제시하는 작업을 하고 있다.[109] 물론 그것이 쉬운 작업은 아니다. 초대 기독교 여성의 경우 그들에 대한 대부분의 글은 교부들에 의해 기록되었으며 여성에 의해 기록된 글 중 현존하는 것은 소수에 불과하다. 그밖에 여성이 쓴 편지의 내용이 교부들의 글 속에 단편적으로 소개되고 있을 뿐이며, 역사적 전기라기보다는 전설이나 사람들의 입에 회자되는 이야기로 꾸며진 경우가 많다. "초대 기독교 여성 성인들의 생애는 정치가나 장수의 공적인 활동에 초점을 맞춘 고전적 전기보다는 그 시대에 유행했던 새로운 양식의 소설이나 로맨스와 많은 면에서 공통점이 있었다."[110] 초대 기독교의 여성들에 대한 기술이 비현실적인 사건들로 꾸며진 '소설적인 생애(novelistic *Vitae*)'라고 할지라도 역사가는 그 이야기를 통해서 역사적 인물의 실체와 사건의 진상을 규명할 수 있다. "그런 사건들이 우리 현대인들에게 '비실재적'으로 보이는 많은 것들, 즉 악령과의 싸움, 기적과 같은 것들의 와중에서 진술된다고 할지라도 그 생애를

---

108 Ibid., 221.

109 예를 들면 Torjesen, *When Women were Priests*는 고대 로마의 한 성당 건물에 새겨진 '여감독 데오도라(*Theodora Episcopa*)'라는 글씨의 흔적을 근거로 초대 교회에 여자감독이 있었을 가능성이 있다고 추정하면서 초대 기독교 여성들이 당시 가부장적 제도 속에서 어떻게 억압과 제재를 극복하고 지도력을 발휘했는지 고찰한 저서이다. 또한 Ruether & McLaughlin, eds., *Women of Spirit*에는 유대교와 기독교 전통에 나타난 여성의 지도력에 대한 논문들이 실려 있다.

110 Clark, "The Lady Vanishes," 16.

역사의 세계에 등장시키는 것은 이 그럴 듯하게 보이는 상세한 기술들이다."[111] 역사적 형태의 기술과 소설이나 드라마와 같은 상상적 이야기는 다를 것이 없다. 그러므로 여성, 특히 고대 여성에 대한 문헌적 연구는 한계가 있기 때문에 비문헌적 자료들, 예를 들면 비문(碑文)이나 파피루스, 기념 유물, 예술품, 장례 유물, 소수의 문서 단편들, 문헌에 들어있는 구두 전승 등을 연구해야 한다.[112] 또한 여성의 역사에 대한 연구는 "역사적 상상력(historical imagination)"을 동원할 필요가 있다.[113] 문헌과 자료 이면에 숨겨진 사실을 행간(行間)을 읽는 방법을 통해 드러내는 노력도 해야 할 것이다.

---

111 Ibid., 19.

112 Brooten, "Early Christian Women and Their Cultural Context," 67.

113 Ibid.

제4장

중세 기독교 여성

500년대 말부터 로마 감독 대 그레고리우스에 의해 본격적으로 유럽 선교가 시작된 이래 10세기에 이르기까지 유럽 대부분의 지역에 기독교가 전파되었다. 고울은 400년경, 아일랜드는 500년경, 이탈리아와 스페인은 600년경에 이르러 대부분 기독교인들이 되었다. 앵글로색슨족은 7세기 중에, 게르만족은 8세기 중에, 그리고 스칸디나비아는 11세기가 시작되기 전에 기독교로 개종했다.[1] 1517년 종교개혁이 일어나기까지 약 천년 동안 중세 시대는 로마가톨릭교회의 전성기였다. 수도원 운동이 절정을 이루었으며 신비주의와 스콜라주의가 발전했다.

14세기부터 16세기에 걸쳐 활발하게 일어났던 문예부흥은 학문과 예술 분야에서 많은 인물들을 배출하면서 크게 발전했다. 그러나 여성학자 켈리는 문예부흥이 여성들의 지위와 역할에 끼친 영향에 대해서 부정적인 평가를 한다.[2] 왜냐하면 가정이나 교회 등 사회 전반에 걸쳐

1 Bitel, *Women in Early Medieval Europe*, 97; Malone, *Women & Christianity*, vol. II, 23.

2 Kelly-Gadol, "Did Women Have a Renaissance?", Koonz & Stuard, eds., *Becoming Visible*, 176-201.

여성들은 부친, 형제, 남편, 사제의 권위에 복종해야만 했으며 남자들처럼 교육의 기회를 가질 수 없었기 때문이다. 드물게 권력이나 학식을 가진 여성들도 있었지만 대체로 그것은 유복한 가정에서 높은 신분으로 태어난 경우에 국한되었다. 여성이 학문을 했다고 해도 그것을 공적으로 나타낼 수 없었으며 저술을 했더라도 남성들에 의해 비방을 받거나 무시당하는 일이 많았다.

중세의 여성관은 초대 기독교 시대와 마찬가지로 여전히 여성을 죄악시하거나 열등시했고, 그 결과는 중세 후기부터 본격적으로 전개된 마녀사냥이다. 학식이 있거나 재주가 뛰어난 여성은 위험한 인물로 여겨졌으며 사회적으로 소외되거나 매장되기도 했다. 하지만 이렇게 열악한 상황에도 불구하고 뛰어난 여성들이 나타났으며 그들은 여성 특유의 감성과 통찰력으로 학문을 발전시켰으며 여성을 옹호하고 여성의 권리를 주장했고 때로는 수녀원이나 소종파 등 여성 공동체를 형성하여 주체적이고 자립적인 삶을 추구했다. 여성들은 때로는 남성들의 동역자로서 때로는 기독교 공동체의 지도자로서 봉사와 선교의 사명을 충실히 감당했고 기독교가 유럽 전역에 전파되는 데 기여했다.

1. 중세 사회와 여성

중세 초기부터 기독교가 유럽 전역에 퍼져나가면서 여성의 권리나 지위에도 변화가 생겼다. 6세기에 이르러 여자도 가문의 유산을 받을 수 있게 되었으며, 점차 여자의 상속권과 소유권이 확대되었다. 교회는 또한 일부다처제에도 종식을 가져왔다. 샤를마뉴 대제는 796년 프리울리(Friuli)에서 교회회의를 소집하고 배우자의 간음에 의해서도 결코 결혼 관계가 무효화되지 않음을 선언하게 했다. 부인이 간음한 경우에 남편은 부인과 별거할 수는 있으나 부인이 죽기 전까지는 재혼을 할 수 없게 했고, 802년 이 법을 제국 전역에서 지키게 했다. 그러나 여성을 죄악시하고 열등시하는 편견과 차별은 여전했다. 예를 들면 세빌의 이시도레(Isidore of Seville)는 그가 저술한 어원사전에서 남자를 가리키는 *vir*와 능력 또는 덕을 뜻하는 *virtus*를 연관시키는 반면에 여자를 가리키는 *mulier*는 연약함 또는 부드러움을 뜻하는 *mollitia*와 연관시켰다. 사회계급에서 여성은 거의 바닥에 위치했다.[3] 이런 상황에서 여성은 성직자가 되거나 공직을 맡을 수 없었으며, 교회와 사회의 통제를 받아야 된다는 생각이 지배적이었다.

투르회의(Council of Tours, 567)는 여자가 남자를 유혹해서 죄짓게 했기 때문에 정죄 받아야 한다고 규정했으며, 같은 시기에 오세르회의(Synod of Auxerre)에서는 여자가 선천적으로 불결하기 때문에 성체를 맨손으로 받을 수 없고 생리나 임신 중에는 성찬식에 참여할 수 없다는 교회법을 제정했다. 690년대에 캔터베리의 감독 테오도어(Theodore)는 "여자들은 불결한 기간[생리] 중에는 수녀나 평신도를 막론하고 교회에 들어오거나 성찬을 받을 수 없다. 만일 이것을 어겼을 때는 3주 동안 금식을 해야 한다… 마찬가지로 출산 후 40일 간의 정결기간 이전에 교회에 들어왔을 때에도 참회를 해야 한다"[4]고 가르쳤다. 그러나 로마의 감독 대 그레고리는 임신 중이거나 방금 출산한 여자들이 교회에 들어와서 세례 받는 것을 허락했다.[5] 여자는 교회에서 찬송하는 것이 허락되지 않았기 때문에 고음을 내는 내시(*castrato*)를 성가대원에 포함시켰다. 심

3 Goetz, *Life in the Middle Ages*, 40.

4 Penitential of Theodore, xiv.7; xiv.17.

5 Bede, *Historia Ecclesiastica*, XXVII.8.

지어 마콘회의(585)에서는 "여자에게도 영혼이 있는가?"라는 주제로 감독들이 찬반 토론을 한 끝에 투표를 하여 과반수의 찬성으로 여자에게도 영혼은 있다고 결론짓기도 했다.

스콜라주의의 대표자인 토마스 아퀴나스도 여성에 대한 편견을 가지고 있었는데 이는 여성을 열등시하고 비하하던 고대 그리스 철학자들의 입장과 맥을 같이하는 것이었다. 아퀴나스는 여성이 남성에 비해 종속적이고 열등한 존재로 창조되었으며, 여성은 남성보다 더 감각적이며 육체적 욕구에 더욱 민감하다고 가르쳤다. 그는 또한 이렇게 말한다. "여자는 마음과 몸이 본질적으로 나약하기 때문에 남자에게 종속된다. 하나님께서 만물의 처음이요 끝인 것처럼 남자는 여자의 처음이요 끝이다…. 자녀들은 그들의 어머니보다 아버지를 더 사랑해야 한다."[6]

드물게 여성을 남성의 동반자라고 말한 사람도 있었다. 성 빅토의 휴(Hugh of St. Victor)는 피에트로 롬바르도(Peter Lombard)를 따라서 결혼이란 남자와 여자가 동반자 관계를 맺는 것이라고 이해했다. 휴에 의하면 하나님은 여자가 남자를 지배하지 않도록 하기 위해서 남자의 머리로부터 창조하지 않았고, 남자의 종이 되지 않도록 하기 위해서 그의 발로부터 창조하지 않았으며, 여자가 남자의 동료로서 그의 옆에 서게 하기 위해서 남자의 옆구리로부터 창조했다.[7]

보나벤투라(Bonaventura)는 여성의 사제직에 반대했는데 그 이유는 성찬식을 집례하는 사제는 하나님의 형상 안에 있어야 하는데 오직 남성만이 자격이 있다는 것이다. 던스 스코투스(Johannes Duns Scotus)도 여성이 사제가 되는 것은 그리스도의 뜻이 아니라고 하면서 같은 입장

---

6 Will Durant, *The Age of Faith* (New York: Simon and Schuster, 1950), 826.

7 Hugh of St. Victor, *De Sacrementis Christianae Fidei* 1.6.35; cf. Peter Lombard, *Sententiae* 2, dist. 18, c. 2. Goetz, *Life in the Middle Ages*, 42와 260, n. 77.

을 취했다. 이러한 생각을 반영한 중세의 교회법은 여성이 세례를 주거나 성찬을 베푸는 것을 금지했으며, 심지어는 성찬을 위해 성별된 집기나 천에 손을 대는 것조차도 허락되지 않았다. 교황 이노켄티우스 3세는 수녀원장이 수녀들에게 축도를 하거나 죄의 고백을 듣거나 공중 앞에서 설교하는 것을 금지했다.

2. 중세 기독교 여성 공동체

수녀원

중세 유럽에는 많은 여성 종교인들이 있었는데 정절, 순종, 청빈의 서원을 하고 봉쇄된 수녀원 안에서 규범에 따라 공동생활을 하는 수녀(nun)가 있었고, 그밖에 베긴회원(Beguine)나 제3회원(재속회원, tertiary)이 있다. 베네딕트회, 시토회, 도미니크회, 클라라회(Poor Clares)에 속한 수녀들은 관상수녀들(contemplative nuns)로서 서약을 하고 속세와의 관계를 단절한 채 수녀원 안에서 기도와 관상의 생활에 몰두했다. 사회적 지위와 재산이 있는 여성은 수녀회에 속하지 않고 독자적으로 한 거주지에 은거하며 수도생활을 했는데 은수녀(anchoress. 남성 은수자는 anchorite)라고 할 수 있다. 노르위치의 줄리안(Julian of Norwich, 1342-1416)이 대표적인 은수녀이다. 또한 제3회원은 남성과 여성 모두에 해당되며 프란체스코회나 도미니크회에 연결되어서 세속생활을 하면서 자선과 봉사활동에 종사했는데 대표적인 인물로는 시에나의 카타리나(Catherine of Siena, 1347-80)로서 도미니크회 제3회원이었다. 13-14세기에 번성했던 베긴회는 수녀원처럼 공동체 생활을 했지만 수녀처럼 서원을 하지 않고 수녀원장 같은 지도자도 없었으며 수녀원처럼 폐쇄된 공간에 고립되어 살지도 않았고 조직이나 규칙도 없는 자발적 모임이었다.[8]

중세 초기는 "위대한 수녀원장들의 시대"[9]라고 불릴 만큼 왕족과 귀족 출신 수녀원장들의 활약이 두드러졌다. 앵글로 색슨의 수녀인 레오바(Leoba, 약 700-780)는 보니파키우스와 함께 게르만족의 선교를 담당했다. 수녀원은 경건한 수도생활뿐만 아니라 학문 연구와 교육에서도 큰 역할을 했는데 프랑스의 셸레(Chelles) 수녀원과 독일의 간더샤임(Gandersheim) 수녀원이 대표적인 예이다. 독일의 수녀원은 8세기부터 설립되기 시작했으며 특히 헤르포르트, 간더샤임, 에셈, 크베들린부르크의 수녀원은 학문과 교육으로 명성이 높았고 독일 수녀원의 근간이 되었다.[10] 독일의 수녀원 수는 점점 증가하여 900년에 약 70개, 1100년에는 150개, 1250년에는 500개에 이르렀고 2만 5천 명에서 3만 명 사이의 수녀가 있었다고 추정된다.[11] 독일에는 도미니크회 수녀원이 특히 많았다. 종교개혁 직전에 인구 2만 명이 거주하는 스트라스부르크에는 7개의 도미니크 수녀원에 200명에 이르는 수녀들이 있었다.[12] 수녀원은

---

8 Hamburger and Marti, eds., *Crown & Veil*, 41-45를 참조하라.

9 Bardsley, *Women's Roles in the Middle Ages*, 35.

10 Ranft, *Women and the Religious Life in Premodern Europe*, 36f.

11 Brooke, *The Age of the Cloister*, 18. Bardsley, *Women's Roles in the Middle Ages*, 39. 독일의 수녀 수는 같은 시기의 영국 수녀 수가 2천 5백-5천 명인 것에 비해서 훨씬 규모가 크다. James M. Anderson, *Daily Life during the Reformation* (Santa Barbara: Greenwood, 2011), 71. 중세에 여자는 12세 정도부터 결혼을 했으며 5-6명의 자녀를 출산했고 이들 중 45%는 12세 이전에 사망했다. 남자들 중 약 10%는 결혼하지 못했고, 여자들 중 약 12%는 자의 또는 타의에 의해서 수녀원 생활을 해야 했다. Wiesner-Hanks, ed., *Convents Confront the Reformation*, 12에 의하면 많은 독일의 도시에서 여성 종교인들[주로 수녀들]은 인구의 5%에서 10%를 차지했다.

12 Leonard, *Nails in the Wall*, xxii.

여성들에게 교육과 학문의 연마, 재능과 창조력의 발휘, 공동생활의 경험, 지도력 육성의 기회를 제공했다.

간더샤임의 로스비타(Hrosvitha, 935-73)는 희곡, 시, 성자들의 전기, 서신 등을 저술하여 후대에 남겼다. 10세기 퀘들린부르크 수녀원 원장이었던 마틸다(Matilda)는 오토 2세의 누이였으며 '감독들의 감독(*metropolitana*; overseer of bishops)'이라고 불릴 정도로 권세가 있었으며, 자신의 영역에 있는 교회의 감독이나 관리를 임명하고 동전을 주조했으며 예술 활동이나 병원, 고아원, 학교를 지원했다.[13] 또한 빙엔의 힐데가르트(Hildegard of Bingen, 1098-1179) 다방면에 걸쳐 저술을 한 당대의 석학이었다. 신성로마제국의 수녀원은 특히 제후나 귀족의 아내와 딸 또는 지역 유지에 의해서 설립되는 경우가 많았고 그 경우 수녀원과 권세 있는 가문과의 관계는 매우 공고했다. 독일의 수녀원장들은 제국의회의 대표로 참석하는 경우도 있었으며 중세 후기에 자주 발생했던 정치적, 군사적 위기의 순간에 영향력 있는 중개자 역할을 하기도 했다.

8세기부터 수녀원에 대한 통제가 시작되고 또한 중세 초반부에 번성했던 베네딕트 수도회가 기울어감에 따라 그곳에 소속되었던 수녀원들도 자연히 쇠퇴의 길을 걷게 되었다. 이후 일어난 클루니(Cluny)의 수도원 개혁운동은 성공적이었지만 남성 위주의 운동이었기 때문에 여성들이 들어설 자리는 없었다. 더욱이 11세기에 일어난 교황 그레고리우스 7세의 개혁은 여성들의 활동을 제한하고 입지를 더욱 약화시켰다. 이전까지 기독교 여성은 수녀원에서 어느 정도의 사제적 역할을 할 수 있었다. 즉 설교를 하거나, 고백을 듣거나, 축복을 할 수가 있었고 여성 공동체를 이끌어갈 수 있었다. 하지만 여성의 지위와 활동은 점차 제약을 받

13 Wiesner, "Ideology Meets the Empire," 49.

게 되었고 사제의 역할도 금지되었다. 초기에 등장했던 많은 수녀원들의 수가 감소하면서 명성도 퇴색해갔다. 수녀들은 서로 간의 유대를 강화하고 신입회원 영입에 힘쓰면서 스스로의 자구책을 세우고 수녀원의 존속을 위해 필사적으로 애썼다.

12세기와 13세기에는 많은 수도회가 설립되었고 이에 따라 여성들이 종교 활동에 참여할 기회도 급격하게 신장했다. 클루니 수도원은 초기 수도원 개혁을 주도했으며 더욱 엄격한 시토회(Cistercians), 프레몬트레회(Premonstratensians), 카르투시오회(Carthusians) 그리고 탁발수도회(mendicant order)인 프란체스코회와 도미니크회가 잇달아 설립되었다. 그밖에 제3회(Third Order)가 형성되었는데 정규 수도회에 속하지 않고 서원을 하거나 수도원 또는 수녀원 생활은 하지 않지만 세속에서 수도원주의를 따라 사도적 삶(*vita apostolica*)을 살면서 가난한 사람, 노인, 병자를 돌보며 신앙생활과 봉사활동을 하는 종교인들로서 제3회원(tertiaries)이라고 불렸다.

그러나 수녀원의 숫자가 늘어나고 규모가 커지면서 부작용도 생겼다. 상류층 여성들이 수녀가 되는 경우 경건한 수도생활을 하기 위해서 자발적으로 수녀가 되기도 했지만 과다한 결혼 지참금에 대한 부담, 가정불화, 재산 도피, 원하지 않는 결혼, 질병, 휴양 등 세속생활의 어려움으로부터 벗어나기 위해서 부모나 자식이나 친척에 의해 타의로 수녀원에 들어오는 경우도 많았다.[14] 수녀들 간의 다툼으로 물의를 일으키기도 했고, 불륜행위로 사생아를 낳아 수녀원 내에서 키우기도 했다.[15] 규칙에 의하면 수녀원에는 처녀만 들어갈 수 있었지만 과부나 심지어는 남편이 있는 아내를 받아들이기도 했고, 창기였던 여인이 수녀원에서

---

14 Evangelisti, *Nuns*, 19-23.

15 Daichman, "Misconduct in the Medieval Nunnery," Coon, *That Gentle Strength*, 97.

참회와 정화의 생활을 하기도 했다. 소명과 경건한 마음 없이 수녀원에 들어오는 경우 세속생활에서 누리던 옷차림과 음식을 바꾸지 않았으며 하인을 두고 방문객을 받으며 바깥출입을 하는 등 수녀원의 규율을 따르지 않는 경우가 있어서 잡음을 일으키기도 했다.

이런 불미스러운 현상과 함께 여성에 대한 편견과 혐오는 수녀도 여성으로서 욕망을 억제하지 못하고 유혹에 약하다는 여론을 조성해 수녀들을 세속으로부터 격리시켜 수녀원 안에 유폐하는 법령을 만들어 시행하기도 했다. 11세기에 교황 그레고리우스 7세 때부터 본격적으로 시작된 수도원 개혁은 특히 여성 종교인이 남성과 물의를 일으키거나 세상일에 관여하지 않도록 수녀원 안에 고립시키는 법을 정했다.[16] 수녀원에 대한 감독과 통제는 더욱 심해져서 1215년 개최된 라테란회의에서는 새로운 수도회의 설립을 금지했고 그 결과 수녀원은 더욱 위축되었다. 그 후 교황 보니파키우스 8세는 1298년 칙서 페리쿨로소(*Periculoso*)를 선포하여 수녀는 감독의 승인 없이 수녀원 외부로 나아갈 수 없으며 오직 관상수도에만 전념할 것을 명했다. 14세기에는 이 법을 베긴회에 적용했으며, 15세기에는 수녀원이 지역 감독의 통제를 받으면서 규율에 따라 엄격한 수도생활을 하도록 했다. 수녀원의 경우에 "개혁(reform)과 봉쇄(enclosure)는 사실상 동의어였다."[17]

그러나 이런 억압에도 불구하고 수녀들의 수는 갈수록 증가했다. 수녀원은 남성이 지배하는 가정이나 사회와 달리 여성의 주체적이고 자율적 공동체였다. 수녀들은 수도생활뿐만 아니라 수녀원을 유지하는 데

16 Bardsley, *Women's Roles in the Middle Ages*, 37. 클루니 수도원 원장인 오도(Odo)는 여성[수녀]을 비하하면서 "여성의 가장 큰 덕목은 눈에 띄기를 바라지 않는 것이다"라고 주장했다. 그에게 이상적인 여성이란 외부인과 접촉하지 않음으로써 남성을 유혹하지 않는 사람이었다.

17 Hamburger and Marti, *Crown & Veil*, 43.

필요한 모든 일을 각자 나누어 담당했으며 특히 교육을 받을 수 있었다. 수녀원은 여성들에게 교육과 학문의 연마, 재능과 창조력의 발휘, 공동생활의 경험, 지도력 육성의 기회를 제공했다. 여성 수도자들 중에서 지도자, 학자, 저자, 예술가, 신비주의자, 예언자가 배출되었으며 이들은 여성 특유의 심성과 재능으로 학문과 문화의 꽃을 피웠다. 여성은 수녀가 되거나 수도 공동체 일원이 됨으로써 "새로운 영적 자유"와 "직분"을 누리게 되었다.[18] 수녀원은 비록 자율성이 약화되었고 이전과 같은 학문을 연구하거나 예술 활동을 하는데 지장을 받았지만 수녀들은 엄격한 수도생활을 통해 신앙과 삶에 대해 강한 자부심을 갖게 되었으며 유대감과 결속력을 강화하는 계기가 되었다. 종교개혁자들이 수도원 개혁과 폐쇄를 강행했을 때 남자 수도원은 별 문제 없이 지시에 따랐지만 수녀원은 경우가 달랐다. 수녀원 중 일부는 종교개혁에 맞추어 개신교 수녀원으로 전환하기도 했고, 또는 규모를 줄이고 어린이 학교를 개설하거나 봉사단체를 설립하여 돌파구를 찾기도 했으며, 일부 수녀원은 강렬하게 저항하여 가톨릭 수녀원으로 남기도 했다.

베긴회

중세에 일어난 여성운동 중 특히 눈길을 끄는 것은 베긴회(Beguines)[19]

---

18 Ibid., 44.

19 베긴회의 이름은 부흥설교자인 말더듬이 랑베르(Lambert le Begue, 약 1177년 사망)의 별명에서 유래했다는 설도 있고 또한 이 모임과 관련이 있던 알비파(Albigensians)의 이름에서 비롯되었다는 주장도 있다. 베긴회와 유사한 성격을 지닌 남성들의 모임은 베가드회(Beghards)라고 불렸다. 베긴회에 관한 간략한 고찰로는 Malone, *Women & Christianity*, vol. II, 124-149; Sheldrake, *Spirituality and History*, 133-159; Peters, "The Beguines," 36-52, 또한 McDonnell, *The Beguines and Beghards in Medieval Culture*를 참조하라.

이다. 베긴회는 서구 역사상 최초의 여성운동이라고 일컬어지기도 하는데 12세기 말 네덜란드에서 자생적으로 시작되어 유럽 전역으로 퍼져 나갔다.[20] 베긴회의 여성들은 수녀들처럼 서약을 하거나 수녀원장 같은 특별한 지도자가 없었고 엄격한 규범이나 전통에 얽매이지 않았으며 수녀원 등 일정한 거주 지역에 제한 받지 않고 활동했다. 그들은 자립적으로 생계를 꾸리면서 인간애의 정신에 기초하여 가난한 사람들을 먹이고 병자들을 돌보았으며 또한 경건과 신비적 체험을 중시하면서 복음서의 가르침, 특히 산상수훈을 따르는 청빈한 '사도적 삶(*vita apostolica*)'을 추구했다. 기존 교회의 가부장적 권위주의로 인해 인정받지 못하고 소외당하던 여성들은 이러한 새로운 운동에 합류했고 이곳에서 새로운 자유와 평등을 맛보며 종교적 삶을 추구했다. 수녀원의 지도자들이 주로 귀족 여성 출신으로 이루어진 데 비해서 이 새로운 운동에는 신흥도시의 하층민들과 중산층 여성들이 많이 참여했다. 이러한 모임은 후에 여성들의 경제활동을 뒷받침하는 길드(guild)로 발전하기도 했다.

베긴회가 널리 알려지기까지는 비트리의 자크(Jacques de Vitry)의 공이 컸다. 그는 베긴회의 경건과 봉사의 삶의 모습에 감명을 받고 선구자인 와니의 마리의 생애를 저술했으며 1233년 교황 그레고리우스 9세로부터 베긴회를 승인한다는 칙서 '동정녀 찬양(*Gloriam virginalem*; To the Glory of Virginal Women)'을 받아냈다. 그러나 곳곳에 수백 명에 이르는 베긴회 공동체가 형성되자 교회 성직자들은 이단의 의심과 통제받지 않는 여성 공동체에 대한 경계심을 갖게 되었고 교회와 사회질서를 해치는 위험한 존재로 인식했다. 마인츠 회의에서는 집에 머무르지 않고 방

20 Bynum, *Holy Feast and Holy Fast*, 18. 1320년 콜롱의 베긴회는 그 지역 전체 성인여성의 약 15%를 차지했으며, 스트라스부르크나 바젤에서는 전 인구의 2.5%가 되었던 것으로 추정된다.

랑생활을 하며 공공연히 잘못된 교리를 가르친다는 혐의로 베긴회에 대한 금지령을 채택했고, 비엔나 회의(1311-1312)에서는 베긴회의 활동을 억압하는 교회법을 제정했지만 베긴회는 해체되지 않고 활동을 계속했다. 교황 요한 22세는 공동체에 모여 생활하는 선한 베긴회와 방랑생활을 하는 악한 베긴회를 구분하는 교령 '라티오 렉타(*Ratio recta*: Correct Reasoning)'를 내렸고 그 후 베긴회 공동체는 교회의 탄압을 면하고 벨기에 등지에 오늘날까지 존속하고 있다. 베긴회는 기독교 역사상 최초의 자생적인 여성공동체로서 중세에 형성되어 현대에 이르기까지 지속되고 있는 여성자립운동이라는 점에 의미와 가치가 있다.

이단종파

12세기와 13세기에는 수녀원뿐만 아니라 여성들을 위한 새로운 형태의 여성 공동체가 등장했으며, 또한 여성의 역할이 비교적 활발했던 단체들이 생겼다. 베긴회, 왈도파, 카타르파, 롤라드파와 같은 소종파나 이단종파에서는 여성의 역할을 중시했으며 여성에게 성서를 읽게 하거나 교리를 가르쳤고 설교의 기회를 주기도 했다. 이들은 대개 기독교의 주류에서 벗어난 분파나 이단들로서 대개 이원론자들, 반(反)사제적(antisacerdotal) 개혁자들, 그리고 정도에서 벗어난 신비주의자들이었다.[21]

대표적인 이원론자들은 카타르파(Cathari)로서 이 명칭은 '순결'을 뜻하는 그리스어 '카타로스(*katharos*)'에서 유래했다. 이들은 또한 프랑스 남부에 위치한 마을인 '알비(Albi)'에서 성했으며 그 이름을 따라 알비파

---

21 Ibid., 16ff.

(Albigensians)라고도 불렸다. 카타르파는 선과 악의 두 원리가 있음을 믿었으며, 그리스도는 천사로서 그의 몸은 단지 환상에 불과하다는 영지주의적 가현설(假現說, docetism)을 가르쳤고, 동정녀 마리아가 하나님의 어머니(*Theotokos*)임을 부인했다. 여성의 지위나 역할에 대한 카타르파의 가르침은 교회의 교부들보다는 우호적이었으나 지도적 고위직인 '완성자(*perfecti*)'의 지위에는 오를 수 없었다.

카타르파는 로마가톨릭교회를 악한 원리의 산물이라고 주장했다. 이 주장을 따르는 추종자들이 프랑스 남부, 이탈리아, 스페인 북부 등지에 생겼고 1167년에는 자신들의 교회회의를 개최하고 감독을 세우기에 이르렀다. 카타르파에서는 비교적 남녀가 평등한 활동을 했다. 죄를 사하는 안수례를 여성도 할 수 있었고, 여성이 직분을 가질 수 있었다.[22] 그러나 부부 간의 성관계는 금지되었으며 여자는 죄의 선동자로 여겨졌다. 교황 이노켄티우스 3세는 카타르파에 대응하여 십자군을 동원해서 탄압했고, 툴루즈회의는 평신도의 성서 소지를 금하고 종교재판소를 개설했다. 카타르파는 1350년경에 이르러 남부 프랑스를 제외하고는 유럽에서 자취를 감추게 되었다.

반사제적 개혁자들 중 가장 잘 알려진 집단은 왈도파(Waldensians)이다. 창시자인 피터 왈도(Peter Waldo 또는 Valdes)는 종교적 이상주의자로서 산상수훈에 입각한 사도적 청빈을 주장하며 순회설교를 했다. 그를 따르는 사람들은 처음에는 '리용의 가난한 자들(Poor Men of Lyons)' 또는 '심령이 가난한 자들(Poor in Spirit)'이라고 불리며 교황의 인정을 받기도 했지만 점차 교황과 성직자들의 타락상을 비난하고 교회의 전통과 관습을 무시했다. 왈도파에서는 여성이 성찬식이나 세례식을 집례하

22 Lambert, *Medieval Heresy*, 112-115.

는 것이 허락되었으며 설교도 할 수 있었다.[23] 로마가톨릭교회는 1184년 제3차 라테란회의에서 왈도를 파문하고 그를 따르는 무리를 탄압하기 시작했다. 왈도파는 종교개혁이 일어났을 때 개혁운동에 가담했으며 개신교도들의 후원과 도움을 받게 되었다.

영국에서 개혁운동을 일으켰던 존 위클리프(John Wycliffe)의 추종자들인 롤라드파(Lollards)도 사제들의 타락상을 비판하며 교회의 개혁을 부르짖다가 영국 교회와 정부로부터 심한 탄압을 받았다. 롤라드파와 후스 운동의 분파인 타보르파(Taborites) 등에서는 여성의 활동이 활발했으며 설교자가 되기도 했다.

13세기에 나타난 자유심령형제단(Brethren of the Free Spirit)[24]은 개인의 신비적 체험을 중시하면서 모든 종교적 규범과 의식을 거부했다. 그들은 절대 완전에 도달한 사람은 더 이상 죄를 범하지 않기 때문에 도덕률이 필요없다는 도덕폐기론(antinomianism)의 입장을 취했다. 때로 영적 해방의 표시로 남녀혼음을 행하여 물의를 빚고 이단으로 정죄되기도 했다. 자유심령형제단은 가난과 사회적 소외로 인해 삶의 근거와 방향을 잃은 민중 속으로 파고들었으며, 특히 사회적 지위와 역할을 박탈당한 여성들에게 접근했다.

3. 중세 기독교 여성들

초대 교회에 있었던 여집사직은 중세에 들어서서 그 비중과 역할이 점차 약화되었다. 동방교회에서는 10세기경까지 여집사직이 있었으나

23 Ibid., 160.

24 노만 콘, 김승환 역, 『천년왕국운동사』(한국신학연구소, 1993), 194-253을 참조하라.

서방교회에서는 533년 열린 오를레앙회의에서 여성의 성적 취약성을 이유로 여집사직을 폐지함으로써 여집사직은 6세기를 넘기지 못하고 교회에서 사라지게 되었다.

중세의 뛰어난 기독교 여성들은 대부분 수녀였으며 경건한 생활, 헌신과 봉사, 신비적 체험과 가르침으로 사람들에게 알려졌다. 그러나 수녀들의 활동은 중세 후반기에 접어들면서 수녀원이 제약을 받고 남성 사제들의 통제를 받으면서 쇠퇴의 길을 걷게 되었고 다른 한편으로 평신도 기독교 여성들이 등장하게 되었다. 수녀원이 아닌 베긴회와 같은 일반 단체에서 종교적 삶을 영위하는 여성들이 많아짐에 따라 수녀가 아닌 평신도 여성 중에서 많은 성자가 나왔으며 시간이 갈수록 여성 성자의 비율이 증가했다.[25]

프랑크왕국의 여성

로마인들로부터 야만족이라고 여겨지던 유럽 북부의 게르만족은 아시아에서 훈족이 몰려오자 남쪽으로 대이동을 일으키면서 로마제국을 침범했다. 로마가 함락되고(410) 마침내 게르만족 용병 대장이었던 오도아케르가 서로마제국을 멸망시켰다. 게르만족의 부족들은 동고트왕국, 부르군드왕국, 프랑크왕국, 서고트왕국, 반달왕국 등을 세웠으나 대부분 6-8세기에 걸쳐 멸망하고 프랑크왕국만이 살아남게 되었다. 프랑크왕국(481-843)은 다른 부족들을 정복하고 합병하면서 서쪽으로 피레

---

25 Ibid., 20-1. 예를 들면, 11세기에 나온 성자 중 여성이 차지하는 비율은 10% 미만이었으나 15세기에는 28%에 이르렀으며, 평신도로서 시성(諡聖)된 인물 중 대부분은 여성이었다. 또한 Bynum, "Religious Women in the Later Middle Ages," Raitt, ed., *Christian Spirituality* II, 127f를 보라.

네 산맥에서 동쪽으로는 엘베강에 이르는 대제국을 이루었으며, 기독교 신앙을 받아들임으로써 중세 기독교 문화 및 제도의 기반을 이루었다.

클로비스로부터 시작된 메로빙거왕조(481-751)는 270년간 지속하다가 왕궁의 재상인 피핀(Pepin)이 힐데리히(Childeric) 3세를 폐위하고 자신이 프랑크왕국의 군주로 즉위함으로써 카롤링거왕조(751-987)가 시작되었다. 피핀의 아들인 카롤루스 대제(Carolus Magnus)는 사라센을 토벌하고 영토를 넓히면서 세력을 확장했으며 교황 레오 3세는 그를 서로마제국의 황제로 대관했다(800). 그는 '카롤링거 르네상스'라고 알려진 문예부흥 정책을 펼쳤으며, 많은 교회와 수도원을 설립하고 선교사를 파견하여 기독교를 유럽 전역으로 전파하는 데 큰 공헌을 했다. 카를로스 대제 이후 프랑크왕국의 분열과 붕괴가 진행되는데 이 과정에서 독일, 프랑스, 이탈리아 등의 국가가 탄생했고, 독일을 중심으로 신성로마제국이 성립하게 된다. 게르만족은 일찍이 기독교로 개종하여 로마교회를 중심으로 하는 서방 기독교의 선교에는 지장이 없었으며 오히려 로마 감독의 권위와 세력은 더욱 강화되었다. 게르만족에게는 초기에 아리우스주의 기독교가 전파되었으나 점차 정통교회의 신앙을 받아들이게 되었고 이 과정에는 왕비와 수녀 등 기독교 여성들의 역할이 지대했다.

성 클로틸드(St. Clothild, 470-548)는 프랑크왕국의 왕이며 메로빙거왕조의 시조인 클로비스(Clovis)의 왕비로서 그를 기독교로 개종시키고 아리우스주의를 배척하게 하여 프랑크왕국이 명실 공히 기독교왕국이 되는 초석을 놓았다. 클로틸드의 전기에는 클로비스가 개종하는 광경이 상세하게 서술되어 있다.

> 왕비는 왕에게 그가 공경하는 헛된 우상들을 버리고 하나님을 경배해

야 한다고 끊임없이 말했다…. 이것을 본 아우렐리아누스[왕의 시종]가 왕에게 아뢰었다. "주인이신 왕이시여, 왕비께서 경배하는 천상의 하나님을 믿으십시오. 그러면 그분께서 당신을 임박한 위기에서 벗어나게 하고 승리하게 할 것입니다." 왕은 눈을 들어 하늘을 보고 눈물을 흘리며 말했다. "세상을 구하러 오신 예수 그리스도시여 당신을 믿습니다. 제가 경배하기를 거부했던 참된 하나님을 경애합니다! 지금 당하고 있는 위험에서 벗어나게 하소서. 왜냐하면 저는 당신의 종이기 때문입니다…."[26]

왕은 제의(祭衣)를 벗고 감독에게 세례를 받았다. 성유(聖油)가 넉넉하지 않았기 때문에 성령이 비둘기의 모습으로 강림해서 성유 두 병을 가져왔고 성 레미기우스[감독]는 경건하게 그것을 받았다. 그는 교회의 관례에 따라 왕에게 도유(塗油)했고 그를 루도빅(Ludovic)이라고 불렀는데 그것은 장한 사람이란 의미이다. 오, 복된 갈리아(Gaul)여! 기뻐하고 기뻐하라, 주를 찬양하라, 참 하나님 안에서 즐거워하라! 교회의 신비로운 화신인 성 클로틸드의 기도를 통해서 여러분의 첫 왕이 천상의 왕으로부터 택함을 받았고 악령숭배로부터 떨어져나왔다…. 왕은 복된 클로틸드의 조언에 따라서 그의 영토에 있는 신전을 허물고 교회를 세웠으며 엄청난 선물을 기증했다. 그는 자비롭게 가난한 사람들에게 구제금을 주었으며 과부와 고아를 도왔고 모든 선한 일을 인내심을 가지고 성심을 다해 수행했다.[27]

경건한 신앙을 지닌 클로틸드는 안달리스(Andalys)와 셸(Chelles)에 수도원을 세웠으며 말년에는 지방에 은거하며 수도생활과 자선활동에 힘썼다. 그녀의 증손녀인 베르타(Bertha) 여왕은 잉글랜드 캔트 지방에

---

26 "The Life of St. Chrothildis," 6, McNamara, ed., *Sainted Women of the Dark Ages*, 43.
27 "The Life of St. Chrothildis," 7, McNamara, ed., *Sainted Women of the Dark Ages*, 44-45.

선교사를 받아들여 기독교 복음이 전파되는 데 공헌했다.

메로빙거왕조의 왕비이며 수녀원장인 성 라데군드(St. Radegund, 약 518-587)는 당대에 가장 존경과 사랑을 받던 성녀였다. 그녀는 독일 중심부에 있는 튜링기아(Thuringia) 공국의 영주 딸로 태어났으나 12세에 침략자인 프랑크왕국의 클로타르(Clothar) 왕에게 넘겨지는 신세가 되었다. 라데군드는 포로생활 중 기독교 복음을 받아들이고 독실한 신자가 되었다. 클로타르는 클로비스와 클로틸드의 아들이었지만 왕권 경쟁에서 형제를 죽이고 여러 가지 포악한 행동을 하는 사람이었다. 그는 라데군드를 왕비로 받아들였으나 다른 후궁들과 어울리며 그녀가 병들고 가난한 사람들을 돌보며 수도생활 하는 것을 방해하지는 않았다. 라데군드는 특히 어려운 처지에 있는 여성들에 대한 관심과 애정이 많았으며 그녀들을 위한 보호소를 세웠고 문둥병자를 돌보았다. 라데군드가 설립한 성 십자가 수도원에는 200명이 넘는 여성 수도자들이 있었다고 전해진다. 라데군드는 성녀로 추앙받았으며 여러 명의 저자들이 라데군드의 전기를 저술해서 고결한 그녀의 삶을 사람들에게 널리 전하고자 했다. 투르의 그레고리우스는 라데군드의 죽음과 장례에 대한 글을 썼는데 그녀가 얼마나 큰 사랑과 존경을 받았는지 잘 나타내고 있다.

> 우리는 그녀의 죽음의 소식을 듣고 그녀 자신이 푸아티에(Poitiers)에 세운 수도원으로 갔다. 우리는 그녀가 상여 위에 누워있는 것을 보았다. 그녀의 얼굴은 빛났고 마치 장미와 백합의 아름다움을 나타내는 것 같아서 눈여겨보게 되었다. 상여 주위에는 200명 정도 되는 큰 무리의 수녀들이 서 있었는데 그들은 그녀의 말씀을 통해 회심해서 거룩한 삶을 살고 있었다…. 그들은 서서 가슴을 치며 말하고 있었다. "거룩한 어머니시여, 우리가 고아가 되도록 내버려두고 떠나시렵니까? 남겨진 우리를 누구에게 맡

기시렵니까? 우리는 부모와 재산과 나라를 떠나서 당신을 따랐습니다. 그치지 않는 눈물과 한없는 슬픔 외에 무엇을 우리에게 남기셨습니까? 지금까지 이 수도원은 우리에게 넓은 저택이나 도읍보다 더 소중했습니다….” 너무나 큰 슬픔이 내 마음을 휘몰아쳐서 나는 계속 울 수밖에 없었다. 축복을 받은 부인이신 라데군드는… 수도원 밖으로 옮겨졌다. 그녀는 이 세상을 떠나 천국에 안치되었다.[28]

현재의 벨기에 남부지방에 위치한 니베유의 성 제르트뤼드(St. Gertrude of Nivelles, 626-659)는 수도자요 신비주의자였다. 오스트라시아(Austrasia)의 왕이요 카롤링거왕조의 설립자인 페펭(Pippin)의 딸로 태어난 제르트뤼드는 종교적 삶을 추구하기 위해서 공주로서의 삶과 결혼을 포기하고 어머니와 함께 니베유에 수녀원을 세우고 수도생활에 몰두했다. 그녀는 순례자들을 환대하고 아일랜드 수도사들을 돕는 일에 힘썼다. 또한 전염병이 돌았을 때 병자들을 돌보아서 거룩한 수호지로 추앙 받기도 했다. 그러나 지나친 금욕생활로 건강이 악화되어서 서른 살의 나이에 수녀원장직을 사임하고 성서연구와 참회와 기도에만 전념했다. 제르트뤼드는 3년 후 생을 마감했고 사람들은 그리스도가 죽음을 맞은 나이와 같다는 말들을 했다. 그녀의 사후에 니베유는 성자숭배의 순례지가 되었다.

셉티마니아의 두오다(Dhuoda of Septimania, 9세기)는 전쟁터에 나간 15세의 아들에게 편지 형식으로 훈계의 내용을 담은 『지침서*Liber Mannualis*; *Handbook*』를 써서 중세 자녀교육을 위한 교본을 제공했다. 이 글은 시편을 포함한 성서구절과 아우구스티누스, 대 그레고리우스,

---

28 "The Death and Funeral of Radegunde by Gregory of Tours," Petersen, ed., *Handmaids of the Lord*, 429-431.

세비예의 이시도루스(Isidore of Seville)와 같은 초대 교부들의 가르침을 바탕으로 내면적 인격수양과 사회활동에 대한 지침을 주고 있다. 멀리 있는 자식에 대한 간절한 사랑이 담긴 훈계 중 일부를 소개하면 다음과 같다.

> 내 아들 윌리엄이여, 하나님은 위대하시며 만물 위에 계신 분이다. 그분은 낮은 자들에게 호의를 갖고 굽어보시며, 높고 힘 있는 자리에 있는 자들, 다시 말해서 자만심을 가진 자들은 멀리 보신다. 하나님은 약한 사람을 들어 올리시며 그를 힘 있는 자들로부터 멀리 있게 하신다. 사랑의 하나님은 스스로를 낮춰서 당신을 필요로 하는 사람들에게 내려오셨다. 그러므로 항상 자신을 낮춘다면 하나님께서 너를 올리실 것이다…. 내 아들아, 사도 바울이 말씀하신 것처럼 어떤 피조물도 하나님의 숭고하심과 위대하심을 알 수가 없었다. "오 하나님의 지혜와 지식의 높음과 풍요로움이여. 그분의 판단은 이해할 수 없고 그분의 길은 알 수 없습니다." 또한 "누가 주님의 마음을 알며, 누가 그분의 상담자가 되겠습니까?" "하늘에 있는 어떤 것이 그분과 동등할 수 있으며 같아질 수 있겠습니까?" 대답은 아무도 그럴 수 없다는 것이다. 왜냐하면 하나님만이 그분의 자녀인 사람들의 마음을 아시며, 그분은 온 세상에서 가장 높으신 분이기 때문이다.[29]
>
> 무엇이 더 있을까? 너에게 항상 조언을 해주는 나 두오다가 여기에 있다. 만일 내가—미래에 반드시 생길 일이지만—너를 떠난다면 이 작은 훈육책을 기념으로 간직하게 될 것이다. 그것을 읽고 또한 하나님께 기도함으로써 내 몸과 마음을 마치 거울에 비친 것처럼 볼 수 있을 것이다. 네가

29 Dhuoda, *Liber Manualis*, 1.12-13.

해야 할 일은 이 책에서 상세하게 찾을 수 있을 것이다. 내 아들아, 많은 선생님들이 너에게 더 길고 더욱 유용한 가르침들을 주시겠지만 엄마인 내가 첫 아들에게 뜨거운 마음으로 가르침과는 성격상 같지 않을 것이다.[30]

두오다는 하나님 사랑, 삼위일체의 신비, 사회질서와 세속적 성공, 도덕적 삶, 팔복, 육신의 죽음과 심령, 기도의 방법과 목적, 시편 낭송의 유용함 등에 대해서 서술하고 독서의 중요성을 강조했다. 『지침서』는 당시의 문학 장르와 경향에 대한 개요, 카롤링거 왕조 시대 이후의 정치적, 군사적 상황, 경건한 신자의 신앙생활, 군대 계층의 청소년 교육지침, 학식 있는 9세기 여성의 지위와 역할에 대해 보여주는 가치 있는 문헌으로 평가된다.

켈트 여성

성 패트릭, 성 콜룸바(St. Columba)와 함께 아일랜드의 수호성인으로 불리는 성 브리지드(St. Brigid of Kildare, 453-524)는 아일랜드 초기 기독교 수녀로서 킬데어 수녀원을 포함한 여러 수도원을 설립했다. 브리지드라는 이름은 켈트여신의 이름 중 하나로서 아일랜드의 여러 전설과 축제가 이 이름과 연관되어 있다. 한 전기에 의하면 브리지드는 미천한 종의 딸로 태어났으나 자라면서 병자를 고치고 가난한 사람들을 먹이는 기적을 행하고 선행을 베풀었다. 그녀의 아버지는 이를 못마땅하게 여기고 브리지드를 왕에게 팔려고 했으나 왕(king of Leinster)은 그녀가 신성한 인물임을 알아차리고 자유의 몸이 되게 했다.

---

30 Ibid., 1.24.

브리지드는 켈트여신 브리지드의 신전이 있는 킬데어에 수녀원을 세우고 본격적인 수도생활을 시작했다. 수녀원이 발전하면서 킬데어는 아일랜드의 기독교 중심지가 되었고 킬데어 수녀원장은 모든 아일랜드 수녀원의 우두머리가 되었다. 또한 브리지드는 예술학교를 설립했으며 섬세하고 우아한 성서사본을 편찬했고 여러 마을을 순방하면서 복음을 전하고 교회를 세웠다. 성 패트릭의 사역을 기록한 『아르마의 서*Book of Armagh*(또는 *Canon of Patrick*)』는 성 패트릭과 성 브리지드에 대해서 다음과 같이 기록하고 있다. "아일랜드 사람들의 기둥인 성 패트릭과 성 브리지드 사이에는 오직 한 가슴 한 마음으로 이루어진 위대한 사랑의 우정이 있다. 그를 통해서 그리고 그녀를 통해서 그리스도께서 많은 위대한 일을 행하신다."

잉글랜드의 성 휘트비의 힐다(St. Hilda of Whitby, 614-680)는 초기 앵글로 색슨 기독교 여성이다. 당시의 많은 다른 수녀원장들과 마찬가지로 그녀는 왕족이었다. 힐다의 어머니는 영국 전체를 비출만한 환한 빛을 내는 목걸이를 옷 속에서 발견하는 꿈을 꾸었는데 그것은 딸 힐다의 미래를 보여주는 것이었다. 힐다는 13세가 되어서야 노덤브리아(Northumbria)의 감독 파울리누스(Paulinus)에 의해 세례를 받고 기독교로 개종했다. 그리고 33세에 수녀가 되기로 서약했다. 힐다는 휘트비에 수도원을 세우고 수도사들과 수녀들을 지도하면서 특히 교육에 치중했다. 영국 역사가 비드(Bede)는 그의 『교회사*Historia Ecclesiastica*』(4.23)에서 힐다의 생애에 대해서 서술하는데, 힐다의 명성이 얼마나 높은지 왕과 영주들이 그녀의 조언을 들으려 했고 모든 사람들이 그녀를 어머니라고 불렀다고 말한다. 힐다는 노년에 이르러 지병으로 앓다가 66세를 일기로 세상을 떠났다. 비드에 의하면 힐다는 33년 동안 세속적인 삶을 살았고 나머지 33년은 종교적 삶을 살았다. 많은 잉글랜드 북부에 설립된 많은 교회가 힐다의 이름으로 헌정되었다.

선교사

잉글랜드 출신의 레오바(Leoba, 700-780)는 보니파키우스의 동역자로서 독일을 비롯한 유럽 선교에 큰 공헌을 했으며 영국 기독교 안에 여성 지도자의 입지와 전통을 세우는 데도 중요한 역할을 했다. 레오바의 전기에는 그녀가 꿈을 통해 계시를 받는 장면이 나온다.

> 레오바는 어느 날 밤 보라색 실이 자신의 입으로부터 나오는 꿈을 꾸었다. 실을 손으로 잡아당기자 그것은 끝없이 나왔다. 실은 마치 창자에서 나오는 것처럼 한없이 나와서 엄청난 길이가 되었다. 그녀는 실 뭉치를 감아 돌려서 공처럼 만들었다. 그러다가 지쳐서 기진맥진하게 되었고 그 순간 꿈이 깨었다. 그녀는 이 꿈이 무엇을 뜻하는지 궁금하게 여겼다.[31]

레오바가 있던 수녀원에 미래를 내다볼 수 있는 수녀가 있었는데 그녀는 레오바가 지니고 있는 거룩함과 지혜로움으로 인해 하나님으로부터 계시를 받게 되었다고 하면서 레오바는 자신의 가르침과 선한 본보기로 많은 사람들에게 유익을 줄 것이라고 말했다. 그 수녀는 레오바의 꿈을 다음과 같이 해석한다.

> 뱃속에 있는 실이 입으로 나온다는 것은 그녀가 마음속으로부터 하나님의 지혜로운 말씀을 전한다는 것을 의미한다. 실이 손안에 가득 찼다는

---

31 Oden, *In Her Words*, 90.

사실은 그녀가 말로 표현하는 모든 것을 행동으로 실천할 것임을 의미한다. 더 나아가서, 그녀가 실을 동그랗게 굴리고 굴려서 만든 공은 거룩한 가르침의 신비를 나타낸다…. 하나님은 이런 징표로 당신의 여종이 말씀과 본보기로 많은 사람들에게 유익을 줄 것이며 그녀가 가는 어떤 먼 곳이라도 그 결실을 맺을 것이다.[32]

레오바는 경건함과 함께 깊은 학식을 지니고 있었다. 그녀는 신·구약 성서뿐만 아니라 교부들의 저술, 교회회의의 칙령, 모든 교회법에 정통했다. 레오바는 잠을 잘 때도 수녀들로 하여금 머리맡에서 성서를 읽게 했다. 수녀들이 성서를 읽다가 성서구절을 빠뜨리기라도 하면 그녀는 깨어나서 실수를 고쳐주곤 했다. 레오바는 수녀원들을 순방하며 수녀들의 수도생활이 완성에 이를 수 있도록 지도하곤 했다. 레오바가 죽자 그녀의 시신은 풀다(Fulda)로 옮겨졌다. 그러나 그녀의 생전 소원대로 보니파키우스 곁에 묻히지 못하고 제단의 북쪽에 안치되었다.

작가

중세 최초의 극작가로 알려진 간더샤임의 로스비타(Hrosvitha of Gandersheim, 약 935-975)는 사랑시인이기도 했으며 성자들의 생애와 역사를 시로 표현하는 저술가였다. 그녀는 어린 나이에 간더샤임의 수녀원에 들어가서 수녀들을 비롯한 여러 스승들로부터 고대 문학과 역사, 초대 교부들의 저서를 섭렵하며 다방면에 걸친 폭넓은 교육을 받았다. 로츠비타의 시는 성서와 역사의 인물들, 교부와 성자들의 생애를 시

32 Ibid., 90f.

로 표현했다. 그녀의 저술 중 가장 주목 받고 독창적 작품으로 평가 받는 것은 여섯 개의 희곡(*Gallicanus*, *Dulcitius*, *Calimachus*, *Abraham*, *Paphnutius*, *Sapientia*)이다.

첫 번째 희곡은 콘스탄티누스 황제의 딸 콘스탄스를 사랑한 갈리카누스라는 청년의 이야기이다. 콘스탄스가 동정녀 서약을 하자 갈리카누스는 전쟁터로 나가는데 요한과 바울을 만나 개종한다. 그 후 율리아누스 치하에서 요한, 바울, 갈리카누스는 순교하게 되고 이들의 순교에 감명을 받은 사형집행자의 아들이 기독교로 개종한다. 두 번째는 디오클레티아누스 황제 치하에서 일어난 박해와 순교 이야기이다. 주제는 어둡고 무겁지만 희극으로 쓰였다. 디오클레티아누스는 기독교인 세 자매인 아가페, 치오니아, 이레네를 궁정 사람들과 결혼시키려고 했지만 거부하자 둘키티우스 총독에게 처벌할 것을 명한다. 둘키티우스는 세 자매의 미색에 반하여 엉뚱한 마음을 품지만 번번이 망신만 당한다. 황제는 다시 키키니우스에게 세 자매를 처벌하라고 명한다. 끝까지 배교하지 않고 신앙을 지킨 아가페와 치오니아는 화형을 당하고 이레네는 화살에 맞아 순교한다. 세 번째 희곡은 칼리마쿠스라는 청년의 이야기이다. 이교도인 그는 드루시아나라는 여인을 사랑하지만 그녀는 이를 거부하고 죽음을 택한다. 칼리마쿠스는 그녀의 무덤에 찾아가 시신에 위해를 가하려고 했지만 뱀에게 물려 죽고 만다. 그러나 사도 요한이 그 둘을 다시 살아나게 하고 칼리마쿠스는 기독교인이 된다. 네 번째는 마리아라는 처녀의 타락과 회개 이야기이다. 수도사 아브라함의 조카딸인 마리아는 사탄의 유혹에 빠져 20년간 수도생활 하던 곳을 빠져나온다. 아브라함은 그녀를 찾아 설득해서 다시 황야로 데려온다. 마리아는 그곳에서 다시 20년 동안 참회의 삶을 살다가 죽음을 맞는다. 다섯 번째로 타이스라는 창기는 수도사 파프누티우스에 의해 회개하고 부유했던 삶을 버리고 황야의 독방에서 참회의 삶을 산다. 그녀는 3년 동안 수도생활을 하고 철야기도를 하는 중에 영혼이 천국으로 솟구쳐 올라간다. 여섯 번째 희곡의 제목은 사피엔티아(지혜)로서 하드리아누스 황제 때 일어났던 거룩한 동정녀인 믿음, 소망, 사랑의 순교 이야기이다.

로스비타는 그밖에도 오토 1세의 처세를 칭송하는 역사시(*Gesta Ottonis*)를 썼으며 간더샤임 수도원의 역사(*Primordia*)를 기술했다. 로스비타는 최초의 기독교 극작가이며 시로 희곡을 쓰는 방식을 시도한 독창적인 시인이라고 평가할 수 있다.

수녀회 설립자

마르키아트의 크리스티나(St. Christina of Markyate, 약 1096-1155)는 영국의 은수녀로서 수도생활과 영적 상담과 예언적 환상으로 잘 알려졌다. 그녀는 세례명으로 테오도라(Theodora)라는 이름을 받았지만 후에 그리스도와의 혼인의 징표로 크리스티나라고 불리게 되었다. 그녀의 전기 작가인 성 알반(St. Alban)에 의하면 그녀는 어릴 때부터 그리스도와 대화를 나누었다고 한다. 크리스티나는 가족들에 의해 감금을 당하고 강제로 혼인을 당했으나 이에 불복하고 완강히 독신 수도생활을 계속하며 수녀원장이 되었고, 그녀가 본 환상, 특히 그리스도와 동정녀 마리아와 악마의 환상을 바탕으로 주위의 수도사들에게 상담과 조언을 하면서 영적 지도자가 되었다. 그녀의 명성이 높아지자 영국 왕 헨리 2세와 교황 아드리아누스 4세의 주목을 받기도 했다. 크리스티나는 '그리스도의 신부'로 인정을 받았으며 영적 조언자와 분쟁의 중재자로 널리 알려졌다.

아시시의 클라라(Clare of Assisi, 1194-1253)는 18세 때 성 프란체스코의 설교를 듣고 감동을 받아 모든 것을 버리고 프란체스코 여성수도회인 '청빈 부인회(Poor Ladies)' 또는 '청빈 클라라회(Poor Clares)'를 조직했다. 그녀는 성 프란체스코의 가르침대로 복음에 근거해서 은둔과 청빈에 기초한 영적 생활을 실천했다. 클라라는 엄격한 수녀원 생활의 규범을 만들어서 여성 공동체를 이끌었다. 예를 들어서 『성 클라라의 규범*The Rule of Saint Clare*』 제3장에는 기도, 금식, 고해, 성찬에 대한 내용이 있는데, 수녀들은 하루에 여덟 번의 일과기도(8 canonical hours, 八定時課)를 했고, 성탄절을 제외한 모든 기간에 금식을 했으며, 일 년에 적어도 열두 번의 고해를 했고, 일 년에 일곱 번, 즉 성탄절, 고난주간 목요일, 부활절, 성령강림절, 성모승천일, 성 프란체스코 축일, 만성절 등의 날에 성찬을 가졌다.[33] 또한 『성 클라라의 규범』 제6장 3절에는 다음과 같은 성 프란체스코의 마지막 유언을 기록하고 있다. "미미한 자인 나 프란체스코 형제는 우리의 가장 존귀하신 주님이신 예수 그리스도와 그분의 가장 존귀하신 성모의 삶과 청빈을 따르고 끝까지 이것을 지키기 바랍니다. 수녀 여러분, 항상 이 가장 거룩한 삶과 청빈 안에서 살기를 요청하고 충고합니다. 어느 누구의 가르침이나 충고에도 결코 이것을 저버리지 않도록 매우 신중하게 경계하십시오."[34] 프란체스코의 수도원 규범이 세상에서의 순례자로서 복음을 전파하는 삶을 추구했다면 클라라의 수녀원 규범은 수녀원 공동체에서 서로 사랑과 평화를 나누는 삶을 추구했다. 그녀의 규범은 수녀원 규범 중 가장 엄격한 것으로 알려졌다. 관상, 기도, 참회, 육체노동으로 이루어지는 수도생활을 요구했으며 금식과 외부와의 접촉 없는 밀폐된 생활을 핵심으로 삼았다. 클라라는 1255년 성자 칭호를 받았다.

스웨덴의 비르기타(Birgitta of Sweden, 1303-1373)는 계시와 설교와

33 Ibid., 130-131.

34 Ibid., 134.

기도의 글로 후대에 영향을 끼쳤다. 그녀는 고위관리의 딸로 태어나 영주와 결혼해서 여덟 명의 자식을 낳았으나 남편이 죽자 철저한 수도생활을 시작했다. 비르기타는 동정녀 마리아를 본받는 삶을 추구했으며 그리스도의 고난과 동정녀 마리아의 자애(慈愛)에 대해 관상을 집중했다. 그녀는 독거지에서 기도하는 중에 그리스도의 환상을 보는 신비로운 체험을 했고, 이것은 남은 생애 동안 줄곧 이어졌다. 비르기타는 남성과 여성으로 구성되는 새로운 수도회를 설립하고 그리스도의 고난과 동정녀 마리아의 자애를 추구하도록 지도했으며, 수도사와 수녀는 수도복과 면사포에 빨간 불꽃 모양의 문장(紋章)을 달도록 했다. 비르기타는 아비뇽에 있는 교황에게 로마로 돌아가도록 종용했으며 백년전쟁의 중재에도 개입했다. 그녀는 로마를 방문하여 그곳에서 교황의 귀환을 기다리면서 그리스도의 고난을 기리며 기도와 자선과 참회와 성서연구의 날을 보냈다. 그녀의 노력의 결과로 교황 우르반 5세는 로마로 돌아왔으며 비르기타 수도회를 승인하고 아우구스티누스 규범을 따르도록 지시했다.

비르기타의 저술 중 널리 읽힌 것은 『계시*Revelaciones*』인데 그녀가 신비로운 무아경 중에 겪은 약 600개의 환상과 음성의 내용이 기록되어 있다. 『계시』는 성서적 형상으로 가득하며 대 알베르투스(Albertus Magnus)의 영향을 받은 흔적이 나타난다. 이 글은 경건한 신자들의 마음을 사로잡았고 영국의 신비주의자인 마저리 켐프(Margery Kempe)도 이와 비슷한 형태의 글을 저술했다. 비르기타는 예루살렘을 비롯한 성지에 순례를 다녀온 후 로마에서 하나님의 부름을 받았다. 여러 권의 비르기타의 전기가 쓰였으며 그녀의 글들을 모아서 편집한 알폰스(Alfons of Jaen) 감독은 비르기타를 "하나님의 여사도요 여선지자*apostola et prophetissa Dei*"라고 불렀다. 비르기타의 유품은 대부분 그녀가 세운 스웨덴의 바드스테나(Vadstena) 수도원으로 옮겨졌고 일부는 스톡홀름과 로마 등지에 남아 있다. 바드스테나 수도원은 스웨덴에서 가장 중요한 중세 수도원으로 남아 있다.

베긴회 여성

베긴회의 선구자이며 대표적 인물인 와니의 마리(Marie d'Oignies, 1177-1213)는 눈물의 기도로 잘 알려졌다. 그녀는 기도를 통해 그리스도의 환상을 보고 그와 깊은 영적 교제를 나누는 체험을 했다.

> 마리는 말했다. 이 눈물은 나의 청량제이며 밤낮으로 나의 양식이 된다. 눈물은 내 머리를 아프게 하는 것이 아니라 내 마음을 먹이며, 나를 고통스럽게 괴롭히는 것이 아니라 오히려 내 영혼을 평안하고 기쁘게 한다. 눈물은 내 머리를 텅 비게 하는 것이 아니라 향긋한 기름으로 채워주며 부드럽게 한다…. 그리스도는 때때로 며칠 동안 그녀와 함께 계셨다. 그는 그녀의 가슴 사이에 어린아이처럼 편안하게 누워 계셨고 그녀는 그를 다른 사람이 보지 못하도록 감추었다. 때때로 그녀는 그가 마치 어린아이인 것처럼 입을 맞추었고, 때때로 그가 어린양인 것처럼 그녀의 무릎에 앉혔다.[35]

남성들이 그리는 그리스도의 상이 힘 있는 지배자나 심판자라면 여성들은 마리처럼 그리스도를 자애로운 분, 어린아이, 어머니 등으로 나타냈다. 그녀는 그리스도의 고난과 헌신의 삶을 강조하면서 자신도 나환자들을 돌보는 등 희생적인 섬김의 생활을 했으며 많은 여성들이 감명을 받고 그녀의 뒤를 따랐다.

35 Petroff, ed., *Medieval Women's Visionary Literature*, 180, 182.

나사렛의 베아트리스(Beatrice of Nazareth, 1200-1268)는 플랑드르 지방 출신으로서 일곱 살에 어머니를 여의고 베긴회에 들어가서 사도들의 삶을 따라 청빈과 순결의 삶을 살았다. 그녀는 문법, 수사학, 기하학, 수학, 천문학, 음악 등 학문을 넓게 익혔으며 시토(Citeaux)회에 들어가 깊은 영적 생활을 하면서 하나님과의 합일을 추구했다. 베아트리스는 『사랑의 일곱 형태*The Seven Manners of Love*』에서 하나님을 향한 사랑을 일곱 형태로 나누었는데, 첫째는 주님을 따르고 사랑하려는 열망, 둘째는 보상과 대가를 바라지 않는 사랑, 셋째는 주님을 더욱 가까이 알기 위해 고통을 느끼는 것, 넷째는 사랑을 통해 축복된 상태에 빠져드는 것, 다섯째는 사랑을 만족시키지 못하는 무기력함과 한계성으로 인한 고통, 여섯째는 정상에 이르는 천사와 같은 삶의 상태, 일곱째는 시공을 초월한 궁극적 사랑과 하나님의 영원한 나라에 이르는 갈망이다. 베아트리스는 고난 속에서 자신을 단련하고 하나님 사랑으로 극복하면서 하나님과의 연합을 이루는 신앙의 길을 추구했다. 그녀는 사랑으로 하나님에게 나아가는 과정을 다음과 같이 묘사한다.

> 거룩한 사랑은 여섯 가지의 형태가 있다. 그 사랑은 가장 높으신 분으로부터 왔다가 다시 가장 높은 곳으로 돌아간다…. 사랑은 그녀를 당기고 이끌어서 사랑의 길을 가르쳤다. 영혼은 충직하게 사랑을 따랐다…. 그녀는 죽어서나 살아서나 자신을 사랑에 바치기 원한다. 그녀는 마음속에서 끝없는 고통을 감내하면서 오직 사랑을 위하여 아버지가 계신 곳으로 가기를 원한다.[36]

---

36 Oden, *In Her Words*, 123, 125.

사랑은 순환하는 것으로서 하나님으로부터 영혼에게 왔다가 다시 영혼으로부터 하나님께 돌아가는 것이다. 베아트리스는 이 글에서 주님을 따르고 사랑하고자 하는 열망으로 온갖 고통을 극복하면서 하나님과 하나를 이루는 영원한 행복에 대한 간절한 염원을 나타내고 있다.

마그데부르크의 메흐틸트(Mechthild of Magdeburg, 약 1207-1282)는 12세 때 첫 계시를 경험했는데 이것을 '성령의 인사'로 묘사했다. 성령은 그녀로 하여금 하나님께 바치는 삶을 살도록 인도했고 마그데부르크의 베긴회에 들어가게 했다. 메흐틸트는 사람들로부터 공경을 받았지만 성직자들의 방탕함에 대한 그녀의 준엄한 비판과 교황청의 베긴회 불승인으로 인해 심한 고초를 겪었다. 노년의 메흐틸트는 작센의 헬프타(Helfta)에 있는 수녀원에 몸을 의탁했고 수녀원장인 게르트루트(Gertrud of Hackeborn)의 환영을 받았다.

메흐틸트는 자신이 받은 계시와 시, 산문 등을 저술했는데 라틴어보다는 독일어로 썼다. 그녀가 하나님의 말씀을 기록한 『신성의 광채*Das fliessende Licht der Gottheit*; *The Flowing Light of the Godhead*』는 하나님의 영광을 증언하는 책으로서 중세 독일여성 신비주의의 초기 주요 문헌이다. 그녀는 아가서에서 언어와 형상을 빌렸으며 성서에 담겨 있는 거룩한 주제를 세속적인 사랑의 시로 표현했다. 특히 이전의 신비주의자들 중에서 베르나르의 클레르보, 티에리의 윌리엄(William of Thierry), 빙엔의 힐데가르트의 저술들을 잘 알고 있었으며 이들로부터 영향을 받았다. 메흐틸트는 자신이 하나님과 밀접한 관계에 있기 때문에 그녀가 하는 말은 곧 하나님 말씀임을 강조했다. 그녀가 겪은 신비로운 체험은 불의 열기, 내재하는 빛, 삼위일체와 그리스도의 환상, 지옥과 연옥과 천당으로의 순례 등이 있다. 메흐틸트는 이런 내용을 영적 시, 사랑의 노래, 우의(寓意), 환상, 조언의 형식으로 표현했다. 특히 그리스도와의 사랑을 신부의 형상과 혼인의 비유로 묘사했는데 성직자들로부터 부적절한 표현이라는 비판을 받았다. 그러나 메흐틸트의 글은 14세기에서 16세기에 걸쳐 남부 독일에서 열렬한 반응을 일으키며 퍼져나갔다. 비록 그녀가 성자의 반열에는 오르지 못했지만 많은 사람들의 공경과 사랑을 받았다.

네덜란드의 신비주의자이며 베긴회 일원인 안트워프의 하데위치(Hadewijch of Antwerp, ?-1260)의 생애에 대해서는 알려진 바가 없고 오직 그녀가 쓴 서신과 시와 환상적 산문이 남아 있을 뿐이다. 하데위치는 하나님과의 연합에 그녀의 관심을 기울였다. 한편으로, 하나님과 연합하는 경험은 결코 끝이 없이 계속된다. 왜냐하면 하나님은 인간이 소유할 수 있는 범위를 항상 넘어서시기 때문이다. 하나님은 '흘러넘치는 분'으로 정의된다. 그분은 초월적이시다. 하데위치는 애정적 신비주의(affective mysticism)의 위험성을 지적한다. 왜냐하면 그것은 우리의 인지의 범위를 넘어서는 하나님을 단지 애정을 통해서 안다는 착각에 빠질 우려가 있기 때문이다. 그러나 또 다른 한편으로 역설적이지만, 하데위치는 이곳 지상에서 하나님과 하나가 될 수 있다는 점을 강조한다. 왜냐하면 하나님은 당신이 소유되도록 허락하셨기 때문이다. 그분은 내재적이시다.

하데위치는 『서신』에서 하나님의 초월성과 내재성을 동시에 강조하면서 왜 '영혼의 두 눈'[37], 즉 이성과 사랑이 그녀의 영성에서 중요한 역할을 하는지 설명한다. 이성은 인간에게 하나님의 위대함을 일깨워주지만, 사랑은 인간을 하나님으로부터 분리시키는 간격을 극복하게 해준다. 그러므로 "사랑과 이성은 서로 큰 도움을 준다. 왜냐하면 이성은 사

---

37 Hadewijch, *Brief*, 18.81. 이 말은 프랑스 신학자요 신비주의자인 티에리의 윌리엄의 글을 빌려온 것이다.

랑을 가르치고 사랑은 이성을 깨우치기 때문이다. 이성이 사랑의 소망에 자신을 맡기고 사랑이 이성의 경계 안에 자신을 속하게 할 때 그들은 아주 큰일을 이루어 낼 수 있다."[38] 하데위치는 하나님의 존재에 대한 경험과 하나님의 부재에 대한 경험을 동시에 강조했다. 그녀의 글은 특히 카르투시오 수도사들이 영성생활의 깊이를 더하기 위해서 읽었으며 기성교회의 가르침에 만족하지 못하는 교인들에게 널리 읽혔다. 하데위치의 저술은 네덜란드 문헌사에서 중요한 위치를 점하고 있다.

종교적 소신을 굽히지 않다가 이단으로 처형된 베긴회 여성이 있었는데 마제리트 포레트(Marguerite Porete, 약 1250-1310)이다. 그녀는 신비주의자로 알려져 있으며 『단순한 영혼들의 거울*Le Miroir des simples âmes; The Mirror of Simple Souls*』[39]의 저자이다. 이 책은 현존하는 가장 오래된 프랑스어 신비주의 저작으로 여겨지며, 1300년 이전에 여성에 의해 쓰인 몇 안 되는 책 한 권 분량의 저술이다. 책의 내용은 영혼(*l'Ame*)의 행동에 대한 사랑(*Amour*)과 이성(*Raison*)의 대화로 이루어진다. 포레트는 당시 유행하던 궁정연애(courtly love)에 대한 시의 용어와 기법을 사용하여 거룩한 신비주의 신학의 내용을 표현했다. 영혼은 그리스도의 신부로서 신비로운 연합을 향해 순례의 길을 나선다. 영혼은 신성한 체험을 하기 위해서 자신을 철저하게 비우고 '의지의 완전한 수동성(perfect passivity of will)'을 갖추어야 한다. 영혼은 완성을 향한 상승과정에서 교회의 성례전적 사역이나 성직자의 중개역할을 필요로 하지 않는다. 영혼은 궁극적으로 하나님의 사랑 안에서 소멸하기 때문에

---

38 Ibid., 18.93-98. 또한 11.40-45를 보라.

39 책의 완전한 제목은 *Le Mirouer des Simples Ames Anienties et qui Seulement Demourent en Vouloir et Desir d'Amour* (*The Mirror of Simple Annihilated Souls Who Remain only in the Will and Desire for Love*)이다.

덕을 쌓거나 헌신적 행동을 할 필요가 없다. 자유로운 영혼들은 이상적인 모임을 결성하는데 그것은 불가시적 공동체인 '위대한 교회'로서 지상에 있는 가시적인 모임인 '작은 교회'를 인도하고 판단한다.

포레트는 교회의 권위와 성직자의 역할을 무시하고 자유심령파(Brethren of the Free Spirit)의 주장과 같은 도덕폐기론(antinomianism)과 범신론을 주장했다는 죄목으로 체포되어 이단재판에 넘겨졌다. 중세 교회와 성직자들은 기존 교리와 질서를 위협하는 이단과 소종파를 위험시하고 경계했기 때문에 포레트의 주장은 쉽게 이단으로 간주되었다. 그녀는 감옥에 18개월 동안 갇혀 있으면서 이단재판관들로부터 온갖 비난과 협박을 받았지만 자신의 주장을 굽히지 않았고 결국 파리의 처형장에서 화형을 당했다. 『단순한 영혼들의 거울』은 영어, 라틴어, 이탈리아어로 번역되어 대중들에게 퍼졌으며 14세기와 15세기에 영혼을 정화하고 하나님과의 연합을 추구하는 신비주의 신앙의 안내서로 널리 읽혔다.

신학자

빙엔의 힐데가르트(Hildegard of Bingen, 1098-1179)는 8세부터 6년간 독신 수도생활을 했으며 15세에 수녀가 되어 24년간 독일의 베네딕트 수도회의 수녀원에서 오랜 기간 수도생활을 했고 38세에 수녀원장이 되었다. 그녀는 환상을 통해 계시를 받았으며 카리스마가 있었다고 알려졌다. 힐데가르트는 자신이 받은 계시와 능력에 대해 『스키비아스』 서문에서 다음과 같이 말한다.

그것[계시]은 내 나이가 42년 7개월 되었을 때인 1141년 성자이신 예수 그리스도의 화육의 날에 일어났다. 찬란하게 빛나며 타오르는 광채가 열린 하늘로부터 내 머릿속으로 쏟아져 들어와서 마음을 일깨우고 가슴을 타오르게 했는데 마치 태양의 열기가 만물 위에 쪼이는 것처럼 뜨겁기는 했지만 타지는 않았다…. 나는 소녀시절이었던 15세 때부터 비밀스럽고 경이로운 환상을 보는 신비스러운 능력이 불가사의한 방식으로 내 안에 있다는 것을 느꼈다. 하지만 이 사실을 나와 함께 살고 있는 일부 믿음의 동료들 외에는 알리지 않았다.[40]

힐데가르트는 많은 글을 썼는데[41] 대표적인 저서인 『스키비아스 *Scivias; Know the Ways of the Lord*』는 창조와 구원의 역사에 대해 신학적으로 서술한 것이다. 그중 삼위일체 하나님에 관해 돌과 불꽃과 말의 비유로 설명한 글을 소개하면 다음과 같다.

돌에는 촉촉함과 뚜렷함과 뜨거움이 있는데… 촉촉함은 성부를 나타내는 것으로서 그분의 권능은 결코 마르거나 끝나지 않는다. 그리고 뚜렷하게 보인다는 것은 성자를 의미하는데 동정녀에서 나신 그분은 만질 수 있고 알 수 있는 분이시다. 또한 불꽃 같은 힘은 성령을 나타내는 것으로서 그분은 신실한 사람들의 마음을 밝히고 깨우쳐주신다…. 불 속에 있는 불꽃이 세 가지 힘이 있는 것처럼 한 분이신 하나님은 세 위격 안에 계신다. 불꽃은 환한 빛을 발산하며 타고난 활동력이 있고 맹렬한 열기를 지니고 있다. 환한 빛은 빛날 수 있고 타고난 활동력은 왕성하게 움직일 수 있으

40 Petroff, *Medieval Women's Visionary Literature*, 151.

41 대표적인 저서인 *Scivias* 외에 그녀의 우주론, 윤리학, 심리학, 구원사, 교회개혁, 묵시론 등을 망라하고 있는 *Liber Divinorum Operum*(*Book of Divine Works*), 방대한 도덕서인 *Liber Vitae Meritorum*(*Book of Life Merits*), 희곡인 *Ordo Virtutum*(*Order of the Virtues*), 의학서인 *Causae et Curae*(*Causes and Cures*), *Physica*(*Medicine*) 등 다방면에 걸친 저술이 있다.

며 맹렬한 열기는 태울 수가 있다…. 또한 말에는 소리와 힘과 호흡이 있다. 소리가 있어서 들을 수 있으며 힘이 있어서 이해할 수 있고 호흡이 있어서 완전해질 수 있다.[42]

힐데가르트는 마인츠, 트리에, 콜론 등지를 순방하면서 수도원과 성직자의 개혁, 도덕적 교훈과 심판의 경고, 카타르파 비난 등을 내용으로 하는 설교를 했고 축귀와 치유의 이적을 행했다. 그녀는 마녀사냥에 반대했으며 성직자의 타락과 성직 매매를 비난하면서 교회 개혁을 주장했다. 교황청의 분열이 있었을 때 그녀는 황제의 주장에 맞서서 다수의 추기경들이 지지하는 알렉산더 3세를 지원하기도 했다. 중세의 한 시대를 풍미했던 힐데가르트는 새로운 성녀의 상을 세웠으며 그녀의 사후 여성 성자에 대한 전기들이 많이 쓰였다. 그녀가 숨을 거둔 날에 쌍무지개가 떴다는 말이 전해지고 있다.

신비주의자

중세의 평민들은 공식어인 라틴어를 읽거나 쓸 수 없었고 각 지역에서 방언(vernacular)을 사용했다. 그러나 점차 식자능력(literacy)이 향상되면서 신앙심을 글로 표현하게 되었다. 또한 수도원과 수녀원 이외에 베긴회, 프란체스코 제3수도회, 공동생활 형제단 등이 설립되면서 평신도가 종교운동에 참여할 기회가 늘어나고 수도생활에 대한 관심이 고조되면서 성례전적이고 헌신적인 실천이 증대하고 하나님 또는 그리스도와의 연합을 추구하게 되었다. 그러나 여성의 사회적 지위와 활동이 규

42 Petroff, *Medieval Women's Visionary Literature*, 154-155.

제를 받으면서 여성들은 자신들의 신앙적이고 신비적인 체험을 시와 문장으로 표현(imaginative visualization)했고 성서를 해석했으며 여성들의 성자전(hagiography)을 기술했다.

여성들의 영성과 신비적 체험은 당시 남성들의 것과는 다른 점을 보인다. 예를 들면, 무아경, 공중 부양(浮揚), 성흔(聖痕)과 같은 현상은 여성의 신비적 체험에 더 많이 나타났으며, 성녀들의 명성은 흔히 이러한 초자연적이고 카리스마적인 환상과 표적에 근거를 두고 있었다. 여성의 헌신은 스스로 고통을 감내하는 참회의 금욕생활로 이루어졌다. 여성의 글은 남성의 사변적인 글에 비해서 서정적이고, 더욱 섬세한 감성과 언어로 표현되었으며, 아가(雅歌, *Song of Songs*)를 바탕으로 하는 사랑과 혼인의 주제가 많았다. 또한 고난당하는 그리스도의 인간성과 성찬을 강조하는 것도 여성의 삶과 가르침의 특징이라고 할 수 있다.[43] 중세 여성 신비주의자들은 특히 하나님의 직접적인 계시에 대한 체험을 강조했으며, 예수 그리스도의 육체적 고난을 표현했고, 하나님과의 연합을 향한 영혼의 순례의 과정을 여러 단계로 묘사했다.

쇼나우의 엘리자베스(Elisabeth of Schönau, 1129-1165)는 독일 베네딕트 수도회의 신비주의자로서 많은 환상에 대한 기록과 서신을 남겼으며 빙엔의 힐데가르트와 가까운 사이였다. 그녀는 23세에 시작해서 일생 동안 환상을 보았는데 성자, 동정녀 마리아, 여성의 모습을 한 예수

---

43 Ibid., 26; McLaughlin, "Women, Power and the Pursuit of Holiness in Medieval Christianity," Ruether & McLaughlin, eds., *Women of Spirit*, 101. "… 이 거룩한 여성들은 감성, 사랑, 그리고 사랑과 지성의 통합에 더 비중을 둔 인간의 본성과 신성에 대한 비전을 보여주었다…. 이렇게 더욱 '여성화된' 인간의 본성은 종교개혁 이전 교회의 남성들과 여성들에게 '여성적으로' 보인 것이 아니라 기독교적이고 전형적인 하나님의 형상, 즉 아버지일 뿐만 아니라 어머니이기도 하고 지성이라기보다는 사랑이신 하나님의 형상 안에 있는 모습으로 보였다."

등을 만났다. 엘리자베스의 『하나님 길에 대한 책*Liber Viarum Dei*; *Book of the Ways of God*』은 힐데가르트의 『스키비아스』에서 영향을 받은 흔적이 나타나는데, 하나님을 향해 나아가는 여러 가지의 길을 산의 정상으로 오르는 열 개의 길로 표현한다. 각 사람은 자신에게 맞는 고유한 길이 있으며 그 길을 택하여 단련하고 노력함으로써 완성에 이르게 된다. 이 책은 후대의 수도사와 수녀들 사이에서 영성수련의 지침서로 널리 읽혔다. 중세의 여성신비주의자들이 그리스도와의 신비스러운 연합을 추구하면서 자신들을 '그리스도의 신부'라고 부른 것과는 달리 엘리자베스는 힐데가르트와 마찬가지로 자신을 '하나님의 시녀(*ancilla Dei*: handmaiden of God)'라고 불렀다. 또한 그녀가 본 환상의 내용은 힐데가르트의 환상과 비교할 때 지적인 창의성은 덜 하지만 더욱 실용적이어서 현실에 적용하기가 수월했다. 엘리자베스는 수도생활의 구체적인 가르침을 주고 어려운 일들에 대한 해결책을 제시한 공헌을 한 신비주의자였다.

폴리뇨의 안젤라(Angela of Foligno, 약 1248-1309)는 프란체스코 수도회의 제3수도회(Tertiary: Third Order) 소속의 신비주의 환상가로서 "신학의 여주인(Mistress of Theology)"이라고도 불린다. 그녀는 30대에 이르기까지 도덕적 불안정과 세속적 영욕의 삶을 살다가 남편과 자식에 이어 어머니까지 잃고 충격과 좌절감에 빠져서 과거의 삶을 완전히 버리게 해달라는 기도를 하다가 환상 중에 프란체스코를 만난다. 그녀는 43세에 모든 재산을 정리하고 참회와 수도의 삶을 시작했고 삼위일체의 임재를 체험하게 된다. 안젤라가 본 신비로운 환상의 내용은 『참된 신앙인의 경험에 관한 책*Liber de vere fidelium experientia*; *Book of Experiences of the Truly Faithful*』에 실렸는데 그녀의 회심으로부터 신성에 대한 신비로운 체험으로 정상에 이르기까지를 30단계로 나누어 서술하고 있다. 안젤라의 환상의 내용은 매우 구체적이고 감성적이어서 수도생활을 하는 많은 사람들의 공감을 얻었고 많은 복사본이 유포되었다. 교황 베네딕트 14세는 폴리뇨의 안젤라를 아빌라의 테레사, 십자가의 성 요한과 함께 위대한 신비주의자의 반열에 올렸으며, 교황 피우스 12세는 그녀를 "프란체스코 수도회의 가장 위대한 신비주의자"로 명명했다.

독일의 신비주의자인 헬프타의 대(大) 게르트루트(Gertrud of Helfta, 1256-1302)는 5세의 어린 나이에 헬프타의 수녀원에 보내졌고 전 생애를 그곳에서 보냈다. 헬프타 수녀원은 문화와 신비주의로 명성이 높았고 그녀는 수녀원에서 문법, 논리학, 수사학, 수학, 기하학, 천문학, 음악 등의 기초학문을 배우고 이어서 신학을 공부했다. 게르트루트의 저서 중 『자애의 소식*Legatus divinae pietatis*; *The herald of Loving Kindness*』은 기독교 신비주의의 고전이 되었고, 『영적 수련*Exercitia spiritualia*; *Spiritual Exercises*』은 명상과 기도의 지침서가 되었다. 게르트루트는 자신이 체험한 그리스도와의 '신비스러운 연합(*unio mystica*)'을 바탕으로 교회의 법이나 수도회의 규범에 얽매이지 않고 성직자들의 타락을 비판하고 교회의 개혁을 주장했다. 또한 그녀는 수녀들을 영적으로 인도하고 평신도들에게 신앙적 조언을 해야 한다는 사명감을 갖고 있었다.

게르트루트의 저술 내용의 특징은 '그리스도의 신부'라는 형상을 중심으로 예전과 신비적 명상이 밀접하게 연관되어 있다는 점이다. 그녀의 관심은 중세 신학의 영역 안에서 성만찬과 예수 그리스도에 대한 경배였고, 그리스도의 신비스러운 사랑에 초점을 맞추었다. 그녀는 또한 세상의 법과 질서에 구속되지 않는 '마음의 자유(*libertas cordis*)'를 주장했으며 이에 따른 기쁨, 찬양, 감사를 강조했다. 그녀의 명성은 이탈리아, 프랑스, 스페인과 나아가서 중남미 대륙에까지 알려졌고, 17세기에는 서인도제도의 수호성녀가 되기도 했다. 게르트루트는 독일 여성으로는 유일하게 '대(the Great)'의 칭호를 받았다.

노르위치의 줄리안(Julian of Norwich, 1343-1413)은 30세에 하나님으로부터 열여섯 가지의 계시를 받았다고 전해진다. 그녀는 설교로 유명했으며 여자가 설교한다고 비판을 받자 자신은 설교한 것이 아니라 하나님의 계시를 증언했다고 대응했다. 줄리안은 자신이 체험한 내용을 『계시*Showings*』 또는 『하나님 사랑의 계시*Revelations of Divine Love*』라는 제목으로 서술했다. 그녀의 글에서 하나님과 그리스도는 모성(mother-hood)을 지닌 분으로 표현된다.

> 나는 하나님 안에서 모성을 보는 세 가지 길을 안다. 첫 번째[성부]는 우리의 존재가 창조되는 근거가 되시며, 두 번째[성자]는 우리의 본성을 취하셨으며, 세 번째[성령]는 모성의 행동을 하시는데 모두 한 사랑이시다… 하나님은 진정으로 우리의 아버지이신 것처럼 또한 진정으로 우리의 어머니이시다…. 하나님은 말씀하시기를 나는 부성의 권능과 선함이며 모성의 지혜라고 하신다…. 하나님의 부성과 모성은 하나님의 진정한 사랑 안에서 완성된다.[44]

> 하나님은 복된 삼위일체의 두 번째 위격이 우리의 어머니가 되기를 원하셨다…. 악에 대항하여 선을 행한 예수 그리스도는 우리의 진정한 어머니이시다…. 어머니는 자식에게 젖을 먹일 수 있지만 우리의 고귀한 어머니 예수는 복된 성례전으로 가장 조심스럽고 부드럽게 우리를 먹이실 수 있다. 그것은 참된 생명의 귀한 양식이다…. 우리의 자애로운 어머니 예수

44 Julian of Norwich, *Showings (long text)*, chapter 59-60, trans. Colledge and Walsh, 295-299.

는 우리를 그의 복된 품안으로 다정하게 인도하시고 거기에서 한없는 축복에 대한 영적 확신과 함께 신성과 천상의 기쁨을 보여주신다.[45]

시에나의 카타리나(Catherine of Siena, 1347-1380)는 수녀요 신비주의자였지만 폭넓은 활동을 한 여성이다. 그녀는 기도 생활과 봉사 활동을 하면서도 교회의 타락을 비판하고 교황청 분열 시에 충고를 하면서 큰 영향력을 행사했다. 카타리나의 『대화*Dialogue*』는 자신이 체험한 하나님과 영혼의 대화를 기록한 것이다. 하나님은 진리와 사랑이시다. 그러므로 하나님을 알고 가까이 가기 위해서는 먼저 자신과 하나님에 대한 지식을 가져야 하며 더 나아가서 사랑이 있어야 한다. 사랑은 완성을 향한 길이다. 그녀는 이렇게 기도한다.

> 측량할 수 없는 사랑이여! 당신은 이 사랑을 저에게 나타내심으로써 쓰면서도 달콤한 약을 주셨고 저는 즉시 어리석은 무관심의 병으로부터 일어나 관심과 열망을 가지고 당신께 달려갈 수 있었습니다. 당신은 저 자신과 당신의 선하심을 알게 하셨고 또한 모든 계층의 사람들 특히 성직자들이 당신을 거슬러 행한 죄들을 알게 하셨습니다. 그래서 저는 당신의 한없는 선하심을 알고 눈물이 솟구쳤으며 그 눈물을 불쌍한 저 자신과 살아 있으나 죽은 것과 같은 불쌍한 사람들 위에 강물처럼 흘려보낼 수 있었습니다.[46]

또한 하나님과 영혼과의 대화에서 하나님은 예수 그리스도가 하나님과 인간 사이를 이어주는 다리라고 말씀하신다.

---

45 Ibid.

46 Oden, *In Her Words*, 201f.

이 다리는 나의 독생자인데 세 개의 계단을 가지고 있다…. 첫 번째 계단은 발로서 애정을 상징한다…. 영혼이 애정의 발 위로 기어올라서 그녀[영혼]의 마음의 눈으로 내 아들의 열린 가슴[두 번째 계단] 속을 들여다볼 때 그의 완전하고 말할 수 없는 사랑 안에서 그녀 자신의 가슴에 사랑을 느끼기 시작한다…. 그러면서 영혼은 자신이 얼마나 큰 사랑을 받고 있는지를 보면서 그녀 자신이 사랑으로 차고 넘친다. 이렇게 두 번째 계단을 기어올라서 세 번째 계단에 이른다. 이 계단은 그의 입인데, 그녀의 죄들로 인해 치러야 했던 끔찍한 전쟁으로부터 평안을 찾는 곳이다. 첫 번째 계단에서 그녀는 애정의 발을 땅에서 들어올리면서 자신의 죄를 벗어버렸다. 두 번째로 그녀는 덕을 향한 사랑의 옷을 입었다. 세 번째로 그녀는 평안을 맛보았다.[47]

카타리나는 거룩한 삶과 함께 설득의 능력으로도 잘 알려졌다. 교황 그레고리우스 11세가 프랑스 왕에 의해 아비뇽에 유폐되어 있을 때 서신을 보내서 로마로 귀환해서 교회 내의 불의와 부패를 척결할 것을 간곡히 호소했다.

세상이 너무 황폐해졌습니다! 어떻게 평화를 이루겠습니까?… 불순과 탐욕으로 가득하고 자만심으로 부풀어서 악취를 풍기는 꽃들을 거룩한 교회의 정원에서 뿌리째 뽑아내십시오. 그것들은 정원에 독을 뿌리고 썩게 하는 사제들과 통치자들입니다. 우리의 통치자이시여, 당신의 권세로 이 꽃들을 파헤쳐버리십시오! 그들이 권세를 잡지 않도록 멀리 던져버리십시오! 그들이 거룩하고 선한 삶으로 자신들을 다스리는 법을 배우게 하십시

47 Ibid., 193-194.

오. 이 정원에 향기로운 꽃들을 심으십시오. 그 꽃들은 예수 그리스도의 진정한 종이요 하나님의 영광과 영혼의 구원만을 마음에 두고 가난한 사람들의 아버지가 되는 사제들입니다.[48]

카타리나는 후대에 '사회적 신비주의자(social mystic)' 또는 '신비주의 행동가(mystic activist)'라고 불리기도 한다. 그녀는 1970년 아빌라의 테레사와 함께 교황 요한 바오로 6세에 의해 '교회의 박사'로 선포되었다.

자서전인 『마저리 켐프의 책』의 저자인 마저리 켐프(Margery Kempe, 약 1373-1440)는 결혼한 가정주부로서의 삶과 종교적 구도자요 신비주의자로서의 삶을 함께 영위했던 여성이었다. 자신의 말대로 그녀는 결혼 후 자만과 탐욕으로 채워진 세속적인 생활을 했다. 그러나 첫 아이를 출산한 후 몇 차례의 정신질환을 앓는 동안 멋지고 위안을 주는 청년의 모습으로 나타난 예수를 만났다. 그 이후로 마저리 켐프는 눈물과 순례 그리고 예수, 마리아, 성부 하나님과의 대화로 이루어지는 범상치 않은 삶을 살았고, 영국뿐만 아니라 프러시아, 스페인, 이탈리아 성지 등을 순례하며 영적, 육체적 도전과 모험을 겪었다. 때로 다른 사람들의 행동을 비방하거나 교회에서 큰 소리로 우는 등 돌발적인 행동을 해서 혹시 롤라드파가 아닌지 의심을 받기도 했다.

마저리 켐프는 비록 읽거나 쓰지는 못했지만 성서 구절과 성자들의 생애 그리고 당대의 성녀들, 즉 스웨덴의 비르기타나 와니의 마리의 글을 알고 있었고 그것으로부터 자극과 영향을 받았다. 극기의 삶과 예수 그리스도를 향한 뜨거운 사랑 그리고 성자들의 생애에 대한 친숙함은 그녀로 하여금 경건한 삶과 신비적 체험을 추구하게 했다. 또한 전적으

---

48 Catherine of Siena, "To Gregory XI," MacHaffie, *Readings in Her Story*, 66.

로 수녀도 아니고 가정주부도 아닌 특이한 신분과 삶의 형태로 인해 고위 성직자뿐만 아니라 일반 대중들과도 접촉하며 대화할 수 있었다. 마저리 켐프의 자서전은 평범한 중세 여성의 삶에 대한 구체적이고 세부적인 정보를 제공할 뿐만 아니라 당시의 종교 상황과 신앙생활의 모습을 알 수 있기 때문에 여성주의자들이나 여성사 연구자들의 관심을 끌고 있다.

자선활동가

제노아의 카타리나(Catherine of Genoa, 1447-1510)는 13세에 기도의 은사를 받고 아우구스티누스 수도원에 들어가려 했으나 나이가 어리다고 거절당했다. 그녀는 수도회나 교단에 속하지 않고 기도와 금식 생활을 하면서 신비적 체험을 했고 또한 구제와 자선 활동을 했다. 1493년 흑사병이 퍼졌을 때는 야전병원에도 근무했으며 치유의 기적도 행했다. 카타리나의 『영적 대화*The Spiritual Dialogue*』는 육체와 영혼과 자기애(Self-Love)가 각자 필요한 것을 말하고 어떻게 삶의 여정에서 함께 살아남을 것인가에 대해 서로 이야기하는 내용을 담고 있다. 그녀의 가르침을 요약하면 다음과 같다. 모든 생명의 창조자인 하나님은 사랑이시다. 인간의 영혼은 이기적인 자기 사랑과 순수한 사랑 사이에서 갈등을 일으킨다. 영혼 안에서 일어나는 영적 싸움은 오직 순수한 사랑의 은총으로 해결될 수 있다. 정화된 영혼은 하나님 안에 머물게 된다.

헝가리의 엘리자베스(Elizabeth of Hungary, 1207-1231)는 헝가리 왕인 안드라슈 2세의 딸로 태어났다. 그녀는 4세에 독일로 옮겨져 튀링겐 영주의 궁에서 살다가 루트비히 4세와 결혼했다. 그러나 루트비히 4세가 십자군 전쟁에 나갔다가 전염병에 걸려 죽자 엘리자베스는 전부터 염원하던 수도생활에 전념하게 되었다. 그녀는 새롭게 독일에 전해진 프란체스코 수도회의 청빈 서약과 자선사업에 감화되어 병들고 가난한 사람들을 돕는 일에 온 몸과 마음을 다해 헌신했고 마르부르크에 병원을 세웠다. 엘리자베스는 비록 24년이라는 짧은 생애를 살았지만 그녀의 자기부정과 고난, 봉사와 헌신의 삶은 그리스도의 삶에 비교되기도 한다. 엘리자베스는 시성되었고 많은 지역과 직장에서 그녀를 수호성녀로 모시고 있다.

여성주의 선구자

프랑스 왕 샤를 6세(Charles VI)의 궁전에서 시인으로 활동했던 피사의 크리스틴(Christine de Pisan, 1364-약 1430)은 고대로부터 르네상스에 이르기까지의 철학과 문학을 두루 섭렵했으며 시, 소설, 역사, 철학, 신학, 정치, 윤리, 교육 등 다방면에 걸쳐 박식한 르네상스 시대의 여류학자였다. 후대 사람들은 그녀를 고대의 유명한 여류시인이었던 사포(Sappho)의 현현이라고도 하고, 예술의 여신인 뮤즈의 화신이라고도 부르며, 지혜롭기가 카토(Cato)와 같다고 말하기도 한다. 크리스틴은 또한 초기 프랑스 문학의 초석을 놓은 인물이기도 하다. 그러나 무엇보다도 크리스틴이 알려지고 재평가 받게 된 것은 여성주의 의식 때문이었다. 그녀는 실로 근대 이전의 진정한 여성주의자라고 불릴 만한 여성이었다.[49]

고대로부터 중세 르네상스에 이르기까지 여성은 열등시, 죄악시 되었으며 이런 사고는 철학, 문학에 걸쳐 널리 퍼져 있었다. 여성비하적 또는 여성혐오적 저작 중 가장 그 정도가 심한 것은 13세기에 쓰인 『장

49 Frances and Joseph Gies, *Women in the Middle Ages*, 10. 또한 Power, *Medieval Women*, 4를 보라.

미의 사랑*Roman de la rose*; *Romance of the Rose*』이라는 서정시로서 기욤 드 로리스(Guillaume de Lorris)가 1236년경 쓴 약 4,000행의 시에 장 드 멩(Jean de Meun)이 1269년부터 1278년에 걸쳐 약 17,000행의 풍자시를 첨가한 시집이었다. 이 시에서 장미는 청년이 애타게 그리는 사랑스러운 처녀를 상징한다. 드 멩은 그의 시에서 여성을 열등하고 부정직하고 음란하고 변덕스러우며 무능하다고 비하하면서 노골적으로 성차별적이고 여성혐오적인 입장을 드러내고 있다. 그는 시의 끝 부분을 청년이 장미의 꽃봉오리를 따냄으로써 여인을 정복하는 내용으로 그리고 있는데 이것은 여성에 대한 성폭행을 비유적으로 표현한 것이라고 할 수 있다.

'장미의 논쟁'은 샤를 6세의 궁정대신이며 프랑스 인문주의자인 장 드 몽트뢰이(Jean de Montreuil)가 『장미의 사랑』의 위대한 문학성을 찬양하는 글(*Opusculum gallicum*; *A Little Work in French*)을 발표하고 그 내용을 담은 서신을 크리스틴 드 피장에게 보내자 이에 대해 그녀가 반박 서신을 보냄으로써 시작되었다. 이렇게 시작된 서신 논쟁은 프랑스 문헌사상 여성에 대한 최초의 공개논쟁이 되었다. 크리스틴은 여자의 열등성을 주장하는 사람들에게 구약성서 창세기의 인간 창조 이야기를 제시하면서 남자보다 오히려 여자가 우월하게 지음을 받았다고 역설한다.

> 이제 하나님은 자신을 닮은 여자를 만드셨습니다. 그분은 여자에게 지성과 기술을 주셨습니다. 그녀의 영혼을 구원하기 위해 판단력과 좋은 감각을 주셨습니다. 하나님께서 여자를 만드실 때 당당한 모습을 주셨고, 매우 귀한 재료로 만드셨습니다. 왜냐하면 그녀는 땅의 흙에서 나온 것이 아니라 남자의 갈빗대로부터 특별하게 지음을 받았기 때문입니다.[50]

타락 이야기에 대해서도 크리스틴은 다른 해석을 한다. 이브가 아담에게 선악과를 먹으라고 한 것은 속이려는 의도에서가 아니라 순수한 마음에서 나온 것이다.[51] 크리스틴은 여성의 선함과 의로움을 예수의 십자가 사건에서도 찾는다. 그녀는 예수가 십자가에 달릴 때 모든 사람들이 그를 버렸지만 오직 여자들만이 예수의 고통과 상처와 죽음을 받아들였음을 상기시키면서, 사실 역사와 성서에서 정죄 받을만한 여성은 아주 소수라고 주장했다. 크리스틴은 이렇게 말한다.

> 여자들은 아무도 죽이거나 상처를 주거나 해치지 않았습니다. 집에 불을 지르거나 재산을 빼앗지 않았습니다. 그들은 거짓 계약으로 사람들을 속여서 부나 재산을 빼앗지 않았습니다. 왕국이나 영지나 제국을 파괴하지 않았습니다…. 왜냐하면 여자의 본성은 온화하고, 매우 인정이 많고, 겸손하고, 상냥하고, 조용하고, 매우 자비로우며, 사랑스럽고, 헌신적이고, 정숙하고, 가식이 없고, 경건하기 때문인데, 이런 것들이 여자들의 타고난 속성입니다…. 남자의 자연적인 삶에서 여자가 없다면 기쁨도 없습니다. 여자는 남자의 어머니요, 누이요, 사랑하는 사람입니다. 여자가 남자의 적이 되는 경우는 매우 드뭅니다.[52]

크리스틴은 특히 여성을 위험하고 속이는 존재로 규정하는 점에 대해 정면으로 도전하면서 드 몽트뢰이에게 질문을 한다.

---

50 Christine de Pizan, *Poems of Cupid, God of Love*, 1. 590–598, trans. and ed. Thelma S. Fenster and Mary Carpenter Erler, 63.

51 Ibid., 1. 604–616, Fenster & Erler, 63–65.

52 Ibid., 1. 643–748, Fenster & Erler, 65–68.

"얼마나 많은 남자들이 여자들의 고발에 의해서 죽임을 당하고, 교수형을 받고, 공개적으로 처벌되었습니까?… 여자들의 커다란 악행에 의해서 멸망한 나라와 왕국이 어디에 있습니까?… 여자들이 무엇을 한다는 말입니까? 그녀들이 어떤 방식으로 남자들을 속인다는 말입니까?"[53] 그녀는 이어서 이렇게 말한다. "세속적 행동과 고결한 도덕에 대해 잘 교육받은 여성들도 있습니다. 그녀들은 남편이 난폭하고 우둔할지라도 그들과 화합을 이루고, 자신들의 비밀스러운 것들과 어려움들을 조용하고 분별력 있게 감내해왔습니다. 누구라도 이런 사실에 대한 증거를 성서와 다른 고대 역사에서 얼마든지 찾을 수 있습니다."[54]

크리스틴은 모든 여성을 일반화하여 비하하는 경향에 맞서서 그런 의견이 잘못되었음을 지적하고, 덕망 있고 훌륭한 여성들도 많이 있음을 역설했다. 그녀는 여성이 본래 선하고 신실한 존재임을 주장하면서 이브에 대해서 새로운 해석을 시도한다. 이브는 하나님의 형상대로 지음을 받았으며 지성과 이해력을 지닌 존재로서 아담처럼 흙으로부터 지어지지 않고 더욱 귀한 재료인 아담의 갈빗대로 지음을 받았다. 크리스틴은 하나님이 아담의 갈빗대로 하와를 만드신 창세기의 내용을 이렇게 해석한다.

아담이 잠들고 하나님께서 그의 갈빗대 중 하나를 취하여 여자의 몸을 만들었다는 것은 그녀가 동반자로서 그의 옆에 서 있어야 한다는 것이며, 노예처럼 그의 발치에 눕지 말라는 것이고, 또한 그는 그녀를 자신의 살처

---

53 "Christine de Pizan to Jean de Montreuil," 6, ed. Joseph L. Baird and Jone R. Kane, *La Querelle de la rose: Letters and Documents*, 51-52.

54 Ibid., 6, Baird & Kane, 52-53.

럼 사랑해야 한다는 것을 의미한다.[55]

그러므로 "여자도 남자처럼 하나님의 백성과 인류에게 속하며, 별개의 종이나 다른 인종이 아니라는 것은 추호도 의심할 여지가 없습니다."[56] 만일 남성이 여성을 천대하고 괴롭힌다면 그는 그리스도의 어머니인 마리아를 괴롭히는 것과 마찬가지이다. 그러므로 모든 남성들은 여성을 돌보고 사랑해야 하며 어머니요, 누이요, 친구처럼 여겨야 한다는 것이다. 크리스틴은 남성과 여성이 사랑을 바탕으로 자연스러운 우호적 관계를 맺을 때 선을 이룰 수 있음을 호소했다.

크리스틴은 여성의 교육을 주장했는데 그 기저에는 하나님이 인간을 하나님의 형상대로 선하게 지으셨으며 남녀 모두에게 똑같이 이성과 지성을 주셨다는 기독교 신앙이 깔려 있었다. 당시 여성이 교육을 받을 수 있는 기회는 높은 신분으로 태어나 가정교사로부터 배우거나 수녀원에 들어가는 길밖에 없었다. 여성교육은 사적이고 비공식적으로 이루어졌다. 그러나 일반적으로 여성이 교육 받는다는 것을 위험시했으며 드물게 학식이 높은 여성이 있을지라도 무시하거나 시기하여 공적으로 활동할 기회를 제한했다.

여자아이에게도 남자아이와 마찬가지로 교육의 기회가 주어진다면 여성이 학문과 예술 등 모든 분야에서 남성 못지않게 뛰어난 능력을 발휘할 것이다. 남자나 여자가 서로 다른 인간의 본성을 지니고 있는 것이 아니다. 크리스틴은 남자나 여자나 숨 쉬는 것, 보는 것, 듣는 것, 지식, 소망, 순종, 사랑에 있어서 같다는 교부 클레멘스의 가르침을 근거로

---

55 Christine de Pizan, *The Book of the City of Ladies*, 1.9.2, trans. Earl Jeffrey Richards, 23.

56 Ibid., 2.54.1, Richards, 187.

"만일 여자가 남자와 같은 자질과 재능과 적성을 가지고 있다면 그녀는 같은 교육을 받을 권리가 있다"[57]고 적극적으로 주장한다. 여성은 남성과 마찬가지로 배울 능력이 있으며, 그러므로 똑같이 배울 권리가 있다. 만일 소년들처럼 소녀들을 학교에 보내서 예술과 학문을 가르친다면 그들은 소년들과 마찬가지로 배울 것이다. 소녀들의 몸이 좀 더 약할지는 모르지만 그들의 주의력은 더 클 것이다. 크리스틴은 『여인들의 도성』에서 '이성 부인(Lady Reason)'과의 대화를 통해 이런 생각을 밝힌다.

> … 높은 지식과 큰 배움의 덕을 지닌 특별한 여자들을 존경하는 것이 여자들에게 그렇게 많은 호의를 베푸신 하나님을 기쁘시게 하는 것인지, 그리고 여자들이 이에 대한 슬기로운 마음을 충분히 지니고 있는지에 대해 저를 다시 한 번 깨우쳐주세요. 저는 이것에 대해 알기를 간절히 원합니다. 왜냐하면 여자들의 마음으로는 조금밖에 배울 수 없다고 남자들이 주장하기 때문입니다. 그녀[이성 부인]가 대답했다. "나의 딸아, 내가 전에 말했던가? 그들의 의견과 정반대가 진실이라는 것을 너는 아주 잘 알고 있다…. 만일 딸들을 아들들처럼 학교에 보내고 자연과학을 배우게 하는 것이 관례가 된다면 그녀들은 남자아이들과 마찬가지로 철저하게 배우고 모든 예술과 과학의 난해한 것들을 이해할 것이다…. 여자들이 남자들보다 섬세한 몸을 가지고 있고 많은 과제들을 수행하기에는 조금 더 약하고 부족하지만 그녀들은 자신을 어디에 적용하더라도 더욱 자유롭고 날카로운 마음을 가지고 있다.[58]

---

57 Gabriel, "The Educational Ideas of Christine de Pizan," 13. 참고. Clement of Alexandria, *Stromata* IV.8.

58 Christine de Pizan, *The Book of the City of Ladies*, 1.27.1, Richards, 63.

크리스틴의 교육방침은 근본적으로 기독교 신앙에 입각한 것이었다. 그녀는 성서와 초대 교부들의 교리를 따랐으며, 특히 기독교 교육의 시조라고 할 수 있는 알렉산드리아의 클레멘스의 가르침에 입각하여 "우리는 이성이 그리스도로 화육하신 로고스를 따라 하나님의 형상으로서 살도록 사람을 키워야 한다"[59]는 점을 강조했다. 교육의 목적은 도덕적 지혜를 얻는 것이다. 무엇보다도 먼저 아는 것이 중요하지만 지식은 반드시 덕과 조화를 이루어야 한다. 또한 여성의 교육은 남성과 똑같이 필요하지만 여성의 특성에 맞게 이루어져야 한다. 소녀들에게 도덕적 학문과 함께 실용적 학문도 가르쳐야 한다. 남편이 전쟁이나 여행으로 집을 비울 때 아내는 토지와 재산을 운영할 수 있어야 한다. 수학도 필수적으로 배워야 하며 여성적 기술인 바느질, 뜨개질, 자수, 직조 등은 모든 여성이 배워야 하는 것들이다. 그렇다고 여자가 가사에만 종사해야 하는 것은 아니다. 성서와 역사에 나타난 수많은 훌륭한 여성들을 본받게 하는 것도 교육의 중요한 임무 중의 하나이다. 여성이 여성을 본받음으로써 훌륭한 여성들이 많이 나타나고, 그럼으로써 이 사회에서 여성의 역할은 더욱 증대될 것이다.

후대에 네덜란드의 아나 마리아(Anna Maria van Schürman)나 영국의 밧수아 마킨(Bathsua Makin)이나 멕시코의 후아나 이네스(Sor Juana Inés de la Cruz)와 같은 17세기의 여성학자들은 크리스틴과 마찬가지로 여성 교육의 필요성을 주장했다. "교육은 만일 관습에 의해서가 아니라면 권리에 의해서 양성 모두에게 속하는 것"[60]이라는 크리스틴의 생각은 비록 당대에 실현되지는 않았지만, 남녀동등을 향한 끊임없는 외침의 출발점이 되었다.

---

59 Gabriel, "The Educational Ideas of Christine de Pizan," 12.

60 Altman, "Christine de Pizan," 21.

전통적으로 인류의 역사는 왕조, 정치, 전쟁, 사상 등에 초점을 맞추어 기술되어왔다. 자연히 여성은 역사에서 소외되었고 그 존재가 무시되었다. 크리스틴은 『여인들의 도성』과 『삼덕三德』을 저술하여 역사 속에 나타났던 유명하고 뛰어난 여성들을 찾아내어 역할 모델(role model)로 제시하고 덕을 바탕으로 이루어지는 이상적인 사회를 그렸다. 18세기와 19세기 초에 걸쳐 여성들이 수많은 소설을 써냈듯이 크리스틴은 그보다 수백 년 전인 15세기 초에 여성에 의한 여성의 역사를 기술했다. 소설을 통해서 여성들이 자기검증과 변호와 나아가서 사회적 억압에 대한 반박을 할 수 있는 것처럼 역사기술은 크리스틴에게 자신의 입장과 관점에서 인류의 다른 이야기를 작성할 수 있는 편리하고 강력한 틀을 제공했다.[61]

크리스틴은 성서에 나타난 뛰어난 여성 지도자들을 언급하고, 특별히 잔 다르크를 높이 칭송한다.

> 나는 에스더, 유딧, 데보라와 같은 훌륭한 여성들에 대해서 배웠습니다. 하나님께서는 그녀들을 통해 속박 받던 백성들을 구원하셨습니다. 그리고 나는 또한 용감한 많은 사람들에 대해서도 배웠습니다. 그러나 하나님께서는 다른 누구도 아닌 한 처녀를 통해서 큰 기적을 행하셨습니다. 그녀는 하나님의 명에 의해 보냄을 받았고, 하나님의 천사에 의해 왕을 돕기 위해 인도되었습니다. 그녀가 행한 일은 환상이 아닙니다. 왜냐하면 그녀는 회의에서 분명히 검증되었기 때문입니다.[62]

---

61 Margolis, "Christine de Pizan: Poetess as Historian," 364.

62 Christian de Pizan, "The Tale of Joan of Arc," 28-29, ed. Renate Blumenfeld-Kosinski, *The Selected Wrtings of Christine de Pizan*, 256-257. 잔 다르크를 칭송하는 이 본문은 피사의 크리스틴에 의해 쓰인 마지막 글이며, 잔 다르크의 생애 중에 유포된 찬양시로는 유일한 것이다. Allen, *The Concept of Woman,* vol. II, 556.

여성주의의 역사에서 크리스틴이 끼친 공헌은 "문화의 성적 편견(sexual bias of culture)"을 드러낸 것[63]이라는 평가대로 크리스틴은 당시 팽배하던 성차별과 여성혐오의 사고가 잘못되었다는 것을 용감하게 지적하고, 나아가서 여성에 초점을 맞춘 역사를 새롭게 기술함으로써 여성을 부각시키고 그들의 지위와 역할을 고양시킨 주체적이고 창의적인 역사가이기도 했다. 크리스틴의 여성주의 사상과 그녀가 불러일으킨 논쟁은 여성들의 의식을 일깨우는 역할을 했으며, 그녀의 주체적 자세와 여성 옹호의 주장은 양성평등과 여성의 권리를 주장하는 현대 여성주의와도 맥을 같이한다. 피사의 크리스틴은 후대 여성주의의 내용과 방향을 설정하는 데 필요한 사상적 기초를 제공한 여성주의의 선구자였다. 그리고 그녀의 사상적 저변에는 하나님에 대한 신앙과 성서의 진리에 대한 확신이 확고하게 자리 잡고 있었다.

4. 마리아 숭배

중세 사람들은 성(性)을 죄아시하면서 여성이 처녀성을 지킴으로써 성욕이나 죄악으로부터 멀어질 수 있다고 믿었다. 교회의 동정녀들은 그리스도의 신부라고 불렸으며 동정녀 마리아의 순결과 순종의 덕을 본받으려고 노력했다. 자연히 성모 마리아에 대한 신앙이 발전하게 되었다. 일찍이 에베소 공의회(431)와 칼케돈 공의회(451)는 그리스도론을 확립하면서 마리아를 '하나님의 어머니(*Theotokos*: Mother of God)'라고 불렀다. 중세에 들어서서 예수 그리스도가 권위를 지닌 왕과 준엄한 심

63 Kelly, "Early Feminist Theory and the *Querelle des femmes*, 1400-1789," 14.

판주로 조명됨에 따라 일반 대중과 거리가 생겼고 이 간격을 연결하는 중재자로서 사랑과 자비의 이미지를 지닌 마리아가 숭배의 대상으로 부각되었다. 또한 잦은 자연재해와 질병, 전쟁 등으로 사람들은 불안 속에서 살았으며 하나님의 심판과 지옥의 고통에 대한 두려움은 이를 더욱 가중시켰다.

사람들은 이런 두려움과 불안을 없애주는 보호자요 안식처로 마리아를 찾게 되었다. 마리아에 대한 신앙은 12세기에 봉건주의와 궁정사랑(courtly love)의 영향으로 크게 번성했다. 마리아는 음유시인들의 입에서 '성모 마리아(*Notre Dame*; Our Lady)', '천상의 여왕(Queen of Heaven)'으로 불리기 시작하면서 널리 불리는 호칭이 되었다. 마리아는 찬송가의 주제로도 떠올랐는데 그중 '경하합니다, 성모 마리아여(*Salve Regina*; Hail Holy Queen)'와 같은 아름다운 마리아 송가는 예배 시에 불리게 되었다. 또한 마리아에게 드리는 가장 대중적인 기도였던 '마리아 찬가(Ave Maria; Hail Mary)'가 널리 알려져 기도에 사용되었다. 교회는 주기도문, 사도신경과 함께 마리아 찬가를 암송하도록 교인들에게 지시했다. 마리아가 승천 후 그리스도의 신부가 되었다는 교리가 만들어지기도 했으며, 그리스도가 고난당할 때 마리아도 그 아픔을 함께 느꼈다는 가르침이 나오기도 했다.

마리아 숭배의 신앙이 깊어짐에 따라 "마리아의 모습도 사람들을 격려하는 그리스도의 동정녀 어머니로부터 사람들 편이 되어 그리스도 앞에서 중재하는 자비로운 대중의 어머니로, 나아가서 신실한 사람들을 보호하는 천상과 지상의 지고한 여왕으로 바뀌었다."[64] 그리스도가 하

---

64 Elizabeth A. Johnson, "Marian Devotion in the Western Church," Raitt, ed., *Christian Spirituality II*, 393. 장 제르송(Jean Gerson)은 예수가 정의의 법정(Court of Justice)을 주재하는 반면 마리아는 '자비의 법정의 여왕(Queen of the Court of Mercy)'이라고 한다. 죄

나님과 사람들 사이의 중재자라면, 마리아는 사람들과 그리스도 사이의 중재자라고 여겨졌다. 마리아는 죄인들의 피난처가 되었고, 그들을 대신해서 그리스도에게 용서를 빌고 그리스도는 어머니의 요청을 거절하지 못할 것이라는 기대가 있었다. 더 나아가서 마리아는 천상과 지상의 여왕으로서 사람들을 유혹하고 죄악에 빠뜨리는 악한 세력을 물리치는 막강한 힘을 가지고 있다고 믿어지게 되었다. 마리아는 하나님의 은총이 충만한 분, 모든 피조물 위로 들려 올려진 분으로 숭배를 받게 되었고 나중에는 그녀의 자비로 그리스도의 공의와 균형을 이루는 분으로까지 여겨지게 되었다. 이에 따라 마리아가 심판주인 그리스도와 인간의 중보자일 뿐만 아니라, 하늘에 올라 천상의 여왕이 되었다는 성모승천(Assumption), 수태될 때 마리아도 원죄를 깨끗이 씻음 받았다는 성모무염시태(Immaculate Conception)와 같은 교리가 형성되었다.

5. 마녀사냥

중세 유럽 사람들의 마음은 공포에 사로잡혀 있었다. 잦은 질병과 천재지변으로 피해를 당하는 사례가 늘어났으며 교회에서는 심판과 지옥, 악마를 주제로 설교를 하여 교인들의 불안과 공포를 가중시켰다. 사람들이 불행을 피하기 위한 방법을 찾으면서 미신이 만연하게 되었고, 이와 함께 여성천대, 여성혐오의 경향은 '마녀사냥'이라는 비극적인 사건을 초래했다. 마녀는 악마를 숭배하고 그의 성적 파트너이며 마술과 마법으로 인간을 해치고 질병, 흉작, 천재지변 등의 불행한 일들을 일으킨

때문에 그리스도의 왕좌 앞에 직접 다가가기가 두려운 사람들은 우선 마리아의 법정에서 탄원할 수 있다는 것이다.

다고 여겨졌다. 마녀는 원래 남녀에게 모두 해당되는 말이었는데 점차 여성에게만 적용되었으며[65] 수만 명의 무고한 여성들이 마녀로 몰려 잔인한 고문과 재판을 받고 처형되었다. 1275년 툴루즈(Toulouse)에서는 안젤라(Angela)라고 불리는 여성이 마녀라고 화형을 당했는데, 그녀는 고문을 받은 끝에 자신이 타락한 천사인 인큐부스(*incubus*)와 성관계를 맺었고 그 결과 늑대와 뱀의 모습을 지닌 괴물을 낳았다고 고백했다. 2년 동안 이 괴물은 그 지역의 어린아이들을 잡아먹는다는 공포를 주었다.[66] 마녀의 누명을 쓴 사람들 중에는 노파, 과부, 산파가 많았으며 그뿐 아니라 낯선 외지인, 이단자, 동성애자, 유대인도 누명을 쓰고 피해를 당했다. 심지어는 여성의 재산이나 지위를 빼앗기 위해서 마녀로 몰기도 했다.

종교 재판관이었던 제임스 스프랭거(James Sprenger)와 하인리히 크래머(Heinrich Kramer)는 『마녀에 대한 철퇴*Malleus Malleficarum*; *Hammer of Witches*』(1486)를 저술했는데 그들은 여성의 속성을 다음과 같이 말한다. 첫째, 여자는 약하기 때문에 쉽게 잘못된 교리(이단)에 빠져든다. 둘째, 여자는 도덕적으로 열등하기 때문에 사기와 복수심의 경향이 있다. 셋째, 여자는 신앙심이 약하다. 넷째, 여자는 참을 수 없는 욕망을 갖고 있기 때문에 악마의 성적인 제의를 기꺼이 수락한다.

그 책에서 여성의 열등성에 대해 언급한 내용 중 일부를 인용하면 다음과 같다.

> … 여성들은 마음과 몸이 다 연약하기 때문에 그들이 마법의 주문에 걸

---

65 마녀에 대한 단어인 옛 영어 *wicca*, 프랑스어 *sorcière*, 이탈리아어 *strega*, 라틴어 *strix*, 독일어 *Hexe*, 러시아어 *ved'ma*는 모두 여성형이다.

66 Malone, *Women & Christianity*, vol. II, 216.

려든다는 것은 놀라운 일이 아니다. 왜냐하면 지성에 있어서나 영적인 것들을 이해하는 데 있어서 그들은 남성들과 다른 본질을 지니고 있기 때문이다…. 본질적인 이유는 여성이 남성보다 더욱 육적이라는 것인데, 이것은 여성이 많이 지니고 있는 육체적으로 혐오스러운 것들을 보아서도 분명한 것이다. 그리고 첫 여자[하와]가 지어질 때 결점이 있었다는 것이 지적되어야 한다. 왜냐하면 그녀는 휘어진 갈빗대 즉 가슴의 갈빗대로 지음을 받았는데 그것은 말하자면 남자와는 반대 방향으로 휘어진 것이다. 이런 결점으로 인해서 여성은 불완전한 동물이기 때문에 항상 속임수를 쓴다.[67]

또한 여성을 나타내는 *femina*라는 말을 *fe*와 *minus*로 나누어 *fe*는 *fides*(믿음)을 뜻하며 *minus*는 작다는 말이므로 *femina*는 *fides minus*, 즉 '믿음이 작음(less in faith)'을 의미한다고 설명하기도 했다.[68]

중세 초기에 샤를마뉴 대제는 마녀 탄압 행위를 처벌했으며, 교황 그레고리 7세는 폭풍과 같은 자연재해를 일으키거나 전염병을 퍼뜨린 혐의로 여성을 처형하는 것을 금했다. 그러나 마녀에 대한 일반 대중의 미신은 수그러들지 않았고, 교황 알렉산더 4세(1258)와 요한 22세(1320)는 마법에 대한 종교재판(inquisition)을 허락했으며 점차 고문, 화형 등의 잔인한 방법들이 마녀를 색출하고 처형하는 일에 사용되었다.

* * *

중세 기독교 여성들은 초대 기독교 여성들과 마찬가지로 가부장적 사회 제도와 교회 권위주의의 억압 속에서 종속적이고 보조적인 역할을

---

67 "The *Malleus Maleficarum*: The Woman as Witch," Clark and Richardson, eds., *Women and Religion*, 122.

68 Ibid.

할 수밖에 없었다. 중세 신학자들은 여성을 비하하거나 열등성을 강조하는 가르침을 폈고, 교회는 비범하거나 통제를 벗어나는 여성을 이단이나 마녀로 몰았으며, 다른 한편으로 동정녀 마리아의 순종과 순결을 여성이 쌓아야 하는 이상적인 덕으로 내세웠다. 이런 상황에서 여성들은 가정과 사회에서 열등한 인간이요 2등급 시민으로 간주되었으며 생각과 행동이 위축되어 소극적인 자세를 취할 수밖에 없었다. 그러나 여성들은 그 자리에 머무르지 않았다. 그들은 수녀원 또는 베긴회와 같은 여성 공동체를 형성하여 주체적이고 적극적인 삶을 추구했다.[69] 특히 수녀원은 상류사회 여성들의 전유물처럼 설립되고 운영되기도 했지만 그럼에도 불구하고 여성들 스스로 생계를 해결하면서 가르침과 배움의 장을 마련했고 경건의 추구뿐만 아니라 지도력을 발휘하고 문학과 예술의 분야에서 창의력을 계발하는 기회를 제공했다. 중세 기독교 여성들은 경직된 교회 체제와 교리에 매이지 않고 복음의 근본정신인 사랑과 섬김을 실천했으며 특히 하나님과의 직접적인 교통과 신비적 체험을 통해 존재의 의미를 깨닫고 삶의 기쁨을 찾았다. 그들이 체험하고 이해한 하나님은 권위를 지니고 지배하는 두려운 분이 아니라 애정으로 감싸고 돌보는 자애로운 어머니 같은 분이었다. 열악한 환경 속에서도 용기와 희망을 잃지 않고 하나님 사랑과 이웃 사랑을 실천한 그들의 삶은 높이 평가되어야 할 것이다.

69 여성들의 수녀생활이 단지 남성 지배의 세상으로부터 탈출하기 위한 것이라고 해석해서는 안 된다. 당시에 남성 수도사들도 많이 있었다는 것을 간과해서는 안 된다. 중세 여성들이 수녀생활을 선택하게 된 가장 큰 동기는 의심할 여지없이 경건의 추구였다. 또한 여성들은 12세기에 시작된 종교적인 개혁운동에도 적극적으로 참여했다. Goetz, *Life in the Middle Ages*, 42.

제5장

종교개혁과 기독교 여성

1517년 독일 아우구스티누스 수도회의 수도사이며 비텐베르크대학의 성서신학 교수인 마르틴 루터에 의해 시작된 종교개혁은 기독교뿐만 아니라 서양의 역사를 바꾸는 전환점이 되었다. 기독교 교인들은 교회의 권위주의로부터 벗어나게 되었으며 새로운 신앙과 구원의 길을 추구하게 되었다. 종교개혁 운동은 빠른 속도로 독일 전역에 퍼져나갔다. 많은 제국자유도시들이 종교개혁을 지지했으며 교회의 권위주의와 부의 독점에 불만을 품고 있던 중산층과 상인조합들은 경제적, 정치적 변화를 기대하며 개혁운동을 환영했다. 1520년대에는 독일 사람들 대부분이 루터의 편에 섰으며, 1530년대에 이르러서 종교개혁자들은 굳건한 정치적 세력으로 자리 잡게 되었다.[1] 종교개혁은 기독교의 근본 교리와 교회의 예배와 직제를 개혁했을 뿐 아니라 정치제도와 사회의식을 혁신하고 일반 신자들의 신앙과 삶을 변화시킴으로써 새로운 역사의 장을 열었다.

종교개혁으로 인해 가장 큰 영향을 받은 사람들 중에 여성들이 있었

1 Hillerbrand, *The World of the Reformation*, 38-39.

다. 수녀원의 폐쇄, 공공복지와 자선기관의 세속화와 중앙집권화, 결혼과 세례에 관한 법령의 변화, 이혼의 가능성, 사제의 결혼, 종교전쟁으로 인한 고난 등은 특히 여성들의 삶에 큰 영향을 끼쳤다. 특히 독신과 결혼에 대한 종교개혁자들의 가르침은 수도원주의를 신앙의 이상으로 삼았던 중세의 가정과 사회에 획기적인 변화를 가져왔다. 개혁자들은 결혼을 하나님이 세우신 제도로 보았으며 성(性)을 더 이상 죄악시하지 않았다. 독신으로 사는 것보다는 결혼하는 것이 바람직하다고 생각하고 성직자도 결혼할 것을 권했다. 그러나 중세 시대와 마찬가지로 결혼은 인간의 성적 욕망을 다스리기 위한 수단과 출산의 방법이라고 생각되었다. 다른 한편으로 결혼은 부부 사이의 영적 결합이라는 점이 강조되었으며, 부부는 서로 의무를 나누는 동반자 관계로서 부부간의 사랑은 하나님의 사랑을 반영하는 것이라고 여겨졌다. 중세 교회는 부부의 별거만을 허용했으나 종교개혁자들은 결혼을 교회의 성사에서 제외함으로써 이혼이 가능하게 되었으며, 여성도 이혼소송을 제기할 수 있다는 주장이 나오기도 했다.

종교개혁이 여성들에게 끼친 영향은 긍정적이었을까 아니면 부정적이었을까? "여성들에게 종교개혁이 있었는가?" "종교개혁은 여성들에게 어떤 영향을 끼쳤는가?" 최근에는 한 걸음 더 나아가서 "종교개혁에 대한 여성들의 반응", "종교개혁에서의 여성들의 역할" 등이 종교개혁 연구의 주제가 되고 있다.[2] "여성과 종교개혁에 관한 연구를 통해서 찾은 가장 중요한 것은 여성들이 종교개혁 역사에서 핵심적 역할을 했다는 것이고 그것도 '수혜자'나 '대상'으로서가 아니라 행동과 말로써, 그리고

2 종교개혁과 여성에 관한 최근 연구 동향으로는 Lindberg, *The European Reformations*, 355-361; Wiesner-Hanks, "Women and Religious Change," 465-482; Wiesner-Hanks, "Society and the Sexes Revisited," 396-414를 보라.

때때로 남성으로부터 벗어나 독립적으로 이루어졌다는 것이다."[3] 종교개혁과 여성을 주제로 많은 연구를 한 위즈너-행크스는 다음과 같이 말한다. "여성들은 종교개혁의 메시지를 단지 수동적으로 받아들이는 사람들이 아니었다. 그들은 수녀원을 떠나거나 또는 떠나기를 거부했으며, 설교와 예언을 하고, 친구나 가족과 종교에 대해서 논했고, 남편을 회심시키거나 또는 남편을 떠났고, 종교적 시와 찬송과 논쟁을 썼으며, 종교 분쟁의 모든 편에서 순교를 했다."[4]

여성들 중에서 종교개혁으로 인해 큰 충격을 받고 가장 격렬하게 반응한 사람들은 아마 수녀들이었을 것이다. 종교개혁의 내용 중 가장 급진적인 것은 수도사와 수녀의 독신생활을 부정하고 결혼을 신성시한 것이다. 종교개혁이 실현된 지역에서는 우선적으로 수도원과 수녀원을 폐쇄했고, 그 결과 독신을 수도생활의 이상적 통로로 삼고 있던 수도사들과 수녀들은 삶의 기반을 뿌리째 잃고 다시 가정으로 돌아가거나 아니면 가톨릭 지역으로 피신할 수밖에 없었다. 종교개혁을 지지하는 수도사는 개신교로 개종해서 목사로서 교회 직분을 맡거나 학교에서 가르치는 일을 할 수 있었지만 수녀는 가정으로 돌아가 독신으로 지내거나 결혼을 해서 가정주부가 되는 것 외에는 교회나 학교 일에 어떤 기회도 없었다. "… 수녀원의 폐쇄는 여성들로부터 많은 귀중한 종교의식과 예전의 역할뿐만 아니라 고등교육과 자기실현을 할 수 있는 모든 여성의 환경을 없애버렸다…. 수녀와 권세 있는 수녀원장의 직분을 제거한다는 것은 여성의 종교적 지도력과 영적 역할의 뚜렷한 사례가 없어진다는 것을 의미했다."[5] 수녀원의 폐쇄는 수녀들의 삶의 내용과 방향을 송두

---

3 Stjerna, *Women and the Reformation*, 213.

4 Wiesner, "Beyond Women and the Family," 313-314.

5 Stjerna, *Women and the Reformation*, 23-24.

리째 뒤바꾸는 엄청난 사건이기 때문이었다. 종교개혁에 대한 수녀원의 격렬한 반응은 당시 신성로마제국에 속해 있던 독일에서 가장 강하게 일어났다.

1. 종교개혁 시대의 여성관

'오직 성서만으로(*sola scriptura*)'라는 표어를 내걸고 성서절대주의를 주장한 종교개혁자들은 예수의 어머니 마리아에 대한 숭배가 비성서적이라고 인정하지 않았고 따라서 성모 마리아 신앙은 약화되었다. 종교개혁자들은 여성을 더 이상 타락자나 유혹자라고 비난하지 않았다. 그러나 여전히 여성은 남성보다 열등하며 조력자로서 남성에게 복종해야 한다고 가르쳤다. 종교개혁의 선구자인 루터 또한 여성을 죄악시하지 않았지만 남성보다 열등한 존재로 보았으며, 여성의 역할을 출산과 자녀 양육, 남성에 대한 내조에 국한시켰다. 결혼의 목적은 "성욕 해소, 자녀 출산, 상호 신의에 의한 삶의 동행"[6]이다. 루터는 남성과 여성의 관계에 대해서 이렇게 말한다.

> 여자는 하나님의 피조물로서 경의를 받아야 한다. 왜냐하면 여자는 남자 옆에 있기 위해서, 자녀를 돌보고 그들을 정직하고 거룩한 길로 양육하기 위해서, 그리고 남자에게 복종하기 위해서 창조되었기 때문이다.[7]

> 여자는 분명히 남자와는 다르다. 왜냐하면 여자는 육체적으로나 지적

6 Luther, *Table Talk*, LW 54, 25.

7 Luther, *Notes on Ecclesiastes*, LW 15, 130.

으로 남자보다 약하기 때문이다…. 태양이 달보다 더 빛나듯이 여자가 하나님의 훌륭한 작품이기는 하지만 명예나 존엄성에 있어서 남자보다 열등하다…. 그러므로 여자가 비록 약한 존재이기는 하지만 모든 인간이 누리는 명예를 여자도 누리게 해야 한다.[8]

루터는 엉뚱하게도 남자와 여자의 신체적 차이를 들면서 여자의 역할을 가정에 국한시키고, 하나님이 여자에게 주신 소명은 아내, 어머니, 가정주부라고 가르쳤다.

남자들은 넓은 어깨와 좁은 엉덩이를 지니고 있다. 따라서 그들은 지성을 가지고 있다. 여자들은 좁은 어깨와 넓은 엉덩이를 지니고 있다. 그러므로 여자들은 집에 머물러야 한다. 그들은 그렇게 창조되었다. 여자들은 앉기 편한 넓은 엉덩이를 지니고 있기 때문에 집을 지키고 임신을 하고 자녀를 양육해야 한다.[9]

루터보다 한 세대 후의 인물인 장 칼뱅은 종교개혁을 지지하는 많은 프랑스 상류층 여성들과 서신으로 교류하면서 여성의 역할이 중요함을 인식했지만 그의 여성관은 분명하지 않다. 그는 루터와 마찬가지로 여성의 열등성과 종속성을 인정하면서도 결혼의 신성함과 배우자 상호 간의 신뢰와 공경에 대해서 강조했다. 그는 결혼에 대해서 다음과 같이 말한다.

남자는 혼자 사는 것이 아니라 그와 같은 동반자를 갖도록 지음을 받았

8 Luther, *Commentary on Genesis*, LW 1, 34.

9 Luther, *Table Talk*, LW 54, 8.

다. 그는 타락 후에 이 동반자 관계에 더욱 빠져들었는데 바로 여성의 무리였다. 그래서 주님은 우리가 결혼을 통해서 회복되도록 하셨다. 남자와 여자 사이에서 결혼 밖의 동반자 관계는 저주받을 것이며 결혼은 우리의 욕망에 굴레를 씌우기 위해서 주어진 것이다…. 어느 누구도 결혼이 무익하고 불필요한 것이라고 무시해서는 안 되며, 어느 누구도 여자 없이 살 수 없는 한 결혼을 피하려 해서는 안 된다…. 결혼한 배우자들은 모든 것이 그들에게 허락되었다고 생각해서는 안 된다. 모든 남편은 아내를 진지하게 대해야 하며, 모든 아내는 남편을 진지하게 대해야 한다. 그들은 이렇게 행동함으로써 결혼의 신성함을 해치지 않아야 한다.[10]

여성은 남성에게 의존하고 종속된다는 생각은 재세례파 지도자들에게서 강하게 나타난다. 그들은 남편은 가정에서 절대적 군주이며 아내는 남편을 주님 대하듯이 모셔야 하며, 마치 인간이 하나님께 의존하듯이 여성은 남성에게 의존해야 한다고 가르쳤다. 재세례파 일부에서는 남성에 대한 여성의 종속성을 일부다처제를 실시함으로써 나타냈다. 과격한 재세례파 운동을 온건한 경향으로 바꾸는 데 공헌을 한 메노 시몬스(Menno Simons)도 다른 종교개혁자들과 마찬가지로 남성에 대한 여성의 종속성과 의존성을 당연시했다. 그의 가르침 중 여성을 옹호한 것은 남편이 아내를 구타할 권리를 부인한 정도였다. 메노 시몬스는 여성의 활동범위를 가정에 국한시켰다. 그는 여성들에게 이렇게 지시한다.

당신이 정기적으로 해야 하는 중요한 일들, 즉 장을 보고, 일용품을 조달하고, 주님의 말씀을 듣고, 성례전에 참석하는 일 외에는 가정과 문 안

10 Calvin, *Institutes of the Christian Religion* 2.8.41, 43-44.

에 머물러야 한다. 당신은 자녀와 집과 가정에 대해서 맡은 일에 충실해야 한다.[11]

그러나 1520년대에 제네바에서 활동했던 르네상스 인문주의자인 네테샤임의 아그리파(Agrippa of Nettesheim)는 「여성의 고귀함에 대한 연설Declamation on the Nobility of Women」에서 여자가 남자보다 열등하다는 가르침에 정면으로 반박한다.

여자는 어떤 면에서 남자보다 우월하다. 아담이 낙원 밖 평야에서 짐승들과 함께 창조된 것에 비해 이브는 낙원 안에서 천사들과 함께 직접 지음을 받았다. 이브의 우월성은 생명(life)을 의미하는 그녀의 이름에서도 나타난다. 반면에 아담이란 이름은 흙(earth)을 의미한다. 가장 마지막으로 창조된 이브는 하나님의 가장 으뜸가는 업적이며 가장 완전한 작품이다. 원죄는 이브가 아닌 아담으로부터 비롯되었다. 그리고 죄에 빠진 인간을 구원하신 그리스도는 남자가 아니라 여자에 의해서 인간이 되셨는데 그것도 죄를 태동시킨 열등한 남성으로 태어나셨다.[12]

네테샤임과 마찬가지로 여성을 옹호하면서, 복음을 전하는 일에는 여성도 예외일 수 없다고 주장하는 사람이 있었다. 수녀원장이었다가 종교개혁을 지지하고 개신교 목사와 결혼한 제네바의 마리 당티에르(Marie Dentière)는 나바르의 왕비인 마제리트에게 보낸 서신의 「여성의 변호Defense of Women」라는 글에서 그리스도를 배반한 사람도 남자였으며, 잘못된 교리와 이단들을 만든 사람들도 남자였다고 지적하면서

11 Irwin, *Womanhood in Radical Protestantism*, 55.

12 Douglass, "Christian Freedom: What Calvin Learned at the School of Women," 167.

여성의 쓰고 말할 권리를 주장한다.

> 비록 우리[여성]에게 회중과 교회 안에서 설교하는 것이 허락되지 않지만 그럼에도 불구하고 서로 간에 충만한 사랑으로 글을 쓰고 조언하는 것은 금지되지 않습니다. 여왕이시여, 제가 이 편지를 쓰고자 하는 것은 당신뿐만 아니라 억압당하고 있는 다른 여성들이 저처럼 하나님의 말씀을 위해 나라와 친족과 동료를 떠나 망명하는 두려움을 갖지 않도록 용기를 북돋워주려는 것이고, 그들이 지금부터는 고통을 받거나 피해를 입지 않고 오히려 예수 그리스도의 복음인 진리를 따르면서 기뻐하고 위로를 받으며 힘을 내게 하려는 것입니다. 지금까지 이 복음은 감추어져 있어서 아무도 감히 그것에 대한 말을 하지 못했고, 여성들은 이 거룩한 말씀을 전혀 읽거나 이해할 수가 없었던 것 같습니다. 여왕이시여, 제가 당신에게 서신을 드리게 된 가장 중요한 이유가 이것입니다. 저는 미래에는 온 세상의 여성들이 과거처럼 멸시당하지 않을 것이라는 소망을 하나님 안에서 갖고 있습니다.[13]

당티에르는 성서에 대한 해박한 지식으로 중요한 역할을 했던 여성들의 예를 들면서 여성을 옹호한다. 그녀는 특히 사마리아 여인을 예수에 대한 가장 위대한 설교자 중 한 사람이라고 칭송하고, 부활하신 예수가 처음으로 만난 사람이 여성들이었으며 그들에게 부활의 소식을 다른 사람들에게 전하라고 명한 사실을 상기시킨다. 당티에르는 이런 성서의 내용을 제시하면서 여성에게도 하나님의 말씀을 선포할 자격과 능력이 있음을 강변한다.

---

13 Douglass, *Women, Freedom, and Calvin*, 103-104.

> 만일 하나님께서 어떤 선한 여자들에게 은총을 주셔서 성서를 통해 거룩하고 선한 것을 계시하시는데도 그들이 감히 서로 간에 쓰고 말하고 선포할 수 없다는 말입니까?…. 아! 그 여자들이 하는 일을 멈추게 하기는 힘들 것입니다. 우리에게 있어서 하나님이 주신 재능을 감춘다는 것은 어리석은 일일 것입니다.[14]

종교개혁은 여성에게도 성서를 새롭게 보는 길을 제시했고 그리스도 안에서 믿음을 통해 구원받을 수 있다는 확신을 갖게 했다. 또한 여성을 죄악시하던 전통적 입장에서 벗어나 인간으로서의 여성의 지위를 회복시켰으며, 성과 결혼에 대해서 긍정적인 생각을 갖게 했다. 그러나 여전히 여성을 남성보다 열등한 존재로 여기고 남성에게 종속시켰으며 여성의 역할을 가정에 국한시켰다. 교회나 사회에서 여성의 적극적이고 주체적인 활동, 예를 들면 목회자, 설교자, 정치 지도자 등은 허용되지 않았다.

2. 종교개혁과 수녀원

종교개혁으로 인해 가장 큰 타격을 받은 곳은 수도원과 수녀원이었다. 종교개혁을 지지하는 왕이나 영주 또는 시의회는 수도원과 수녀원의 폐쇄를 명했고 수도사들과 수녀들에게 그곳을 떠날 것을 지시했다. 16세기에 수도원의 피해가 가장 컸던 지역은 영국과 독일이었고 이어서 종교개혁을 받아들인 덴마크, 스웨덴, 아이슬란드 등이었다. 헨리 8

14 Ibid., 104.

세의 수장령 선포로 가톨릭교회와의 관계를 단절한 영국과 아일랜드에서는 모든 수도원과 수녀원을 폐쇄하고[15] 건물과 재산을 몰수하여 왕의 소유로 귀속시켰으며 수녀들은 소액의 연금을 받고 수녀원을 떠나 각자의 가정으로 돌아가야 했다. 많은 아일랜드 수녀들은 대륙의 가톨릭 국가로 이주하거나 수녀원으로 되돌아갈 날을 기다리며 숨어 살기도 했다. 개신교국가가 된 네덜란드의 수녀들은 수녀원이 폐쇄되고 수녀의 신분을 잃게 되자 스스로를 '영적 동정녀들(spiritual virgins)'이라고 부르며 가톨릭 신앙을 이어나갔다. 개신교도들은 이들을 가리켜 '거세된 남자들(castrated men)'이라고 조롱했다.[16] 영적 동정녀들은 홀로 또는 단체로 거주하면서 사제복을 입고 남성 사제들이 하던 역할, 즉 교리를 가르치고 회중 앞에서 설교를 했으며, 남성 사제들에게 거처를 제공하고 가난하고 병든 사람들을 돌보았다.

종교개혁 이후 나라의 대부분이 개신교를 지지하게 된 독일에서도 마찬가지로 수도원과 수녀원을 폐쇄하고 수도사들과 수녀들에게 가톨릭 지역으로 옮기거나 개신교 교리를 따를 것을 명했다. 그리고 몰수한 수도원과 수녀원을 병원, 학교, 복지관으로 전환시켰다. 독일의 베네딕트 수녀원 중 약 85개가 해체되거나 폐쇄되었고 수녀들은 서원의 효력이 무효화된 채 수녀원을 떠나야 했다.[17] 종교개혁에 대한 지지가 컸던 스트라스부르크에서는 16개의 수녀원 중 10개가 해체되었다.[18] 농민전쟁 당시 독일에서는 농민들에 의해 유서 깊은 헬프타 수녀원을 비롯한

---

15 영국의 수녀원들은 수장령 선포 이후 1534년 모두 폐쇄되었으며 1559년부터는 오직 영국국교(Anglicanism)만 유일한 공식종교로 인정되었다. 그 후 약 1570년부터 1610년 사이에 가톨릭교도들은 심한 탄압을 받았다.

16 Fairchilds, *Women in Early Modern Europe*, 224.

17 Kessler, *Benedictine Men and Women of Courage*, 139.

18 Evangelisti, *Nuns*, 37.

100개 이상의 수도원과 수녀원이 파괴되었다. 수녀원을 떠난 수녀들은 가정으로 돌아가거나 결혼을 하는 경우도 있었지만 갈 곳 없는 노숙자의 신세로 전락하기도 했다. 마그데부르크와 할버스타트 교구는 개신교로 전환했는데 수도원은 5분의 1만 남았지만 수녀원은 절반이 살아남았다.[19] 독일 각지의 시정부는 수녀원을 폐쇄하는 직접적인 조치를 취하기도 했지만 단지 신입수녀의 영입을 금지함으로써 시간의 흐름에 따라 서서히 해체되게 하는 간접적 방법을 취하기도 했다. 중부지역에서는 수녀원을 존속시키되 수도생활과 예전을 종교개혁의 교리에 맞추게 하여 개신교 수녀원으로 전환시키기도 했다. 울름의 수녀원은 개신교로 전환하여 19세기까지 존속했다.[20] 개신교 수도원으로 전환된 수녀원에서는 가톨릭 수녀원에서 행해지던 예전이나 규칙 수행이 폐지되었는데, 예를 들면 조과기도(Matins)가 없어졌고 성자들과 동정녀 마리아에 대한 경배가 금지되었다.[21] 종교개혁의 거센 물결이 몰려왔을 때 독일 수녀원들의 반응은 다양한 형태로 나타났다. 개혁을 지지하며 수녀원을 떠난 수녀들도 있고, 끝까지 수녀원을 지키며 개혁에 맞선 수녀들도 있으며, 절충과 타협의 길을 모색한 수녀들도 있었다. 그러나 수녀들은 한결같이 자신의 신앙적 소신과 결단에 의해 행동하면서 스스로의 길을 걸었으며 어떤 고난에도 굴하지 않았다.

중세 시대부터 교황과 감독들은 수녀원의 권력 강화를 억제하고 수녀들의 탈선을 방지하기 위해 엄격한 통제를 했지만 수녀원은 위축되지 않고 신입수녀의 영입과 엄격한 규율로 스스로를 보존했다. 기독교 여

19 Wiesner-Hanks, *Convents Confront the Reformation*, 17.

20 Wiesner-Hanks, "Women and Religious Change," 473. 종교개혁과 독일 수녀원들의 대응에 관한 개괄적 고찰은 Wiesner, "Ideology Meets the Empire," 47-62를 참조하라.

21 Wiesner, "Women's Response to the Reformation," 154-157.

성들은 수녀가 되거나 수도 공동체 일원이 됨으로써 "새로운 영적 자유"와 "직분"을 누리는 기회를 갖게 되었다.[22] 수녀원은 비록 자율성이 약화되고 이전과 같은 학문을 연구하거나 예술 활동을 하는 데 지장을 받았지만 수녀들은 엄격한 수도생활을 통해 신앙과 삶에 대해 강한 자부심을 갖게 되었으며 외부의 통제는 오히려 내적인 유대감과 결속력을 강화하는 계기가 되었다. "권력의 오랜 전통, 자주의식, 특권은 영적 생활의 회복과 결부되어 수녀원으로 하여금 개신교 종교개혁에 대해 가장 목소리 크고 단호한 적대자가 되게 했다."[23]

3. 수도원주의에 대한 루터의 입장

수도원주의에 대한 루터의 입장을 이해하려면 무엇보다도 그가 수도원의 일원이었다는 사실에서 출발해야 한다. 루터는 엄격하기로 유명한 에르푸르트의 아우구스티누스 수도원에 들어갔고 그곳에서 수도사 서약을 했다. 사제 서품을 받고 에르푸르트대학에서 본격적으로 신학 공부를 시작했고, 신학박사 학위를 취득하고 비텐베르크대학의 신학교수가 되었으며, 비텐베르크 시(市)교회의 사제가 되었다. 루터는 종교개혁을 일으킨 후 수도사 서원을 철회했으나 그 후에도 줄곧 비텐베르크의 아우구스티누스 수도원에 거주했으며 카타리나 폰 보라와 결혼을 해서 가정을 꾸리고 생을 마감할 때까지 거의 35년간 같은 곳에서 살았다.

수도원주의의 정신과 수도원 생활에 대해서 몸소 체험하면서 속속들

22 Ibid., 44.

23 Wiesner-Hanks, *Convents Confront the Reformation*, 16. 또한 Wiesner-Hanks, "Women and Religious Change," 471을 보라.

이 파악하고 있는 수도사 출신의 루터가 수도원과 수도사에 대해서 다음과 같은 냉혹한 말을 한다. "수도원은 악마인 원장과 부원장이 있고, 저주받은 영혼들인 수도사들과 수녀들이 있는 지옥이다"[24], "당신이 '수도사'라는 말을 들을 때 그것은 마치 당신이 그리스도인 변절자, 신앙의 배신자, 악마의 추종자라는 말을 듣는 것과 같다"[25], 수도원 제도는 "오류와 무지와 불순종과 배신과 불경과 신성모독의 바빌론"에 불과하다.[26] 루터의 이런 진술에 의하면 종교개혁 취지와 수도원주의는 결코 조화를 이룰 수 없는 상호 배타적인 정신이다. 그러나 다른 한편으로 루터를 비롯한 종교개혁자들은 많은 경우 수도사 출신들이었으며 그들은 수도원 생활을 통해서 개혁의 발상과 통찰력을 얻었다. 한마디로 "수도원주의 없는 종교개혁은 없다"[27]고도 말할 수 있으며, 루터의 종교개혁은 12세기에 일어났던 수도원 개혁운동과 맥을 같이 한다고 할 수 있다.[28]

루터가 가장 중요시한 것은 하나님과 인간과의 바른 관계였다. 그는 로마가톨릭교회가 복음에 따라 가르치지 않음으로써 구원의 길을 오도했고 많은 그리스도인들을 불안에 빠뜨렸다고 판단했다. 그러므로 교회는 회개하고 오직 은혜로만, 오직 그리스도 안에서만, 오직 믿음을 통해서만 구원을 받을 수 있다고 선포해야 한다. 이 점이 루터 종교개혁이

---

24 WA 38:148.30-32. Dorothea Wendebourg, "Luther on Monasticism," Wengert, ed., *The Pastoral Luther*, 327에서 재인용.

25 WA 38:147.1-3. Wendebourg, "Luther on Monasticism," 327에서 재인용.

26 Luther, *Christian in Society*, LW 44:351.

27 Wendebourg, "Luther on Monasticism," 328.

28 Hendrix, *Recultivating the Vineyard*, 29. "… 종교개혁 신학의 목표는 스콜라주의 신학보다 수도원주의 신학에 더 가깝다. 개혁자들은 신학을 경건에 적용하는 데 집중했고 영적 지식을 지닌 신자들이 더욱 신실한 삶을 살 수 있다고 주장함으로써 비록 그들 중 저항자들이 수도원주의의 체제를 거절했지만 [개혁자들은] 수도원주의 신학 전통에 접근했으며 그 이상을 수도원 밖 세상의 삶에 적용했다. 그런 이유로 다음과 같이 말할 수 있다: '초기 종교개혁은 그 역동적인 이상주의적 이념 속에서 새로운 수도원주의였다.'"

핵심이며 그는 이것을 바탕으로 교회의 가르침과 제도와 예전에 비판을 가했다.

수도원주의에 대한 루터의 견해는 그의 글 「그리스도인의 자유*De libertate christiana*」와 「수도원 서원에 관하여*De votis monasticis*」에 잘 나타나 있다. 루터는 「그리스도인의 자유」에서 그리스도인은 아무에게도 종속되지 않는 자유로운 존재이며 동시에 모든 사람에게 종속되는 의무를 지닌 종이라고 말한다. 영혼을 살리고, 의롭게 하고, 자유롭게 하고, 그리스도인이 되게 하는 것은 오직 그리스도가 전한 복음과 하나님의 말씀이다. 진정한 자유는 예수 그리스도 안에서 믿음을 통해 의롭다함을 얻는 데서 온다. 선행은 사람을 의롭게 하는 것이 아니라 의롭다함을 얻은 결과이다. 어떤 행함도 없이 오직 믿음만이 사람을 의롭고, 자유롭고, 복되게 한다.[29] 루터는 수도원주의를 전적으로 반대했다기보다는 수도원주의가 실천을 공로나 선행으로 여기고 그것을 구원의 통로로 인식하는 것에 반대한 것이다.[30] 수도원주의는 수도사로 하여금 그리스도 안에서의 자유를 얻게 하는 것이 아니라 서원을 하고 하나님 앞에서 공적을 쌓아야 한다는 의무를 지움으로써 노예가 되게 한다. 수도사는 "그리스도의 행함과 공로보다 자신의 행함과 공로에 더 의지한다."[31]

루터는 「수도원 서원에 관하여」에서 수도원 서원의 타당성에 대해 묻고 성서를 바탕으로 답을 구한다. 루터의 주장은 다섯 항목으로 정리할 수 있다: 첫째, 성서는 수도원 서원을 명하지 않는다. 둘째, 수도원 서원은 신앙과 상충된다. 셋째, 수도원 서원의 강제적이고 영구적인 본질은 그리스도인의 자유에 위배된다. 넷째, 수도원 서원은 십계명을 거

---

29 Peters, *Reforming the Monastery*, 20-21.

30 Ibid., 23; Greg Peters, *The Story of Monasticism*, 211.

31 LW 44:319-320.

스른다. 다섯째, 수도원 서원은 상식에 어긋난다.[32] 사제의 독신 서원은 믿음으로 의롭다함을 얻는다는 근본원칙에 어긋나기 때문에 강요해서는 안 된다는 것이다. "수도원 서원은 금욕과 동정의 덕을 영적 생활의 가장 높은 경지로 올리려는 억지의 표시이며 정신 나가고 어리석은 교황주의자들의 산물이다."[33] 성서는 동정의 덕을 인정하지만 그것이 결혼생활보다 더 높은 경지에 있다고 칭송하지는 않는다. 루터는 서원에 대해서 이렇게 결론을 내린다. "만일 당신이 복음에 순종한다면 독신을 자유로운 선택의 문제라고 여겨야 한다. 만일 당신이 그것을 자유로운 선택의 문제라고 생각하지 않는다면 당신은 복음에 순종하는 것이 아니다…. 그러므로 정절의 서원은 복음에 정면으로 반대되는 것이다."[34] 루터는 성서가 독신생활의 우월성을 지원하지 않으며, 독신 서원은 그리스도인의 세례에 대한 믿음에 위배되는 것이고, 개인의 양심의 자유와 인간의 피조 본성에 어긋나는 것이라고 선언한다.

수도사들은 실천과 규칙을 중시하는데 이것은 유대교인이나 마니교인을 흉내 낸 것이다. 그리스도인의 진정한 삶은 수도사 외투를 입고 머리카락을 밀고 금식과 일련의 기도 암송으로 자신을 학대하는 것이 아니라 자비를 베푸는 일에 헌신하는 것이다. 수도원 생활은 결코 가장 높은 경지의 삶이 아니다. 결혼생활이나 그리스도인의 어떤 직업도 똑같이 하나님께서 세워주고 불러주신 것이며 하나님과 이웃에게 봉사하며 사랑을 실천하는 귀중한 소명이다. 루터는 "수도사가 되는 것보다 그리스도인이 되는 것이 훨씬 더 좋은 것이다"[35]라고 선포한다. 루터는 수도

---

32 Peters, *The Story of Monasticism*, 211.

33 Peters, *Reforming the Monastery*, 25.

34 LW 44:262.

35 LW 44:322. 루터는 수도사가 세속생활을 하는 사람보다 더 나은 위치에 있는 것이 아니며, 그리스도인 아내와 어머니가 수도사 못지않게 혹은 더 이상 하나님을 기쁘게 해드린다고 말한

원주의를 모든 그리스도인들에게 "보편화"했다.[36] 즉 수도원주의는 더 이상 수도사들에게 국한되는 것이 아니라 모든 그리스도인들에게 적용되고 그들에 의해서 실천되는 것이다.

루터는 결혼이 인간 사회의 기초이며 하나님께서 세우신 제도라고 확신했다. 그는 가톨릭교회와 마찬가지로 독신이 덕이라고 생각했지만 실제로는 이것을 이루기가 어려우며 특히 가족들에 의해 강제로 수녀가 된 여성들은 독신으로 지내기가 더욱 힘들다고 주장하면서 다음과 같이 말한다. "딸들과 자매들은 부추김을 받아서 그들이 원하던 원하지 않던 수녀원에 밀어 넣어졌는데 그 이유는 가정에 불화가 생기거나 재산이 궁핍해지는 것을 막기 위한 것이다…. 수녀원에 있는 대부분의 젊은 여성들은 원기왕성하고 건강하며 이들은 아내가 되고 자식을 가지라고 하나님께서 창조하신 것이다…. 그러므로 나는 수녀원의 수녀들이 그들의 뜻과는 어긋나게 정절을 강요당하고 있는 것이라고 결론을 내린다…. 그러므로 만일 당신의 딸이나 친지가 그런 상태에 놓여 있다면 그녀를 그곳으로부터 나오도록 도와야 한다."[37]

종교개혁자들은 독신생활의 영적 우월성을 부정했으며 수도사들의 경건성에 회의를 품고 독신으로 사는 것보다는 결혼하는 것이 바람직하다고 생각했다. 뉘른베르크의 개신교 설교자인 요한 슈반하우저는 이렇게 설파한다. "남편은 자신의 일을 하고 아내는 자녀와 집안일을 돌보면서 자신들의 몸으로 서로를 섬긴다. 그것이 진정한 그리스도인의 생활이다. 그런 생활은… 수녀원에서는 있을 수 없다."[38] 그러나 중세 시대

다. LW 25:419–420.

36 Wendebourg, "Luther on Monasticism," 341.

37 Luther, *Church and Ministry*, LW 39:296–299. Fairchilds, *Women in Early Modern Europe 1500–1700*, 197을 보라.

38 Amy Leonard, "The Personal is Political: Convents in the Holy Roman Empire," 206.

와 마찬가지로 결혼은 인간의 성적 욕망을 다스리기 위한 수단과 출산의 방법이라고 생각되었다. 다른 한편으로 결혼은 부부 사이의 영적 결합이라는 점이 강조되었으며, 부부는 서로 의무를 나누는 동반자 관계로서 부부간의 사랑은 하나님의 사랑을 반영하는 것이라고 여겨졌다. 결혼을 새로운 기독교 공동체의 초석으로 여기는 종교개혁 사상은 수도사들뿐만 아니라 수녀들에게도 피할 수 없는 도전으로 다가왔다. 수녀를 비롯한 여성 종교인들이야말로 "개신교 종교개혁에 직면한 첫 번째 사람들이었다."[39] 많은 수녀들이 가톨릭 수도사나 사제였다가 개신교 목사가 된 종교개혁자들과 결혼했다. 그러나 수녀원을 벗어나 결혼을 하고 가정을 꾸린 수녀들이 있는 반면에 독신으로서 수녀원 생활을 지속하려는 수녀들도 있었다. "결혼과 가정생활에 대한 개신교의 옹호에 대해서 한편의 수녀들은 수녀원으로부터의 해방을 선포하는 메시지로 열렬히 환영했지만 다른 한편의 수녀들은 그들이 살아왔던 삶의 가치를 부정하는 것으로 여기고 온 힘을 다해서 자신들이 택한 길을 지속하려고 했다."[40]

'오직 믿음만으로'라는 구호를 내세운 개혁자들의 신학적 입장에서 볼 때 수녀원의 중보기도나 찬송이나 종교적 관상은 개인이나 사회의 구원을 위해서 도움이 되지 않았다. 중세에 수녀원을 "그리스도의 신부들"이 거하는 곳이라고 불렀다면 종교개혁자들은 수녀원을 "바빌론 포수"로 규정했다.[41] 루터는 수도원주의가 주장하는 독신의 영적 우월성을 비판하고 수녀원에 제한된 생활을 감금이라고 규정했지만 수녀들이

---

39 Merry E. Wiesner, "Nuns, Wives, and Mothers: Women and the Reformation in Germany," 9.

40 Wiesner-Hanks, "Women and Religious Change," 473.

41 Carter Lindberg, *The European Reformations*, 358.

개신교 설교를 듣고 가톨릭 성례전을 포기하고 결혼할 수 있는 자유를 지니는 한 그들이 학문적이고 종교적인 추구를 하면서 명예롭게 살 수 있도록 수녀원의 존속에 동의했다.[42] 1536년 루터파와 개혁파 종교개혁자들이 맺은 비텐베르크 협정에는 특별한 소명이나 자질을 지닌 사람에게 수도생활을 하도록 허락한다는 진술이 있다. "만일 어떤 사람들이 뛰어난 자질을 지니고 있고, 규칙을 준수하는 생활을 할 수 있고, 수도원에서 삶을 보내려는 소망이 있다면 그들의 교리와 예배가 순수하게 유지되는 한 우리는 그들을 금할 생각이 없다."[43]

4. 종교개혁에 대한 여성들의 반응

종교개혁을 지지한 여성

종교개혁에 동조하는 많은 수녀들이 수녀원을 탈출했는데 그들 중에는 수도사 또는 사제 출신인 종교개혁자들과 결혼하여 목회자의 아내로서 적극적이고 폭넓은 활동을 한 경우도 있었다. 님브쉔에 있는 시토회 소속의 마리엔트론 수녀원의 수녀였던 카타리나 폰 보라(Katharina von Bora)는 종교개혁에 관한 루터의 글—아마 「그리스도인의 자유」[44]—을 읽고 수녀원을 탈출하기로 결심했다. 그들은 수녀원에서의 형식적인 생활이 영혼을 구원하는 데 더 이상 의미가 없으니 그곳을 벗어나게 도와달라는 서신을 가족들에게 보냈으나 반응은 부정적이었다. 이미 수녀원

---

42 McNamara, *Sisters in Arms*, 422.

43 Wiesner-Hanks, *Convents Confront the Reformation*, 17.

44 R. K. Markwald and M. M. Markward, *Katharina von Bora*, 41.

에 입회금을 지불한 상태였고 더욱이 그들의 재산이 종교개혁에 반대하고 루터를 대적했던 작센의 영주인 게오르그 공작의 영토에 있었기 때문이다.

결국 수녀들은 비텐베르크의 루터에게 자신들의 처지를 알리고 도움을 요청하는 서신을 보냈다. 이에 루터는 수녀들의 영혼과 양심의 구원을 위해서 돕겠다는 답신을 보냈다. "이렇게 말하기는 미안하지만, 사람들이 자녀들을 수도원에 들어가게 하는 것은 큰 비극입니다. 그곳에서는 하나님의 말씀이 매일 실천되지 않으며, 올바르게 선포되는 복음을 결코 들을 수 없습니다. 그들이 수천 번의 맹세와 서약을 했다고 해도 수도원에서 빼내서 멀리 보내야 하는 확실한 이유가 바로 이것입니다. 왜냐하면 하나님께서는 마음에서 자발적으로 우러나지 않는 어떤 예배도 기뻐하지 않으시며, 결과적으로 기꺼이 사랑으로 이루어지지 않은 어떤 서약도 유효하지 않기 때문입니다. 그런 수도원의 삶은 위험과 유혹과 죄로 가득할 것입니다."[45]

루터는 수녀들이 서약을 폐기하고 수녀원을 떠나야 하는 두 가지 이유를 말한다. "첫째, 인간이 정한 법과 수녀원 생활이 선택에 의한 것이 아니라 강제로 유지되는 것이라면 양심은 이것으로 인해 부담을 갖게 된다. 그렇다면 수녀는 떠나야 하며 수녀원과 그 밖의 모든 것이 개방되어야 한다…. 또 하나의 이유는 육신이다. 여성으로서 그런 것들을 인정하기는 부끄럽겠지만, 수많은 여성들 중에서 순수한 정절을 지키라고 하나님이 은총을 주신 사람은 하나도 없다는 것을 성서와 경험은 가르친다…. 성서가 창세기 1장에서 분명하게 밝히는 것처럼 하나님께서는 여성의 몸을 남성과 함께 하고 아이를 갖고 그들을 키우라고 창조하셨

---

45 Ibid., 43.

다. 이런 일을 위해 하나님께서 제정하신 여성의 육체적 구조가 이것을 나타낸다…. 나는 '수도원 서원에 관하여', '인간의 가르침을 피하여' 그리고 '결혼생활에 관하여'라는 설교에서 이 점에 대해 많이 서술했다."[46] 루터는 수도원주의 자체를 비판하지는 않았다. 다만 그 오용과 부작용을 지적한 것이다. 수도사가 되려는 사람은 '소명'이 있어야 하며 그것이 없을 때 수도원 생활은 유혹과 위험이 가득한 큰 짐이 된다는 것이다.[47]

카타리나 폰 보라는 수녀원을 드나들던 정어리 상인의 도움을 받아 밤중에 동료 수녀들과 함께 정어리 운반마차에 숨어서 탈출하는 데 성공했다. 그녀는 26세의 나이로 당시 42세였던 루터와 결혼했다. 로마 가톨릭 측에서는 두 사람 사이에 낳는 자식이 틀림없이 '적그리스도'일 것이라고 비난했다. 루터와 카타리나는 세 아들과 세 딸을 낳으며 단란한 가정을 꾸렸다. 루터는 아내를 "비텐베르크의 새벽별"이라고 부를 정도로 사랑과 신뢰를 나타냈다. 카타리나는 가정살림뿐만 아니라 사회봉사와 구제사업에도 힘쓰면서 종교개혁이 뿌리를 내리는 데 큰 역할을 했다.

뮌스터베르크의 우르술라(Ursula of Münsterberg)는 수도원 제도에 불만을 품고 있던 중 루터의 글을 읽고 프라이베르크의 막달라 마리아 수

46 Karant-Nunn and Wiesner-Hanks, *Luther on Women*, 140-141.

47 루터는 설교에서 하나의 사례를 든다. "나는 아우구스부르크 주교를 지낸 적이 있는 성 울리히가 서신에서 다음과 같이 말하면서 불평하는 것을 읽었다. 그레고리우스 교황[7세]이 사제의 독신생활을 확립하고 강화하면서 그의 칙령이 공포되기 전에 결혼한 사제가 결혼 상태를 유지하는 것을 허락하려고 하지 않았다. [교황은] 그런 직후 수녀원 바로 옆에 있는 깊은 연못에서 물고기를 잡고 싶어 했다. 그런데 연못에서 물이 비워지자 6천 개의 아이 머리가 발견되었는데 물에 던져져 가라앉았던 것이었다. 이것이 독신생활의 결과이다! 성 울리히는 기록하기를 그레고리우스 교황이 이 광경에 큰 충격을 받고 독신생활의 규범을 해제했다고 한다. 그러나 그레고리우스를 계승한 다른 교황들은 독신제도를 다시 확립했다." Karant-Nunn and Wiesner-Hanks, *Luther on Women*, 169.

녀원을 탈출했다. 그녀는 수도원 제도를 다음과 같이 비판한다.

> 유일한 희망은 믿음에 있다. 우리는 세례를 통해서 그리스도의 왕국에 받아들여졌다. 수도원의 서약이 제2의 세례이고 모든 죄를 씻긴다는 말은 하나님에 대한 모독이다. 그 말은 마치 그리스도의 피가 모든 죄를 씻기기에 부족하다는 말과 같다. 우리는 그리스도와 결혼했기 때문에 다른 것을 통해 구원받으려는 것은 간음과 같다. 수도원의 세 가지 서약[청빈, 순종, 겸허]은 인간의 손에 의한 작품이다.[48]

> 이제 오직 믿음만이 우리의 구원이며 불신앙은 저주이기 때문에 우리는 이 장소와 상황[즉 수녀원]이 말이나 일에 있어서 전적으로 믿음에 대조된다는 것을 발견했다. 그리고 서원마저도 하나님을 향해 나아가는 우리를 불신과 영원한 저주 속으로 빠뜨린다. 그러므로 우리는 떠나야 한다."[49]

우르술라는 막달라 마리아 수녀원의 77명의 수녀 중 약 50명을 설득해서 루터교로 개종하게 했다.

상류층 여성들 중에는 소신껏 개혁 운동을 지지하면서 큰 영향력을 행사한 사람들도 있었다. 예를 들면, 아굴라 폰 그룸바흐(Argula von Grumback, 1492-1563)는 루터를 지지한다는 이유로 가톨릭 측 적대자로부터 협박과 함께 "오만한 이브의 딸이요 이단적인 암캐이며 엄청난 사기꾼"[50]이라는 공격을 받았다. 그러나 그녀는 자신의 뜻을 굽히지 않고 계속 루터를 옹호했다.

---

48 Bainton, *Women of the Reformation in Germany and Italy*, 51f.

49 Wiesner-Hanks, *Convents Confront the Reformation*, 43, 45.

50 Bainton, *Women of the Reformation in Germany and Italy*, 97, 100, 105.

루터와 멜란히톤이 하나님 말씀 외에 가르친 것이 무엇인가? 당신은 그들을 정죄했지만 반박하지는 않았다…. 당신은 루터의 모든 저작을 없애려고 했다. 그럴 경우 당신은 신약성서를 없애는 것이다…. 루터가 자신의 말을 철회한다고 해도 그가 말한 것은 여전히 하나님의 말씀이다.[51]

아굴라는 가톨릭 교리를 고수하려는 신학자들에게 독일어로 번역된 성서를 바탕으로 논쟁하자고 제의하면서 자신의 발언은 주님의 말씀을 따라 행하는 것이라고 강변한다.

여자는 교회에서 잠잠하라는 바울의 말씀을 내가 모르는 바가 아니다…. 그러나 어느 남자도 말하려 하지 않거나 말할 수 없을 때 주님의 말씀이 나를 인도한다. 주님은 "이 땅에서 나를 고백하는 사람을 나도 고백할 것이고, 나를 부인하는 사람을 나도 부인할 것이다"라고 말씀하셨다.[52]

종교개혁의 중요한 가르침 중의 하나인 만인제사장설에 의하면 모든 평신도는 사제로서 기도와 복음 선포의 의무가 있다. 그러나 여전히 여성은 성직자가 될 수 없었으며 설교, 성례 집전, 안수, 교회행정 등에 참여하는 것이 허락되지 않았다. 종교개혁자 마태우스 젤(Matthew Zell)과 결혼했다가 사별하고 과부가 된 카타리나 젤(Katharina Schütz Zell, 1497-1562)은 스트라스부르크의 개혁에 동참했고, 종교개혁 운동을 따르는 사람들을 돌보고 보호하는 일에 적극적으로 나섰다. 그녀는 울름(Ulm)의 설교자 루드비히 라무스(Ludwig Ramus)에게 편지를 보내 마르틴 루터에 대한 지지를 표명하면서 또한 재세례파에게 관용을 베풀고

51 Ibid., 97-98.

52 Ibid., 97.

그들을 탄압하지 말 것을 촉구했다.

하나님께서는 사람들 중에서 마르틴 루터를 택하여 보내주셨습니다. 이분은 우리 주 예수 그리스도의 형용할 수 없는 선하심을 저에게 가르쳐 주셨고, 나 자신은 깊은 지옥으로부터 빠져나와 천상의 왕국으로 옮겨진 것 같은 느낌이 들었습니다. 나는 주님께서 베드로에게 하신 말씀을 기억합니다. “나를 따르라. 너를 사람을 낚는 어부가 되게 하리라.” 그래서 나는 밤낮으로 거룩한 진리의 길을 따르려고 애썼습니다…. 다른 여자들이 집을 장식하고 자신들을 치장하고 무도회나 결혼잔치에 가서 향락을 누리는 동안 나는 사랑과 믿음과 애정으로 가난한 사람의 집이나 부자의 집이나 똑같이 방문했고 아픈 사람들과 옥에 갇힌 사람들을 돌보았으며 죽은 사람들을 묻어주었습니다. 이것이 스트라스부르크 교회를 불안하게 하고 소란을 일으키는 것입니까?… 불쌍한 재세례파 사람들을 생각해주십시오. 그들은 강력하고 무자비한 탄압을 받고 있습니다. 마치 사냥꾼이 맹수를 상대로 개를 푸는 것 같이 당국이 그들을 적으로 몰아야 합니까? 그들이 우리와 똑같은 방식으로 주님이신 그리스도를 받아들이고 교황청과 절연했는데도 적대시해야 합니까? 그들이 아주 작은 항목에 대해서 우리에게 동의하지 않는다고 해서 그리스도를 뜨겁게 믿고 환란을 당할 때나 옥에 갇혔을 때나 불과 물로 고문을 당하면서도 신앙을 고백하는 그들을 탄압하는 이유가 됩니까? 정부는 범죄자들을 처벌할 수는 있지만 신앙을 강요하거나 통제해서는 안 됩니다. 그것은 마음과 양심의 일이지 세속권력의 일이 아닙니다…. 스트라스부르크는 악한 도시의 본을 보일 것이 아니라 그 반대로 불쌍하고 가난한 사람들을 위한 자비와 연민과 환대의 도시가 되어야 할 것입니다…. 사도 바울의 말씀대로 그들이 루터파이거나, 츠빙글리파이거나, 슈벵크펠트파(Schwenkfeldians)이거나, 또는 불쌍한 재세례파 형제들이거나, 부자거나 가난한 자거나, 현명하거나 어리석거나, 모두 가 우리[스트라스부르크의젤 가족]에게 왔습니다. 우리는 같은 관점이나 신앙을 갖도록 강요받지 않았습니다. 오히려 우리는 사랑과 봉사와 관용을 증언할 의무를 지니고 있습니다. 우리의 교사이신 그리스도께서 그렇게 가르치셨습니다.[53]

그녀는 교회 안에서 여성의 발언을 금지하는 것에 대해서 반발했다.

당신들은 사도 바울이 여자들은 교회에서 조용히 하라고 한 말을 나에게 상기시키려고 하지만 나는 바로 같은 사도의 말, 즉 그리스도 안에는 더 이상 남자나 여자가 없다는 사실을 상기시키겠습니다…. 나는 바리새인들을 꾸짖은 세례 요한인 척하지도 않으며, 다윗을 책망한 나단이라고 주장하지도 않습니다. 나는 단지 주인에게 경고한 발람의 나귀처럼 되고 싶을 뿐입니다…. 나는 남자의 설교직이나 사도직을 빼앗으려는 것이 아닙니다. 나는 사도라는 생각 없이 부활하신 주님을 만난 사실을 전한 막달라 마리아처럼 되고 싶을 뿐입니다.[54]

카타리나 젤은 자신의 발언과 행동이 교회의 평화를 깨뜨린다고 비난받자 이에 응수했다.

내가 평화를 깨뜨리는 자라고요?… 나는 감옥에 있는 사형수들을 방문했습니다. 때때로 삼일 밤낮을 먹지도 자지도 않았습니다. 나는 강단에 서

53 O'Faolain and Martines, eds., *Not in God's Image*, 204-206. 이 편지의 전문은 McKee, ed., *Katharina Schütz Zell, Church Mother*, 223-1을 보라.

54 Bainton, *Women of the Reformation in Germany and Italy*, 55, 66-67.

본 적은 없지만 불쌍한 사람들을 찾아가는 일에 있어서는 어떤 목회자보다도 더 많이 애썼습니다. 이것이 교회의 평화를 깨뜨리는 일인가요?[55]

카타리나 젤은 강한 개성과 신앙적 확신, 깊은 애정과 풍부한 성서지식을 가지고 종교개혁 운동에 동참했으며, 특히 남녀를 불문하고 평신도가 복음을 선포할 의무를 지니고 있다고 주장했다. 그녀는 여전히 남성 성직자가 교회의 직분을 독차지하고 여성의 활동과 발언이 제한되던 시대에 가르침과 설교와 논쟁으로 편견에 사로잡혀 있던 남성 목회자, 신학자들과 맞서서 지도자의 역할을 수행한 스트라스부르크 교회의 어머니였다.

프랑스 왕 프랑수아 1세의 누이인 나바르의 마제리트(Marguerite de Navarre, 1492-1549)는 어머니로부터 히브리어, 라틴어, 이탈리아어, 독일어, 스페인어 등 각종 언어를 배웠고 특별한 교사들의 가르침을 받으면서 철학, 역사, 신학을 공부했다. 그녀는 가톨릭교도이면서도 종교개혁 신학에 공감해서 종교 개혁자들이나 탄압받는 지성인들에게 피난처를 제공했으며 또한 프랑스 내의 칼뱅주의자들인 위그노파(Huguenots) 탄압에 반대했다. 마제리트의 주위에는 재능 있고 종교개혁 운동을 지지하는 귀부인들이 모여들었는데 그중에 프랑스의 르네와 사보이의 공작부인인 마제리트가 있었다.

나바르의 마제리트의 딸인 알베르의 잔느(Jeanne d'Albert, 1528-1572)는 칼뱅의 후계자인 베자(Beza)를 만난 후 개신교 신앙을 따르겠다고 선포했다. 그녀는 칼뱅의 가르침이 성서에 근거한 것이라는 확신을 갖고 위그노파를 지원했다. 가톨릭 측은 잔느가 악한 자들에게 잘못 이

---

55 Ibid., 72.

끌려서 새로운 종교를 만들고 왕과 제후들에게 반역하고 있다고 비난했다. 그러나 그녀는 "나는 새로운 종교를 만들려는 것이 아니라 낡은 종교를 고치려는 것이다…. 나는 베자와 칼뱅 등이 성서를 따르는 한 그들을 따를 것이다"[56]라고 응수하면서 단호한 입장을 취했다. 잔느는 그녀가 통치하는 나바르에서는 칼뱅주의와 로마가톨릭주의가 동등한 위치를 지닌다고 선포했다. 그녀는 양측이 평화적으로 공존하기를 바랐으며 칼뱅주의가 전파되는 것을 지원했지만 가톨릭교회의 미사가 집전되는 것을 막지 않았다. 잔느는 당시의 통치자들 중에서는 드물게 자신과 종교적 노선이 다른 반대 측을 탄압하지 않았다. 1572년 잔느가 죽자 같은 해에 가톨릭교도들이 위그노파를 습격해서 학살하는 '성 바톨로메 축일 대학살(St. Bartholomew's Day Massacre)'이 일어났다. 그러나 그녀의 노력이 헛되지 않아서 아들 앙리 4세는 위그노파에게 종교적 관용을 베푸는 '낭트 칙령(Edict of Nantes)'에 서명했다.

프랑스 왕 루이 12세의 딸인 페라라의 르네(Renée de Ferrara, 1510-1575)는 마제리트의 영향을 지대하게 받았으며 개신교를 지지하고 옹호했다. 그녀의 궁전은 곧 개신교 신자들의 피난처가 되었고 또한 개신교 설교의 중심지가 되었다. 르네는 칼뱅과 거의 30년 동안 교우 관계를 맺으며 개인사나 공적인 일에 대한 조언을 들었으며, 종교의 자유를 주장하고 위그노파나 가톨릭교도를 가리지 않고 자선사업을 펼쳤다. 르네가 칼뱅에게 보낸 서신에는 친밀감과 함께 그에 대한 깊은 신뢰가 담겨 있다.

당신이 제게 보내주신 선물과 새해 선물은 아주 기쁘게 받았습니다….

56 Bainton, *Women in the Reformation in France and England*, 60-61.

지금 저는 무엇보다 당신이 제 관심사와 가족들에 관해 충고해준 내용을 읽었다는 말을 해야겠습니다. 제 관심사에 관해서 말하자면, 저는 오래전부터 이 일을 시작했고 하나님께서 기뻐하신다면 이 일을 마무리하고자 애쓰고 있습니다. 정의를 실행하고 가난한 자들로 하여금 일상생활을 할 수 있도록 하는 일과… 전체적으로 악과 추문에 대비하는 일에 관해서는, 당신이 모두 듣게 될 것입니다…. 이런 문제들은 당신이 권면해준 방식에 따라, 그리고 미래를 위해 당신이 제안하게 될 적절한 조처를 통해 해결될 것입니다.[57]

르네는 "종교가 죽음의 도구가 되어서는 안 되고 희망의 도구가 되어야 한다는 확신을 품고 있었다."[58] 그녀는 공개적으로 개신교 신앙을 따른다고 고백한 적은 없지만 자신의 신앙을 평화적인 방식으로 구현했고 또한 다른 사람들도 그들이 선택한대로 예배드리며 살아갈 권리가 있음을 인정하고 옹호했다.

잉글랜드에서는 가톨릭교도인 메리 여왕 치하에서 개신교 신자들에 대한 심한 탄압이 있었는데 이로 인해 그녀에게는 '피의 메리(Bloody Mary)'라는 별명이 생겼다. 또한 스페인의 통치하에 있던 네덜란드에서도 탄압이 있었다. 많은 순교자들이 나왔는데 대부분 남자들이었으나 여자들도 20% 가량 되었다.[59] 잉글랜드의 앤 애스큐(Anne Askew, 1521-1546)는 개신교 신앙을 받아들인 죄로 당국에 체포되어 신앙을 바꿀 것을 협박과 함께 종용받았다. 그러나 그녀는 "나는 미사에 다섯 번 참석하느니 차라리 성경 다섯 장을 읽겠다. 왜냐하면 성경은 나를 교화시키

57 키르시 스티예르나 저, 박경수·김영란 역, 『여성과 종교개혁』, 382.

58 Ibid., 390.

59 Fairchilds, *Women in Early Modern Europe*, 215.

지만 미사는 그렇지 않기 때문이다"[60]라고 대답하면서 완강하게 거부했다. 애스큐는 결국 화형을 받고 순교했다. 그러나 그녀가 보여준 믿음의 절개와 용기는 많은 사람들을 감동시켰다.

조이스 루이스(Joyce Lewes, ?-1557)도 가톨릭교회의 미사를 공개적으로 거부하다가 투옥된 후 화형을 당했다. 그녀의 순교 장면이 다음과 같이 기록되어 있다.

> 불이 지펴졌을 때 그녀는 몸부림치거나 흔들리지 않고 오직 하늘을 향해 손을 들어올렸다. 그리고 매우 신속하게 죽음을 맞았다. 왜냐하면 집행관이 그녀 친구들의 부탁을 받고 이 악한 세상을 아주 빨리 떠나게 하기 위해서 많은 양의 마른 장작과 짚을 넣었기 때문이다.[61]

재세례파 여성

급진 종교개혁자들이라고도 불리는 재세례파는 성서절대주의를 기반으로 성령의 역사, 성서의 해석, 성인세례의 집행을 강조했다. 그들은 또한 세속권력의 권위와 공직 수행, 군복무, 서약을 거부하고 묵시적 가르침에 치중했다. 여성들은 특히 글을 읽지 못하거나 학식이 없어도 자신이 체험한 성령의 역사를 사람들 앞에서 발설할 수 있다는 점에 매력을 느껴서 재세례파에 가담하게 되었다.[62] 재세례파 지도자들은 가부장

60 Tucker and Liefeld, *Daughters of the Church*, 192.

61 Ibid., 190.

62 "이러한 '영적인' 것에 대한 근본적인 강조는 재세례파 여성들의 이야기에서 결정적이다. 핵심적인 해석의 매개자로서의 성령에게 의지하는 것은 영에 충만하지만 무지하거나, 혹은 학문이 모자란 남자나 여자가, 성령을 결여하고 있는 학식 있는 교수보다 더 참된 성서 석의학자가 될 수 있다는 것을 의미했다. 성서에 대한 이런 영적이고 인류평등적인 접근은, 바로 루터

적 사고를 가지고 여성의 지위와 역할을 축소시켰지만 그럼에도 불구하고 여성들은 적극적인 활동을 했으며 예언자와 설교자도 나왔다. 그들은 자신들이 하나님으로부터 직접 계시와 환상을 받았다고 주장했으며 그것을 제지할 근거가 없었고, 호프만(Melchior Hoffman)과 같은 재세례파 지도자는 여성이 예언자 직분을 갖는 것이 합당하다고 장려하기도 했다. 스위스 재세례파 일원인 마가리타 하팅어(Margarita Hattinger)라는 여성은 스스로를 하나님이라고 하면서 자신이 하는 말은 하나님 안에 있는 자신만이 이해할 수 있다고 주장했고, 막달레나 뮬러(Magdalena Muller)는 자신을 그리스도라고 하면서 제자들을 거느렸는데 그들 중 하나는 그녀의 말을 듣고 땅바닥에 쓰러져서 입에 거품을 품으며 광기를 부리다가 다시 원상태로 돌아오기도 했다.

재세례파에 의한 가장 과격하고도 비극적인 일은 뮌스터에서 일어났다. 얀 마티스(Jan Mathjis)는 천년왕국의 도래를 준비하기 위해서 새 예루살렘을 건설해야 한다고 주장하면서 시청과 시장을 장악하고 공동소유, 공동식사 등 공산사회 건설을 시도했다. 그들은 일부다처제를 주장하면서 모든 여성은 남편에게 전적으로 복종할 것을 지시했고 이에 불응하면 감옥에 넣거나 사형을 시킬 것이라고 협박했다. 그는 가톨릭 측과의 전투에서 사망했다. 얀 보켈슨(Jan Bockelson. 일명 라이덴의 얀 Jan van Leiden)은 네덜란드 출신으로서 민중을 선동하고 거리를 나체로 질주하고 입신 상태에서 환상을 보는 등 괴이한 행동을 했다. 얀은 공포의 독재체제 구축하고 일부다처제를 수립하라는 계시를 받았다고 주장하며 약 15명의 여자를 거느렸다. 그는 자신이 마지막 시대의 메시아요

와 츠빙글리의 개혁운동에서 출현한 것으로, 급진적인 재세례파 종교개혁에서 여성들과 배우지 못한 평범한 사람들의 참여에 문을 열었다." Snyder and Hecht, eds., *Profiles of Anabaptist Women*, 3. 스티예르나, 『여성과 종교개혁』, 36-37에서 재인용.

새 예루살렘의 왕이라고 선포하고 사치와 향락을 누렸다. 가톨릭 군대와의 전쟁 중 체포되어 고문을 당한 후 사형에 처해졌다.

재세례파의 과격한 운동은 가톨릭 사제 출신의 메노 시몬스(Menno Simons)에 의해 온건한 방향으로 바뀌었다. 그의 동역자로서 최초의 메노파 여집사로 알려진 북부 네덜란드 레이우아르던의 엘리자베스(Elisabeth of Leeuwarden)는 자신이 성령의 소명을 받았다고 주장해서 유명해졌다. 수녀원 출신인 그녀는 재세례파 운동을 확산시키는 지도자의 역할을 하다가 1549년 순교했다. 다음은 엘리자베스가 재판받고 처형당하는 내용에 대한 기록이다.

재판관들이 모두 소리쳤다. "고백해라, 그러면 너를 고통에서 풀어주겠다. 우리는 너에게 고백하라고 했지 주 하나님에게 부르짖으라고 하지 않았다."

재판관 "고백하지 않을 것이냐?"

엘리자베스 "하지 않을 것입니다. 재판관님."

그러자 그들은 그녀의 정강이에 막대기를 하나씩 끼워 넣고 뒤틀었다….

그녀가 기절했다. 그들은 서로 말했다. "아마 죽었나보다."

그러나 그녀는 깨어나서 말했다. "나는 살아 있습니다. 죽지 않았습니다."

재판관 "네가 이전에 여기에서 고백했던 모든 것을 철회하겠느냐?"

엘리자베스 "아니요, 재판관님, 죽음으로 봉인하겠습니다."

재판관 "더 이상 심문하지 않겠다. 누가 너에게 세례를 주었는지 자발적으로 말하겠느냐?"

엘리자베스 "아닙니다, 재판관님. 그것은 고백하지 않겠다고 분명히 말했습니다."

1549년 3월 27일 엘리자베스에게 판결이 내려졌다. 그녀는 사형판결을

받고 자루에 담겨져서 익사함으로써 자신의 몸을 하나님께 바쳤다.[63]

많은 여성들이 엘리자베스와 마찬가지로 마을들을 순방하며 민초들에게 예언과 설교를 하고 성서 읽기를 인도하며 성인세례를 베풀면서 재세례파 운동과 가르침을 전파했다.

재세례파의 성령체험과 예언, 성인의 재 세례 활동은 의혹과 경계심을 불러일으켰으며 교회의 권위와 통제에서 벗어나려는 위험한 행위로 간주되어 제재를 받게 되었다. 재세례파는 이에 불복하여 개신교회와 가톨릭교회뿐만 아니라 세속정부의 간섭과 통제를 거부하고 새 말씀으로 새 교회, 새 왕국을 세우려는 운동을 벌였고 결국 모든 진영으로부터 탄압을 받게 되었다. 17세기 중반에 기록된 『순교자들의 거울*The martyrs Mirror*』(1660)에는 네덜란드의 재세례파 순교자들에 대한 기록이 담겨 있는데 전체 순교자의 약 3분의 1인 278명의 여성에 대한 정보가 있다. 이들은 물에 익사 당하거나 화형, 교수형, 그밖에 산채로 매장 당하는 등 잔혹한 방법으로 죽임을 당했다. 그러나 그들은 결코 믿음의 확신과 절개를 버리지 않고 기꺼이 순교의 길을 택했다.[64]

가톨릭 신앙을 고수한 여성

수녀원을 폐쇄하려는 시도에 대해 가톨릭 신앙을 고수하려는 수녀들은 다양한 방법으로 대응했다. 수녀들은 수녀원 떠나기를 거부하면서 가족, 시의회 관료, 감독, 지역 귀족들에게 서신을 보내 자신들의 권리를 주장하고 수녀원 폐쇄가 부당함을 호소했다. 또한 시의회가 제시한

---

63 "Elizabeth, A.D. 1549," MacHaffie, *Readings in Her Story*, 89-90.

64 Stjerna, *Women and the Reformation*, 16.

연금 수령을 거부하면서 신입수녀들을 모집했고 사제 없이 미사와 가톨릭 의전을 집행하기도 했다. 브라운슈바이크의 에른스트 공작은 종교개혁을 지지하면서 자신의 영토에 있는 프란체스코회 수도원과 수녀원에 대한 폐쇄를 통보했다. 수도원들은 이에 응하여 바로 해산하고 재산을 공작에게 바쳤다. 그러나 수녀원들은 공작의 뜻을 따르지 않았고 그가 파송한 개신교 설교자의 말씀도 들으려 하지 않았다. 뤼네의 수녀원에서는 개신교 설교자의 말씀을 방해하기 위해서 낡은 모피와 천을 태워 연기를 내기도 했고 설교 중에 찬송을 부르기도 했으며 조용히 하라고 명하자 로자리오 기도문을 외우기도 했다.[65] 스트라스부르크에 있는 도미니크회 소속의 성 마가레트 수녀원 원장인 우르술라 보크(Ursula Bock)는 개신교 목사인 마르틴 부처의 설교를 들으라는 명을 받자 장막 뒤에 사람 모양의 인형을 놓아서 수녀들이 자리에 있는 것처럼 위장하기도 했다.[66] 수녀들의 완강한 저항에 역부족을 느낀 부처는 "내 전 생애를 통해서 당신네 마가레트 용들처럼 고집불통인 수녀들을 본 적이 없다"고 하면서 수녀들을 설득하려던 시도를 포기하고 시의회에 수녀원의 폐쇄를 요청했다.[67]

스트라스부르크의 안나 부름 폰 고이더타임(Anna Wurm von Geudertheim)은 성 니콜라스 인 운디스(St. Nicholas-in-Undis) 수녀원의 수녀였는데 종교개혁 후 남동생 마티아스가 그녀를 수녀원에서 빼내려 하자 간곡한 편지를 썼다.

> 형제여, 네가 공개서한에서 나를 수녀원에서 퇴거시키려 한다고 말한

---

65 Wiesner-Hanks, *Convents Confront the Reformation*, 16.

66 McNamara, *Sisters in Arms*, 442.

67 Leonard, *Nails in the Wall*, 134-137.

것을 알고 있다…. 그러나 너는 내가 그것을 원하는지 원하지 않는지를 모르고 있다. 더 나아가서, 너는 나에 대한 권한이 없다. 너는 나의 아버지나 어머니가 아니다. 나는 너에게 순종할 필요가 없으며 순종하지 않을 것이다…. 나는 선하고, 경건하고, 복되고, 명예롭고, 자유롭고, 영적인 상태에 있으며 내 육체와 영혼이 잘 돌보아지고 있어서… 이곳에 머물기를 원한다. 나는 여기에서 하나님을 섬기기 위해서 영원한 정결 속에서 완전한 지식과 인식으로 나 자신을 하나님께 바쳤다. 나는 하나님의 도우심으로 죽을 때까지 이렇게 남을 것이다. 세상의 어느 누구도 나를 동요시킬 수 없다…. 나는 너에게 수녀원에서 데리고 나가달라고 요청한 적이 없고 지금 그렇게 요청하지도 않는다.[68]

안나 부름은 그 후로 줄곧 수녀로 남았는데 농민전쟁 때 시의회가 수녀들을 보호하기 위해서 퇴거를 명했고 그녀는 수녀원을 떠나야만 했다. 전쟁 후 많은 수녀들이 돌아왔지만 안나 부름의 소식은 들을 수 없었다.

아우구스부르크의 카타리나 수녀원 원장인 카타리나 렘(Katherine Rem)은 수녀들을 수녀원에서 퇴거시키려는 종교개혁자들에게 반박한다.

우리는 당신을 예수께서 경계하라고 하신 거짓 예언자들 중 하나로 여긴다…. 당신은 또한 듣기 좋은 말로 우리를 잘못된 길로 이끌고 낙심시키려 한다. 당신은 우리가 어리석게도 수녀원과 스스로 쌓은 공로에 희망을 두고 있다고 생각해서는 안 된다. 오히려 우리는 하나님께 희망을 두고 있

68 Ibid., 102.

다. 하나님은 진정한 주님이시며 모든 일에 보상하시는 분이다…. 만일 당신이 [수녀들의] 친척으로 오는 것이 아니라면 개입하지 말라. 당신이 우리를 설득해서 해결하려 하지만 우리는 결코 당신의 메시지를 원하지 않는다. 그런 것들을 더 이상 보내지 말라. 우리는 그것들을 받아들이지 않을 것이다.[69]

카타리나 렘은 수녀원에서는 "자발적으로 택한 많은 다양한 형태의 일들이 찬란한 신성의 광채와 더불어 행해지고 있다"[70]고 강변하면서 자신들을 설득해서 개종시키려는 인간적이고 어리석은 시도를 하지 말라고 경고했다.

수녀들의 완강한 저항에도 불구하고 시의회는 루터파 수녀원장을 임명했고 가톨릭과 개신교 수녀들은 각자의 신앙고백을 하며 함께 설교를 들었다. 1547년 도미니크회가 아우구스부르크에 되돌아오자 수녀원장이 교체되었고 수녀원은 다시 가톨릭 소속이 되었다. 그러나 양측의 수녀들은 여러 해 동안 여전히 함께 수도생활을 했다.[71] 스트라스부르크의 도미니크회 소속 수녀들은 종교개혁 이후 많은 고초를 겪었지만 1681년 프랑스의 가톨릭 국왕 루이 14세가 스트라스부르크를 접수하자 남아 있던 마가레트, 아그네스, 막달라 마리아 수녀원의 수녀들은 변치 않는 충성심과 불굴의 저항에 대해서 칭송을 받았다. 하지만 한 세기 후 일어난 프랑스 혁명의 거센 물결을 거스르지 못하고 영원히 문을 닫게 되었다.

1525년 뉘른베르크 시의회는 모든 수도원과 수녀원의 폐쇄를 명령했

---

69 Wiesner-Hanks, *Convents Confront the Reformation*, 29.

70 Ibid., 37.

71 McNamara, *Sisters in Arms*, 449.

다. 여섯 개의 수도원은 명령을 따라 바로 해체했으나 두 개의 수녀원은 폐쇄령에 따르지 않았다. 그중 프란체스코회 소속 성 클라라 수녀원의 수녀들은 경건한 신앙과 높은 학문으로 명성이 높았으며 모두 귀족과 부유층 출신들이었고 원장인 카리타스 피르크하이머(Caritas Pirkheimer)는 교부들의 저서를 비롯한 인문학의 고전과 성서에 조예가 깊은 학자였다.[72] 그녀는 인문주의 전통을 받아들였는데, 이 전통은 중세 후기의 수도원 개혁운동을 통해 새로운 활력소를 받았다.[73] 시의회는 수녀들에게 강제로 한 주에 네 번씩 개신교 설교를 듣게 하고,[74] 고해성사와 영성체 등 가톨릭교회의 예전을 금지했으며, 수녀원의 음식물 반입을 어렵게 했다. 몰려온 군중들은 수녀원 담에 돌을 던지며 불을 지르겠다고 위협했고, 수녀들이 찬송을 부르면 세속적인 노래를 크게 불러 방해를 했다.

카리타스는 "행함이 아니라 오직 믿음으로만 의롭다함을 받을 수 있다"는 사도 바울의 말씀을 잘 알고 있다고 하면서 수녀 생활의 중심이 성서이지만 전통에 따라 해석되어야 한다고 주장한다.

> 우리는 밖에 있는 당신들과 마찬가지로 수녀원 안에 신·구약성서를 가지고 있다. 우리는 밤낮으로, 성가대석이나 식탁에서, 라틴어와 독일어로, 공동으로나 개인적으로 성서를 읽는다…. 그러나…거룩한 교회가 거부하

---

72 카리타스 피르크하이머의 남동생인 빌리발트(Willibald Pirckheimer)는 독일의 인문주의를 대표하는 사람이었다. 에라스무스는 그녀를 독일에서 가장 학식 있는 여성의 표본이라고 칭송했으며 영국의 토마스 모어의 딸인 마가렛 모어 로퍼(Margaret More Roper)에 견주기도 했다. MacKenzie, *Caritas Pirckheimer*, 5.

73 Barker, "Caritas Pirckheimer: A Female Humanist Confronts the Reformation," 266.

74 종교개혁을 받아들이게 하기 위해서 오시안더, 링크 등 개신교 목사들이 와서 교리적인 설교를 했는데, 특히 오시안더는 수녀들을 강제로 앉혀놓고 때로 몇 시간씩 100여 차례의 설교를 했지만 무위로 끝났다. 그는 성 클라라의 수녀들을 창녀에 비유하기도 하면서 모욕적인 언행을 서슴지 않았다. MacKenzie, *Caritas Pirckheimer*, 8, 174.

고 금지한 이방인의 마음에서 나온 설명이나 인간에 불과한 사람들이 하는 설교보다는 거룩한 그리스도 교회의 친밀하고 거룩한 가르침으로부터 나와서 승인된 설명을 믿는 것이 더 안전할 것이다.[75]

카리타스는 키프리아누스를 인용하면서 분파의 부당성에 대해서 강변했고, 아우구스티누스의 「은총과 자유의지에 관해서」를 근거로 은총과 믿음과 행함의 관계를 설명했다. 또한 당대의 존경받는 인문주의자인 에라스무스를 거론하기도 했다. 무엇보다도 그녀는 풍부한 지식을 가지고 성서를 정확하게 인용했다.

시의회는 부모들이 그들의 딸인 수녀를 수녀원 밖으로 데려갈 수 있다고 승인했다. 그러자 가족 몇몇은 수녀원으로 들어가 울부짖으며 저항하는 수녀들을 강제로 끌어냈다. 카리타스는 세 명의 수녀, 곧 마가렛 테첼, 카타리나 에브너, 클라라 뉘첼이 완강하게 저항하다가 끌려 나가는 처절한 광경을 이렇게 진술한다.

카타리나 에브너가 그녀의 어머니에게 말했다. "당신은 내 육신의 어머니이지 영혼의 어머니는 아닙니다. 왜냐하면 당신은 나에게 영혼을 주지 않았기 때문입니다. 그런 이유로 내 영혼이 거부하는 일에 있어서 당신에게 순종할 필요는 없습니다." …카타리나 에브너는 부모들의 모든 말에서 오류를 찾아내고 그들의 행동이 얼마나 거룩한 복음에 위배되는지를 지적했다…. 그녀가 말하고 있을 때 헬트[클라라 뉘첼의 외삼촌]가 그녀를 팔로 잡아당겨서 멀리 끌어냈다…. 그녀들[남은 수녀들]은 [끌려가는] 수녀들이 비명을 지르고 울부짖으면서 끌려가는 소리를 들었다. 네 사람이 한 사람[수

75 Barker, "Caritas Pirckheimer," 268–269.

녀]을 움켜잡고 두 명은 앞에서 끌고 두 명은 뒤에서 밀었다. 사랑하는 에브너 수녀와 테첼 수녀는 문지방에 걸려서 넘어졌는데 불쌍한 테첼 수녀는 발을 심하게 다칠 뻔했다. 사악한 여인들은 수녀들이 끌려나오는 동안 그곳에 서서 종교의식에 따라 딸들을 축복했다.[76]

수녀원 해체가 여의치 않자 시의회는 멜란히톤을 보냈다. 그러나 카리타스는 "우리는 자신의 업적이 아닌 하나님의 은총에 의존한다"[77]고 하면서 "오직 믿음으로 의롭다함을 얻을 수 있다"(롬 3:28)는 사도 바울의 말씀을 인용했는데 이 구절은 루터의 『그리스도인의 자유에 관하여』에서도 인용된 바 있다. 카리타스는 선행이 아니라 믿음으로 의롭다함을 얻는다고 분명하게 밝히고, "그리스도인의 자유를 설교하는 루터파가 고대의 신앙에 충실한 수녀들의 양심을 강제해서는 안 된다"[78]고 주장하면서 멜란히톤을 설득했다. 그녀에 보고에 의하면 자신과 멜란히톤이 서원의 준수에 대한 것만 제외하고는 모든 점에서 동의했다고 한다. 멜란히톤은 수녀원을 폐쇄하지 않아도 된다는 의견을 시의회에 내놓았고 성 클라라 수녀원의 수녀들은 신입수녀들을 들이지 않고 가톨릭 미사와 영성체, 고해성사를 하지 않는다는 조건으로 죽을 때까지 수녀원에 머무를 수 있게 되었다. 성 클라라 수녀원은 마지막 수녀가 죽는 1590년까지 존속했다.

오베르베젤 수녀원의 원장인 엘리자베스 고트갑스(Elizabeth Gottgabs)는 루터파에 반대하는 소책자를 발간하여 "새로운 복음주의 설교자들이 혐오스러운 소리를 우리의 귀에 쑤셔 넣고 있다…. 우리의 자비

76 MacKenzie, *Caritas Pirckheimer*, ch. 34, 90–93.

77 Ibid., ch. 50, 141.

78 McNamara, *Sisters in Arms*, 441.

로우신 하나님께서 그들의 어리석음에 더 이상 관용을 베풀지 않으실 것이다"[79]라고 비난했다.

숙소와 재산을 헌납하고 신속하게 수도원을 떠난 수도사들과 달리 수녀들은 자신들의 전통과 생활의 근거지를 지키기 위해서 격렬하게 투쟁했으며 이런 노력으로 개신교 지역에서 17세기까지 존속하기도 했다.[80] 수도원 규칙을 철저하게 지키려는 엄수운동(observant movement)에 참여한 독일의 수녀들은 수도정신과 공동체 의식을 지니고 있었기 때문에 종교개혁의 공격을 받으면서도 단합할 수 있었고 그녀들을 붕괴시키려는 모든 시도에도 불구하고 자신들의 종교의식 형태를 유지할 수 있었다.[81] 수녀원들은 서로 서신과 물품을 교환하고 신입 수녀들의 교류를 활성화함으로써 의견을 나누고 대책을 모색했다. 수녀들의 "공동연대(communal solidarity)"는 종교개혁이라는 거센 물결에 맞설 수 있는 용기를 주었고 수녀원의 폐쇄를 막을 수 있게 했다.[82]

---

79 Wiesner, "Women's Response to the Reformation," 159.

80 Evangelisti, *Nuns*, 36. Leonard, *Nails in the Wall*, xx. "개신교 국가에서 [종교개혁 시대의] 여성 종교단체에 대한 많은 저술들은 여전히 [수녀원의] 저항이나 잔존보다 와해에 초점을 맞추는 경향이 있다. 그러나 사실 많은 수녀들이 남아 있었으며 말과 행동으로 반격했다. 이 여성들은 [신성로마]제국 내에서 다양한 형태로 종교개혁에 대한 가장 조직적인 저항을 했다." 레오나드는 종교개혁에 대한 스트라스부르크 수녀원들의 대응에 대해서 연구하고 다음과 같이 결론을 맺는다. "··· 종교개혁에 대한 역사적 연구는 수녀들이 자신들의 운명을 조절한 행위자라는 점을 늦게 인식했다. 수녀들은 종교개혁으로 인해 종교적 소명을 빼앗긴 희생자 또는 노예적 서원으로부터 자유를 얻고 결혼생활에서 더욱 커진 영향력을 갖게 된 수혜자로 여겨졌다. 두 견해 중 어떤 경우도 여성들이 종교개혁에 참여한 것이 아니라 종교개혁이 여성들에게 일어났다고 생각한다. 그러나 스트라스부르크의 수녀들은 그들의 운명을 정하는 데 있어서 분명히 적극적 역할을 했다." Ibid., 279.

81 McNamara, *Sisters in Arms*, 440; Leonard, *Nails in the Wall*, 264는 스트라스부르크의 도미니크 수녀원이 끝까지 살아남을 수 있었던 이유를 다음과 같이 말한다. "무엇보다도 중요한 것은, 이 수녀들이 개신교주의에 맞서는 가톨릭주의에 대한 진정한 종교적 열정과 열렬한 신앙을 지니고 있었다는 점이다."

82 Leonard, *Nails in the Wall*, 261.

아나 폰 스톨베르크(Anna von Stolberg)는 크베들린부르크의 수녀원 원장이었는데 막대한 영지를 소유하고 있었으며 아홉 개의 교회와 두 개의 수도원이 있었다. 그녀는 개신교로 개종하고 모든 사제들에게 아우구스부르크 신앙고백에 선서하게 했으며 프란체스코 수도원을 초등학교로 전환했다. 그녀는 그 후로도 줄곧 황제와 교황의 비호를 받았다.[83] 뤼네의 수녀원은 개신교 예배의식을 받아들이라는 압력을 받자 수녀원이 이제는 교육센터가 되었다고 선포했다. 그러나 그곳 수녀들은 여전히 베네딕트회 수녀복을 입었으며 1610년에 이르기까지 베네딕트회에 속했었다고 알려져 있다.[84] 스트라스부르크의 수녀들은 수녀복 대신 일반 복장을 하고 독일어로 기도를 하면서 가톨릭 예전을 행하고 몰래 신입수녀를 받아들였지만 시의회는 묵인해주었다. 왜냐하면 수녀들은 수녀원 재산으로 고아원과 병원과 학교를 세웠으며 또한 교사로서 어린이 교육을 충실하게 담당했기 때문이다. 일찍이 루터를 비롯한 종교개혁자들은 수녀원을 학교로 전환하고 수녀들을 교사로 일하게 하는 생각을 했었다. 뉘른베르크의 수녀들은 이미 소녀들을 교육하고 있었는데 소년들도 받아들여 남녀공학을 만들었고 1613년에 이르러 48개의 학교로 늘어났다.[85] 게른로데의 수녀원장인 엘리자베스 폰 바이다(Elisabeth von Weida)는 루터파 예배의식을 따르기로 하고 이를 거부하는 가톨릭 관구사제를 해임했다. 그밖에 많은 수녀원들이 학교나 고아원이나 병원을 설치하거나 개신교 측으로 전환함으로써 종교개혁의 거센 물결을 피해나갔다.

종교개혁 시대의 가톨릭 여성 중에서 괄목할만한 사람은 아빌라의

---

83 Wiesner-Hanks, *Convents Confront the Reformation*, 17.

84 Ibid., 18.

85 Leonard, "The Personal is Political," 213-214.

테레사(Teresa of Avila, 1515–1582)이다. 스페인의 귀족 가문 출신인 테레사는 아우구스티누스 수도원에서 교육을 받고 아빌라에 있는 카멜 수도원에 들어갔다. 그녀는 40세에 하나님의 임재를 체험하는 제2의 회심을 하고 더욱 깊은 기도와 봉사를 위해 작은 수도원을 세웠다. 테레사는 그밖에도 많은 수도원을 세웠고 가톨릭 종교개혁의 일익을 담당했다. 많은 제자들이 그녀를 따랐으며 십자가의 성 요한(Saint John of the Cross)도 그녀의 영향을 크게 받았다. 아빌라의 테레사는 시에나의 카타리나와 함께 1970년 교황 바울 6세에 의해 '교회의 박사(Doctor of the Church)' 칭호를 받았다.

테레사는 기도의 대가라고 불릴 정도로 깊은 기도 생활을 했다. 그녀는 기도 생활에 관한 가르침인 『완성의 길*The Way of Perfection*』, 하나님을 향해 나아가는 영혼의 순례에 관한 글인 『내부의 성*The Interior Castle*』을 썼다. 이 글에서 성(城)이란 기도의 단계에 따른 영혼의 상태, 즉 하나님을 향한 접근 과정을 상징적으로 나타낸다. 내부의 성은 일곱 개의 방으로 나뉘는데 자기에 대한 지식과 겸허, 악한 세력과의 투쟁, 수덕적 실천, 기도, 영적 약혼, 하나님 지식과 연합 등을 상징하며 테레사 자신의 직접적 경험을 바탕으로 하고 있다. 『내부의 성』 중 기도에 관한 가르침을 인용하면 다음과 같다.

> 기도를 하지 않는 영혼은 중풍으로 마비가 왔거나 불구가 된 몸을 지닌 사람과 같다…. 내가 이해하는 한 이성의 출입문은 기도와 명상이다. 말로 하는 기도는 반드시 명상을 수반해야 한다…. 누구에게 드리는 기도인지도 모르고, 무엇을 간구하는지도 모르면서 드리는 기도는 아무리 말을 많이 하더라도 기도라고 할 수 없다. 그것은 명상 없이 기도를 하기 때문이다…. 하나님의 장엄함 앞에서 아무렇게나 머리에 떠오르는 대로 조심하

지 않고 마치 종에게 말하듯이 하는 기도는 기도라고 할 수 없다. 자매들이여, 하나님의 장엄함 앞에서 그렇게 기도하지 않기를 바란다.[86]

종교개혁의 여파로 수녀원이 해체되자 가톨릭교회를 따르는 여성들은 새로운 단체를 조직했는데 대표적인 것으로는 영국의 메리 워드(Mary Ward, 1585-1645)가 설립한 동정성모회(Institutes of the Blessed Virgin Mary. 2004년 교황의 승인하에 개칭하여 현재 예수수도회가 됨)가 있다. 그녀는 영국의 상황으로는 수녀회의 존속이 어렵다고 판단하고 새로운 여성들의 조직과 역할에 대한 계획을 다음과 같이 세웠다.

> 우리의 고향 나라인 잉글랜드가 혹독한 시련을 겪고 있는 상태에 있기 때문에 많은 영적 사역자들을 필요로 하고 있다…. 여성들은 평범한 일을 넘어서는 무엇인가를 수행해야 하며 또 할 수 있다…. 우리는 종교적 상황을 받아들이고 그와 동시에 수녀원에서는 감당할 수 없는 그 일들을 수행하기 위해서 미약한 능력이나마 바치기를 원한다. 그러므로 우리는 일종의 혼합된 삶[즉, 종교적이면서도 수녀원 내에 국한되지 않는]의 길을 걸으려고 한다.[87]

그녀들은 수녀의 서약인 청빈과 정절과 순종은 지키면서도 공식적인 서약을 하거나, 수녀복을 입거나, 수녀원에서 폐쇄된 생활을 하지 않고 평상복을 입고 대중과 어울려 활동했다. 또한 이 단체는 감독이나 종교단체의 통제를 받지 않았으며 선출된 여성 지도자(Mother Superior)의 통솔을 받았는데 그녀는 오직 교황의 통제만을 받았다. 동정성모회가

86 Teresa of Avila, *The Interior Castle*, 6-7, Oden, *In Her Words*, 225.

87 Fairchilds, *Women in Early Modern Europe*, 224.

제일 먼저 한 일은 자선학교를 열어서 가난한 소녀들에게 읽고 쓰는 법을 가르치고 신앙을 지도하는 일이었다. 이런 방식은 좋은 반응을 얻었고 곧 유럽 전역으로 확산되었다. 그러자 가톨릭교회의 성직자들은 독립된 여성단체가 수녀원 밖에서 자유롭게 활동하는 것을 묵과할 수 없었다. 결국 동정성모회는 여성으로서 감히 사도직을 수행하고 남성들과 사제들에게 영적인 가르침을 주려 한다는 죄목으로 견제와 억압을 받게 되었고, 워드는 체포되어 종교재판을 받고 1년간 투옥되는 고초를 겪었다. 가톨릭교회는 동정성모회 소속 여성들을 남자처럼 사는 '해로운 잡초들(Noxious weeds)'이라고 비난하면서 이 단체에 대한 '해체령(Bill of Suppression)'을 내렸는데 그 내용 중 일부분을 인용하면 다음과 같다.

> 그녀들은 영혼들의 구원을 위해서 일한다는 구실로 봉쇄령을 지키지 않고 아무 곳이나 자유롭게 다닌다. 그녀들은 그밖에 많은 다른 일을 맡아서 수행하는데, 그 일은 그녀들의 성(性)과 능력, 여성의 정숙함, 그리고 무엇보다도 동정녀의 수치심에 어긋나는 것이다.[88]

만일 워드가 동정성모회의 활동을 일정한 공간으로 제한하고 교회와 감독의 통제에 따랐다면 해체되는 불상사는 면했을지도 모른다. 그러나 그녀는 명령에 따르기를 거부했다. 워드는 동정성모회 여성들에게 이렇게 말한다.

> 여성이 위대한 일을 할 수 없을 정도로 남녀 간의 차이는 없다…. 나는 아내가 남편에게 복종하고, 남자가 교회의 우두머리이며, 여자는 성례전을

88 Ibid., 225.

집행해서는 안 되고, 공공장소에서 설교해서는 안 된다는 것을 고백한다. 그러나 모든 다른 일에 있어서도 단지 여성이라는 이유 때문에 다른 피조물보다 열등하다는 것인가? 여성은 아무것도 할 수 없다고 믿도록 하지 않는다면 우리 여성은 위대한 일을 할 수 있다. 모든 남성들이 이 진리를 이해할 수 있도록 해주시기를 하나님께 바란다.[89]

메리 워드는 적극적인 여성의 성 역할을 주장했으며 이것을 구현하기 위해 새로운 단체를 설립했다. 비록 그녀가 교회 내에서의 제한된 여성의 역할을 비판 없이 받아들였다는 아쉬움이 있기는 하지만 시대를 앞선 양성평등적 사고는 높이 평가할 만하다.

이탈리아에서는 안젤라 메리치(Angela Merici of Brescia, 1474-1540)에 의해 우르술라회(Company of St. Ursula; Ursulines)가 설립되었다. 그녀는 어려서부터 경건한 신앙생활을 했으며 들판에서 기도하던 중 환상 중에 동정녀들을 보게 되고 브레시아에 동정녀들의 모임을 만들라는 계시를 받았다. 안젤라는 가난한 사람들, 특히 어린 소녀들에게 물질적이고 영적인 도움을 주는 꿈을 꾸었고 이를 위해서 가난한 사람들에게 직접 봉사할 수 없는 수녀회가 아닌 섬기는 사람들의 모임을 성녀 우르술라의 이름으로 만들었다. 그들은 수녀의 3대 서약을 하는 대신 개인적인 정결을 하고 자신의 집에 거주했으며 평상복을 입고 가난한 사람들을 찾아다니며 봉사를 했다. 우르술라회는 신속하게 확산되어 프랑스까지 퍼져나갔으나 수녀의 서약을 하고 봉쇄령을 따르라는 압력을 받았고 결국 수녀원에서 공동체 생활을 하게 되었다. 이후 우르술린회는 수녀원 내에 학교를 세우고 여학생들을 모집하여 가르쳤는데 이 일도 매우

---

89 Ibid.

성공적이었다. 1700년에 이르기까지 우르술린회는 1만에서 1만 2천 명의 수녀들이 수십만 명의 여학생들을 가르치는 프랑스의 주도적인 교육기관이 되었다. 안젤라 메리치는 1807년 시성되었고 그녀의 이름으로 성당과 학교가 설립되었다. 그러나 그녀가 진정으로 원했던 것은 가난한 사람들에 대한 봉사와 소녀들의 교육이었고 그 꿈은 우르술라회를 통해 실현되었다.

프랑스에는 바오로의 성 빈첸시오(St. Vincent de Paul, 1581-1660)와 마리약의 성 루이즈(St. Louise de Marillac, 1591-1660)가 세운 애덕자매회(Daughters of Charity)가 있었다. 이 여성 수도회의 설립은 원래 여성들이 계획했지만 이전의 동정성모회나 우르술라회가 봉쇄령을 받은 사실을 알고 있었기 때문에 설립자를 남성으로 하고 교회법과 정치에 의한 제약을 피하기 위해 회원들은 동정녀 생활을 고수하고 교황과 상급 성직자에게 복종하면서 교육과 사회봉사 활동을 펼쳤다. 그러나 주로 상류층 여성들로 구성된 애덕자매회는 음식 조리나 간호나 기타 궂은일을 하기 힘들었고 또한 시골까지 봉사활동이 미칠 수 없었기 때문에 서민층 여성들을 받아들여 일을 맡겼다. 이런 방식은 성공적이어서 많은 여성들이 참여하게 되었고 1789년에 이르러서는 프랑스의 가톨릭 여성단체 중 약 15%가 애덕자매회 소속이었다. 18세기 말 대부분의 가톨릭 국가에서 수녀들 중 다수는 서약을 하고 봉쇄된 생활을 하는 전통적인 수녀회가 아니라 종교개혁 이후 설립된 새로운 형태의 수녀회에 속하게 되었다. 그들은 기도와 관상의 수도생활에 머무르지 않고 교육, 의료, 간호, 복지 등 각 분야에서 숙련되고 전문화된 수녀들이 되었다. 많은 여성들이 이들의 본을 따라 전문직 여성으로서 스스로의 꿈을 펼칠 뿐만 아니라 하나님과 이웃을 사랑하고 섬기는 길을 걸을 수 있게 되었다.

종교개혁에 대응하여 일어난 가톨릭 종교개혁의 결론을 맺은 트렌트회의는 사제들의 개혁을 추진했으며 또 다시 수녀원의 봉쇄를 결정하고 수녀들의 외부 활동을 금지했다. 사실 수녀원 봉쇄는 중세 동안 줄곧 시행되었지만 엄격하게 지켜지지는 않았다. 트렌트회의는 또한 16세 이전에는 수녀의 서약을 할 수 없도록 정했다. 이것은 상류층 집안에서 미혼의 딸을 필요에 따라 수녀원에 맡기는 폐단을 방지하고 수녀가 진정한 종교적 소명을 갖도록 보장하기 위한 것이었다. 그러나 트렌트의 봉쇄 결정에도 불구하고 독일, 이탈리아, 스페인 등지의 수녀들은 자신들이 지켜온 전통과 삶의 길을 고수하려 했다. 30년 전쟁 시에 독일에서는 수녀원이 공격을 받거나 파괴되는 경우가 있었는데 수녀들은 타지로 피신했다가 전쟁 후 다시 돌아와 수녀원을 재건했고 봉쇄령은 잘 지켜지지 않았다.

한편 독일에서는 가톨릭 측과 루터파 사이에 체결된 아우구스부르크 평화조약(1555)의 체결로 영주나 시의회가 가톨릭 또는 루터파 신앙을 선택하여 시행할 수 있게 되었다. 그 후 가톨릭 측과 개신교 측의 갈등으로 야기된 30년 전쟁(1618-1648)의 와중이던 1629년 신성로마제국의 황제 페르디난트 2세는 개신교 측 관할이 된 영토나 수도원을 다시 가톨릭 관할로 복원시키라는 친 가톨릭적인 복원령(Edict of Restitution)을 선포했지만 개신교 측의 완강한 저항으로 큰 효과를 보지는 못했다. 가톨릭교회와 개신교 간의 평화는 30년 전쟁을 마감한 베스트팔렌 조약(1648)으로 이루어지게 되었다.

5. 마녀재판

마녀에 대한 재판과 탄압은 13세기에 시작하여 약 500년간 계속되었으며 1500년에서 1700년 사이에 극심했다. 16-17세기에 약 10만 명에서 20만 명의 사람이 마법을 행했다는 죄목으로 재판을 받았고, 절반 정도인 5만 명에서 10만 명이 처형되었으며 이들 중 대다수는 여성이었다.[90] 마녀열풍(witch craze) 또는 마녀사냥(witch hunt)은 매우 다양한 배경을 지니고 있는데, 경제적, 사회적, 정치적, 문화적, 법적, 신학적 측면의 요소들이 복합적으로 작용해서 일어났다. 기독교 전통 속에는 오랫동안 이어져오고 있는 여성혐오의 경향이 있는데, 이브가 아담을 타락시킨 죄인이요 유혹자라고 여기고 그 후예인 여성을 혐오하게 되었다. 마녀는 악마를 숭배하고 그의 명령을 따라 악행을 저지르며 결국에는 악한 무리를 모아 기독교를 전복시키려 한다는 허구의 이야기가 모아지고 다듬어져서 악마론(demonology)의 내용을 형성하게 되었다. 중세 말 독일의 도미니크 수도사인 크래머와 스프링거가 저술한 『마녀에 대한 철퇴』는 유럽의 각 나라 언어로 번역되어 마녀를 다루고 처벌하는 교본이 되었다. 이 책에서는 여성이 마녀가 되는 것은 성(性) 때문이라고 수없이 반복해서 강조한다. "모든 마법은 육체적 욕정으로부터 오는데 그것은 여성 스스로는 결코 채울 수 없는 것이다…. 그래서 여성들은 욕정을 채우기 위해서 심지어는 악마와도 사귄다."[91]

마녀의 혐의를 받은 여성들의 대부분은 평범한 서민이었다. 부유한 상류층 여성이나 반대로 거지나 부랑자 등 빈민계층의 여성은 아주 드물었고, 오두막집에서 살면서 소작농을 하거나 남의 집 허드렛일을 하고 또 산파 일을 하거나 약초와 기름으로 병을 고쳐주는 일을 하는 가난

---

90 Levack, *The Witch-Hunt in Early Modern Europe*, 23, 141. 1600년에서 1780년 사이에 약 9만 명의 사람이 마법을 행했다는 이유로 재판을 받았으며 이중 약 4만 5천 명이 처형되었다. 마법을 행했다고 재판을 받은 사람 중 4분의 3 이상이 여성이었다. 또한 23, 142의 통계표를 참조하라.

91 Kors and Peters, eds., *Witchcraft in Europe 1100-1700*, 127.

한 사람들이었다. 이들은 대체로 세 가지의 공통점을 가지고 있는데 가난하다는 점, 비교적 나이가 많다는 점, 그리고 혼자 사는 과부라는 점이다. 그들에게는 모성이 결여되어 있다고 여겨졌고 아이가 아프거나 사고가 생기면 그들의 시기심이나 악의에 의해 일어난 일이라고 단정하는 사회적 심리가 형성되어 있었다. 그들은 또한 성적 비행을 저지르는 부도덕하고 몰염치한 사람으로 여겨져서 남자를 유혹하거나 악마와 성적인 교제를 하고 그의 추종자가 되기 쉽다는 통념이 사람들의 마음에 자리 잡고 있었다.[92]

마녀재판과 처형은 개신교나 가톨릭 지역 어디에서나 이루어졌으며 종교재판이 아닌 공공기관의 재판은 더욱 가혹했다. 어떤 경우에는 한 마을의 모든 여성이 마녀로 몰려 처형되기도 했다. 한 연구에 의하면, 1587년부터 1593년 사이에 22개의 마을에서 368명의 마녀가 화형을 당했으며 1585년에는 어느 두 개의 마을에서 각기 한 명씩의 여성만 살아남았다.[93] 1587년 독일 딜링엔(Dillingen) 마을의 발푸르가 하우스매닌(Walpurga Hausmännin)이라는 산파는 12세 이하의 어린아이 40명을 마법을 써서 살해했다는 죄목으로 고발을 당했고, 1728년 헝가리 세게드(Szeged) 출신의 산파는 2,000명의 어린이에게 악마의 이름으로 세례를 주었다는 죄로 화형을 당했다.[94]

그러나 마녀재판의 허점과 잔혹성이 알려지고 마녀로 고발당한 사람들의 무고함이 밝혀지면서 마녀열풍은 점차 쇠퇴했고 고문을 금지하고 증거를 채택하는 법률이 정비되었다. 또한 근대 사회가 형성되면서 계

---

92 마녀사냥의 희생자 대다수가 여성인 이유에 대한 분석은 Levack, *The Witch-Hunt in Early Modern Europe*, 141-154를 보라.

93 Trevor-Roper, "Witches and Witchcraft (II)," 16ff.

94 Levack, *The Witch-Hunt in Early Modern Europe*, 147.

몽사조의 경향과 함께 악마의 존재나 영향력에 대해 회의적이고 부정적인 인식이 싹트게 되었으며, 종교적으로 맹목적 신앙과 미신의 열기가 사그라지고 기독교 종파 간의 갈등과 경쟁이 약화된 것도 마녀재판이 사라지게 된 원인이 되었다. 개신교는 남성과 여성이 인생의 동반자로서 영적으로 평등하며 똑같이 죄를 지을 수도 있고 구원을 받을 수도 있다고 가르쳤으며, 여성의 사악함이나 열등성보다는 아내요 어머니로서의 덕에 더 비중을 두었다. 마찬가지로 가톨릭교회도 점차 여성에 대한 부정적인 가르침에 변화를 주기 시작했다. 마녀재판은 대체로 18세기 초까지 유럽에서 행해졌으며[95] 계몽주의가 일어나면서 자취를 감추게 되었다.

*　　*　　*

수녀원을 폐쇄하고, 독신생활을 하던 수녀들에게 결혼을 권하고 가정주부로서의 삶을 영위하게 한 종교개혁자들에 대한 후대 역사가들의 평가는 크게 두 가지로 나뉜다. 먼저 종교개혁자들이 수녀들을 타락하고 여성혐오적인 중세의 은둔지로부터 해방시켰다는 긍정적 평가이다. 중세교회는 여성을 죄인이요 위험한 유혹자로 간주하면서 수녀원이라는 폐쇄적 공간에 가두고 남성과의 접촉을 차단했다. 종교개혁은 때로는 타의에 의해서 수녀원에 갇혀 살던 여성들에게 가정을 꾸리고 사회생활을 할 수 있게 함으로써 자유를 누리게 했다는 것이다. 그러나 다른 한편으로 여성에게 끼친 종교개혁의 영향에 대해서 부정적인 견해도 있다. 종교개혁은 수녀원에서 자율적이고 독립적인 생활을 하던 수녀들에

---

95 파리에서는 1693년, 잉글랜드에서는 1717년, 프러시아에서는 1728년, 스페인에서는 1820년에 마지막으로 마녀재판이 있었다. 유럽에서 일어난 마지막 마녀재판과 처형의 시기에 대해서는 Levack, *The Witch-Hunt in Early Modern Europe*, 280의 도표를 보라.

게 결혼이라는 굴레를 씌워 가부장적 남편의 지휘와 통제하에 출산과 자녀양육의 역할을 수행하는 가정주부의 지위에 머물게 했다는 것이다. 비록 수녀원에서 엄격한 규칙에 얽매이기는 했지만 나름대로 자유롭게 독자적인 학문연구와 창작활동을 하던 여성을 가정이라는 또 다른 제도 속에 가두었다고 지적한다.[96] 종교개혁에 대한 수녀들의 저항은 전통적으로 여성들에게 자기성취나 사회활동의 기회가 주어지지 않았다는 점과 관련해서 이해할 수 있다.[97] 수녀들은 여성이기 때문에 개신교회에서 아무런 직분도 맡을 수 없었으며, 상류층 여성이 목회자의 아내가 된다는 것은 생각할 수도 없는 신분의 하락이었다. 수도사는 수도원이 폐쇄된 후 지역사회에서 개신교 목사로서 목회를 하거나 대학에서 가르칠 수 있었지만, 수녀는 목회자나 사회공직자가 될 수 없었고 학문과 창작활동의 기회가 주어지지 않아서 지도력을 행사하거나 재능과 역량을 발휘할 수 있는 기회가 차단되었다.

종교개혁에 대한 수녀들의 반응은 여러 가지 요인에 의해서 다양하게 나타났다. 수녀들, 특히 수녀원장의 출신과 지위, 가톨릭 신앙에 대한 신봉, 가족들과의 유대, 지방 영주 또는 시의회와의 관계, 수녀원이 처한 사회적 상황에 따라서 때로는 종교개혁을 지지하고 수녀원을 떠나기도 했고, 개신교 수녀원으로 전환하기도 했으며, 수녀원을 학교나 봉사기관으로 바꾸어 생존을 시도하기도 했고, 또 어떤 경우에는 끝까지

96 Amy E. Leonard, "Female Religious Orders," Hsia, ed., *A Companion to the Reformation World*, 244. 종교개혁이 여성의 지위와 역할에 끼친 긍정적, 부정적 영향에 대해서 Wiesner, "Nuns, Wives, and Mothers," 26. 또한 Jewell, *Women in Late Medieval and Reformation Europe 1200–1550*, 131; Fairchilds, *Women in Early Modern Europe*, 198; Stjerna, *Women and the Reformation*, 31; Nichols, *The Reformation*, 127–128; McNamara, *Sisters in Arms*, 435를 보라.

97 Evangelisti, *Nuns*, 37.

강경하게 맞서서 가톨릭 신앙을 지킨 채 수녀원을 존속시키기도 했다. 전통적으로 당연시하던 생각, 즉 종교개혁이 수도원 제도를 완전히 붕괴시켰다는 생각은 수정이 필요하다. "종래에 생각하듯이 수도원 해체는 널리 퍼지지도 않았으며 완전히 성공적이지도 않았다."[98] 종교개혁으로 인해 수녀원들이 폐쇄되거나 해체되었다고 단언하는 종래의 학문적 경향에 대해서 위즈너-행크스는 이렇게 말한다. "수녀원들이 작센, 브라운슈바이크, 스트라스부르크와 그 밖의 다른 곳에서 살아남았는데 '종교개혁이 개신교 영역에서 수녀원들의 문을 닫게 했다'고 주장하기는 어렵다. 또한 수녀원이 여러 곳에 퍼져있었는데 '트렌트회의 이후 유럽의 가톨릭 지역에서 수녀원들이 모두 문을 닫았다'고 말하기도 어렵다."[99] 특히 독일의 많은 수녀원들이 종교개혁에서 살아남았으며 그 비율은 수도원보다 훨씬 높았다. 수녀원의 생존 비율이 50%에 육박하는데 비해서 수도원은 기껏해야 20%였다.[100] 수녀원은 가톨릭과 개신교 여성들에게 그들의 신앙노선과 관계없이 자기성취와 경건한 신앙생활을 추구하기 위한 모델로 남았다.[101] 개신교 국가가 된 독일에서 수녀원은 개신교 수녀원의 형태로 전환하여 존속했다. 이 수녀원들은 루터교 수녀원장의 관리를 받으면서도 역설적으로 가톨릭 수도회 소속임을 나타내는 수녀복을 입었다.

종교개혁자들은 원칙적으로는 수녀원의 폐쇄를 원했지만 그것이 심각한 사회문제를 야기할 것이라는 점을 알고 있었다. 또한 많은 제국자유도시들이 있는 독일은 헨리 8세의 영국처럼 일관된 정책을 실시하는

---

98 Leonard, "Female Religious Orders," 251.

99 Wiesner-Hanks, "Society and the Sexes Revisited," 399.

100 Leonard, *Nails in the Wall*, xviii-xix.

101 Evangelisti, *Nuns*, 38f.

중앙집권적 왕권이 없었기 때문에 각 지역의 다양한 상황에 따라 수녀원의 존폐가 결정되었다. 수녀들은 주로 귀족이나 부유층 출신들이었고 시의회, 상인조합, 상류층 가정과 긴밀한 유대관계를 맺고 있었다. 종교개혁과 스트라스부르크의 수녀원에 대해 연구한 레오나드의 말대로 "이 여성들은 (그들의 [수녀원] 규칙이 선언하듯이) 세상에 대해서 죽은 것이 아니라 오히려 그 도시의 딸들이었다."[102] 수녀들은 개혁 세력의 협박과 회유에 굴하지 않고 자신들이 지닌 모든 것들, 곧 지략과 권세, 혈연과 지연 등 모든 것을 동원해서 완강하게 저항했고 여의치 않을 때는 절충과 타협의 길을 모색하면서 수녀원과 수녀로서의 삶을 방어하고 존속시켰다. 그러나 그녀들로 하여금 이 일이 가능하게 한 것은 무엇보다도 엄격한 수도생활을 기반으로 다져진 굳은 신앙과 오랜 공동체 생활을 통해 형성된 정체감과 결속력이었다. 수녀들의 역사를 저술한 맥나마라는 수녀원을 지킨 수녀들에 대해서 다음과 같이 말한다. "압도적인 다수의 사람들이 수도원제도를 근절하려고 작업했지만 수녀들만이 홀로 서서 그녀들의 삶의 길이 없어지는 것을 막으려 했다. 비록 실패와 상실의 이야기가 있지만 수녀로서의 명예가 수녀원이 파괴되고 수녀복이 벗겨지던 그때보다 더 밝게 빛난 적은 없었다."[103] 수녀들은 회유하거나 격퇴하기 힘든 '베일 쓴 군대(the veiled army)'였다.

종교개혁은 여성에게도 성서를 새롭게 보는 길을 제시했고 그리스도 안에서 믿음을 통해 구원받을 수 있다는 확신을 갖게 했다. 또한 여성을 죄악시하던 전통적 입장에서 벗어나 인간으로서의 여성의 지위를 회복시켰으며, 성과 결혼에 대해서 긍정적인 생각을 갖게 했다. 그러나 여전

102 Leonard, *Nails in the Wall*, xxxi. 독일 수녀원의 정치적, 사회적 상황에 대해서는 idem., "The Personal is Political": 199-215를 보라.

103 McNamara, *Sisters in Arms*, 450f.

히 여성을 남성보다 열등한 존재로 여기고 남성에게 종속시켰으며 여성의 역할을 가정에 국한시켰다. 교회나 사회에서 여성의 적극적이고 주체적인 활동, 예를 들면 목회자, 설교자, 정치 지도자 등은 허용되지 않았다. 여성의 비교적 자유로운 활동은 19세기에나 이르러서 이루어지게 된다.

제6장

근대 기독교 여성

종교개혁 운동이 유럽 전역으로 확산되면서 노르웨이, 스웨덴, 핀란드, 아이슬란드가 루터의 개혁운동을 받아들여 로마가톨릭교회와의 관계를 단절하고 수도원을 개혁했으며 성직자의 권한을 제한하고 결혼을 허락했다. 그러나 이탈리아를 비롯한 프랑스, 스페인, 포르투갈은 여전히 가톨릭 신앙을 고수했다. 독일에서는 가톨릭 측과 개신교 측이 갈등과 분쟁을 지속하다가 1555년 아우크스부르크 평화조약(Peace of Augsburg)을 맺고 독일에서 가톨릭교회와 루터교회를 합법적 교회로 인정했다. 그러나 다른 개신교회는 인정하지 않았다. 이후로도 종교 간의 대립과 영토 분쟁, 권력 투쟁 등의 문제가 얽히면서 제후들은 각기 개신교 연합과 가톨릭 연맹을 결성해서 30년 전쟁(Thirty Years' War, 1618-1648)을 일으켰다. 1648년 베스트팔렌 평화조약(Peace of Westphalia)으로 유럽의 마지막 종교전쟁이라고 불리는 30년 전쟁은 막을 내렸고 가톨릭, 루터파, 칼뱅파가 합법적 종교로 인정되었다.

영국에서는 헨리 8세가 1531년 수장령을 선포하고 교황청과의 관계를 단절했다. 메리 여왕 때 가톨릭으로 복귀하고 개신교도를 탄압했으나 엘리자베스 여왕은 다시 교회의 개혁을 추진하면서 수장령을 국회에서 통과시켰다(1559). 메리 여왕 때 대륙으로 피신했던 개신교도들은 귀환하여 로마가톨릭교회의 잔재를 제거하고 교회의 정화를 시도해서 청교도(Puritans)라고 불렸는데 칼뱅주의를 따르는 장로교로 기울었다. 그러나 제임스 1세가 즉위한 후 영국국교도와 개신교도가 대립하게 되었는데 국교파가 승리하고 아들인 찰스 1세 치하에서 청교도를 탄압하자 그들은 미국으로의 이민을 시작하여 뉴잉글랜드 지방에 정착했다. 그 후 국왕파와 의회파가 대립할 때 크롬웰(Oliver Cromwell)은 청교도 혁명을 일으켜 왕군을 격파하고 찰스 1세를 처형한 후 공화정을 선포했다. 그는 독재정치를 하며 영국국교회를 탄압했고 다른 한편으로는 아일랜드와 스코틀랜드를 정복했다. 크롬웰이 병으로 죽자 영국은 정치적 혼란에 빠졌지만 명예혁명을 통해 왕위에 오른 윌리엄 3세가 정국을 장악했고 의회는 개신교 종파에게 예배의 자유를 허용하는 관용법(Act of Tolerance, 1689)을 통과시켰다. 그러나 가톨릭교도와 유니테리언 교도는 이 종교적 관용에서 배제되었다. 1707년 영국과 스코틀랜드가 병합했으나 스코틀랜드 교회인 장로교회는 독립을 유지하면서 자주권을 갖게 되었다.

가톨릭 국가인 프랑스에서는 칼뱅주의를 따르는 개신교도인 위그노파가 탄압을 받다가 1570년 샤를 9세가 생 제르망 평화조약을 체결함으로써 예배의 자유를 허락받았다. 그러나 성 바톨로메 축일의 학살(1572)이 일어나 수만 명의 위그노교도가 죽임을 당했다. 1598년 앙리 4세가 낭트칙령을 내려 위그노교도에게 관직과 공중예배를 허락했지만 박해와 순교는 계속되었다.

1. 근대 사회와 여성

근대는 대체로 17세기 중반부터 제2차 세계대전이 끝나는 20세기 중반까지 3세기에 걸친 기간이라고 할 수 있다. '이성의 시대'라고 불리는 근대는 인간의 마음과 정신에 자리 잡고 있던 계시와 신앙을 과학과 이성으로 대체한 시기였다. 근대 역사의 골격이 되는 사건으로는 종교개혁, 문예부흥, 계몽운동, 프랑스혁명, 산업혁명을 들 수 있다. 종교개혁 이후 등장한 개신교를 유럽의 각 지역에서 받아들이면서 중세에 절정기를 이루었던 교황권은 쇠퇴의 길을 걷게 되었고 여러 종교전쟁을 겪은 후 신앙의 자유가 확립되고 정치와 종교가 분리되었다. 또한 십자군전쟁 이후 정치와 경제의 근간이 되었던 봉건제도가 붕괴되면서 절대왕정이 등장했고 상공업을 기반으로 하는 도시가 증가하고 중산층 시민계급이 형성되었다. 문예부흥의 핵심사상인 인문주의는 인간의 선함과 아름다움과 자율성을 강조하면서 인간을 억압하는 종교와 정치에 도전했으며 18세기에 본격적으로 펼쳐진 계몽사상은 이성을 진리 판단의 근거와 기준으로 삼고 자연과 자연의 법칙을 중시했고 진보의 개념을 도입하여 이성과 교육으로 계몽된 인간상을 추구했다. 계몽주의자들은 전통과 교회의 권위를 거부하고 신앙을 도덕으로 대체했으며 인간의 자유와 평등과 권리를 주장했고 사회계약설, 민주주의 등 근대사회의 기본사상을 발전시키면서 시민혁명의 사상적 토대를 마련했다. 한편 18세기 중반 영국에서 시작된 산업혁명은 유럽 전역으로 확산되어 자본주의 사회로 전환하는 계기가 되었다. 시민혁명과 산업혁명은 유럽 근대사회 확립의 결정적 요인이 되었다.

계몽주의가 인간의 자유와 권리에 대한 의식을 고양시켰음에도 불구하고 그 범위는 남성에게 한정되었다. 헤겔, 볼테르, 루소, 칸트 등

계몽주의 사상가들의 생각에서 여성은 여전히 남성보다 열등하며 관리와 통제의 대상으로 여겨졌고, 여성의 역할은 유순하고 순종적인 아내와 어머니에 그쳤다. 예를 들면, 사회계약설을 펼친 루소(Jean-Jacques Rousseau)는 모든 사람이 각자 동등한 권리를 가지고 있다고 주장했다. 그러나 그가 말하는 '모든 사람'은 '모든 남자'를 가리키는 것이었다. "그의 생애와 저서의 일관된 주제들 중 하나는 여성은 열등하고 종속적인 존재로서 남성들을 섬기고 그들에게 즐거움을 제공하기 위해서 육성되어야 한다"[1]는 것이었다. 루소는 여성을 가사에 국한시켜야 하며 교육을 시켜서는 안 된다고 가르쳤다. 또한 여성에게 멍에를 매는 훈련을 시켜서 그것에 익숙하게 만들어야 한다고도 제언했다. 그는 모유 수유(breast-feeding) 운동을 이끌면서 원죄가 여성의 모유 수유 거부에 있다고 주장하기도 했다.[2] 그의 생각에 가정의 기본적인 기능은 아버지의 가부장권을 보존하고 신장하는 것이었다. 가정의 가부장적 구조는 자연스러운 것이며 남성은 다른 남성이 아닌 여성을 지배할 수 있다는 것이다. 이런 성 역할에 대한 루소의 생각은 당시 유럽 사회에서 확산되고 있던 여류 지성인들의 문학애호 모임인 '블루 스토킹(Blue-stocking, 청탑파 靑鞜派)' 살롱에 대한 반발이기도 했다. 역설적이게도 여성들이 열렬히 지지했던 프랑스 대혁명의 주도자들은 루소의 급진적 평등주의뿐만 아니라 여성에 대한 그의 우월적이고 차별적인 가부장주의도 함께 받아들였기 때문에 여성의 사회적 입지는 약할 수밖에 없었다.

루소의 여성비하에 대한 반발은 영국의 여성 지성인인 울스톤크래프트(Mary Wollstonecraft, 1759-1797)로부터 왔다. 그녀는 초기에는 루소의 평등주의적 입장을 따랐지만 남성의 본성과 덕성이 여성의 그것과

1 Agonito, *History of Ideas on Woman*, 115.

2 Malone, *Women & Christianity*, vol. III, 154.

다르며 더욱 우월하다는 생각을 받아들일 수 없었다.[3] 울스톤크래프트는 『여성의 권리 옹호*A Vindication of the Rights of Woman*』(1792)를 출간하여 루소의 여성 훈련 프로그램을 반박했다. 전통적으로 여성에게는 이성이 결여되었으며 따라서 여성의 생각이나 행동에는 결점이 있다고 여겨져 왔다. 그러나 울스톤크래프트는 주장하기를, 이성은 인간의 근본적인 특성이기 때문에 여성에게 이성이 결여되었다고 말하는 것은 여성의 인간성을 부인하는 것이라고 한다. 더욱이 이성은 도덕적 품성의 향상을 위해 필요한 것이기 때문에 루소가 말하는 여성의 덕성, 즉 수동성, 온유성, 예민성은 거짓 덕성에 불과하다. 왜냐하면 그런 것은 이성적 행동으로부터 나오는 것이 아니기 때문이다. 울스톤크래프트는 소녀에 대한 전통적 교육은 그녀를 선하고 고귀한 숙녀로 성장시키는 것이 아니라 머리가 텅 빈 경솔하고 비열한 인간을 만드는 것이며 심지어는 자녀를 양육할 능력을 갖추지 못하게 하고 남편의 동반자가 될 수 없게 만든다고 주장한다. 그런 생각과 실행은 여성 자신뿐만 아니라 가정과 사회 전체를 훼손하는 것이다. 울스톤크래프트는 남성들에게 간곡하게 호소한다.

> 나는 남성들의 이해를 구합니다. 그리고 여러분의 마음속에 관심이 있기를 동료 인간으로서 여성의 이름으로 호소합니다. 여러분의 동반자가 자유를 얻도록 도움을 주고, 여성이 여러분의 반려자가 되도록 해주기를 간청합니다. 만일 남성들이 관대하게 우리의 사슬을 풀어주고 노예와 같은 복종 대신에 이성적인 동료애에 만족한다면 여러분은 우리에게서 더욱 순종적인 딸과 더욱 다정한 자매와 더욱 신실한 아내와 더욱 사려 깊은 어머니, 한마디로 말해서, 더 좋은 시민을 보게 될 것입니다.[4]

---

3 Bock, *Women in European History*, 29.

4 Agonito, *History of Ideas on Woman*, 158.

18세기 말 혁명의 열기로 뜨거웠던 와중에 나타난 울스톤크래프트의 여성옹호 발언은 여성주의 선언문으로 여겨지며 19세기에 전개되는 영국과 미국의 여성주의운동에 큰 영향을 끼쳤다.

다른 한편으로, 여성혐오자로 악명 높은 사상가는 쇼펜하우어(Arthur Schopenhauer)이다. 그는 『여성에 대해서*On Women*』(1851)에서 여성의 부정적인 면을 드러낸 이전의 모든 의견을 수집하고 그것에 자신의 생각을 추가해서 여성을 비하하는 글을 썼다. 그의 기본적인 생각은 두 가지인데 첫째, 여성의 생각이나 행동 등의 자질은 모두 본성적인 것이며 둘째, 여성은 본성적으로 모든 면에서 남성보다 열등하다는 것이다. 특히 여성은 이성이나 육체적 능력이나 사랑, 그리고 심미적 기능에서 결함이 있다. 우선 여성은 지적 결함으로 인해 평생 어린애 같고 괴팍스러우며 또한 정의감이 약한데 정의는 심사숙고에 달려있기 때문이다. 그러므로 여성은 남성에게 복종해야 하며 남성의 지배를 받아야 한다. 그리고 여성은 육체적으로 약하기 때문에 본성적으로 교활하며 가식과 거짓말의 달인이다. 이 본성적인 교활함으로 인해 여성은 거짓되며 신실하지 못하고 뻔뻔하게도 은혜를 모르는 자다. 여성에게는 사랑이 결여되어 있기 때문에 같은 여성을 미워하고 자신의 자식조차 아주 본능적인 차원에서만 사랑할 수 있다. 그녀는 오직 남성만을 사랑할 수 있으며 그것이 인생의 전 목표이다. 마지막으로, 여성은 심미적 기능이 없기 때문에 미술을 감상할 수 없다. 짧게 말해서, 기사도 정신으로 여성을 경애한다는 것은 전적으로 본성을 위반하는 것이다. 쇼펜하우어는 결론적으로 이렇게 말한다.

> 여성이 본성적으로 복종해야 한다는 것은 다음과 같은 사실에서 알 수 있다. 즉, 본성에 어긋나게 아주 독립적인 위치에 있는 모든 여성은 즉시

> 자신을 남성에게 부착시키고 그로부터 인도와 지배를 받으려고 한다. 그것은 왜냐하면 그녀가 상전과 주인을 필요로 하기 때문이다. 만일 그녀가 젊다면 남성 연인을 섬길 것이며, 만일 그녀가 늙었다면 사제를 모실 것이다.[5]

그러나 계몽사상가 중에서 여성을 옹호하고 양성평등을 지지하는 의견이 나타나기 시작했으며, 독서와 교육으로 학식을 갖추고 문예부흥과 계몽사상으로 일깨워진 여성들은 꾸준히 성차별과 억압에 저항하며 여성의 자유와 권리를 주장했다. 정치사상가인 존 로크(John Locke)는 가부장적 사고에 근거한 왕의 통치권을 거부하면서 권위의 근원은 가정에 있고 가정의 권위는 아버지와 어머니에게 똑같이 있다고 주장했다. "모든 사람은 평등하게 창조되었다"는 로크의 말은 여성의 동등한 권리와 권위에 대한 중요한 진술로서 후대에 많이 인용되었다.

만일 쇼펜하우어(Arthur Schopenhauer)의 『여성에 대해서』가 여성 혐오적 저술의 고전이라면 밀(John Stuart Mill)의 『여성의 예속*The Subjection of Women*』(1869)은 양성평등을 지지하는 주장의 이론적 근거를 제공한 여성주의의 고전이라고 할 수 있다.[6] 그의 글 중 일부를 인용하면 다음과 같다.

> 지금 여성의 본성이라고 부르는 것은 매우 인위적인 것인데, 한편으로는 강요된 억압의 결과이고 다른 한편으로는 비정상적인 충동의 결과이다…. 사람들은 일반적으로 여성의 천직을 아내요 어머니라고 생각하는 것 같다. 그러나 현 사회의 상황에서 벌어지는 일들로 미루어 판단하자면 그들의 생각과는 정반대라고 생각된다. 여성의 천직이라고 여겨지는 것이

5 Ibid., 206.

6 Ibid., 223.

모든 직업 중에서 여성의 본성에 가장 어긋나는 것일 수도 있다. 만일 여성들에게 그들의 시간과 능력으로 생계수단이나 직업이나 어떤 일이든지 자유롭게 할 수 있는 길이 열린다면… 사람들이 천직이라고 말하는 신분을 기꺼이 받아들일 여성은 많지 않을 것이다…. 도덕적 차이점에 대해서… 일반적인 구분을 하자면 여성에게 유리하다. 여성은 남성보다 더 낫다고 나타난다…. 범죄 기록에 의하면 여성은 남성보다 범법행위를 하는 경우가 훨씬 적다고 알려져 있다…. 학식 있는 일련의 남성들을 포함한 세상 사람들이 사회상황의 영향을 모르거나 무시하고 여성의 지성에 대해 어리석게도 평가절하를 하거나 도덕성에 대해 우매한 칭찬을 하는 것보다 더 무지를 드러내는 경우를 본 적이 없다….[7]

일찍이 피사의 크리스틴에 의해 촉발된 '장미의 논쟁'은 '여성에 대한 논쟁'[8]으로 이어져 짧게는 15세기와 16세기, 길게는 14세기부터 19세기에 걸쳐 유럽에서 일어났다. 수많은 친(親)여성 또는 반(反)여성 인사들은 고대문헌, 성서, 교부들의 저서를 바탕으로 신학적, 법적, 의학적 측면에서 여성의 본성과 역할을 조명하면서 각자의 주장을 폈다.[9] 이들이 논쟁한 주제는 여성의 본성과 사회적 역할에 대한 것으로서 그 내용은 "여성도 정상적인 인간인가?", "여성의 영혼도 구원을 받을 수 있는가?"라는 질문으로부터 시작해서 "여성이 교육을 받아야 하는가?", "여성이

7 Ibid., 239, 241, 243.

8 이 논쟁과 관련된 사람들 중 Martin Lefranc, Cornelius Agrippa, Marguerite de Navarre, Marie de Gournay, Anna Maria van Schürman, Jacquette Guillaume, Mary Astell, Poulain de la Barre, Mary Wollstonecraft 등은 여성을 옹호하고 양성평등과 여성의 권리, 사회참여 등을 주장했다. Bock, *Women in European History*, 1-31: "Querelle des femmes: A European Gender Dispute"를 참조하라.

9 여성의 본성과 역할에 대한 논의로는 Agonito, *History of Ideas on Woman*; Okin, *Women in Western Political Thought*; Tuana, *The Less Noble Sex*를 참조하라.

정치에 참여해야 하는가?", "여성이 재산을 소유해야 하는가?", "여성의 의상이나 언어나 여행이 통제를 받아야 하는가?"라는 것들이었다. 이런 주제들은 후대에 일어난 여성의 설교권, 선거권, 공직의 자격, 직업과 임금, 낙태 등의 이슈들과 연결된다.

2. 근대 기독교 여성관

1492년 콜럼버스(Christopher Columbus)가 서인도제도를 발견하고, 1497년 바스코 다 가마(Vasco da Gama)가 인도를 발견한 후 전 세계에 대한 유럽 각국의 식민지 확보 경쟁이 치열하게 전개되었고 제국주의의 확장과 함께 기독교가 전파되어 종교로 뿌리 내리게 되었다. 16세기에 중·남미 대륙이 스페인과 포르투갈의 식민지가 되면서 가톨릭 신앙이 전파되었고, 17세기 중반부터는 북미 동부해안에 영국의 식민지가 건설되기 시작했다. 가장 오래된 식민지인 버지니아에는 영국국교회, 메릴랜드에는 가톨릭교회, 뉴잉글랜드에는 청교도가 자리를 잡았다. 유럽으로부터 긴 항해를 거쳐 신대륙을 밟은 이주민들은 새로운 민주주의 국가를 건설하기 위한 노력을 경주하면서 평등주의에 입각해서 모든 사람을 환영했다. 그러나 이 원대한 꿈과 포부에 여성은 포함되지 않았다. 이민자들은 옛 시대의 전통과 관습을 그대로 지니고 있었으며 여성에 대한 통제는 오히려 더욱 강화되었다.

17세기에 들어서면서 기독교 내에는 교리 중심의 형식적이고 경직된 신앙생활에서 벗어나 신앙적 체험을 바탕으로 경건과 자유를 추구하려는 다양한 신앙운동들이 나타났다. 독일을 중심으로 시작된 경건주의는 개신교 스콜라주의(Protestant Scholasticism)의 경직성, 종교전쟁의 잔혹성과 폐해, 영적 도덕적 무관심과 침체에 대한 반발로 신앙의 열정과 경건을 추구했다. 경건주의 운동은 개인의 신앙체험과 경건을 강조하면서 교육과 선교에도 치중했고, 가톨릭교회나 개신교회 모두 여성의 교육을 중시했다. 그러나 여성의 교육은 교회나 사회의 활동을 위해서가 아니라 가사일과 자녀 양육을 위한 기술과 상식을 갖추게 하려는 것이었다. 그래서 여전히 기성교회 내에서의 여성의 지위와 역할에는 별다른 변화가 일어나지 않았다. 이전 시대에서와 마찬가지로 여성은 영적, 도덕적인 면에서 취약하다고 생각되었으며, 여성이 배운다는 것은 쓸모없을 뿐만 아니라 위험하다고까지 여겨졌다. 이상적인 여성상은 남편에게 복종하는 주부였으며, 여성에게는 투표권이나 공직 진출이 허락되지 않았다. 여성은 여전히 통제와 지배의 대상이었다.

영국의 어떤 청교도 목사의 설교는 이러한 점을 잘 나타내고 있다.

> 하나님께서 여자를 아담의 머리로부터 창조하지 않으셨기 때문에 여자는 그녀의 남편과 같은 권위를 갖고 있지 않다. 또한 그녀를 아담의 발로부터 창조하지 않으셨기 때문에 남자는 여자를 짓밟거나 무시해서는 안 된다. 여자는 아담의 갈빗대로부터 만들어졌기 때문에 그녀는 머리인 남자의 지휘와 통제를 받으면서 남자와 함께 동행할 수 있다.[10]

영국의 에드워드 6세 치하에서 궁정사제였던 휴 라티머(Hugh Latimer)는 왕 앞에서 행한 설교에서 다음과 같이 말한다.

> 여성은 연약하기 때문에 모든 죄악에 기우는 경향이 있다. 여성은 깨어

---

10 Todd, "Humanists, Puritans and the Spiritualized Household," 29.

지기 쉬운 그릇과 같고 남성을 속여서 죄악으로 이끌 수 있다. 우리는 성서에서 많은 예를 볼 수 있다. 아담에게는 오직 한 아내만 있었다…. 그런데 그녀가 얼마나 빨리 그를 죄악에 넘어가게 해서 파멸에 이르게 했는가! 사악한 이세벨이 어떻게 아합 왕의 마음을 하나님과 모든 거룩한 것들로부터 돌아서게 해서 결국에는 파멸하게 했는가![11]

시대가 바뀌면서 결혼관에 나타난 남녀관계는 다소 개선되었다고 할 수 있다. 결혼의 목적은 출산이나 성욕 해소라기보다는 부부가 함께 사랑과 신뢰의 삶을 영위하기 위한 것이며 부부간의 관계는 하나님과 인간 사이의 관계를 보여주는 영적 관계라고 생각되었다. 17세기 말부터 여성은 점차 영적, 도덕적인 면에서 남성과 동등한 존재로 여겨지기 시작했으며 여성도 교육의 기회를 갖게 되었다. 여성들의 성경공부 모임이 조직되었으며 신학을 연구하고 성경공부 모임을 지도하는 여성들이 나타났다. 그러나 이 여성들은 가부장 제도의 높은 벽에 가로막히면서 방해와 탄압에 시달려야 했다.

3. 근대 기독교 여성들

여성의 권리

신앙의 자유를 찾아 영국에서 신대륙으로 이주한 청교도들은 뉴잉글랜드 지역에 정착했는데 이곳은 19세기에 여성해방운동과 노예제폐지

---

11 Rogers, *The Troublesome Helpmate*, 146.

운동이 미국에서 가장 활발하게 전개되던 곳이었다. 청교도들은 유럽에서 지키던 가부장적 문화와 전통을 고수했으며[12] 엄격한 청교도 가르침 외에는 허락하지 않았다. 이런 상황에서 여성의 가르치고 설교할 권리를 주장하며 저항의 목소리를 낸 여성이 있었는데 앤 허친슨(Anne Hutchinson, 1591–1643)이다. 그녀는 잉글랜드에서 청교도 가족과 함께 매사추세츠의 보스턴으로 이민을 왔으며, 목사의 딸로 태어나 신학을 공부하고 여성 성경공부 모임을 조직하여 이끌었다. 그녀는 예수에 의해 속죄 받은 사람은 더 이상 시민법이나 교회법이나 도덕에 얽매일 필요가 없다고 하면서 신자에게는 도덕률보다 은총의 경험이 더 중요하며 성령의 인도를 받아 어떻게 행동해야 하는지를 배운다고 주장했다. 앤 허친슨은 또한 성서나 교회의 역사에 비추어 볼 때 여성도 가르치고 설교할 수 있다고 역설했다. 그녀는 불온한 모임으로 평화를 교란시키고 이단적 교리인 도덕폐기론(antinomianism)을 가르친 죄로 기소되어 '사탄에게 넘어간 자'라는 죄목으로 파문 받고 추방되었다. 앤 허친슨의 재판을 주재했던 총독 존 윈드롭(John Winthrop)은 재판의 내용을 다음과 같이 기록했다.

> 법정은 허친슨 부인을 소환해서 여러 가지 죄목으로 고발했다. 그녀는 자신의 집에서 매주 2회의 공개강좌를 열었는데 대체로 60명에서 80명의 사람들이 모여서 대부분의 목회자들이 자유은총의 언약(covenant of free grace)을 설교하지 않으며 성령의 인증이 없고 유능한 신약성서의 사역자들이 아니라고 비난했다. 그녀는 이런 죄목을 부인하지만 분명히 증명된

---

12 Malone, *Women & Christianity*, vol. III, 168. "청교도들은 처음부터 중세교회의 믿음을 옮겨왔는데, 여성은 악하며 죄와 이단에 빠지기가 더욱 쉽기 때문에 세심하게 감독하고 항상 복종하게 할 필요가 있다는 것이었다."

것이다. 그녀는 많은 발언을 한 후에 결국에는 참지 못하고 발설하기를 자신이 계시를 받았는데 그중 하나는 뉴잉글랜드에 와서 탄압을 받으리라는 것이다. 그리고 하나님께서 우리와 자손들과 온 나라를 파멸시킨다는 것이다. 법정은 재판을 진행해서 그녀를 추방하기로 결정했다. 그러나 겨울이었기 때문에 개인의 집에서 부양을 받도록 조치했고 오직 친지와 원로들만 방문할 수 있도록 허락했다.[13]

앤 허친슨은 가족과 함께 로드아일랜드로 이주했다. 그 후 불행하게도 그녀와 자식들은 인디언의 공격으로 목숨을 잃었다. 이 소식을 들은 한 목사는 그것이 사악한 여자에게 내린 하나님의 벌이라고 설명했다. 앤 허친슨은 북미대륙에서 여성의 지위에 대한 문제를 제기하고 설교하고 가르칠 권리를 주장한 최초의 여성이었고 그녀가 뿌린 여성의 권리의 씨앗은 후대 여성들에 의해서 결실을 맺게 된다.

여성에게 공적인 교육이 허락되지 않던 시대에 대학 강의를 듣고 또한 여성 교육의 필요성을 주장한 사람이 바로 네덜란드의 아나 마리아(Anna Maria van Schürman, 1607-1678)이다. 그녀는 어릴 때부터 매우 총명해서 4세에 글을 읽을 수 있었고 아버지로부터 라틴어와 고전에 대한 교육을 받았다. 아나 마리아는 대학에서 처음으로 공부를 한 여성이다. 네덜란드 개혁교회의 신학자인 보에티우스(Gisbertus Voetius)는 그녀의 학문을 높이 평가하고 위트레흐트 아카데미(Academy of Utrecht, 후일 위트레흐트대학이 됨)에서 행하는 자신의 강의를 듣도록 했다. 당시 여성은 대학 입학이 허락되지 않았기 때문에 그녀는 남학생들에게 보이지 않도록 장막 뒤에서 강의를 들었다. 아나 마리아는 고대와 현대 언어

13 Tucker and Liefeld, *Daughters of the Church*, 222.

를 통틀어 14개 언어에 능통했고 문학, 철학, 신학, 과학뿐만 아니라 회화, 판화, 조각 등에도 조예가 깊었다. 그녀는 여러 시인으로부터 찬사를 들으면서 '10번째 뮤즈'라는 호칭을 받았으며[14] 뛰어난 예술가로 인정받아 화가길드에도 가입했다. 아나 마리아는 『기독교 여성의 학문 연구에 대한 합당성 여부*Whether the Study of Letters is Fitting for a Christian Woman*』(1650)에서 여성의 교육받을 권리와 학문 연구의 합당성을 주장했다.

> 첫째, 우리 여성은 적어도 어느 정도의 능력을 지니고 있으며 학문을 하기에 전혀 부적절하지는 않다고 생각한다. 둘째, 여성은 필요한 방법으로 교육을 받아야 하며 가정의 한정된 재산이 결코 그녀의 길을 가로막아서는 안 된다고 생각한다…. 셋째, 여성의 시간이나 삶의 정황에서 어떤 일반적이거나 특별한 소명, 또는 헌신의 실천이나 가정의 의무로부터 때로는 자유로워질 수 있다고 생각한다…. 넷째, 학문의 목표는 허식이나 과시 또는 쓸데없는 호기심을 위한 것이 아니라 하나님의 영광을 추구하고 인간의 영혼을 구원함으로써 삶이 더욱 개선되고 행복하게 되는 것이고, (만일 그녀에게 임무가 맡겨진다면) 가족을 교육하고 인도하며 나아가서 가능한 한도 내에서 여성 자신에게도 유익이 되게 하는 것이다.[15]

아나 마리아는 여성의 학문 연구의 부당성에 대한 주장을 조목조목 반박하고 다음과 같은 결론을 내린다.

> 그러므로 우리는 이렇게 주장한다. 기독교 여성의 학문 연구는 합당하

---

14 Irwin, *Anna Maria van Schurman*, 5.

15 Ibid., 26.

다…. 가장 훌륭하고 강한 주장과 현자들의 증언, 그리고 마지막으로 저명한 여성들의 본보기로 미루어볼 때 여성은 이런 삶을 받아들이도록 고무될 수 있고 또 고무되어야 한다.[16]

현재의 멕시코인 미주의 스페인 식민지에서 가장 유명했던 여성인 후아나 이네스(Sor Juana Inés de la Cruz, 1648-1695)는 고대의 사포(Sappho)와 같고 '열 번째 뮤즈'라고 불렸으며,[17] 또한 '아메리카의 첫 번째 여성주의자'라고 평가되기도 한다. 그녀는 영혼이나 지성에는 성의 구별이 없다고 하면서 여성이 지적 탐구를 할 권리가 있음을 주장한 여성시인이요 수녀였다. 어려서부터 총명했던 후아나는 결혼을 하기보다는 수녀가 되기로 결심하고 성 제로니모 수도회 소속의 성 파울라 수녀원에 들어갔다. 그녀는 수녀원에서 학문에 정진하면서 또한 시인으로서 명성을 얻었다. 그러나 가톨릭교회는 수녀인 후아나의 활동을 억제하기 시작했고 그녀의 신학적 저술이 논의가 금지된 영역을 침범했다고 고발하기에 이르렀다. 후아나는 학문을 추구할 권리를 주장하며 푸에블라의 주교에게 자서전적 서신인 「필로테아 수녀에게 답하여Reply to Sor Filotea」를 보내서 자신이 학문을 탐구하고 글을 쓰는 것이 스스로의 의지나 욕심에 의한 것이 아님을 호소했다.

제가 글을 쓰는 것은 제 자신의 결심에 의해서가 아니라 저의 너머에 있는 힘에 의해 초래된 것입니다. 사실 저는 이렇게 말할 수 있습니다. "너희가 억지로 시킨 것이니(*Vos me coegistis*)"(고후 12:11). 진리이며 제가 부정할 수 없는 것(… 하나님께서는 진리를 크게 사랑하는 은총을 저에게 주셨습니

16 Ibid., 36f.

17 Juana Inés, *Sor Juana Inés de la Cruz: Selected Writings*, 5.

다)은 처음 순간부터 이성의 빛이 저의 위를 비추었고 학문을 향한 갈망이 너무 열렬하고 강력했기 때문에 (제가 많이 겪은) 밖으로부터의 어떤 억압이나 (적지 않았던) 제 자신의 성찰이 하나님께서 제 안에 넣어주신 자연스러운 충동을 따르는 것을 멈추게 하기에는 충분하지 않았습니다.[18]

후아나의 호소에도 불구하고 멕시코 대주교는 그녀의 생각을 검열하고 장서를 매각하게 했으며 다시 공식적으로 수녀의 서약을 하게 했다. 후아나는 수녀로서의 침묵과 순종의 이상을 따르지 않았지만 그녀가 죽자 교회는 후아나를 새로운 스페인 문화와 덕성의 모범이라고 칭송했다. 그녀의 학문에 대한 열정과 창의적이고 주체적인 삶의 모습은 많은 여성들로 하여금 뒤를 따르게 했다.

퀘이커주의

17세기에 일어난 신앙운동 중에서 가장 남녀평등을 추구하고 여성의 역할을 신장시킨 것은 퀘이커주의(Quakerism)일 것이다. 영국의 조지 폭스(George Fox)가 1646년 심오한 종교적 체험을 한 후 조직한 '친우회(Society of Friends)'로부터 시작한 퀘이커주의는 각 사람이 지니고 있는 '내적 광명(inner light)'을 통한 하나님의 은사 체험을 강조했다. 그들은 모든 사람의 평등과 존엄성을 주장하면서 남녀평등을 인정했고 여성의 목회와 설교를 승인했다. 폭스는 여성의 설교에 대해서 이렇게 말한다.

선지자 요엘은 딸들이 예언하는 것을 막지 않았다. 또한 사도들도 그것

18 Ibid., 258.

을 막지 않았으며, 주님도 "내가 기름 부은 자를 건드리지 말며 내 선지자들에게 해를 끼치지 말라"고 말씀하셨다. 그러므로 당신이 주님의 영을 받은 딸들을 박해하고 예언을 무시한다면 당신은 사도들의 명령을 어기는 것이다…. 예언하는 여자들을 감옥에 가두고 복음을 전하는 여자들을 방해하는 것은 부끄러운 일이다.[19]

폭스의 부인인 마가레트 펠(Margaret Fell, 1614-1702)은 "성서에 의해 인정되고 증명되고 허락된 여성의 발언"(1666)[20]을 발표했다. 이 글의 내용을 요약하자면, 창세기의 타락 이전에는 남녀가 동등했으며 타락 이후 불평등한 상황이 있었지만 예수의 죄 사함으로 인해 다시 동등하게 회복되었다. 그러므로 남자와 여자는 동등하다. 고린도전서에서 여자는 침묵하라는 바울의 말씀은 당시 교회에서 소란스럽게 하는 특정한 여성 청중을 가리키는 것이지 고금을 막론하고 온 교회에 적용할 수 있는 것은 아니다. 그리고 마리아 찬가의 신앙고백이나 막달라 마리아의 부활 증언에서 보듯이 여성도 신앙문제를 토론하거나 가르칠 수 있다.[21] 그러나 퀘이커파는 종교적으로는 이단적 교리를 가르친다는 의심을 받았고 사회적으로는 불순한 모임으로 간주되어 교회와 정부 양측으로부터 탄압을 받았다.

퀘이커파는 많은 여성 설교자들을 배출했는데, 영국 최초의 퀘이커

19 Fox, *The Works of George Fox*, vol. 4, 106, 109.

20 이 글의 원래 제목은 다음과 같은데 마가레트 펠의 주장을 담고 있다. "Women's Speaking Justified, Proved and Allowed of by the Scriptures, All Such as Speak by the Spirit and Power of the Lord Jesus And How Women were the First That Preached the Tidings of the Resurrection of Jesus, and Were Sent by Christ's Own Command Before He Ascended to the Father (John 20:17)."

21 Wallace, *A Sincere and Constant Love*, 63-72.

여성 설교자로서 서인도제도, 미국 등지를 순회하며 퀘이커주의를 전파한 엘리자베스 후튼(Elizabeth Hooten, 1600-1646), 앤 허친슨과 절친했던 친구로서 그녀가 파문을 당한 후 퀘이커파에 합류해서 여성 설교자가 된 보스턴의 메리 다이어(Mary Dyer, 1611-1660) 등이 있다. 폭스의 설교를 듣고 퀘이커교도가 된 엘리자베스 후튼은 퀘이커 목회자가 된 최초의 여성이다. 그녀는 하나님께서 자신에게 설교자의 소명을 주셨다고 믿고 가정을 떠나 영국 각지를 순방하면서 설교를 했고, 미국으로 건너가 뉴잉글랜드 지역에서 선교활동을 했으나 기성교회와 성직자들로부터 배척받기는 마찬가지였다. 그러나 후튼은 온갖 고초에도 불구하고 결코 좌절하지 않고 설교자로서의 사명을 꿋꿋하게 완수했다.

메리 다이어는 '예배의 자유'를 추구하다가 결국 죽음을 맞게 된 여성이다. 그녀는 남편과 함께 영국을 떠나 보스턴에 정착했으나 성서 말씀을 다르게 해석하기만 해도 고문과 처형을 하는 청교도들의 편협하고 경직된 신앙에 실망했다. 그녀는 로드아일랜드로 거주지를 옮겨 신앙과 예배의 자유를 누릴 수 있었다. 다이어는 폭스를 만날 기회를 갖게 되었고 여성에게도 지적이고 영적인 은사가 주어졌다는 확신을 갖게 되었다. 그녀는 퀘이커교도가 된 후 선교사로서 보스턴에 돌아가 청교도의 가르침에 맞서서 말씀을 전하다가 체포되어 재판을 받았다. 다음은 심문과 처형의 마지막 부분의 내용이다.

엔디코트 총독 "당신은 퀘이커교도이지, 그렇지 않은가?"

메리 다이어 "사람들이 나를 비난하면서 그렇게 부릅니다."

엔디코트 총독 "당신에 대한 판결이 주 의회에서 통과되었다. 감옥으로 돌아가서 내일 9시까지 대기하라. 거기에서 교수대로 가서 죽을 때까지 교수형을 당할 것이다."

메리 다이어 "그 말은 전에 당신이 말한 것과 다르지 않습니다."

엔디코트 총독 "이제 처형이 다가왔다. 내일 9시에 맞추어 준비하라."

메리 다이어 "나는 하나님의 뜻에 순종해서 왔습니다…. 주님께서는 그분의 종들 중에서 그 법에 맞서서 증언할 다른 사람들을 보내실 것입니다."

엔디코트 총독 "당신은 여선지자인가?"

메리 다이어 "나는 주님께서 내 안에 주신 그 말씀을 전합니다…."[22]

다음날 메리 다이어가 교수대로 향하자 사람들이 그녀에게 간청했다. "메리 다이어, 죽지 마세요. 로드아일랜드로 돌아가서 목숨을 구하세요. 우리가 당신에게 간청합니다, 돌아가세요! 돌아가서 사세요!" 그녀가 말했다. "아니오, 나는 로드아일랜드로 돌아갈 수 없습니다. 왜냐하면 나는 주님의 뜻에 순종해왔고, 주님의 뜻 안에서 충직하게 죽음을 맞을 것이기 때문입니다."[23]

로드아일랜드에서는 메리 다이어의 죽음을 계기로 종교에 대한 권리장전(Bill of Rights)을 제정하여 매년 기념식을 갖고 다음과 같은 내용을 되새기고 있다.

의회는 종교의 설립에 관한 법을 제정할 수 없고, 종교의 자유로운 실행을 금지하는 법을 제정할 수 없고, 언론 또는 출판의 자유, 사람들이 평화롭게 모임을 가질 권리, 불만사항을 시정하기 위해 정부에 청원할 권리를 박탈하는 법을 제정할 수 없다.[24]

---

22 Plimpton, *Mary Dyer,* 186.

23 Ibid., 187.

24 Ibid., 217.

메리 다이어는 미주에서 퀘이커 신앙을 위해 순교한 유일한 여성이다. 그녀가 죽음으로 지킨 신앙의 자유는 오늘날에 이르기까지 사람들이 지켜야 할 소중한 가치로 남아 있다. 그녀의 동상은 보스턴 주청사 앞에 세워져 있으며 받침대에는 '메리 다이어, 퀘이커, 종교적 자유의 증인'이라는 말이 새겨져 있다. 퀘이커파는 사회급진주의자들로 여겨져 탄압을 받기도 했지만 그들의 경건한 신앙생활, 평화주의와 박애주의를 바탕으로 노예해방과 여권신장을 위해 지대한 공헌을 했으며 19세기 중반부터 시작된 여성해방운동을 주도한 지도자들 중에는 퀘이커 여성들이 많이 있었다.

신비주의

신비적 체험을 바탕으로 그리스도의 복음을 전한 여성이 있었는데 신비주의자요 선교사인 프랑스 우르술린 수녀인 성육신의 마리(Marie of the Incarnation, 1599-1672)이다. 그녀는 뉴프랑스(지금의 캐나다)에 가톨릭 신앙을 전파했으며 신대륙 최초로 여학교를 설립했다. 마리 귀아르(Marie Guyart)는 일생 동안 여러 번 환시를 보는 신비로운 체험을 했는데 일찍이 7세에 예수 그리스도를 만난 체험을 자서전 『관계*Relation*』(1654)에서 말한다.

> 내가 시선을 천상으로 향하자 인간의 모습을 한 주 예수 그리스도가 하늘을 거쳐 나에게로 다가왔다. 예수가 장엄한 모습으로 다가오자 내 가슴이 그의 사랑으로 감싸이는 것을 느꼈고 나는 그를 껴안기 위해 팔을 뻗었다. 그러자 그는 내게로 팔을 내밀고 사랑스럽게 입맞춤을 하면서 "나에게 속하기를 원하느냐?"라고 물었다. 나는 "예"라고 대답했다. 그는 나의 대답

을 들은 후 다시 하늘로 올라갔다.[25]

마리는 베네딕트 수도회에 들어가 영적 생활을 추구하려고 했으나 아버지의 소원에 순종해서 결혼을 하고 행복한 생활을 하면서 아들을 낳았으나 남편이 세상을 떠나 19세에 과부가 되었다. 그녀는 원래 바라던 대로 정결과 순종과 청빈의 서약을 하고 우르술린 수녀회에 들어가서 수도생활을 하면서 아빌라의 테레사의 자서전을 읽고 큰 감화를 받았으며 환시를 통해 신대륙으로 가서 복음을 전하다가 순교를 하는 꿈을 꾸게 되었다.

> 나는 좌측으로 약간 떨어진 곳에 하얀 대리석으로 된 작은 교회가 있고 성모 마리아가 앉아계신 것을 보았다. 그녀는 무릎 위에 어린 예수를 안고 있었다. 이 장소가 위로 들려지고 그 아래로 웅장하고 거대한 나라가 드러났는데, 산과 계곡으로 가득하고 짙은 안개가 교회를 제외하고는 모든 것을 감싸고 있었다…. 하나님의 어머니이신 성모 마리아가 이 나라를 경이로워하면서도 측은하게 내려다보고 있었다. 그녀는 이 나라와 나 자신에 대해서 말하면서 나를 관여시키려는 어떤 계획이 마음속에 있는 것 같았다.[26]

마리는 환시로 본 그 나라를 캐나다라고 생각하고 뉴프랑스로 떠날 계획을 세우기 시작했다. 1633년 마리는 자신의 이름을 성육신의 마리라고 바꿨다. 마리와 일행은 1639년 캐나다 퀘벡에 도착했으며 그곳에 우르술린 수녀원과 여학교를 세웠다. 그녀는 원주민들의 호응과 지지를 받았지만 또한 원주민 간의 분쟁, 천연두의 발생 등 시련을 겪으면서도

---

25 Dunn, *The Cruelest of All Mothers*, 2.

26 Ibid., 6.

이를 극복하고 선교와 교육의 사역을 꾸준히 이어갔다. 그녀는 선교내용을 보고하고 후원을 요청하는 편지를 2만 통이나 썼으며 자신의 신비적 체험을 선교로 실현하여 큰 업적을 남겼다. 성육신의 마리는 2014년 프란체스코 교황에 의해 시성되었으며 캐나다에는 그녀의 이름으로 학교와 건물이 세워졌고 퀘벡 의회 앞에는 캐나다에 끼친 그녀의 공헌을 기리기 위한 동상이 세워져있다.

프랑스 가톨릭 신비주의자인 잔느 기용(Jeanne Guyon, 1648-1717)은 어려서부터 수녀원에서 성장했다. 16살 때 22세 연상의 남자와 결혼하고 불행한 생활을 하던 중 20세에 하나님의 현존을 체험했다. 그녀는 남편과 사별한 후 프랑스와 스위스를 순회하면서 설교와 치유 활동을 했고 내적 기도생활을 통해 거룩한 삶을 추구할 것을 가르쳤다. 기도는 하나님과 교통하는 문을 여는 열쇠이며 하나님을 찾고 하나님의 현존을 체험하는 길이다. 기도는 정신으로 하는 것이 아니라 마음으로 하는 것이다. 마음의 기도는 관상으로 이어지는데 관상은 침묵의 기도요 안식의 기도이다. 영혼은 모든 것을 내려놓고 침묵의 상태에 들어가며 믿음과 사랑으로 하나님과 연합하게 된다. 기용은 『짧은 기도의 지침*A Short method of Prayer*』(1685)에서 기도의 중요성과 기도의 방법에 대한 가르침을 준다.

> 기도는 완성과 지고의 행복에 이르는 열쇠이다. 기도는 모든 죄악을 없애고 모든 덕을 얻는 효과적인 방법이다. 왜냐하면 완성에 이르는 길은 하나님의 현존 안에서 사는 것이기 때문이다. 하나님은 우리에게 이렇게 말씀하신다. "내 앞에서 행하여 완전하라(창 17:1)." 오직 기도만이 당신을 하나님의 현존 안으로 인도할 수 있고 계속해서 그곳에 머무르게 할 수 있다…. 믿음으로 하나님의 현존 안에 들어섰을 때 무엇보다도 먼저 우러러

보는 침묵의 자세로 잠시 머물러라. 만일 이런 신앙의 행동을 하는 중에 처음부터 하나님의 현존을 조금이라도 느끼게 된다면 어떤 다른 생각에 휩쓸리지 말고 당신에게 주어진 그 상태가 유지되는 한 그 안에 머물러라. 만일 그 상태가 사라진다면 부드러운 애정으로 당신을 북돋우고, 이전의 평안의 상태로 다시 돌아간 것을 알게 된다면 그 안에 머물러라.[27]

기용은 긴 자서전과 20권의 성서주석을 포함한 약 40권의 책을 저술했고 페넬롱(François Fénelon)과 몰리노(Miguel de Molinos)를 비롯한 많은 추종자를 얻었다. 그녀의 가르침은 '신 영성(New Spirituality)'이라고 불리기도 했고, 적극적 행동보다 수동적 관상을 중시하여 '정적주의(Quietism)'라고 불리기도 했다. 기용 여사의 대표작 중 하나인 『영적 급류*Spiritual Torrents*』는 영혼의 침묵에 대한 글로서 한 구절을 인용하면 다음과 같다.

격류가 바다로 흘러 들어갈 때 자신의 것을 모두 버리고 바다의 존재를 취함으로써, 아니 자신을 버리고 바다에 속함으로써 자신의 존재를 잃는 것처럼 영혼은 신성에 속하기 위해 인간적인 것을 버리고 본질적이 아닌 신비적으로 신성의 존재와 실체가 된다…. 그것은 하나님 안에서의 삶이며 완전한 삶이다. 영혼은 더 이상 스스로 살고 활동하는 것이 아니라 하나님이 그 안에서 살고 활동하고 역사하신다(갈 2:20). 이런 일이 점점 자라나서 영혼은 하나님의 완전함과 함께 완전해지고, 하나님의 풍요로움과 함께 풍요로워지며, 하나님의 사랑과 함께 사랑하는 자가 된다.[28]

---

27 Dupre and Wiseman, *Light from Light*, 328, 330.

28 Ibid., 332.

기용 여사에 대한 높은 대중의 인기를 시기한 교회의 지도자들은 그녀의 책들을 압수하여 태웠고 결국에는 체포하여 7년간이나 감옥에 가두었다. 그리고 그녀가 그리스도를 통한 칭의와 성자들의 중보 없이 하나님과 직접 교통하고 연합할 수 있다는 이단적 교리를 가르쳤다고 비난했다. 스스로의 노력으로 하나님과 직접적으로 교통할 수 있다는 가르침은 교회와 예수 그리스도를 통해서만 하나님께 나아갈 수 있다는 가톨릭교회의 교리를 위반하는 것이었다. 그러나 그녀는 투옥생활을 하면서도 결코 굴복하거나 마음의 평화를 잃지 않았다. 그녀의 영향을 크게 받은 요한 웨슬리는 "우리가 기용 여사 외에 진정으로 경건한 모습을 갖춘 여성을 찾는다면 아마 수세기가 걸릴 것이다"[29]라고 말할 정도를 그녀를 높이 평가했다.

감리교

감리교의 창시자인 존 웨슬리의 배경에는 어머니 수산나 웨슬리(Susanna Wesley, 1669-1742)가 있었다. 그녀는 신앙심 깊은 청교도 가정에서 태어났는데 어려서부터 명석하고 의지가 강했다. 그녀는 12세에 아버지에게 영국국교회가 진정한 교회라고 선언하고 회심해서 일생을 영국국교회 신도로 살았다. 영국국교회 목회자와 결혼한 수산나는 많은 자녀를 키우면서도 가정에서 철저하게 교육을 시켰다. 자녀들이 성장해서 출가한 후에도 서신을 주고받으며 생활과 신앙에 대한 상담을 했다. 그녀는 아들 존이 하나님께서 귀하게 쓰실 일꾼이 될 것을 기대했다. 수산나는 여성에 대한 웨슬리의 입장이 형성되는 데 영향을 끼쳤다.

---

29 Deen, *Great Women of the Christian Faith*, 130.

사실 웨슬리는 초기에 여성의 설교에 대해서 부정적이었지만 목회에서 여성의 역할이 크다는 것을 깨닫고 여성을 모임의 지도자로 임명하고 여성의 설교와 성서해석을 인정했다. 이로 인해 감리교에서는 다른 교파에 비해 여성의 설교와 안수가 빨리 이루어졌다.

감리교 최초의 여성 설교자가 된 사라 크로스비(Sarah Crosby, 1729-1804)는 조지 휫필드의 설교를 듣고 감리교인이 되었다. 그녀는 원래 칼뱅주의 교리를 따르고 있었기 때문에 웨슬리의 '그리스도인의 완성' 교리에 대해서 의구심을 품고 있었으나 그와 친분을 맺으면서 받아들이게 되었다. 사라 크로스비는 약 30명 정도 되는 신앙모임을 이끌고 있었는데 숫자가 늘어나 200명이 모이게 되었다. 이런 규모에서는 개인적인 대화나 상담을 할 수가 없었다. 그녀는 이 문제를 웨슬리와 의논했고 설교를 할 수 있다는 허락을 받아냈다. 크로스비는 그 후 20여년을 순회설교자로서 영국 각지를 다니면서 헌신적으로 복음을 전했다.

> 새벽 5시에 열리는 첫 모임을 비롯해서 하루에 4번 모임을 인도했고, 오랜 시간 마차나 말을 타고 여행을 하는 것은 예삿일이 아니었다. 그녀는 리즈(Leeds) 밖의 지역을 순회하면서 한 해에 960마일을 여행했고, 120차례의 공중예배를 주관했으며, 600개의 사경회와 사적인 모임을 인도했고, 116통의 편지를 썼다.[30]

사라 크로스비는 은퇴 후 고향인 리즈에 머물면서도 여러 개의 사경회를 인도했고 후배 여성 사역자들에게 지도와 조언을 아끼지 않아서 따르는 사람들이 많았으며 여성 설교자들의 대모라고 불렸다. 그러나

30 Tucker and Liefeld, *Daughters of the Church*, 242.

시대적 분위기는 아직 여성이 설교하거나 가르치는 것을 반기지 않았고 웨슬리가 세상을 떠나자 감리교 내에서 여성이 설교자가 되기는 여의치 않았다.

제1차 대각성운동과 사경회

18세기에 들어서서 기독교에는 죄와 구원에 대한 새로운 인식과 함께 복음주의가 일어났고 미국에서는 제1차 대각성운동(The First Great Awakening, 1740-1750)이 일어났다. 대각성운동은 영국에서 온 부흥사 조지 휫필드(George Whitefield)가 순회설교에서 회심할 것을 촉구하면서 시작되었다. 이 운동을 이끈 부흥운동가이자 개혁신학자인 조나단 에드워즈(Jonathan Edwards)는 성령의 은사를 강조하면서 감성적 설교를 통해 회개를 촉구하고 또한 성경공부와 기도, 토론을 활성화했다. 그는 목회와 부흥운동에서 남녀를 구별하지 않았으며 여신자들에게 대담하게 말씀을 외치고 복음을 전파하라고 고무했다. 많은 여성들이 부흥회에 와서 말씀을 듣고 회심을 했는데 그중에는 10대 소녀들이 많았으며 심지어는 4세의 어린 소녀도 있었다. 대각성운동은 여성교인들의 적극적인 참여에 힘입어 성공적으로 진행되었고 여성으로 이루어진 사경회 모임, 기도 모임 등이 급속히 증가했다. 조나단 에드워즈의 아내인 사라 에드워즈(Sarah Edwards, 1710-1758)는 어릴 적부터 깊은 영적생활을 하며 하나님과 교통했다. 조나단 에드워즈는 아내의 깊은 신앙심에 깊은 감화를 받고 다음과 같이 말한다.

> 하나님은 그녀에게 오셔서 마음속에 넘치도록 기쁨을 채워주셨다. 그녀는 하나님과 교제하는 것 외에는 아무것도 신경을 쓰지 않았다…. 특별

히 하나님께서 그녀의 마음에 나타나신 이후 그녀는 온유했고 평온했으며 넓은 자비심을 지니고 있었다. 그녀는 아름다운 노래를 부르면서 이곳저곳을 다녔고 항상 환희와 즐거움이 충만한 것 같았다…. 그녀는 홀로 들판과 숲을 거닐기 좋아했고 누구인가 보이지 않는 사람이 그녀와 이야기하는 것처럼 보였다.[31]

사라 에드워즈는 어머니와 아내의 역할에 머무르지 않고 대각성운동의 중요한 역할을 담당했다. 그녀는 신비로운 체험을 통해 하나님의 현존을 확신했으며 집을 방문하는 목회자들이나 교회에서 만나는 신자들에게 온화하면서도 믿음이 충만한 얼굴로 하나님의 역사하심에 대해서 증언했다. 대각성운동에서 큰 역할을 했던 조지 휫필드는 에드워즈 부부와 친밀했으며 이렇게 아름다운 부부를 본 적이 없다고 찬사를 아끼지 않았고 사라를 일컬어 겸손하고 조용한 성품을 지닌 존경스러운 부인이요 아브라함의 딸이라고 불렀다.

로드아일랜드 뉴포트에서 조그만 학교를 운영하던 사라 오스본(Sarah Osborn, 1714-1796)은 휫필드가 그곳을 방문한 후 사경회를 지도했다. 처음에는 여성끼리만 모이다가 남성도 참여하게 되었고 또한 해방된 흑인들의 모임을 만들었고 이어서 노예들을 초청하여 성경공부를 했다. 사경회에서 처음에는 장작을 마련하기 위해 헌금을 모았으나 규모가 점차 커지면서 아프리카 선교를 위한 헌금도 모으게 되었다. 그러나 남녀가 함께 모여 토론하는 것과 흑인 노예들에게 평등의식을 고취한다는 점이 문제가 되어 목사들은 그녀에게 활동을 포기하고 좀 더 여성스러운 바느질이나 명상과 같은 모임을 가지라고 권유했다. 그러나

31 Tucker and Liefeld, *Daughters of the Church*, 234.

사라 오스본은 사경회가 결코 위험한 모임이 아니라고 하면서 모임이라기보다는 학교라고 부르는 것이 더 좋을 것이라고 해명했다. 그리고 그녀가 하는 일은 사람들에게 용기와 희망을 주는 생산적인 것이라고 하면서 소신을 굽히지 않았다. 오스본은 사경회에 대해서 이렇게 설명한다.

> 나는 단지 성서를 읽어주고 말씀을 하며 시편이나 찬송을 함께 부릅니다. 그리고 8시에 명단에 있는 이름대로 모두 돌려보냅니다…. 저녁 행사는 찬송 부르기, 하나님 말씀 주석과 다른 좋은 책 읽기, 차례대로 두 번씩 기도하기로 이루어집니다. 그중 일곱 여덟 명은 기도를 아주 잘해서 그들보다 잘하는 교인은 거의 없을 것입니다. 나는 하나님이 우리 가운데 계시고 기도와 간구의 영을 부어주실 것을 믿습니다….[32]

사라 오스본은 자신이 신앙적인 말을 하고 글을 쓰는 것은 하나님의 은총과 명령에 의한 것이지 신학교육이나 교회의 승인에 의한 것이 아니라고 하면서 만일 모임을 갖지 않는다면 하나님의 일이 미완성으로 끝날 것이라고 강변했다. 여성이 주도하는 여성들의 모임은 점점 더 확산되고 규모가 커졌으며 제2차 대각성운동 이후 본격적으로 진행된 부흥운동과 선교운동의 근원지가 되었다.

제2차 대각성운동과 선교

19세기 초 일어난 제2차 대각성운동(The Second Great Awakening, 1795-1835)에서도 18세기의 대각성운동 때와 마찬가지로 여신도들의

---

32 "Sarah Osborn to the Reverend Joseph Fish, February 28-March 7, 1767," MacHaffie, *Readings in Her Story*, 103-104.

참여가 두드러지게 나타났다.[33] 이 운동에서 중요한 역할을 했으며 부흥운동의 대부라고 불리는 찰스 피니(Charles F. Feeney)는 그의 집회에서 여성들을 간증자로 활용하기도 했다. 여신자들은 예배와 사경회와 기도모임에 열심히 참석하면서 신앙의 열기를 더했고 자신이 체험한 복음의 역사를 다른 사람들에게도 열심히 전파했다.

> 여성들의 전도 사역은 자연스러운 개종의 결과이다. 남녀를 불문하고 새 개종자들은 특히 그들의 체험을 다른 사람들과 나누고 주님의 복음을 전파하려는 강한 욕구가 있었다…. 목회자가 보기에 전도 역할을 맡기에 가장 적합한 여성은 어머니였다. 만일 넓은 의미에서 여성의 개종 활동을 이해하려면 19세기의 주된 전도 세력의 하나인 경건한 어머니를 포함시켜야 한다. 셀 수 없이 많은 개종자들은 그들의 "천사 어머니"가 처음으로 기도하는 법을 가르쳐주고 죄에 대해서 눈물을 흘리고 구원을 위해서 매일 기도한 것을 기억하고 있었다. "부흥의 사례들"을 소개하는 종교잡지와 사례집에는 여성들의 구원의 사랑에 대한 이야기들이 실렸다. 여성들은 그들의 가정에서 목회자 역할을 했다고 할 수 있다. 자녀들은 회중이 되었고, 남편들은 종교에 대한 19세기의 실용주의적 접근방법에 보조를 맞추어서 교회에 내는 비용은 지불했지만 예배에 참석하지는 않았다.[34]

---

33 Ruether and Keller, *Women and Religion in America,* vol. 1, 3. 교회 신도와 집회 참석자의 수는 여성이 남성의 2배가 넘었으며, 여성 교인이 많아지자 교리와 설교도 그들의 공감을 얻기 위해서 조절되었으며 목사들은 그리스도의 권세와 심판보다는 사랑과 용서를 강조하는 설교를 했다. 이런 현상을 '기독교의 여성화(feminization of Christianity)'라고 부르기도 한다. Welter, "The Feminization of American Religion, 1800–1860," Hartman and Banner, eds., *Clio's Consciousness Raised*, 141.

34 Ruether and Keller, *Women and Religion in America,* vol. 1, 5–6.

여성들로 이루어진 다양한 종류의 어머니회, 선교단체, 자선단체, 개혁단체들이 구성되었다. 1836년에 여집사협회가 결성되어 교육활동과 자선사업을 활발하게 벌였으며, 1861년에는 여성연합선교협회가 조직되어 선교기금을 모금하고 여선교사를 외국에 파송하여 선교, 교육, 의료사업을 추진했다. 1903년 크리스천 고울더(Christian Goulder)라는 시카고의 한 의사는 인구 2만 명인 시카고 지역의 유흥업소를 조사한 결과 술집 272개, 술가게 85개, 마약실 7개, 도박장 8개, 불명예스러운 집(사창가) 92개로 집계되었다고 개탄하면서 그 상황에서 여성의 역할이 필요함을 호소했다.

> 오늘날은 이전의 어느 때보다도 여성의 힘을 필요로 하는 때이다. 삶의 사치를 포기하고 사회와 친구들을 등지고 이렇게 방탕한 생활을 하는 남성들을 돕는 데 전념할 여성들이 필요하다. 그녀들은 이 남성들이 신뢰를 회복하고 교회와 복음에 귀를 기울일 때까지 끈질기게 인내해야 한다. 커다란 도시에서 이러한 부류의 사람들에게 용기를 주고 구원할 유일한 희망과 가능성은 오직 희생적이고 헌신적인 그런 여성들에게 있다…. 수만 명의 여집사들이 도시나 시골에서 기독교의 사랑과 봉사를 위해 그들의 삶을 바칠 때가 온 것이다.[35]

뉴잉글랜드에서는 1806년 부흥운동이 일어났고 어려서부터 성서와 신앙서적을 읽으며 경건한 생활을 하던 앤 해셀틴(Ann Hasseltine, 1789-1826)은 하나님께서 부르시는 일에 자신의 몸을 바치기로 결심하고 이렇게 기도했다. "당신을 섬기는 일을 가르쳐 주십시오. 다른 것은 간청

---

35 Ibid., 272-273.

하지 않겠습니다. 제가 사역의 직분이나 장소를 선택하지는 않겠습니다. 오직 하나님의 뜻을 알려주시기만 하면 기꺼이 따르겠습니다."[36] 앤은 회중교회 목사인 아도니람 저드슨(Adoniram Judson)과 결혼한 다음 날 인도로 떠나서 4개월간의 항해 끝에 캘커타에 도착했다. 그들은 바로 침례교회에서 세례를 받았고, 미국의 침례교 총회에서는 저드슨 부부를 침례교 선교사로 임명하면서 그들이 원하는 아무 곳에서나 사역을 할 수 있는 자유를 허락했다. 그러나 인도 정부는 그들에게 미국으로 돌아갈 것을 명령했다. 그들은 할 수 없이 선교지를 옮기기로 마음먹고 인도를 떠나 버마(현 미얀마)의 항구도시인 라군에 정착했다. 그들은 버마어를 배우며 선교사역을 시작했으나 하나님이나 천국이나 영생이라는 단어가 없는 버마어 때문에 복음을 전하는 데 어려움을 겪자 성서를 버마어로 번역하는 작업을 진행했다. 제일 먼저 번역한 것은 요나서인데 버마 사람들의 마음에 가장 끌리는 이야기였다. 앤 저드슨은 버마 의상을 입고 복음을 전하면서 특별히 버마 여성들을 위한 사역에 나섰다. 그녀는 선교사역을 알리는 글을 써서 소녀의 조혼, 여아 살해, 여성 인권 침해 등 버마 여성들이 겪는 고난을 알리고 그들의 권리와 복지를 위한 사업을 펼쳤다. 그러나 건강 악화로 인해 13년간의 버마 선교를 마감하며 37세의 젊은 나이로 하나님의 부르심을 받았다. 앤 저드슨에 대한 전기들이 쓰였고 많은 젊은 여성들이 그녀의 이야기에 감동을 받아 선교사의 길을 택했다.

대각성운동에 참여한 여성들 중에는 특별한 하나님의 소명을 받고 말씀으로 복음 전파에 나선 사역자들이 있었는데 침례교와 감리교 여성들이 많았다. 자유의지침례교회(Freewill Baptist Church)의 메리 새비지

---

36 Deen, *Great Women of the Christian Faith*, 171.

(Mary Savage)는 뉴더램(New Durham) 지역에서 교회가 없는 곳을 찾아다니며 설교하면서 부흥운동의 열기를 전했다. 1810년대의 "선풍적인 설교자"[37]라고 불렸던 클러리사 댄포스(Clarissa Danforth)는 버몬트와 로드아일랜드 지역의 교회를 순방하면서 설교를 하여 많은 개종자가 나오게 했다. 여성의 설교가 공적으로 허락되지 않던 시대였지만 여성 설교자들은 하나님의 부르심에 의한 것이라고 주장했다. 아프리카감리교성공회(African Methodist Episcopal Church)의 제레나 리(Jerena Lee, 1783-1864)는 복음을 전하라는 하나님의 소명을 받았다고 증언한다.

> 내가 성화된 지 4, 5년쯤 되었을 때에 어떤 인상적인 적막이 나를 엄습했다. 누군가 나에게 말을 하려는 것 같아서 멈춰 섰지만 내 마음에는 그런 생각이 없었다. 그런데 놀랍게도 목소리가 나는 것 같았다. 나는 그것을 또렷하게 들었고 분명히 이해했는데, 나에게 "가서 복음을 설교하라!"고 말하는 것이었다. 나는 즉시 큰 소리로 대답했다. "아무도 나를 믿지 않을 것입니다." 그러자 같은 목소리로 말하는 것이 들렸는데, "복음을 설교하라. 내가 너의 입에 말씀을 넣어주고, 너의 적이 친구가 되게 해주겠다"는 것이었다.[38]

제레나 리가 이 일을 교단의 설립자인 리처드 알렌(Richard Allen) 목사에게 의논하자 그는 아직 여성 설교자를 세울 준비가 되어 있지 않다는 대답을 했다. 더욱이 그녀는 여성이요 흑인이었다. 그러자 그녀는 "그리스도가 남자를 위해 죽으셨기 때문에 남자가 설교할 수 있다면 그리스도가 또한 여자를 위해서도 죽으셨는데 왜 여자는 설교를 할 수 없

37 Tucker and Liefeld, *Daughters of the Church*, 259.

38 Ruether and Keller, *Women and Religion in America*, vol. 1, 212.

는가? 그분은 절반이 아닌 모두의 구세주가 아닌가?"라고 물었다. 제레나 리는 반대와 훼방에도 불구하고 순회 설교자가 되었으며 수천 마일을 걸어 다니면서 복음을 전했다. 여성의 설교에 대한 반대 의견이 있을 때마다 "부활하신 구세주에 대해서 처음으로 설교한 사람이 막달라 마라아가 아니었는가?"라고 되물으며 의지를 굽히지 않았다. 그녀는 아프리카감리교성공회에서 최초로 여성의 설교를 인정받은 아프리카계 미국인이 되었으며, 또한 자신의 종교적 체험과 사역을 내용으로 하는 자서전을 간행해서 많은 사람들을 성결한 삶의 길로 인도했다.

신흥종파의 등장

개신교는 루터교, 개혁교, 장로교, 침례교, 감리교 등 여러 종파로 분리되었으며 로마가톨릭교회와 같은 중앙집권적 위계질서를 갖추고 있지 않았다. 자연히 다양한 종류의 종파들이 나타났으며 여성이 창시자나 교주로서 지도적 역할을 하는 경우도 있었다. 이런 종파에서는 여성에 대한 남성 성직자들의 견제와 압력이 없었기 때문에 여성이 설교자나 성직자가 되는 경우가 많았다.

18세기 중반 영국에서는 '흔드는 퀘이커들(Shaking Quakers)'이라고 불리는 집단이 있었다. 이들은 퀘이커교도들로부터 분리된 사람들로서 천년왕국설을 신봉하면서 그리스도의 임박한 재림을 기대했고, 예배 시에 몸을 흔들고 춤을 추었다. 대중은 이 집단을 조롱했으며 안식일에 소란을 떤다고 감옥에 갇히기도 했다. 앤 리(Mother Ann Lee, 1736-1784)는 이 집단의 일원으로서 소요죄로 감옥에 갇혀 있던 중 자신이 그리스도와 연합하는 환시를 보았는데 그녀는 이것을 세상에서 그리스도의 사역을 완성시키라는 사명을 받은 것으로 이해했다. 그녀는 사람이 죄로부터 풀려나기 위해서는 죄의 고백과 독신생활을 해야 하며 엄격한 수련을 통해 거듭남으로써 새로운 영적생활을 할 수 있다고 가르쳤다. 앤은 자신이 오랫동안 기다리던 재림이 체현된 것이라고 하면서 그리스도의 초림은 남자로 이루어졌지만 재림은 바로 자신 앤 리의 여성의 몸으로 온다고 주장했다.

1772년 앤 리의 환시와 놀라운 주장을 따르는 사람들이 생겼고 그녀는 집단의 권위 있는 지도자로서 '어머니 앤(Mother Ann)'이라고 불렸고 이 집단은 쉐이커파(Shakers)가 되었다. 추종자들은 앤 리를 위대하고 신성한 영을 지닌 분이라고 생각했으며 그녀의 말씀은 곧 그리스도의 말씀이라고 여겨졌고, '말씀이신 앤(Ann the Word)'이라고 부르게 되었다. 앤 리는 자식 넷을 모두 어려서 잃고 나서 그것이 성욕에 대한 하나님의 심판이라고 생각했고 성생활은 악의 근원이기 때문에 독신생활을 통해서 구원에 이를 수 있다고 가르쳤다. 앤과 여덟 명의 추종자들은 1774년 미국으로 이주해서 뉴욕 알바니(Albany) 근처에 정착했다. 쉐이커 공동체는 독신생활, 평화주의, 공동체 생활, 근면, 정숙, 인종과 젠더 평등 그리고 표현적인 예배로 알려져 있다. 앤 리는 개종자들에게 독신생활을 통해 완성을 추구할 것과 쉐이커 공동체를 위해 세상을 버릴 것을 요구했다. 쉐이커 공동체는 19세기에 오랫동안 진행되어왔던 공산사회의 실험들 중 하나였다. 앤 리의 추종자들은 그녀에게서 그리스도의 재림이 이루어졌으며 어머니 앤은 새 창조의 어머니로서 그들과 영적으로 함께한다고 믿는다. 그녀가 죽은 후 쉐이커라는 명칭은 '그리스도의 두 번째 출현을 믿는 신도들의 연합회(The United Society of Believers in Christ's Second Appearing)'로 바뀌었다.

크리스천 사이언스(Christian Science)의 창시자인 메리 베이커 에디(Mary Baker Eddy, 1821-1910)는 엄격한 칼뱅주의 가정에서 자랐다. 그녀는 지병인 척추쇠약증으로 7년간 투병생활을 하던 중 약을 쓰지 않고 심리치료요법으로 병을 치료할 수 있다는 큐임바이(Phineas P. Quimby)의 추종자가 되었으나 스스로 독자적인 치유방법을 개발했다고 주장하며 '영적 과학 질병치료'라는 공개강좌를 열었다. 이것은 최면술과 안수에 의한 치료방법으로서 훗날 크리스천 사이언스의 『과학과 건강 *Science and Health*』(1875)의 원리가 되었다. 메리 베이커 에디는 이 책이 성서와 마찬가지로 하나님의 영감을 받아 기록한 것이라고 주장하지만 사실 이것은 그녀의 의사였던 큐임바이의 처방술인 '그리스도의 과학'이라는 임상일지를 모방한 것이었다. 그녀는 후에 자신의 교리 체제를 '크리스천 사이언스'라고 명명하고 보스톤에서 '과학자 그리스도의 교회(Church of Christ, Scientist, 1879)'를 창립했으며 이어서 매사추세츠 형이상학 대학(Massachusetts Metaphysical College, 1881)과 언론사 크리스천 사이언스 모니터(Christian Science Monitor, 1908)를 설립했다.

크리스천 사이언스에서는 제2의 성서라고 부르는 『과학과 건강』에 더 큰 권위를 부여하는데 그 내용은 신유은사 또는 정신적인 치료요법으로 모든 병을 고친다는 것이다. 이원론적 세계관을 바탕으로 물질을 실체가 아닌 허상으로 보며, 인간을 궁극적으로 물질이 아닌 정신적 존재로 인식하여 인간의 육체를 부인한다. 질병도 실체가 아니라 일종의 정신적인 망상이요 환상이며 죽음에 대한 공포이다. 그리스도가 크리스천 사이언스의 치료방법을 사용했다고 주장한다. "그리스도는 크리스천 사이언스를 통해서 질병과 죄를 치료하기 위해 내려온 이상적 진리이다." 예수를 인간, 그리스도를 신적 개념으로 보면서 둘을 별개의 존재로 간주하여 성육신을 인정하지 않고 예수 그리스도의 고난과 죽음을 통한 대속의 교리를 부정한다. 또한 구원이란 생명과 진리와 사랑이 가장 궁극적인 것으로 이해되고 증거되는 상태이며 죄와 질병과 죽음이 필연적으로 소멸된 상태라고 이해한다. 크리스천 사이언스는 일종의 유사 의료종교운동(quasi-medicoreligious movement)으로서 전 세계로 확산되었다.

시한부 종말론을 주장하는 종파로서 재림파(Adventists)가 있는데 미국의 침례교인이었던 윌리엄 밀러(William Miller)가 1843년에 그리스도의 재림과 함께 세계의 종말이 온다고 주장하면서 시작했다. 그러나 예언이 빗나가자 다시 1844년 10월 22일을 그리스도 재림일로 예언하여 12만 명의 재림교인들이 뉴욕 주에서 기다렸으나 이루어지지 않았다. 그 후 밀러의 신봉자였던 히람 에드슨(Hiram Edson)은 1844년은 그리스도 재림의 해가 아니라 예수께서 하늘의 성소에서 지성소로 들어가시는 해라고 변명했다. 그 뒤를 계승한 요셉 베이츠(Joseph Bates)는 재림교인들은 십계명 제4계명을 지켜서 제칠일 안식일을 지켜야 한다고 주장하면서 교황은 안식일을 첫째 날로 변경한 장본인으로서 요한계시록에 나오는 짐승과 같다고 가르쳤다. 그리고 안식일은 요한계시록 7장 2절에 나오는 하나님의 날이라고 해석했다. 안식교의 창시자인 엘렌 화이트(Ellen G. White, 1827-1915)는 1844년 재림교인들이 예수님의 인도를 받아 하나님의 도성으로 여행하는 환상을 보았다고 주장했다. 그녀는 성령의 인도를 받는 여선지자로 여겨져 재림파의 지도자가 되었고 23년 동안 약 200번 이상의 환상을 보았다고 한다. 그녀는 또한 1847년 자신이 성소를 거쳐 지성소로 들어가서 법궤와 10계명을 보는 환상을 보았고 그곳에서 제4계명이 광채를 내고 있었다고 주장하면서 안식일을 고정시켰다. 엘렌 화이트를 따르는 재림파는 1860년 '제칠일안식일 예수재림교회(Seventh-day Adventist Church)'라는 명칭을 채택했다.

성결운동

제2차 대각성운동의 말기에 일어난 성결운동(Holiness Movement)은 웨슬리 전통을 배경으로 하는 부흥운동이다. 성결운동은 그리스도인의 성결과 완성을 촉구하면서 성화는 은총의 두 번째 역사(또는 두 번째 축복)로서 거듭남을 통해 죄 씻김을 받고 구원을 얻는 것이라고 강조했다. 성결운동의 어머니라고 불리는 푀비 팔머(Phoebe Palmer, 1807-1874)는 19세기의 감리교에서 가장 영향력 있는 여성이었다.[39] 그녀는 1837년 온전한 성화(entire sanctification)를 체험하고 뉴욕에서 매주 열리는 "성결 증진을 위한 화요집회(Tuesday Meeting for the Promotion of Holiness)"를 약 20년간 이끌었다. 처음에는 여성들만의 모임이었으나 점차 남성들과 감리교회, 나사렛교회, 구세군의 성직자들도 참여했고 이와 같은 성결모임이 전국적으로 일어났다. 팔머는 또한 『성결의 안내 *Guide to Holiness*』라는 책자를 발간하여 수만 명의 독자들을 성결의 길로 인도했다.

성결운동의 목표는 성서적 그리스도인이 되는 것이다. "성결은 어떤 소종파의 독특한 교리가 아니라 성서의 독특한 교리라고 생각해야 한다."[40] 팔머는 성결을 다음과 같이 정의한다. "복음적 성결이란 영혼과 육체가 구세주의 한없는 공로 안에서 믿음을 통해 죄 값을 치른 능력으로 하나님께 끊임없이 산제사를 드릴 때 신자가 이루게 되는 상태이다…. 성결은 죄로부터의 구원이며 모든 악한 것으로부터 벗어나는 것

39 Tucker and Liefeld, *Daughters of the Church*, 261. 박명수, "성령, 성결, 여성: 푀비 팔머(Mrs. Phoebe Palmer)의 사역과 신학", 39. "19세기의 미국교회사 가운데 팔머 부인보다 더 큰 영향력을 행사한 여인은 없다."

40 Phoebe Palmer, "Entire Devotion to God," Oden, *In Her Words*, 283.

을 의미한다."[41] 성결운동은 감옥과 빈민촌 선교로 이어져 사회복지사업의 효시가 되기도 했다. 또한 성결운동은 여성의 활동과 역할을 증대시켰는데, "말세에 내가 내 영을 모든 육체에 부어 주리니 너희의 자녀들은 예언할 것이요 너희의 젊은이들은 환상을 보고 너희의 늙은이들은 꿈을 꾸리라. 그때에 내가 내 영을 내 남종과 여종들에게 부어 주리니 그들이 예언할 것이요"(사도행전 2:17-18; 요엘 2:28-29)라는 성서의 말씀을 근거로 하나님께서는 남성뿐만 아니라 여성에게도 성령을 주실 것이며 남녀 모두 기도하고 예언하고 설교할 것이라고 주장했다.

팔머는 일생 동안 약 2만 5천 명의 사람을 회심시키고 성결을 체험하게 했다. 또한 많은 여선교사와 설교자들이 북미대륙과 유럽을 순회하면서 성결운동을 추진했다. 그녀의 영향을 받은 사람 중에는 교회의 목사들과 대학교수들이 있었으며, 구세군의 공동 창시자인 캐서린 부스는 팔머가 영국에서 순회집회를 인도할 때 여성의 설교에 대해서 논란이 일자 여성의 설교를 옹호하는 글을 썼으며 자신도 설교 사역을 시작했다. 19세기 후반에 일어난 여성기독교절제운동(Woman's Christian Temperance Movement)의 지도자로서 성결의 가르침과 사회개혁을 결합시킨 프랜시스 윌라드(Frances Willard)도 팔머의 집회에서 큰 은혜를 받았다. 흑인여성으로서 최초로 미국 감리교 설교자가 된 아만다 스미스는 팔머의 집회에서 성결의 은혜를 체험하고 전도자가 되어 영국, 인도, 아프리카 등지에서 성결의 메시지를 전했다.[42]

"팔머 부인의… 성결운동은 성령운동이자 동시에 여성운동"[43]이라고 할 수 있다. 그녀는 『아버지의 약속*Promise of the Father*』이라는 책을 써

---

41 Ibid., 285.

42 박명수, "성령, 성결, 여성", 50-51.

43 Ibid., 47.

서 여성이 설교할 수 있는 근거를 성서와 기독교 역사에서 찾았다. 팔머의 주장은, 여성의 발언을 금지하는 고린도전서 14장 34절의 말씀은 일반적인 것이 아니라 당시 고린도 교회 지도자들의 권위를 흔드는 일부 여자들이 있었기 때문에 그것을 겨냥한 것이며, 디모데전서 2장 12절의 말씀은 교회에서 남자의 권위를 혼란시키는 것을 금지하는 것이지 설교 자체를 금지하는 것은 아니라는 것이다. 그녀는 성령이 임하면 남종과 여종이 다 같이 예언할 것이라는 사도행전의 말씀이 단지 미래의 일을 말하는 것이 아니라 설교하는 것을 의미하는 것이라고 해석한다. 그녀는 교회사에서 수잔나 웨슬리, 메리 플렛처, 메리 태프트, 사라 보이스, 사라 크로스비, 사라 로렌스 등의 여성들을 예로 들면서 여성 사역의 정당성을 주장했다.[44] 하나님께서는 특별한 상황에서 필요에 따라 여성을 택하여 세우시고 권위와 지혜와 은총을 주신다는 것이다. 팔머의 여성 설교권 주장은 그리스도의 복음을 전하기 위한 선교운동이며 또한 여성의 권리를 주장하는 여성운동이었다고 할 수 있다.

흑인노예 출신이었던 아만다 스미스(Amanda Smith, 1837-1915)는 아프리카감리교성공회 교인으로서 성결운동에 참여했다. 기도생활을 열심히 했던 그녀는 아름다운 목소리와 감동적인 설교로 알려지기 시작했다. 아만다는 여성주의자도 아니요 여성의 안수를 위한 운동가도 아니었지만 자신이 설교하는 사명은 하나님으로부터 직접 받은 것이라고 자서전[45]에서 말한다. 그녀는 내슈빌(Nashville)에서 개최된 제1회 아프리카감리교성공회 총회에 참석했으나 여성은 대의원이 될 수 없었기 때문

44 Ibid., 52-53.

45 1893년 출판된 아만다 스미스 자서전의 제목은 그녀의 소명의식을 잘 나타내고 있다. *An Autobiography, The Story of the Lord's Dealing with Mrs. Amanda Smith, the Colored Evangelist Containing an Account of Her Life Work of Faith, and Her Travels in America, England, Irland, Scotland, India, and Africa, as an Independent Missionary*.

에 의혹의 눈초리를 받았다. 그녀는 자신이 겪은 일을 다음과 같이 회고한다.

> 나는 여성 안수 문제를 제기하기 위해 참석한 것이 아닌가 하는 비판적 의혹의 눈초리를 받았다. 작은 그룹들이 모여서 이야기하는 것을 들을 수 있었다. "저 여자 누구입니까?" 대답은 "여자 설교자예요"였다…. 안수에 대한 생각은 내 마음에 한 번도 떠오른 적이 없었다. 왜냐하면 나의 안수는 하나님으로부터 받은 것이기 때문이다. 그분은 "네가 나를 택한 것이 아니라 내가 너를 택해서 임명했으니 가서 열매를 맺어라"라고 말씀하셨다.[46]

아만다는 영국에서 2년간의 생활을 거쳐 아프리카에서 8년 동안 선교활동을 했으며 이어서 인도에서도 복음을 전했다. 그녀는 두 명의 아프리카 소년을 입양했으며 1899년에는 시카고 근처에 아만다 스미스 고아원과 유기되고 빈곤한 유색인종 어린이들을 위한 직업훈련소를 설립했다. 그녀는 흑인여성 설교자로서 후대에 귀감이 되는 선구자적 역할을 했으며 '흑단(黑檀)에 새겨진 하나님의 형상'이라는 명성을 얻었다.

구세군

윌리엄 부스(William Booth)와 함께 구세군을 창설한 그의 부인 캐서린 부스(Catherine Booth, 1829-1890)는 사회구제 사업과 함께 여권신장 운동에도 적극적이었다. 그녀는 『여성 목회*Female Ministry*』라는 잡지를 발간했고, 여자도 은총을 받고 성령의 인도를 받아서 설교할 수 있다고

---

46 Tucker and Liefeld, *Daughters of the Church*, 270-271.

주장했다.

만일 여성이 필요한 은사를 지니고 있고 자신이 설교를 하라는 성령의 부르심을 받았다고 느낀다면 하나님의 책 어디를 보아도 그녀를 제지하라는 말은 한마디도 없으며 오히려 그녀에게 권고하고 격려하라는 말은 아주 많이 있다…. 오, 교회의 목회자들은 이 주제에 대한 사회의 일반적인 통념이 그릇되지 않은지, 그리고 여성이 지금 지니고 있는 은사와 재능을 묻어버리도록 종용해야 하는지를 알아내기 위해서 하나님 말씀의 원본 기록을 뒤지고 있다.[47]

그러나 교회에서 권세가 있다고 여겨지는 사람들 측에서 여성의 목회에 대해 제기하는 모든 반대에도 불구하고 전 시대에 걸쳐 성령이 강하게 역사하신 여성들이 있었는데 그녀들은 명예와 가장 소중한 모든 것을 버리고 예수에 대한 증인으로 또한 그의 복음의 사자로 나설 수밖에 없었다. 대체로 이 여성들은 주의 백성 중에서 가장 헌신적이고 자기를 부정하는 사람들이었다. 그들은 하나님의 영의 인도를 받아 순결하고 아름다운 삶으로 부인할 수 없는 증거를 남겼다. 자, 만일 하나님의 말씀이 여성의 목회를 금지하고 있다면 어떻게 그렇게 많은 가장 헌신적인 주의 여종들이 성령의 명을 받아 그것을 행하고 있는지 물어야 하지 않을까? 분명히 어디엔가 잘못이 있을 것이다. 왜냐하면 말씀과 영은 서로 상충되지 않기 때문이다.[48]

감리교 목회자의 아내인 캐서린은 주일예배에서 남편 윌리엄이 설교

47 Catherine Booth, *Female Ministry*, 14.

48 MacHaffie, *Readings in Her Story*, 145.

를 마친 후 갑자기 등단하여 말씀을 전했다. 그 후 윌리엄이 병환으로 설교가 힘들게 되자 캐서린에게 설교의 기회가 활짝 열렸다. 그들은 독자적인 활동을 하기 위해서 감리교와의 관계를 끊고 1865년 '기독교 선교(Christian Mission)'라는 명칭으로 주로 서민층과 빈민층을 상대로 노방전도를 하면서 선교와 교육, 자선 및 사회사업을 펼쳤다. 이후 1878년 세상을 구원하는 군대라는 의미로 구세군이라고 개칭하고 군대식 조직을 갖추었다. 구세군은 출발 때부터 여성의 사역에 치중했다. 예를 들면, 1878년에 14영문(營門)이 조직되었고 91사관이 있었는데 이중 41명의 사관이 여성이었다. 전도활동에 나서는 사역자들 중에는 '할렐루야 아가씨(Hallelujah lassie)'라고 불리는 10대의 소녀들도 있었다. 런던의 한 기자는 이 소녀들의 사역에 관한 기사를 실었다.

> 나는 놀랐다. 두 연약한 소녀들을 보았는데, 한 사람은 거의 글을 쓸 줄도 모르고 또 한 사람은 아직 19세가 되지 않았다. 그들은 길거리에서 모집한 사람들을 상대로 사역을 하고 있었고, 사람들이 거부감을 나타내는 와중에서도 투쟁적 교회를 적극적으로 세우고 있었다…. 그런데 6개월 안에… 한 영문 또는 교회에 거의 200명의 교인들이 모였다.[49]

구세군은 인도주의적 사업을 함에도 불구하고 초기부터 많은 반대에 부딪혔으며 공격을 당해서 사망자가 나오기도 했다. 하지만 사역자들은 용감한 군인처럼 물러서지 않았으며 활동영역을 넓혀나갔다. 1880년에는 미국 선교를 계획하고 '빛나는 7인(Splendid Seven)'이라고 명명한 여성 전도자들을 보냈다. '구세군의 어머니'라고 불리는 캐서린 부스는 당

49 Tucker and Liefeld, *Daughters of the Church*, 266.

시 영국에서 가장 많이 알려지고 또한 가장 많은 영적 결실을 맺은 여성이었다.

성녀와 천사

19세기 후반 서로 다른 분야에서 두각을 나타낸 두 기독교 여성이 있었는데 한 사람은 프랑스 태생의 가톨릭 수녀로서 24년의 짧은 생을 살았지만 성녀와 박사의 칭호를 받았으며, 또 한 사람은 영국 태생의 성공회 교인으로서 90세로 타계할 때까지 오랜 세월 동안 봉사의 삶을 살면서 백의의 천사라고 불린 사람이었다.

리지외의 성 테레즈(St. Thése de Lisieux, 1873-1897)는 15세에 온 생애를 하나님께 바치기 위해 카르멜 수녀원에 들어가서 '어린이 예수와 거룩한 얼굴의 테레즈 수녀(Sister Thérèse of the Child Jesus and the Holy Face)'라는 이름을 받았다. 그녀는 단순한 기도의 생활을 하면서 하나님과 가까워지는 은사를 받았다. 질병에 시달리고 의혹과 공포의 어두운 밤이 그녀를 괴롭혔지만 테레즈는 하나님의 자비로운 사랑에 근거를 둔 신실함을 결코 잃지 않았다. 그녀가 결핵과의 투쟁 끝에 숨을 거두기 전에 한 마지막 말은 "나의 하나님, 당신을 사랑합니다!"였고 이것은 그녀의 삶을 그대로 나타내는 말이었다. 테레즈의 숭고한 삶은 자서전 『한 영혼의 이야기*Story of a Soul*』를 통해서 널리 알려지게 되었다. 그녀는 하루하루가 하나님의 사랑 안에 있는 소중한 날이라는 확신을 가지고 살았으며 "삶에서 중요한 것은 위대한 행위가 아니라 위대한 사랑이다"라고 믿었다. 우리는 어린아이와 같은 순진함과 사랑의 마음으로 모든 사람과 모든 것을 대해야 한다는 것이다.

예수께서 요구하는 모든 것은 우리에게서 온다는 것을 알아야 한다. 그분은 우리의 행위가 아니라 오직 우리의 사랑을 필요로 한다. 왜냐하면 우리에게 배고프다고 말할 필요가 없다고 선포하시는 하나님이 아무런 거리낌 없이 사마리아 여인에게 물을 조금만 달라고 요청했기 때문이다. 그분은 목이 마르셨다. 그러나 그분이 "마실 것을 달라"고 했을 때 우주의 창조주가 구하는 것은 초라한 피조물의 사랑이었다. 그분은 사랑에 목마르셨다. 아! 나는 이전의 어느 때보다 그것을 더 느낀다. 예수님은 목이 마르셨다. 왜냐하면 그분은 세상의 제자들이나 자신의 제자들 중에서 은혜를 모르고 냉담한 사람들만 만나셨기 때문이다. 아, 그분은 아낌없이 바치는 마음이나 그분의 한없는 사랑의 진정한 애정을 이해하는 마음을 별로 찾지 못했다.[50]

테레즈는 순수한 영성과 깊은 통찰력을 가지고 비범한 사랑으로 평범한 행동을 하는 삶을 추구했다.[51] 그녀는 자신을 하나님의 정원에 있는 많은 꽃들 중 하나로서 하나님에게 영광을 드리는 '예수의 작은 꽃(little flower of Jesus)'이라고 생각했고 후대 사람들로부터 '작은 꽃(小花)'이라고 불리기도 했다. 테레즈는 자신의 사명이 모든 사람들로 하여금 하나님을 사랑하게 하는 것이라고 생각했으며 자신이 죽은 후에도 장미꽃을 하늘에서 땅 위로 비처럼 내려주며 그 일을 할 것이라고 말했다.

---

50 Thérèse of Lisieux, "Story of a Soul," Bro, *Saint Thérèse of Lisieux*, 92.

51 Joann Wolski Conn, "Thérèse of Lisieux from a Feminist Perspective," Conn, *Women's Spirituality*, 317-325는 테레즈가 사람들이 흔히 생각하는 "단순하고, 묻지 않고, 경건하고, 감상적이고, 어린아이 같은 여성," 즉 "작은 꽃"과 같은 여성과는 전혀 다르다고 평가한다(317). 그녀는 카르멜 수녀회가 추구하는 것과는 전혀 다른 영성을 독자적으로 수립했으며, "전통적인 역할을 넘어서는 성장과 자율적이고 성숙한 인격을 추구하는 여성주의적 관심"을 지닌 "독자적이고, 근원적으로 생각하고, 하나님에 대한 자유로운 사랑의 관계 속에서 진정한 자아를 나타낼 수 있었던 강하고, 독창적이며, 원숙한 젊은 여성"(324)이라고 결론짓는다.

그래서 장미꽃이 그녀를 나타내는 상징으로 여겨졌다. 많은 사람들이 테레즈에게 감화를 받고 그녀가 걸은 '작은 길(little way)'을 따랐으며 당대의 가장 위대한 성자로 추앙을 받았다. 1925년 테레즈는 교황 비오 11세에 의해 시성되었으며, 그녀가 하나님의 부르심을 받은 지 100년째 되는 해인 1997년에 교황 요한 바오로 2세는 그녀를 '교회의 박사'로 선포했다. 성 테레즈 수녀는 로마가톨릭교회 역사상 가장 나이어린 박사(*Doctor Amoris*: Doctor of Love)가 되었으며 여성으로서는 시에나의 카타리나와 아빌라의 테레사에 이어 세 번째이다.

1820년 이탈리아를 여행 중이던 영국인 나이팅게일 부부는 피렌체에서 둘째딸을 낳았는데 피렌체의 영어 지명인 플로렌스를 이름으로 지어주었고, 여자도 교육을 받아야 한다고 생각하고 그녀에게 이탈리아어, 그리스어, 라틴어를 비롯하여 철학과 역사, 그리고 작문과 수학까지 가르쳤다. 플로렌스 나이팅게일(Florence Nightingale, 1820-1910)은 17세 때 가난하고 병든 사람들을 돌보는 일에 평생을 바치겠다고 선언하면서 하나님으로부터 간호사가 되라는 소명을 받았다고 천명했다. 그녀가 명성을 얻게 된 것은 크림전쟁(Crimean War)에 참전한 영국군 야전병원에서였다. 그녀는 헌신적인 활동으로 '등불을 든 여인(The Lady with the Lamp)'이라는 별명을 얻었고, 불굴의 의지와 탁월한 행정력으로 열악한 야전병원의 환경과 의료체계를 획기적으로 개선했다. 나이팅게일은 1859년 '나이팅게일 간호학교'를 설립했고 간호학의 고전으로 꼽히는 『간호론』을 발간했다. 1869년에는 영국 최초의 여의사인 엘리자베스 블랙웰(Elizabeth Blackwell)과 함께 여성의과대학을 설립했다.

나이팅게일은 당시 가사일과 자녀양육을 여성의 주된 역할로 보는 시대의 풍조를 거슬러서 여성의 활동영역을 넓히고 사회적 위상을 높여서 메리 울스톤크래프트와 버지니아 울프를 연결하는 영국 여성주의자로 평가되기도 한다. 그녀는 또한 종파나 종교가 다르다고 억압하거나 차별하는 것에 대해서 단호하게 반대했다. 그리고 종교는 사람들에게 선한 일을 하려는 의지를 불어넣어야 하며 간호사는 신앙을 바탕으로 환자를 돌보아야 한다고 믿었다. 그녀의 정신을 이어받은 간호사는 '백의의 천사'라고 불리며 봉사와 헌신의 삶을 산다. 의사에게 히포크라테스 선서가 있다면 간호사에게는 "나는 일생을 의롭게 살며 전문 간호직에 최선을 다할 것을 하나님과 여러분 앞에 선서합니다"라는 나이팅게일 선서가 있다. 나이팅게일의 생일인 5월 12일은 매년 '세계 간호사의 날'로 기념되고 있다.

절제운동

1834년 미국에서 시작된 절제운동은 기독교 신앙에 바탕을 둔 금주운동으로서 수많은 단체가 결성되었다. 그러나 지도자는 모두 남성이었고 여성에게는 뒤에서 지원하는 역할만 주어졌다. 1853년 뉴욕에서 세계절제대회가 개최되었을 때 앙투아네트 브라운(Antoinette Brown)은 대의원으로 참석하고 있었다. 그러나 그녀가 발언대에 오르려 하자 소동이 일어났다. 여성에게는 발언권이 없다는 것이었다. 그녀는 강단에서서 3시간이나 기다렸으나 결국 발언을 하지 못하고 자리로 돌아왔다. 이 사건을 계기로 여성들만의 단체가 결성되어 여성 대표가 선출되고 여성은 공식석상에서 발언할 수 있게 되었다. 가장 널리 알려진 단체는 여성기독교절제연합(Woman's Christian Temperance Union)으로서 19세기에 가장 큰 여성단체였다. 노스웨스턴여자대학의 초대학장을 지냈으며 약 20년 동안 절제운동을 이끈 프란시스 윌라드(Frances Willard, 1839-1898)는 미국 사회의 알코올중독과 가정 파괴 현상을 심각한 문제로 여겼다. 그녀는 개인의 죄악은 불의한 사회 제도로부터 비롯된다고 주장하면서 여성들의 절제운동을 통해서 사회를 개혁하고 나아가서 법률의 제정, 교회 직제의 개선, 여성의 전문직 진출을 추진했다. 윌라드는 저서 『여성과 절제*Woman and Temperance*』에서 이 단체의 기본 목표를 다음과 같이 제시한다.

> 최종분석에서 볼 때 삶의 모든 부분에 그리스도가 오시도록 미리 준비하는 것이 여성기독교절제연합(W.C.T.U.)의 의도요 목표이다. 왜냐하면 신약성서의 신앙을 박애정신과 연결시키고 교회를 문명과 연결시키는 것이 현안의 회의주의에 대해서 유일하고 효과적인 해결책을 제공하는 영구적인 기적이기 때문이다…. 그리스도는 충만한 구원의 능력으로 음주자의 마음에 들어가고, 다음으로 두 마음이 연합해서 한 가정을 이루는 더 넓은 범위 안으로 들어간다. 그리스도는 그녀의 영역에 당신의 왕국을 나타냄으로써 남편과 동등한 위치로 올리고, 온유한 동반자인 남편은 그녀의 왕이요 주님이신 분의 충성스러운 신하가 됨으로써 그녀를 행복하게 한다. "그리스도 예수 안에서는 남자와 여자의 구별이 없다." 이것이 "어려운 일을 손쉽게 이룰 수 있는 방법(open sesame)"이요, 모든 관습과 전통에 전적으로 반대한다는 선언이다. 그러나 빛이 계속해서 비추이면 남자의 마음은 부드럽게 바뀌고, 말다툼이나 주도권 분쟁 없이… 어느 가정이나 그리스도의 가정이 되고 남편과 아내는 존엄성과 권리에 있어서 동등한 사람이 된다…. 그러나 그리스도의 복음에서 비롯되었고 그분의 제단에 요람을 둔 오늘날의 절제운동은 영향력 있는 더욱 큰 영역을 빠르게 채우고 있다. 이 세상에서 가장 넓은 행복과 불행의 영역이 있는데 그것은 정부이다…. 이 땅에 하나님 나라가 임하고 하나님의 뜻이 이루어질 것이다." 그리스도가 통치하실 것인데 가시적이 아니라 불가시적으로, 형식적이 아니

라 실질적으로, 실체적으로가 아니라 본질적으로 이루어지는 그날이 가까이 왔다![52]

절제운동은 미국 여성들이 처음으로 단체운동을 벌인 계기가 되었다. 윌라드는 남성과 동등한 권리를 가지고 교회와 사회에서 활동을 하는 여성이 진정한 여성이라고 역설하면서 여성참정권운동을 지지했다. 당시 여성들에게는 참정권이 없어서 술로 인해 가정이 파괴되어도 제도적으로 막을 방법이 없었다. 이에 여성들은 가정보호를 위한 주류유통 불법화를 주장하며 참정권운동을 시작했다. 절제운동에는 20여만 명의 회원이 가입해서 미국뿐만 아니라 세계에서 가장 큰 여성단체가 되었다. 프란시스 윌라드는 개혁운동으로 19세기 미국 사회를 변화시키고 여성의 권리를 신장시키는 역할을 한 뛰어난 기독교 여성 지도자였다.

인권운동과 여성해방운동

"19세기는 여성의 세기이다"라는 빅터 휴고의 말대로 여성의 사회적 지위와 활동이 증대된 시대였다.[53] 자녀교육과 교회활동에서 여성이 차지하는 비중이 커졌으며 산업화의 진전으로 여성이 경제활동에 적극적으로 참여하게 되었고 따라서 여성의 발언권, 공직진출, 단체결성이 활발하게 이루어졌다. 1830-40년대에는 여성해방운동이 일어나 여성의 권리를 찾으려는 노력이 시작되었으며 이 운동은 노예제폐지운동과 연계되어 진행되었다.

52 Ruether and Keller, *Women and Religion in America*, vol. 1, 326-328.

53 Tucker and Liefeld, *Daughters of the Church*, 245.

아프리카계 미국인으로서 노예제폐지론자이며 여성인권운동가인 소저너 트루스(Sojourner Truth, 약 1797-1883)는 뉴욕 주의 흑인노예 출신이었다. 이사벨라 바움프리(Isabella Baumfree)라는 이름으로 노예의 딸로 태어난 그녀는 9세 때 경매에서 양 무리와 함께 100달러에 팔린 것을 시작으로 네 차례나 주인이 바뀌었다. 주인이 방면해주겠다고 약속하고도 지키지 않고 계속 혹사시키자 부당한 처사에 견디지 못한 이사벨라는 1826년 어린 딸을 데리고 자유를 찾아 탈출했고, 그다음 해인 1827년 뉴욕 주에서 노예제폐지 법안이 최종적으로 통과되었다. 그녀는 훗날 회고하기를 "나는 도망친 것이 아니다. 왜냐하면 그것은 사특한 일이라고 생각되었기 때문이다. 나는 옳은 일이라고 믿으면서 걸어 나왔다." 이사벨라는 데리고 나오지 못한 아들을 되찾기 위해서 재판을 신청했고 백인 남성을 상대로 벌인 소송에서 승소한 최초의 흑인 여성이 되었다.

이사벨라는 선교사 집에서 가정부 일을 하면서 종교적 체험을 하고 신실한 기독교인이 되었다. 1843년 그녀는 감리교인이 되었고 이름을 소저너 트루스로 바꿨는데 개명 이유를 이렇게 밝힌다. "성령이 나를 부르셔서 나는 가야만 한다." 그리고 본격적으로 노예제폐지운동의 길을 걷기 시작했으며 여성의 권리, 종교적 관용, 평화주의 운동뿐만 아니라 교도소 개혁과 사형제폐지 운동에도 적극적으로 참여했다. 트루스는 1850년 메사추세츠 우스터(Worcester)에서 개최된 제1회 전국여성인권대회에 참가했는데 유일한 흑인 여성이었다. 그녀가 널리 알려지게 된 것은 1851년 오하이오 주 아크론(Akron)에서 열린 오하이오 여성권리대회에서 행한 연설 때문이었다. 이 대회에는 여성들뿐만 아니라 여성의 권리를 인정하지 않으려는 남성들도 참가했다. 소저너 트루스가 나타나자 여성들은 달가워하지 않았으며 여성의 권리 주장이 노예제 폐지 주장과 뒤섞일 것을 우려해서 그녀에게 발언권을 주지 말 것을 요청했다. 그럼에도 불구하고 트루스가 자리에서 일어서자 여기저기에서 "그녀가 발언하지 못하게 하라"는 고함이 터져나왔고 의장이었던 프란시스 게이지(Frances D. Gage)는 좌중을 진정시키느라고 진땀을 흘려야 했다. 그녀는 읽고 쓸 줄을 몰랐고 사투리가 심했기 때문에 연설 내용은 나중에 게이지가 읽기 쉽도록 수정해서 기록한 것이다. "나는 여자가 아닌가요?(Ain't I a Woman?)"라는 제목의 연설에서 그녀는 모든 흑인뿐만 아니라 모든 여성을 위한 평등한 인권을 요구했다.

> 자 젊은이 여러분, 소란이 있는 곳에서는 의견을 모을 수 없습니다. 남부의 흑인들과 북부의 여자들이 모두 인권에 대해서 논의하고 있고 백인 남자들은 곧 곤경에 빠지게 될 것입니다. 그런데 여기에서 논의하는 것이 도대체 무엇입니까?
>
> 저쪽에 앉아계신 남자 분은 여자가 마차를 탈 때나 도랑을 건널 때 도움을 받아야 하고 또 어디에서나 가장 좋은 자리를 차지해야 한다고 말합니다. 그런데 내가 마차를 타거나 진흙구덩이를 건널 때는 도와주지 않았고 좋은 자리도 주지 않았습니다! 나는 여자가 아닌가요? 나를 보십시오! 내 팔을 보십시오! 내가 쟁기질을 하고 나무를 심고 곳간에 거둬들이는 일에 어느 남자도 나를 앞설 수 없었습니다. 나는 여자가 아닌가요? 나는 남자만큼 일할 수 있고 먹을 수 있을 뿐만 아니라 채찍질 당하는 것도 견딜 수 있습니다. 나는 여자가 아닌가요? 나는 열세 명의 아이를 낳았고 그들 대부분이 노예로 팔려가는 것을 보았습니다. 어머니의 죽음으로 슬피 울 때 다른 누구도 아닌 예수님이 내게 귀를 기울여주셨습니다. 내가 여자가 아닌가요?
>
> 그런데 사람들은 이런 일을 머리로 의논합니다. 이것을 뭐라고 부르지

요? [누구인가 지성이라고 속삭였다.] 바로 그것입니다. 여성의 권리나 흑인의 권리나 무슨 상관이 있습니까? 만일 내 컵에 한 파인트만 담을 수 있고 당신의 것에는 쿼트를 담을 수 있다면 내가 절반만큼이라도 채우지 못하게 할 정도로 인색하지는 않겠지요?

그런데 저쪽에 검은 옷을 입은 남자 분이 '그리스도는 여자가 아니었기 때문에' 여자가 남자만큼 권리를 가질 수 없다고 말합니다! 당신의 그리스도는 어디에서 왔습니까? 당신의 그리스도는 어디에서 왔습니까? 하나님과 여자에게서 왔습니다! 남자는 그리스도와 아무런 연관이 없습니다.

만일 하나님이 만드신 첫 번째 여자가 혼자서 이 세상을 아래위로 뒤집어 놓을 만큼 강했다면 이 여자들은 함께 그것을 되돌려놓을 수 있어야 하고 다시 바로 세워놓아야 할 것입니다! 지금 그것을 하겠다고 요구하고 있으니 남자들은 여자들을 내버려두는 것이 좋을 것입니다.

내 말을 들어주셔서 고맙습니다. 이제 이 늙은 소저너는 더 이상 할 말이 없습니다.[54]

남북전쟁이 일어나자 트루스는 북부 연방군을 위한 모병에도 나섰으며 링컨 대통령과 그랜트 대통령을 만나기도 했다. 많은 사람들이 트루스의 연설에 감동을 받고 그녀의 활동을 지원했는데 그중에는 루크레아 모트와 수잔 앤소니(Susan B. Anthony)와 같은 여권 운동가들이 있었다. 그녀는 '전 시대에 걸쳐 가장 중요한 미국인 100명'에 선정되기도 했다.

퀘이커교도인 사라 그림케(Sarah Grimké, 1792-1873)와 루크레티아 모트는 노예제폐지운동과 여성해방운동을 연계시킨 대표적인 여성들이다. 사라 그림케는 사우스캐롤라이나의 흑인노예가 많은 부유한 가정

---

54 Sojourner Truth, "Ain't I a Woman?," Schneir, *Feminism*, 94-95.

에서 태어났으며 29세 때 필라델피아로 거처를 옮겼고 2년 뒤 친우회에 가입하고 퀘이커교도가 되었다. 그녀는 13세 아래의 동생인 안젤리나 그림케(Angelina Grimké)의 인도로 노예제폐지운동에 참여하게 되었고 『남부 주의 성직자에게 보내는 서신*Epistle to the Clergy of the Southern States*』(1838)을 써서 인종차별의 실상을 알렸다. 그녀는 흑인 여성들을 친구와 동료로 삼아 함께 인권운동을 했다. 그림케 자매는 함께 웰드(Theodore Weld)의 『미국 노예제도의 실태*American Slavery as It Is*』(1839)의 편찬을 도왔는데 노예제도의 잔인성과 노예생활의 상태에 대해 강력한 증언을 했다.

사라 그림케는 또한 여성들이 지고 있는 짐, 특히 근로여성과 어린이의 낮은 임금을 개선하기 위해 노력했다. 그녀의 『성 평등과 여성의 처지에 대한 서신*Letters on the Equality of the Sexes and the Condition of Women*』(1838)은 이 주제에 대한 선구적인 글로서 여성이 처한 상황을 전 세계적으로 조사할 것을 제의했고 여성에 대한 동등한 교육과 법적 대우, 동등한 임금을 요구했다. 그녀는 여성의 처지가 흑인의 처지와 다를 것 없다고 호소했고 특히 노예여성이 당하는 착취를 고발했다. 그림케는 성서에 나오는 여성의 복종에 관한 기록은 당시의 가부장적 사회를 반영하는 것이며 하나님은 남자와 여자를 동등하게 창조하셨다고 강변했다. 그녀는 여성들에게 사회활동과 개혁운동에 적극적으로 참여할 것을 촉구했고, 남성들에게는 열등한 여성보다는 더욱 가치 있는 동등한 여성을 찾으라고 권했다. 그림케 자매는 1837년 노예제반대운동에 참석차 뉴잉글랜드에 가서 연설을 했고 실제로 노예를 부리던 사람의 생생한 증언이었기 때문에 많은 사람들의 호응과 지지를 얻었다. 그러자 매사추세츠 회중교회목회자협회(Congregational Ministerial Association of Massachusetts)는 성명을 내고 그림케 자매의 활동과 발언이 성서에 어긋나며 여성의 역할 범위를 넘어서는 것이라고 비판했고 사라 그림케는 성서, 특히 창세기를 근거로 신랄하게 반박했다.

> 남성과 여성은 동등하게 창조되었다. 그들은 모두 도덕적이고 책임적인 존재이며, 무엇이든지 남성이 행하는 일이 옳은 것이라면 여성이 행하는 일도 옳은 것이다…. 여성이 남성에게 의존한다는 가르침은 얼마나 끔찍하고 얼마나 비기독교적인가! 성서 전체에서 어디에 이런 가르침이 있는가? 아하!…. 남성에게 의존한다는 가르침은 성서의 가르침에 완전히 어긋나는 것이다. 나는 성서에서 여성이 부드럽다거나 남성이 엄격하다는 말을 본 적이 없다. 둘 다 똑같이 성령의 열매인 사랑과 온유와 자비 등의 결실을 맺으라는 명을 받는다. 그런데 우리는 "여성의 힘은 하나님이 그녀를 보호하기 위해서 주신 연약함을 인식함으로써 생기는 의존심에 있다"는 말을 듣는다. 만일 육체적 연약함을 의미하는 것이라면 기꺼이 우월함을 인정하겠고, 형제들이 내세우는 것이 난폭한 힘이라면 나는 그들이 원하는 자랑거리를 갖도록 기꺼이 동의하겠다. 그러나 만일 그들이 도덕적 취약성이 남성보다 여성에 속하는 것이라고 주장한다면 나는 그 말을 철저하게 무시할 것이다. 우리는 남성만큼 할 수 있는 마음의 능력을 상실하게 되었고, 그들이 우리의 역할을 멋대로 해석함으로써 도덕성에 손상을 입었다. 그러나 하나님이 도덕적이고 지성적인 존재인 우리를 구별한다고 말씀하신 곳은 어디에도 없다…. [목회자] 협회는 이렇게 말한다. "여성이 공공의 개혁자로서 남성의 신분과 어조를 취할 때 그녀에 대한 우리의 염려와 보호는 불필요하다. 우리는 그녀에 맞서서 자기방어를 할 것이고 그녀의 성격은 비정상적이 될 것이다." 여기서 또 다시 도덕적 존재인 남성과 여성의 역할 사이에 구별이 있다는 비성서적인 생각이 내세워지고, 남성에게서는 미덕인 것이 여성에게서는 악덕이 된다…. 공공의 개혁을 위

한 위대한 일에 종사하는 여성의 표어는 "주는 나의 빛이요 구원이시니 내가 누구를 두려워하랴?"이다. 만일 그녀가 바로 인식한다면, 자신이 책임적 존재로서 받은 중요한 임무 중의 하나를 수행하고 있고, 자신의 성격이 비정상적인 것이 아니라 정확하게 하나님의 뜻과 일치하며 다름 아닌 그분에게 자신이 받은 재능과 은사에 대한 책임이 있다는 것을 인식해야 한다…. 여성애의 연대 안에서(in the bonds of womanhood).[55]

그림케의 발언 중 "나는 내 성(性)에 대해서 호감을 가져 달라고 요청하지 않는다. 나는 동등성에 대한 우리의 주장을 포기하지 않는다. 우리의 형제들에게 내가 요구하는 전부는 우리의 목을 밟고 있는 발을 치우고 하나님께서 우리에게 차지하라고 준비하신 땅 위에 우리가 똑바로 서게 해달라는 것이다"[56]라는 강한 주장은 후대에 미국 여성주의자들에게 회자되고 자주 인용되는 유명한 말이 되었다. 그녀는 모든 공적인 활동을 끝내고 은퇴했지만 79세의 나이에 다시 시골에 나타났는데 여성주의의 고전 중 하나라고 할 수 있는 밀(John Stuart Mill)의 『여성의 예속』이라는 책자를 팔고 있었다. 그림케는 모든 사람에게는 하나님이 주신 내적 광명이 있기 때문에 각자 존엄성을 지니고 있고 성이나 인종의 구별 없이 모두가 평등하다는 퀘이커주의의 가르침을 바탕으로 노예제 폐지운동과 여권운동에 앞장섰던 선구자였다.

역시 퀘이커교도로서 설교자요 사회개혁 운동가인 루크레티아 모트(Lucretia Mott, 1793-1880)는 일생을 자유의 옹호를 위해 살았다. 퀘이커 설교자인 그녀는 교회의 전통적 가르침이 항상 사회정의를 외면해왔음을 비판하면서 인간을 억압하는 모든 것으로부터의 자유를 주장해서 당

55 Sarah Grimke, Letter 3, Oden, *In Her Words*, 210-214.

56 Sarah Grimke, Letter 2, Oden, *In Her Words*, 208.

시 논쟁적인 인물이 되었다. 그녀는 그리스도인의 목표는 '그리스도와 닮는 것(likeness to Christ)'이며 그것은 '사랑으로 행하는 믿음'이라고 정의한다.[57] 모트는 '미국여성노예제도반대집회(Anti-Slavery Convention of American Women)'의 개최를 도왔으며, 1848년 엘리자베스 캐디 스탠튼과 함께 세네카 폴스 대회(Seneca Falls Convention, 1848)를 개최하여 여성의 사회적, 종교적 권리와 상태에 대한 토의를 하고 여성의 권리 장전에 대한 선언문을 발표했다. 미국 독립선언문을 모델로 한 그 선언문의 일부를 발췌하면 다음과 같다.

> 모든 남성과 여성은 평등하게 창조되었으며 창조주로부터 생명, 자유, 행복의 추구와 같은 인간의 절대적 권리를 똑같이 부여받았다…. 인간의 역사는 남성들에 의한 여성의 권리 박탈이 반복되는 역사이다. 남성들은 여성들을 교회에 받아들였으나 사도들의 권위를 내세워 목회에서 여성들을 배제하고 교회 일에 여성의 공식적 참여를 허락하지 않음으로써 여성들을 종속적인 위치에 놓았다.[58]
>
> 결의안
>
> 여성이 남성과 동등하다는 것은 창조주의 뜻에 의한 것이며, 인류의 지고한 선은 여성이 그렇게 인식되어야 함을 요구한다…. 남성이 지적 우월성을 주장하면서 여성의 도덕적 우월성을 인정한다면 모든 종교단체에서 여성에게 기회가 있을 때 발언하고 가르치도록 격려하는 것이 남성의 특별한 임무이다…. 선거권을 신성한 권리로 보장하는 것은 이 나라 여성들의 의무이다…. 강단의 독점을 폐지하고, 다양한 거래와 직업과 상업에 여

57 Oden, *In Her Words*, 292ff.

58 Schneir, *Feminism*, 77-79.

성이 남성과 동등하게 참여하도록 보장하기 위한 우리 운동의 빠른 성공은 남성과 여성 모두의 열성적이고 지칠 줄 모르는 노력에 달려 있다.[59]

모트는 1866년부터 2년간 미국평등권협회(American Equal Rights Association)의 회장을 역임했다. 세네카 폴스 대회는 미국 여성의 참정권운동의 모체가 되었고 오랜 투쟁 끝에 여성들은 1920년 선거권을 획득했다.

여성의 성서

여성의 인권과 참정권의 지도자였던 엘리자베스 캐디 스탠튼(Elizabeth Cady Stanton, 1815-1902)은 19세기 미국 여성인권운동의 지적 발전소와 같은 존재였다. 그녀는 어려서부터 개혁의 정신을 배웠으며 노예제폐지 운동가인 스탠튼(Henry B. Stanton)과 결혼하면서 더욱 강해졌고 같은 뉴욕 주 출신이고 교사이며 퀘이커교도인 수잔 앤소니(Susan B. Anthony)를 만나 함께 반세기 동안 여권운동에 매진했다. 그녀는 여권운동의 정점이라고 할 수 있는 세네카 폴 대회 이후 지도력을 행사하기 시작했고 여권운동을 참정권운동(suffrage)과 연계시켜나갔다. 인류의 절반인 여성에게 선거권을 주는 것은 헌법의 정신을 따르는 것이다. 스탠튼은 앤소니, 게이지(Matilda J. Gage)와 함께 여섯 권의 『여성 참정권의 역사 *History of Woman Suffrage*』(1881-1886)를 편찬했다.

여성의 의식이 높아지면서 스탠튼은 여성해방적 관점에서 역사비평학의 방법을 적용하여 성서를 해석한 『여성의 성서*The Woman's Bible*』

59 Ibid., 81-82.

(1895)를 출판했다. 그녀는 하나님의 계명은 인류의 자유와 행복을 실현할 정의와 평등을 요구하는 것이라고 보면서, 성경에서 여성을 비하하고 종속적 존재로 간주하는 부분은 하나님의 말씀이라기보다는 단지 남성 지배문화를 반영하는 것이라고 주장했다. 예수는 여성과 남성이 평등하다고 가르쳤으나 제도교회는 여성을 죄와 결부된 열등한 존재라고 가르쳤다. 여성은 이에 순종할 것이 아니라 부당한 가르침을 거부하고 자기해방과 자기발전을 추구해야 한다. 스탠튼은 『여성의 성서』 서문에서 다음과 같이 말한다.

> 모든 종교의 경전에는 보편적인 원리들이 있다. 종교는 사랑, 자비, 자유, 정의 그리고 평등을 가르친다…. 우리는 성서 전체를 한꺼번에 받아들이거나 거부할 수 없다. 그 가르침과 교훈은 서로 다르다. 우리는 사라, 레베카, 라헬의 사소한 잘못을 비판하면서 드보라, 훌다, 와스디의 덕을 흐리게 할 수는 없다…. 어떤 귀족적인 교회들은 너무 거룩해서 여자들이 들어갈 수 없다. 소년들은 일찍부터 성가대원이 되지만 여자는 꼭 가려진 어둠침침한 구석에서 노래를 한다. 좀 더 민주적인 소수의 교단들은 여성에게 특권을 주기도 하지만 성차별은 모든 종교기관에서 볼 수 있다. 그리고 여성에 대해서 가장 혹독한 말을 거리낌 없이 하는 적대자들은 개신교의 성직자들과 감독 중에 있다.[60]

『여성의 성서』에서는 마태복음 25:1-12에 나오는 슬기로운 처녀와 어리석은 처녀 이야기를 이렇게 해석한다.

---

60 Oden, *In Her Words*, 319f.

> 그것[이 비유]은 일반적으로 사회를 구성하는 두 부류를 적절하게 묘사하고 있다. 한 부류는 어리석은 처녀들처럼 자신의 개인적 능력을 개발하거나, 자신에게 주어진 재능을 사용하거나, 등잔을 지속적으로 손질해서 불을 밝히는 첫 번째 중요한 임무를 전혀 몰랐다. 누군가의 배우자가 된다는 생각이 대부분의 여성 안에 끊임없이 파고들어서 개인적인 생활, 목표, 의도, 야망에 대해서 결코 생각하지 않는다. 그들은 매번 그렇게 다른 방향으로 행동하기 때문에 가장 필요한 임무를 소홀히 한다…. 여성들은 스스로에 대한 무관심 속에서 자신을 희생시키면서 가족 중에서 남성을 교육시키고, 남편과 형제와 아들이 지식의 왕국으로 밟고 올라가는 사다리가 되지만 여성 자신은 가장 사랑하는 사람과도 지적 교분을 나누지 못한다. 그런 여성이야말로 어리석은 처녀이다.[61]

스탠튼은 왕비 와스디가 자신을 단지 성적 노리개로 취급하려는 아하수에로 왕의 명령을 거부한 행동을 높이 평가한다. 또한 모세에게 맞서서 상속권을 주장했던 슬로브핫의 다섯 딸들(민 27:1–7)의 이야기를 새롭게 조명한다. 그리고 여사사 드보라와 여선지자 훌다를 여성들의 모범적 모델로 제시한다. 스탠튼의 이러한 성서해석은 20세기 여성신학을 위한 준비 작업이었다고 평가된다.

여성의 설교와 안수

수세기에 걸쳐 지속되던 여성의 설교에 대한 논쟁은 19세기 후반에도 있었다. 퀘이커파, 유니테리언교회, 회중교회에서는 일찍이 여성의

61 Clark and Richardson, *Women and Religion*, 221, 223.

설교를 허락했지만 감리교, 장로교, 루터교, 성공회에서는 지연되었다. 여성의 설교를 반대하는 사람들은 여전히 여성이 남성보다 늦게 조력자로서 창조되었으며 세상에 죄를 들여온 장본인이라고 주장했다. 노울턴(Stephen Knowlton)이라는 목사는 "여성이 한 때[타락 전에]는 약간의 발언을 할 수 있었는데 이것이 세상 파멸의 원인이 되었다. 이제는 그녀를 침묵하게 해야 한다"[62]고 말했다. 또한 여성은 생리, 임신 등의 신체적 특성상, 또한 가사에 전념해야 하기 때문에 설교자로서 적합하지 않으며, 여성은 남성에 비해 논리적이거나 이성적이지 못하기 때문에 교육, 특히 신학 교육을 받기에 부적합하다는 논리를 폈다. 또한 코트(Cort)라는 목사는 「하나님의 말씀과 교회사에 비추어본 여성의 설교」라는 논문에서 고린도전서 14장 34절과 디모데전서 2장 11절을 근거로 들면서 이렇게 주장했다. "우리는 위험한 혁신인 여성의 설교를 반대한다…. 여자가 교회에서 발언하는 것은 부끄러운 일이다"[63]라고 주장했다.

이러한 주장에 대해서 여성의 설교를 지지하는 사람들은 성령의 역사로 설교의 소명을 받은 사람을 여성이라고 해서 교회가 저지할 수 없으며, 또한 교회의 성장을 위해서 여성들의 적극적인 참여와 역할이 필요함을 역설했다. 성경에는 여성의 설교를 부정하는 내용도 있지만 그것은 특수한 시대와 장소에서 쓰였다는 것을 반영하는 것이고, 성경에는 실제로 많은 여성들이 가르쳤고 사도들의 동역자로 활약했다는 사실이 나타난다. 특히 오순절 사건은 여성들이 설교를 할 수 있게 한 성령의 역사라는 것이다. 웨슬리 감리교 지도자로서 여성에게 최초로 목사 안수를 준 루터 리(Luther Lee) 목사는 이전의 많은 여성 설교 지지자들

---

62 MacHaffie, *Her Story*, 111.

63 Cyrus Cort, "Woman Preaching Viewed in the Light of God's Word and Church History," MacHaffie, *Her Story*, 154.

이 했던 것처럼 요엘 2장 28절을 근거로 제시하면서 "초대 교회에 여선지자라고 불리는 부류의 여성들이 있었는데, 이들 여성 선지자들은 종교의 설교자들이요 공식적인 교사들이었다"[64]라고 주장했다.

19세기 중반부터 여성의 목사안수에 대한 요구와 논쟁이 나타나기 시작했다. 안수 받지 않은 여성이 설교하는 경우는 많아졌지만 목사가 된다는 것은 교회 내에서 치리하는 권위가 주어진다는 것을 의미하며 또한 성찬을 집례할 수 있기 때문에 여성들에게 그 기회가 쉽게 오지 않았다. 1853년 미국 여성으로서는 최초로 회중교회에서 목사 안수를 받은 사람은 오벌린대학(Oberlin College) 출신인 앙투아네트 브라운(Antoinette L. Brown, 1825-1921)이었다. 그녀는 오벌린대학 졸업 후 같은 대학의 대학원 과정에서 신학과정을 이수했으나 학위를 받지는 못했다.[65] 20세기가 시작하기까지 회중교회에는 40명의 안수 받은 여성이 생겼다. 침례교단에서도 여성의 목사 안수를 허락했으나 실제로 안수를 집행했는지는 분명하지 않다. 감리교성공회는 1880년 여성의 안수 요청을 거부했고, 다른 교파인 웨슬리감리교는 1860년 여성의 목사 안수에 동의했다. 19세기 말에 이르기까지 여성의 목사 안수를 허용하는 교파는 소수에 불과했고 루터교, 장로교, 성공회 등은 20세기 중반에 들어서야 안수를 허락했다.

해외선교

부흥운동에 참여한 기독교 여성들은 사회개혁운동과 함께 선교운동

---

64 Ruether and Keller, *Women and Religion in America*, vol. 1, 217.

65 앙투아네트 브라운은 졸업한 지 28년이 지난 1878년 오벌린대학에서 학위를 받았고, 1908년에는 같은 대학에서 명예신학박사 학위를 받았다.

도 추진했다. 19세기 말부터 20세기 초 사이에 많은 여성선교단체가 설립되었으며 모든 여성단체 중에서 가장 큰 규모였다. "1915년에 이르기까지 약 40개의 교단 여성선교협회에 300만 명이 넘는 여성이 회원으로 등록했다."[66] 1800년 메리 웹(Mary Webb)이 설립한 '선교 목적을 위한 보스턴여성협회(Boston Female Society for Missionary Purposes)'는 세계 최초의 여성선교협회가 되었다. 여성들은 동전을 모아 선교기금을 마련하는 '센트회(Cent Society)'를 조직하기도 했다. 일찍이 18세기 중반에 모라비아 교도들이 세계 각처로 나아가 선교활동을 했지만 여성은 남성 선교사의 부인이나 가족의 일원일 뿐이었다. 선교사 부인으로서의 역할을 한 사람 중에 가장 널리 알려진 여성은 '미국의 첫 번째 해외 선교사'로 불리는 아도니람 저드슨(Adoniram Judson)의 부인인 앤 저드슨(Ann Judson)으로서 앞에서 언급한 바 있다.

여성선교운동은 "남성의 교회는 한 세대를 지속하지만 어머니들은 자녀들이 신앙을 갖도록 양육하는 종교의 보존자이다"[67]라는 말을 마음에 두고 시작되었으며, 여성에 의해 조직된 여성선교단체가 여성 선교사를 해외로 파송하여 현지 여성들에게 복음을 전하려는 것이 주된 목적이었다. 선교사로 지원해 파송된 여성들 중에는 주로 독신 여성이 많았다. 첫 번째 독신 여성 선교사는 영국해외성서협회에서 파송한 메리 쿡(Mary Ann Cooke, 1784-1868)이다. 그녀는 인도에 여학교를 세우기 위해 1820년 캘커타에 도착해서 우선 남학교를 방문하여 교육과정과 교육방법을 알아보려 했다. 그러나 쿡은 학교에서 배우기 위해 입학을 간청하는 소녀를 우연히 보게 되었고 이에 자극을 받아 다음날부터 공부하기를 원하는 소녀들을 모아 15명으로 여학교를 시작했고 이것이

---

66 Tucker and Liefeld, *Daughters of the Church*, 291.

67 Ibid., 299.

인도 최초의 선교학교(mission school)가 되었다. 인도 선교에 헌신한 또 한 명의 독신 여성 선교사로 언급할 수 있는 사람은 아일랜드 출신의 영국 선교사 에이미 카마이클(Amy Carmichael, 1867-1951)이다. 그녀는 처음에는 일본으로 갔으나 병환으로 귀국했다. 카미켈은 두 번째는 인도로 가서 주로 소녀와 젊은 여성들을 위해 55년 동안 선교활동을 했다. 힌두교 성전에는 신에게 바쳐진 소녀들이 있었는데 매춘을 시키고 수입은 사제가 챙겼다. 그녀는 이런 소녀들을 구출해서 보호소에서 살면서 교육을 받게 했다. 카마이클은 이런 선교와 구제 사업에는 독신 여성이 가장 적합하다는 확신을 갖게 되었고 '공동생활자매회(Sisters of the Common Life)'를 설립했다. 이 단체에는 독신 여성이 지원할 수 있으며 서약은 하지 않고 결혼을 하면 자격이 상실되었다. 1952년에 이르기까지 900명의 회원이 활동했다. 카마이클은 인도 선교에 대한 책을 35권이나 저술했고 영국과 미국의 독신 여성들이 그녀의 선교활동에 감명을 받아 외국 선교사의 길을 택했다.

약 2세기에 걸친 여성 선교사들의 눈부신 활약은 기독교 역사상 그 규모와 내용에서 전례가 없는 일이었으며 여성의 활동영역을 확장하고 역할을 신장하는 결실을 맺었다. 그들의 선교활동은 복음 전파와 교회 설립, 봉사와 구제사업, 교육과 성서 번역 등 다방면에 걸쳐 이루어졌다. 여성 선교사들의 선교 동기는 단순히 '하나님을 섬기는 것'이었다. 그들은 이 일을 위해 결혼과 가정과 고향을 포기하고 멀고 낯선 땅에서 온 몸과 마음을 다해 헌신함으로써 기독교 복음이 세계 곳곳에 전파되는 데 밑거름이 되었다.

선교사들이 아시아, 아프리카 등 세계 각지에 복음을 전하고 교회를 세우는 데는 현지인들, 특히 높은 비율을 차지한 여성들의 역할에 힘입은 바가 크다. 그녀들은 많은 경우 문맹자들이었으나 귀로 들을 말씀을 암기하고 입으로 전달했다. 다른 종교에서는 공적 예식에 여성의 참석을 허락하지 않는 경우가 많았지만 기독교는 여성이 예배에 참석할 수 있도록 함으로써 자유와 자긍심을 누릴 수 있게 했으며 또한 교육과 활동의 기회를 주었다. 여성 선교사들이 현지 여성들에게 끼친 공헌 중 가장 중요한 것은 아마 교육일 것이다. 20세기 초 인도의 경우 교육 받은 여성은 매우 드물었다. "여성 1천 명 중 글을 읽을 수 있는 사람은 여섯 명 정도로 추정되며, 교육을 받은 사람은 1천 명 중 열 명도 되지 않았다."[68] 선교사들은 교회와 학교에서 여성들에게 글을 가르치고 성서를 읽게 함으로써 자아를 성찰하고 미래를 향한 삶의 방향을 찾도록 인도했다. 기독교 복음의 전파는 결혼과 가정생활에도 영향을 끼쳤다. 예를 들면, 힌두교 남성들은 여성을 마치 소처럼 사고 팔 수 있었는데 기독교 신앙을 받아들인 후 한 여성과 결혼해서 평생을 인생의 동반자로서 서로 돕고 사랑하며 살게 되었다. 현지 여성들이 기독교에 관심과 호감을 갖게 된 이유 중의 하나가 바로 인간으로서의 존엄성의 회복이었다.

유럽 각국의 식민지이던 아프리카에도 복음이 전파되었고 특히 여성들의 복음수용과 선교활동 참여가 두드러졌다. 많은 기독교 여성들의 모임이 결성되었고 선교운동과 함께 도덕 개혁운동이 일어났다. 20세기로 들어서는 때 포르투갈령 서아프리카에서는 수백 명의 여성들이 모여서 기도와 성경공부, 건강과 위생, 자녀양육 등의 프로그램을 진행했다. 이 대회의 주제나 내용이 여성주의적이지도 않았고 남성들의 영역을 침범하는 것도 아니었지만 '어머니의 반란(Revolt of the Mother)'[69]이라고 불릴 정도로 이목을 끌었고 여성들은 자신들에게 당면한 문제를 새롭게 인식하고 그 해결책을 모색했다. 남아프리카공화국에서는 '마냐

---

68 Ibid., 331.

69 Montgomery, *Western Women in Eastern Lands*, 210.

노(Manyano: Prayer Union) 운동'이 일어났는데 감리교 선교사들이 운영하던 봉재교실이 기도모임으로 발전했고 나아가서 금주, 절제, 일부다처제와 난혼 금지 등 도덕과 가정 개혁으로 이어졌다. 이 모임에 참여한 여성들은 빨간 블라우스를 만들어 입어서 '빨간 블라우스 운동(Red Blouse Movement)'이라고도 불리는데 "검은 스커트는 죄, 빨간 블라우스는 그리스도의 보혈, 여러 개의 단추 구멍은 그분의 상처, 깊고 하얀 옷깃과 챙이 짧고 둥근 모자는 그리스도를 통한 죄 씻김과 성결을 가리킨다."[70] 이 운동은 '감리교여성기도와봉사연합(The Methodist Women's Prayer and Service Union)'으로 발전했으며 현재 6만여 명의 회원이 있는 남아프리카공화국 최대의 여성운동이 되었다. 이웃 르완다와 짐바브웨에서도 같은 운동이 자생적으로 일어났다.

복음을 수용한 현지 여성으로서 인도 여성의 교육에 큰 공헌을 한 사람은 판디타 라마바이(Pandita Ramabai, 1858-1922)이다. 힌두교 구루(guru)의 딸로 태어난 그녀는 어려서부터 선생님의 꿈을 키웠다. 아버지가 돌아가신 후 진리를 찾아 방황하던 라마바이와 남동생은 캘커타에서 기독교와 처음으로 접촉하게 되었고 성서를 공부하기 시작했다. 그녀는 특히 힌두교 경전에서 여성을 신분고하에 관계없이 악인으로 간주하면서 여기서 벗어나려면 남편을 신으로 섬겨야 한다는 가르침을 받아들일 수가 없었다. 그녀는 각지를 순회하면서 여성을 천대하고 억압하는 카스트 제도와 힌두교 전통을 비판하는 강연을 했고 여성을 위한 단체를 설립했다. 라마바이는 처음에는 기독교인이 될 마음이 없었지만 결국 복음을 받아들이기로 마음을 먹었다. 하지만 기독교의 일원이면서도 모든 교리를 그대로 받아들이지는 않겠다고 하면서 자신이 기독교인이지

70 Pritchard, *Methodists and Their Missionary Societies 1900-1996*, 79.

만 선조들의 전통과 관습을 지키는 힌두교인으로도 불리겠다고 말했다. 그녀는 교육사업을 하면서 기독교와 인도 문화와의 연결을 시도했고 학생들에게 기독교로 개종할 것을 강요하지 않았다. 기독교는 서구 세계의 한 종파의 형태로서가 아니라 인도 문화와 화합할 수 있는 신앙으로 인도인에게 접근해야 하며, 또한 그것은 제도화된 교리가 아니라 그리스도에게 초점을 맞추고 각자의 체험과 결단에서 우러난 신앙이어야 한다. 복음은 일방적으로 주입하는 것이 아니라 현지의 전통과 문화와 조화를 이루면서 스스로 받아들여야 한다. 종교 간의 대화와 화합에 바탕을 둔 그녀의 교육과 선교는 인도 여성들에게 복음을 통해 자유와 권리와 행복을 추구할 수 있다는 믿음을 주면서 큰 결실을 맺었고 주체적이고 토착화 된 선교의 한 장을 열었다.

자서전 『어두운 방의 여왕*Queen of the Dark Chamber*』을 쓴 크리스티아나 차이(Christiana Tsai, 1890-1984)는 중국의 부유한 불교 가정에서 태어나 가정교사로부터 불교의 가르침을 받았지만 더 많은 것을 알고 싶어서 기독교 학교에 등록했다. 그녀는 결코 기독교인이 되지 않겠다고 스스로에게 다짐했지만 영어로 된 성경을 읽고 설교를 듣다가 결국에는 기독교로 개종했다. 가족들은 실망과 분노를 쏟아내며 그녀에게 압박을 가했지만 결코 개의치 않았다. 고등학교를 졸업한 차이는 공립학교 교사가 되었고 가정에서 성경공부를 인도하면서 수많은 학생들에게 복음을 전했다. 크리스티아나 차이는 전문적인 선교사는 아니었지만 자신의 결단과 경험으로 선교사의 역할을 수행한 평신도 여성이었다.

* * *

19세기 초에 일어난 신앙부흥운동은 한 세기가 흐르는 동안 여성들에게 교회와 사회로 진출할 수 있는 길을 열어주었다. 그러나 주류 교단들은 이 흐름과는 달리 여성들을 억누르고 있는 족쇄를 쉽게 풀어주려 하지 않았다. 또한 여성운동과 그 운동을 추진하는 조직이 확장되면서 정체성과 운동의 성격에 대한 의견 충돌이 생겼고 보수와 진보의 갈등이 일어났다. 그럼에도 불구하고 근대 말에 이르러 기독교 여성의 지위와 역할은 이전 세기와는 비교할 수 없을 정도로 크게 신장되었다. 많은 여성단체가 구성되었고 특히 인도주의적 구제사업이나 해외 선교활동에서 보여준 여성들의 활약은 괄목할 만한 것이었다. 또한 소종파 운동에서의 여성의 활동도 매우 활발했다. 그러나 여성의 공직 진출이나 목사 안수 등은 여전히 남성들이 쌓아놓은 높은 장벽에 가로막혔다.

제7장

현대 기독교 여성

1. 현대 사회와 여성

인류 역사상 최대의 참극이라고 할 수 있는 제1차 세계대전(1914-1918)과 제2차 세계대전(1939-1945)은 여성의 사회적 역할과 권리에 괄목할 만한 변화를 가져왔다. 남성들이 전쟁터에 나간 사이에 여성들은 가장으로서 생계를 꾸리고 공장과 농장에서 노동을 하고 전쟁터에서는 간호원, 사무원 등으로서 군사적 보조업무를 담당했다. 주로 가정에 국한되었던 활동이 사회 여러 분야로 확장됨으로써 여성들은 해방과 독립의 기회를 갖게 되었고 이런 경험은 후에 전개되는 여성해방운동의 원동력이 되었다. 제1차 세계대전이 끝난 후 일부 여성들은 가정주부의 역할로 되돌아갔지만 또 다른 여성들은 모처럼 갖게 된 경제적 독립성을 놓치기 싫었고 또한 전쟁 중에 기여한 사회적 공헌에 대한 보상으로 양성평등에 입각한 균등한 교육과 취업의 기회, 참정권을 요구했다. 여성들은 자유를 위한 투쟁에 헌신적으로 참여했지만 자신들의 자유는 오히려 억압당하는 희생을 치렀다고 주장했다.

여성의 참정권 투쟁은 제1차 세계대전 이후 결실을 맺게 되었다. 일찍이 덴마크는 1915년에 여성의 선거권을 인정했고, 네덜란드는 1919년, 영국은 1918년 30세 이상의 여성에게 선거권을 허락했다가 1928년 모든 성인 여성으로 확대했고 미국의 여성들은 1920년 선거권을 획득했다.[1] 제2차 세계대전은 파괴와 학살의 기간이기도 했지만 억압받던 식민지 백성들과 여성들에게는 자유와 권리 신장의 기회이기도 했다. 유럽의 국가들이 지배하던 아프리카의 식민지에서는 약 200만 명이 세계대전의 전투와 군사업무에 차출된 바 있고 전쟁 후 이들은 보상을 요구하며 식민지 통치의 억압과 착취로부터 벗어나기 위한 범아프리카해방운동(Pan-African Liberation Movement)을 전개했다. 아프리카 여성들도 민족해방운동에 동조하여 시위와 거부운동과 파업으로 참여했으며 여성의 연대를 결성하기 시작했다.

제2차 세계대전 이후 여성의 사회적 진출은 더욱 활발해지고 취업의 범위도 확장되었으며 경제력을 확보하게 되었고 여성의 자유와 권리를 주장하는 목소리를 높였다. 그리고 이런 변화는 여성의 의식뿐만 아니라 외모도 바꾸었다.

> 문화적 혁명은 자유분방하고, 자기주장이 강하며, 독립적인 새로운 모습의 여성을 만들어냈다. 그 모습에 가장 부합하는 것은 짧은 또는 "단발"

---

1 미국과 유럽 국가들은 대체로 제1, 2차 세계대전 이후 여성의 투표권을 인정했다 예를 들면, 스페인(1931), 프랑스(1944), 이탈리아(1945), 벨기에(1948) 순이며 스위스는 늦게 1971년 여성의 참정권이 이루어졌다. 2015년 사우디아라비아가 여성의 투표권을 허락함으로써 현재 전 세계적으로 여성의 투표권이 인정되었으며 예외적으로 부탄은 한 가정에 한 표가 주어지고 있다. 참조. Seager, *The Penguin Atlas of Women in the World*, 94-95. 또한 Charles Sowerwine and Patricia Grimshaw, "Equality and Difference in the Twentieth-Century West: North America, Western Europe, Australia, and New Zealand," Meade and Wiesner-Hanks, eds., *A Companion to Gender History*, 587-588을 보라.

머리였는데 그것은 머리 길이를 기본적인 젠더의 표시로 보는 문화에 심각한 충격을 주었다. 어느 부유한 프랑스 여성은 미용사에게 "[긴 머리]는 과거의 노예상태의 상징이다. 그것을 제거함으로써 우리의 굴종은 끝날 것이다"라고 말했다. 이런 새로운 모습과 함께 짧은 스커트, 엉덩이와 가슴을 덜 강조하는 유행이 따랐는데 여성에게 소년 같은 모습이 나타나게 했다.[2]

그러나 여전히 가부장적 사고를 지니고 있는 정부와 사회에서는 여성들의 활발한 사회, 경제활동을 경계하면서 여성의 전통적 역할인 가정주부의 일로 돌아가도록 유도했고 언론과 방송도 이에 동조하여 안락한 가정에서 가장인 남편을 내조하고 가사와 육아에 전념하는 여성을 이상형으로 제시했다. "할리우드는 어머니 신분(maternity)과 가정생활(domesticity)을 이상으로 제시했으며, 한편 주택건설의 열기는 여성들에게 새로운 현대 가정생활의 공간을 제공했다…. 자동차는 새로운 전원생활을 가능하게 했으며 가정과 사적인 것과 개인적인 것에 새로운 초점이 맞추어졌는데 그것은… '안쪽으로의 이동(movement inward)'이었다…."[3] 이와 함께 1950년대 초반 미국에서 일어난 반(反)공산주의 열풍인 매카시즘(McCarthysm)은 가정적인 여성이야말로 민주주의의 지지자라는 사고를 주입했다.

여성주의와 여성해방운동이 이론과 조직을 갖추면서 본격적으로 등장한 때는 1960년대 후반이다. 그 당시 두 차례의 세계대전과 경제적 대공황을 겪은 후 안정을 바라는 시민들은 국제적인 냉전 상황에서 사상적 대립으로 일어난 베트남전쟁 참여에 대한 찬반 의견이 대립한 가

2 Ibid., 589f.

3 Ibid., 594.

운데 각 진영의 시위와 함께 학생의 권리, 노동자의 권리, 정부의 분권화를 주장하는 운동으로 정국이 불안한 시기였다. 여성들은 모임을 만들어 핵무기 폐지, 경제적 차별 철폐, 임신조절의 합법화 등 더욱 적극적인 사회활동뿐만 아니라 선거권 획득과 경제력 확보를 기반으로 공직 진출, 정책 제시 등 정치에도 영향력을 행사하기 시작했다. 미국의 여성들은 1966년 '전국여성기구(National Organization for Women: NOW)'를 결성하고 낙태의 권리, 노동문제 등에 대해 사회, 정치적으로 여성을 대변하는 운동을 전개했다. 여성모임 중에는 '레드스타킹(Redstockings)'과 같이 "개인적인 것은 정치적인 것이다"라는 표어를 내걸고 여성의 의식화를 추진한 급진단체도 있었다. 여성해방운동을 처음 주도한 사람들은 주로 백인여성들이었지만 이어서 히스패닉 여성들, 아프리카계 여성들, 원주민 여성들, 아시아계 여성들도 모임을 만들고 각기 여성해방운동을 전개했다.

국제연합은 1967년 "여성의 권리 선언(Declaration of Women's Rights)"을 채택하고 회원국들이 이에 따른 조치를 취할 것을 촉구했다. 이 선언은 남성과 똑같이 누릴 수 있는 여성의 권리를 부인하거나 제한하는 차별이 있다면 그것은 인간의 존엄성을 부인하는 부당한 것이라고 규정하고 선거권, 국적 취득, 가정, 교육, 사회 경제 생활 등 모든 삶의 영역에서 남성과 여성이 평등함을 천명했다.[4] 20세기 말에 이르러 서구세계의 성별관계(gender relation)는 다음과 같은 네 가지 특징적인 현상을 나타냈다.

첫째, 여성들은 20세기 초반에 참정권을 획득했으나 상당수의 여성들이

---

4 Agonito, *History of Ideas on Woman*, 397-402.

주류 정치권 안으로 진입한 것은 20세기 후반에 이르러서였다. 1980-90년대에 제1세계 국가의 원주민 소수자 여성들과 흑인, 유색인, 원주민, 이주 여성을 포함한 소수자 여성들도 상당수 그들 자신의 공동체를 대신해서 정치적 활동을 시작했다.

둘째, 여성, 특히 자녀가 있는 기혼여성은 임금노동에서 다소간 불평등한 몫을 받는다. 이것은 가구구조가 네 명 또는 그 이상의 자녀를 지닌 핵가족으로부터 더 적은 자녀를 지닌 새로운 관계의 가족형태로 옮겨가는 심각한 변화를 초래했다.

셋째, 여성은 자신의 출산 조절 능력을 신장했고 [여성의 역할에 대한] 기대가 증가함으로써 남성은 가사일과 자녀양육에 더욱 많이 관여하기 시작했다.

넷째, 양성애자들에게 성관계는 점점 더 출산과 분리되어 오락이 되었으며, 반면에 남녀 동성애자들은 대안적 성관계와 자녀양육의 권리를 점차 공적으로 인정받게 되었다.[5]

2. 여성주의운동

여성주의의 사전적 정의는 "성 평등 이론에 입각한 여성의 동등권에 대한 사상"이다. 여성주의는 "일련의 사고와 실천적 계획으로서 어떻게 남성들이 자신의 이익을 위해서 여성을 억압하고 남성을 비인간화시켰는지에 대한 여성들의 비판적 인식에서 출발한다."[6] 여성주의운동은 19

---

5 Sowerwine and Grimshaw, "Equality and Difference in the Twentieth-Century West," 586.

6 Clifford, *Feminist Theology*, 17.

세기 중반 미국과 유럽에서 정치적이고 공적인 삶으로부터 여성을 배제하는 것에 대한 반발로 일어난 운동이다. 여성의 차별과 배제는 남성과 여성의 선천적인 성적 차이에 근거를 두고 정당화되었다. 여성주의자들은 여성의 열등성과 종속성을 자연적인 것으로 여기고 당연시하는 가부장주의자들의 사고와 제도에 맞서 투쟁을 전개했다. 제1차 또는 제1물결 여성주의(First Wave Feminism)는 1848년 뉴욕에서 개최된 세네카 폴스 대회에서 여성의 재산소유권, 자녀양육권, 상속권, 참정권 등을 요구하는 결의문을 채택함으로써 본격적으로 시작되었다. 수잔 앤소니와 엘리자베스 캐디 스탠튼이 주도한 이 대회에서 여성들이 주장한 권리들 중 참정권은 그 후 20세기 초까지 60년 이상 지속된 여성주의운동의 중심 주제가 되었다.

일찍이 영국의 소설가이며 비평가인 버지니아 울프(Virginia Woolf, 1882-1941)는 『자기만의 방*A Room of One's Own*』(1929)에서 모든 여성들이 겪고 있는 좌절과 분노를 대변하면서 가부장제와 성적 불평등에 대해 신랄한 비판을 가했다. 그녀는 왜 권력과 부와 명성은 남성들 차지이고 여성은 아이들 외에 가진 것이 없는지 질문한다. 여성이 자유를 누리고 당당하게 자신의 의사와 능력을 나타낼 수 있는 세상의 문을 여는 열쇠는 바로 '고정적인 소득'과 '자기만의 방'이다. 재정적 자유 없이는 창조적이고 지적인 자유를 가질 수 없다. 이 열쇠를 가질 수 있다면 미래에는 여성 셰익스피어가 나올 수도 있다. 버지니아 울프는 여성에 대한 차별, 그중에서도 여성작가들의 열악한 상황에 대해서 냉소적인 비유를 들면서 날카로운 항변을 한다.

> … 만일 여성이 소설을 쓰려면 돈과 자기만의 방을 가져야 한다…. 여기서 나는 엘리자베스 시대에 여성들이 왜 시를 쓰지 않았는지 묻겠다. 그

들이 어떻게 교육을 받았는지, 글쓰기를 배웠는지, 자신들의 방이 있었는지, 21세 이전에 아이를 가진 여성이 얼마나 되었는지, 간단히 말해서 그들이 아침 8시부터 저녁 8시까지 무엇을 했는지 확실히 알지 못한다. 그들은 분명히 돈이 없었다…. 주교를 지냈고 지금은 작고한 어느 연로한 신사가 어느 여성이라도 셰익스피어의 천재성을 지닌다는 것은 과거나 현재나 앞으로도 불가능하다고 말한 것이 생각난다…. 고양이는 천국에 가지 못한다. 여성은 셰익스피어의 희곡을 쓸 수 없다…. 그러나 그녀는 학교에 보내지지 않았다. 그녀는 문법과 논리를 배울 기회가 없었고 홀로 호라티우스와 베르질리우스(Horace and Virgil)를 읽을 수밖에 없었다. 그녀가 자신의 형제의 것으로 보이는 책을 들어서 몇 장을 읽었다. 하지만 부모가 들어와서 양말을 수선하거나 국 끓일 생각이나 하지 책과 종이를 가지고 빈둥거리지 말라고 말했다…. 바로 그것이다. 지적 자유가 물질적인 것에 달려있다. 시는 지적 자유에 달려있다. 그리고 여성은 단지 200년 동안이 아니라 시간이 시작한 이래 항상 가난했었다. 여성은 아테네 노예의 아들보다도 못한 지적 자유를 누렸다. 이제 여성은 시를 쓸 기회가 희박하다. 이것이 바로 내가 돈과 자기만의 방을 강조하는 이유이다.[7]

울프는 가부장제를 비판하고 여성의 자유와 권리를 주장하는 여성주의의 선구자적 역할모델이 되었으며 시몬느 드 보부아르와 커닝햄(Michael Cunningham) 등의 여성주의 의식형성에 영향을 주었다.

시몬느 드 보부아르(Simone de Beauvoir, 1908-1986)는 1949년 출판한 『제2의 성*Le deuxième sexe*; *The Second Sex*』에서 "실존은 본질에 앞선다"는 실존철학의 명제를 따라 "여성은 태어나는 것이 아니라 만들어

7 Virginia Woolf, "A Room of One's Own," Schneir, *Feminism*, 345, 351-352, 354.

지는 것이다"라고 선언했다. 사회에서 남성은 여성을 '타자(other)'로 만들고 가부장적 위계질서의 하위에서 남성에게 종속하게 한다. 여성은 자신을 자율적인 존재로서 인식하는 것이 아니라 남자와의 관계 속에서 의존하는 존재로서 인식한다. 남성은 주체적이고 절대적인 존재이고 여성은 타자이다. 그러므로 여성은 제2의 성이 된다. 보부아르는 가부장적 위계질서를 옹호하는 종교의 횡포를 비판한다.

> 종교는 여성의 자기사랑을 제재한다…. 그러나 무엇보다도 종교는 사회질서를 고수하고, 여성에게 성의 구분이 없는 천국에서 더 나은 미래를 가질 수 있다는 희망을 줌으로써 그녀의 체념을 정당화한다.[8]

보부아르가 제기한 '사회적으로 형성되는 성'으로서의 젠더개념은 여성주의의 운동에 이론적인 토대를 제공했다.

보부아르에 이어 베티 프리단(Betty Friedan)의 『여성의 신비*The Feminine Mystique*』(1963)는 1960년대 후반에 전개된 여성해방운동의 추진력을 제공했다. 프리단은 이 책에서 1920년대와 30년대에 활발하게 일어났던 여성운동과 여성주의 의식이 제2차 세계대전 이후 쇠퇴하여 종래의 아내와 어머니의 역할로 되돌아간 이유를 설명한다. 여성들은 사회활동 기회의 증가, 기술의 발전으로 누리게 된 시간의 여유, 두 차례의 세계대전 기간 중 발휘한 산업과 사업의 역량에도 불구하고 가정으로 돌아갔다. 그들은 도시를 떠나 한적한 교외의 집에 거주하면서 만족스러운 인생을 기대했으나 왠지 모르게 삶의 목적과 성취감을 잃고 불행과 좌절에 빠지게 되었다. 프리단은 여성을 곤경에 처하게 한 거짓

8 Beauvoir, *The Second Sex*, 624.

되고 비인간화하는 이상을 '여성의 신비'라고 부르면서 그것은 방송매체, 광고, 사업, 정부, 교육자들이 유도한 것이라고 분석한다. 한 세기 전에 밀(J. S. Mill)이 여성의 처지를 종의 처지와 비교한 것처럼 프리단은 가정주부를 나치의 집단수용소에 갇힌 포로와 비교하면서 둘 다 점차적으로 비인간화된다고 주장한다. 가정주부와 포로 모두 외부세계의 사조나 사건과 단절된 채 단순한 동물적 욕구에 연연하면서 개성과 자존감을 상실하고 결국에는 인간으로서의 정체성마저 잃게 된다는 것이다. 프리단은 여성의 인간성 회복이 시급하다고 역설한다.

> 가정주부가 처한 상황이 어떻게 그녀에게 공허감과 비존재감과 상실감을 주는지 파악하는 일이 시급하다…. 교외의 집은 독일의 집단수용소가 아니며, 미국의 가정주부들은 가스실에 들어가고 있는 것이 아니다. 그녀들은 함정으로부터 벗어나서 무용수처럼 인간의 자유를 발산하고 자존감을 다시 찾아야 한다. 그녀들은 이름 없이, 개성을 잃고, 교묘하게 조정되는 것을 거부해야 하며 자신이 선택한 목표에 따라 삶을 다시 살아야 한다.[9]

1966년 프리단은 다른 여성주의자들과 함께 전국여성기구(NOW)를 설립했으며 미국의 여성해방운동을 주도했다.[10] 여성해방운동(Women's Liberation Movement) 또는 제2물결 여성주의(Second Wave Feminism)

---

9 Betty Friedan, "The Feminine Mystique," Agonito, *History of Ideas on Woman*, 380f., 385.

10 여성해방운동에 영감과 통찰력을 준 기념비적인 저서들은 다음과 같다. Germaine Greer, *The Female Eunuch*(1970)은 충분히 활용되지 않은 여성의 능력에 대한 자기인식의 필요성을 지적한다. Kate Millett, *Sexual Politics*(1970)는 여성이 남성 문화에 의해서 얼마나 평가절하되었는지를 보여준다. Shulamith Firestone, *The Dialectic of Sex*(1970)는 여성이 임신과 출산으로부터 해방되기 위해 기술을 사용하는 방법을 알려준다.

는 1968년 9월 7일 일어난 미스아메리카미인대회 반대시위로부터 시작되었다. 뉴욕의 과격한 그룹인 레드스타킹(Redstockings)은 미인대회를 조롱하는 반(反)미인대회를 열고 양에게 왕관을 씌워주기도 했다. 시위자들은 브래지어와 거들, 하이힐과 화장품, 『코스모폴리탄』과 『플레이보이』와 같은 잡지를 쓰레기통에 집어던지며 여성의 성을 상품화하지 말 것을 촉구했다. 여성해방운동은 이전에 일어났던 시민권운동, 베트남전쟁반대운동, 학생운동의 자극을 받았으며 또한 새로운 문화적 안목, 새로운 인구분포, 서비스산업의 발전 등에서 비롯된 것이었다.[11] 전국여성기구는 여성참정권운동 50주년 기념행사를 계획하고 1970년 8월 26일 5만 명의 여성들이 뉴욕에서 행진을 했다. 다음 해에 미국의회는 이날을 국가공휴일로 정하고 '전국 여성의 날(National Women's Day)'로 명명했다.

여성해방운동은 세계 각처에서 일어났다. 미국의 여성주의가 성별의 차이(gender differences)에 바탕을 두고 '급진적 여성주의'를 향하는 경향을 나타내는 데 비해 영국의 여성주의는 '사회주의적 여성주의' 또는 '마르크스주의적 여성주의'의 경향을 보이면서 젠더로서의 여성의 사회적 형성에 관심을 기울였다. 급진적 여성주의가 남성의 여성 지배 원인을 가부장제도로 보고 궁극적으로 남성과의 성적, 사회적 관계의 단절을 통해서 여성의 자유를 얻을 수 있다고 생각한 반면 사회주의적 여성주의는 여성을 남성보다 열등하게 만드는 것을 자본주의라고 여기고 자본주의의 붕괴를 목표로 삼았다. 유럽 대륙의 여성주의운동은 더욱 정치적이고 이론적이었다. 프랑스에서는 1968년 일단의 젊은 여성들이 학생시위를 주도해서 모임을 갖고 그들이 처한 상황에 대해서 논의했

11 Sowerwine and Grimshaw, "Equality and Difference in the Twentieth-Century West," 597.

다. 1970년 8월 26일 한 무리의 젊은 여성들은 개선문에 무명용사의 부인을 위한 꽃다발을 놓으려고 시도하다가 경찰에 체포되었다. 다음날 언론들은 이 사건을 일컬어 여성해방운동이라고 했다. 여성주의자들은 여성 자신의 몸과 역할에 대한 권리와 자유를 주장했는데 피임과 임신중절의 자유, 동등한 임금, 건강, 교육, 사회적 서비스의 확대, 성폭력과 가정폭력의 방지책과 처벌법의 강화, 법적, 재정적 독립, 이혼법 개정, 가사 일에 대한 임금 등을 요구했다.

다른 한편으로 원주민과 흑인들은 기존의 여성주의가 백인 여성들의 경험에 바탕을 둔 분석에서 비롯된 것이라고 비판했다. 백인 여성과 흑인 여성은 경험이 다르기 때문에 바라는 것도 다를 수밖에 없다. 예를 들면, 백인 여성은 성적 자유를 요구하는 반면에 흑인 여성은 백인 남성에 의한 성적 착취에 대항해서 싸우고 있다. 백인 여성이 가정을 여성에 대한 억압 체제의 하나로 보는 반면 흑인 여성은 가정을 정치적, 문화적 탄압에 저항하는 보루로 삼는다. 백인 여성과 흑인 여성의 다른 점은 무엇보다도 인종차별과 계급차별에 대한 인식에 있다. 백인 여성은 흑인 여성이 느끼는 차별과 학대를 경험한 바가 없기 때문에 이에 대한 인식이 없거나 오히려 때로는 억압자요, 가학자의 위치에 있다는 것이다.

1990년대 중반에 시작된 '제3물결 여성주의(Third Wave Feminism)'는 탈식민지주의, 탈근대주의, 해체주의 사고의 영향을 받았다. 이 운동의 참여자들은 '보편적 여성애(universal womanhood)'나 몸, 성, 젠더, 이성애규범성(heteronormativity)과 같은 개념을 와해시켰다. 이들 젊은 여성주의자들은 이전 세대 여성들이 남성의 억압과 동일시해서 회피했던 립스틱, 하이힐, 가슴이 드러난 옷 등을 다시 받아들였다. 개성이 강하고 독립적이며 성개방적인 젊은 여성들(grrrls)은 여성적 아름다움이 성차별적 가부장제도의 대상이 아니라 자신들의 주체적 표현이라고 주장한다.[12] 그녀들은 성차별적 문화를 전복하고 그것으로부터 언어의 무기를 빼앗기 위해서 모방의 수사학을 발전시켰다. 또한 전산망과 사이버 공간을 이용해서 소통을 한다. 많은 제3물결 여성들은 자신을 '여성주의자'로 정의하는 것을 거부하며 그 단어가 제한적이고 배타적이라고 비판한다. 여성주의, 특히 어머니 세대에서 벌였던 제2물결 여성주의는 일시적 유행의 사상과 운동이었기 때문에 이제는 그 효력을 상실하고 종말을 맞았다는 것이다. 아프리카계 미국인 여성주의 작가인 앨리스 워커(Alice Walker)의 딸인 레베카 워커는 여성이 사회, 문화, 정치적인 부당한 대우와 차별에 대해서 정치적으로 대항할 것을 촉구했다. 그녀는 '포스트페미니즘(postfeminism)'이라는 명칭을 거부하면서 제3의 물결 여성주의를 만들자고 강력하게 주장한다.

> 나는 모든 여성, 특히 나의 세대의 여성들을 향한 호소로서 이 글을 쓴다. 토마스의 인준[13]이 투쟁이 끝나기까지는 아직도 요원하다는 것을 나에게 상기시킨 것처럼 여러분도 같은 생각을 하기 바란다. 한 여성의 경험이 이렇게 묵살되는 것에 대해 여러분은 격분해야 한다. 그 분노를 정치적 힘으로 바꾸자. 그들이 우리를 위해 일하지 않는다면 그들에게 표를 주지 말자. 만일 우리에게 스스로의 몸과 삶을 조정하는 자유가 있음을 그들이 우선적으로 인정하지 않는다면 그들과 성관계도 맺지 말고 식사도 같이 하지 말고 지원도 하지 말자. 나는 후기여성주의의 여성주의자가 아니다. 나

12 Kathleen Hanna and Bikini Kill, "Riot Grrrl Manifesto," Freedman, *The Essential Feminist Reader*, 395-396. 또한 Jennifer Baumgardner and Amy Richards, "Manifesta: Young Women, Feminism, and the Future," Ibid., 425-426을 보라.

13 대법관 후보자였던 토마스 클레런스(Thomas Clarence)는 여성 변호사 애니타 힐(Anita Hill)을 성희롱했다는 고발을 받았지만 국회상원청문회는 애니타 힐의 증언을 무시하고 토마스 클레런스를 인준해서 여성들의 공분을 샀다.

는 제3물결이다(I am not a postfeminism feminist. I am the Third Wave).[14]

제3물결은 세계화와 다문화적인 경향이 있으며 정체성, 젠더, 성과 같은 인위적인 개념구분을 지양한다. 그들은 공통적이고 표준화된 대상을 거부하고 집단적 순간이나 공통의 의사가 존재함을 부정한다. 그들은 독립성을 중시하고 동등한 권리의 획득을 지지하지만 집단적 투쟁에 의해서가 아니라 개인적 노력에 의해서 성취하려고 한다. 그들이 말하는 '횡단의 정치학(transversal politics)'은 민족, 인종, 계급, 성적 성향의 차이점을 역동적, 상황적, 잠정적인 것으로 인정하고 환영한다. 실체는 고정체계나 권력관계와 관련해서가 아니라 우발적 사태 안에서의 행동과 관련해서 인식된다. 제3물결 여성주의는 탈경계 문화이며 운동이다.

한편 개발도상국 여성들은 서구여성들과는 다른 삶의 정황, 즉 식민지주의의 후유증, 경제적 착취, 좌익 또는 우익 정권의 독재, 종교기관의 권위주의 등과 함께 성차별에 직면하고 있었다. 이들 세계의 여성주의자들은 1995년 개최된 국제연합 제4차 세계여성대회인 '베이징대회(Beijing Conference)'에서 젠더 논제에 대한 이론을 발전시키고 여성주의를 여성의 자유와 권리를 위한 투쟁의 이론적 무기로 삼고 있다. 국제연합 총회는 '여성 2000(Women 2000: Gender Equality, Development, and Peace for the Twenty-First Century)'이라는 제목으로 특별회의를 열고 회원국들이 국제연합헌장과 결의안에 명시된 여성의 권리에 대한 조항을 준수할 것을 촉구했다. 세계화 시대에 살고 있는 오늘날 계급, 젠더, 인종, 종교, 문화, 민족이 서로 다른 전 세계의 여성들을 아우르는 포괄적인 '세계 여성주의(global feminism)'의 구축이 절실히 필요하다. 어

---

14 Rebecca Walker, "Becoming the Third Wave," Freedman, *The Essential Feminist Reader*, 400-401.

성주의운동은 문화, 사회, 경제, 정치의 가부장적 개념과 구조를 개혁하고 남성과 여성의 평등한 관계 속에서 소중한 자유를 누리고 정당한 권리를 획득하기 위한 노력을 경주했다. 20세기의 여성들은 이전 세기보다 훨씬 더 정교하게 다듬어진 주장을 펼쳤고 목표한 바를 어느 정도 이루었지만 완전한 성취는 아직 요원했다. 21세기는 성별 차이뿐만 아니라 인종적, 계급적 차별을 극복하고 사랑과 정의가 실현되는 세상을 위해 앞으로 부단히 나아가야 하며 여성들은 그 선봉에 서 있다.

3. 여성신학

기독교 공동체 안에서 여성의 역할이 활발해지고 특히 선교에서 여성이 차지하는 비중이 커졌음에도 불구하고 여성의 지위는 여전히 낮았고 남성 목회자의 지도와 통제에서 벗어나지 못했다. 여성들로 이루어진 연합단체들이 있었지만 남성이 지배하는 일반 단체로 합병되는 경우가 많았으며 남녀평등의 발판 위에서 여성이 지도력을 발휘할 수 있는 기회는 좀처럼 늘어나지 않았다. 기독교 여성들은 자신들이 어떤 자리에서 어떤 역할을 하고 있는지를 평가하기 위한 프로그램을 만들었으며 조사 결과 아직도 여성은 주변인으로 머물고 있다는 사실을 절감하게 되었다. 이렇듯 열악한 지위와 대우를 인지하고 각성하게 된 여성들은 자신들의 권리와 참여를 증진시키기 위해 모임 및 단체를 구성하여 남녀차별을 타파하고 여성해방을 추구하는 공동 대처의 길을 모색하게 되었다. 이와 함께 기독교의 가르침이나 제도 속에 있는 성차별을 극복하고 여성해방을 모색하는 여성신학이 등장하게 되었다.

여성신학은 “여성주의 관점에서 기독교의 성서와 전통, 교리와 예전,

영성과 실천을 재고하는 학문이며 운동이다." 여성신학은 성직과 교회의 직제에서의 여성의 역할을 증대시키고, 하나님과 신성에 대한 남성 지배적인 형상과 언어를 재해석하며, 성서와 전통에 나타난 여성들의 지위와 역할에 대해 재조명하는 것을 목표로 한다. 로즈메리 류터(Rosemary R. Ruether)는 여성신학의 역할에 대해서 다음과 같이 말한다.

> 여성신학은 여성주의적 비판과 젠더 인식체계의 재구성을 신학적 영역에 적용한다. 그것은 남성의 지배와 여성의 복종을 정당화하는 신학의 모형, 즉 하나님에 대한 배타적 남성 언어와 남성이 여성보다 하나님을 더 닮았고, 교회와 사회에서 오직 남성만이 지도자로서 하나님을 대표할 수 있으며, 하나님은 여성으로 하여금 남성에게 종속하도록 지으셨으며, 이 종속을 거부하는 것은 죄라는 견해에 대해 의문을 제기한다. 여성신학자들은 또한 하나님, 인간, 남성과 여성, 창조, 죄와 구원, 교회에 대한 기본적인 신학적 상징을 재구성함으로써 이 상징들을 젠더 포용적이고 평등주의적 방식으로 정의하도록 노력한다.[15]

가톨릭 교인으로서 보스턴대학교 교수였던 메리 댈리(Mary Daly)는 제2차 바티칸 회의에 참석했다가 수녀들이 받는 부당한 대우를 보고 분노했다. 그녀는 즉시 『교회와 제2의 성*The Church and the Second Sex*』을 저술하여 교회 내에서 행해지는 남녀차별을 비판했다. 그 책의 '하나님에 대한 개념(Ideas about God)'이라는 장에서 댈리는 이렇게 말한다.

> 물론 어느 신학자나 성서학자도 하나님이 문자적으로 남성에 속한다고

15 Ruether, "The Emergence of Christian Feminist Theology," Parsons, ed., *The Cambridge Companion to Feminist Theology*, 3-4.

> 믿는 사람은 없다. 그러나 신학자나 설교자나 신자의 마음에는 분명하거나 의식적이지는 않지만 하나님이 남성이라는 어리석은 생각이 자리 잡고 있다. 만일 어떤 사람이 대중 앞에서 하나님을 '그녀'라고 부른다면 사람들은 충격을 받고 당황해할 것이다. 그리고 만일 하나님을 가리키는 말로서 '그녀(she)'와 '그것(it)' 중에서 하나를 택하라면 많은 사람들이 후자를 택할 것이다. 왜냐하면 그것(it)이 비록 만족스럽지는 않지만 하나님을 여성이라고 하는 것보다는 덜 모독적인 것처럼 보이기 때문일 것이다.[16]

댈리는 가부장제도가 만들어놓은 언어와 상징들을 거세하여 그것들이 더 이상 여성들의 마음과 몸을 집단 윤간할 수 없게 만든 후 가부장제의 악령을 축출해야 한다고 강변했다. 그녀는 이 책이 출판된 후 보스턴대학교에서 파면의 위기를 맞았으나 자신의 뜻을 굽히지 않고 더욱 급진적인 여성해방주의자가 되었다. 댈리는 가부장적 제도를 개혁하기보다는 거부할 것을 주장하면서, 여성이 교회 안에서 평등을 주장하는 것은 마치 흑인이 백인우월주의자들의 비밀결사인 쿠 클럭스 클랜(Ku Klux Klan) 안에서 평등을 주장하는 것과 같다고 비난했다. 그녀는 기독교 역사에 나타난 성차별적 언어와 가르침을 비판하고 여성들은 이에 맞서서 새로운 '자매애(sisterhood)'로 단합하여 가부장제도로부터의 해방을 위한 '출애굽 공동체(Exodus community)'를 결성하자고 촉구한다.

> 가부장제의 상황 속에서 발전된 신학의 모든 개념 체계는 남성들의 산물이며 성차별 사회의 유익을 위해 봉사한다…. 소위 말하는 가부장제의 "자매애"란 사실 남성의 이익과 이념을 섬기는 작은 형제애이다. 정당의

16 MacHaffie, *Readings in Her Story*, 212.

> 여성모임, 대학의 여학생회, 종교의 수녀회는 모두 성차별 사회의 목표를 섬겼다. 이런 것들과 대조되는 새로운 자매애는 성역할의 사회화로부터 해방되기 위한 여성들의 유대이다…. 하나님이 오직 남성으로만 연상되는 한 남성은 하나님 역할을 하는 것이 당연하다고 느낄 수 있다는 것을 단합하는 여성들은 보기 시작했다. 그렇다면 가부장적 종교의 우상들을 무너뜨리는 것은 여성들의 새로운 의식에서 비롯된 결과이다…. 이제 자매애란 아주 실제적인 의미에서 반(反)교회(anti-church)이다. 여성들은 가부장적 종교의 지원을 받는 사회에 대한 대안세계(counter-world)를 건설하면서 성차별주의자인 성차별 종교와 전쟁을 벌이는 중이다…. 자매애는 또한 기존의 종교가 선포하지 못한 진리의 영역을 선포함으로써 교회로서의 역할을 하고 있다…. 마지막으로, 자매애는 여성의 기원이 아직 이루어지지 않은 가부장의 땅을 버리고 멀리 떠나는 출애굽 공동체이다. 그것은 우리의 주장인 여성의 해방을 내세우는 아마 역사상 최초의 출애굽 공동체일 것이다.[17]

댈리는 현대 여성신학의 선구자로서 많은 여성들의 의식을 일깨웠으나 가부장적인 개념체계에 함몰된 신학에 희망이 없다고 판단하고 여성주의 철학으로 연구 영역을 옮겨갔다. 그럼에도 불구하고 종교와 신학에 대한 그녀의 견해는 당대의 여성들에게 지대한 영향을 끼쳤다.

여성신학은 가부장제도 안에 있는 성차별(sexism)과 남성독재주의(male-chauvinism)를 비판하고 '포괄적 언어(inclusive language)'와 개념을 사용할 것을 주장한다. 또한 성서와 교리를 재해석하고 새롭게 표현한다. 류터는 여성신학에 대해서 이렇게 말한다.

---

17 Mary Daly, "The Women's Movement: An Exodus Community," Clark & Richardson, *Women and Religion*, 267-270.

가부장적 신학의 성차별적 편견은 하나님의 이름으로 신 모독적인 죄를 승인하는 것이라고 평가되어야 한다. 여성신학은 성차별적 편견을 불법화하고, 진정한 구원의 비전이 성차별로부터의 해방이라는 것을 보여주기 위해서 인간과 하나님과의 관계에 대한 모든 상징들을 체계적으로 재건하는 일에 힘쓴다.[18]

여성신학은 새로운 시각으로 가부장적 전통에서 소홀히 하거나 부정시했던 여성 특유의 체험과 삶을 긍정적으로 인식하고 강조한다. 예를 들면, 생리는 금기가 아니라 여성이 생명의 순환계와 관련된다는 것을 나타내는 체험이며 상징이다. 여성신학은 전통적 개념을 새롭게 이해한다. 가부장제도에서 남을 지배하고 통제하는 능력을 의미했던 힘의 개념을 재해석하여, 힘이란 자신과 남을 위해 생명을 부여하고 고무하는 것으로 본다. 또한 가부장제도 속에서 하나님—남자—여자—어린이—생물의 종적 도식으로 이해되었던 피라미드적 개념을 거부한다. 왜냐하면 이런 개념에서는 분리와 대립의 원리를 바탕으로 우월과 열등, 지배와 종속의 관계가 강조되기 때문이다. 여성신학은 이런 이원론을 거부하고 모든 인간이 평등한 관계 속에서 서로 관련됨을 강조하면서 인간과 인간 또는 인간과 자연과의 관계를 천(web) 또는 모자이크의 이미지로 표현한다.

또한 여성신학자들은 기독교인들은 전통적 신학이 생태학적으로 파산을 맞게 되었음을 인식하고 인간과 자연의 공존공영을 위하여 새로운 안목으로 성서와 기독교 전통을 재해석해야 한다고 주장한다. 샐리 맥페이그(Sally McFague)는 세상을 하나님의 영역이라기보다는 하나님의

---

18 Rosemary R. Ruether, "Feminist Theology and Spirituality," Weidman, *Christian Feminism*, 9, 11-12.

몸으로 보아야 하며, 하나님을 지배와 복종을 통해 나타나는 왕, 주인, 지배자, 가부장이 아니라 상호 관계, 상호 의존, 돌봄을 통해 나타나는 어머니, 사랑하는 분, 친구로 인식해야 한다고 주장한다. 죄란 군주인 하나님에 대한 복종을 거부하는 것이라기보다는 하나님의 몸인 세상을 양육하고 사랑하고 친구가 되는 책임을 거부하는 것이다.

레티 러셀(Letty Russell)은 죄와 구원에 대한 전통적인 개념에 대해 해방신학적 관점에서 새로운 정의를 내린다. 구원이란 개인이 죄와 죽음으로부터 벗어나는 것이라기보다는 사회, 경제, 정치적 변화를 통한 개인적이고 공동체적인 해방을 의미한다. 여성은 공격성과 욕망을 죄라고 생각하는 경향이 있는데 그것은 남성 신학자들이 규정해왔던 죄의 정의이다. 여성은 죄를 자신을 개발하지 않거나 부정하는 것으로 이해해야 한다. 또한 죄는 다른 사람들이 숨을 쉬고 인간으로서 살아갈 자리를 주는 것을 거부하는 것이다.

> 여성들은 여성주의 관점에서 죄의 의미를 재해석하는 데 큰 관심을 가지고 있다. 교회 전통에서 죄는 개인주의적으로 해석되었을 뿐만 아니라 성이나 여성과 관련된 것으로 여겨졌다. 이런 관점에서 비롯된 아담과 이브의 이야기에 대한 잘못된 해석을 포함한 여성혐오적인 생각을 정면으로 거부하는 것을 많은 여성주의 저자들에게서 볼 수 있다…. 다양한 해방의 신학은 죄를 해방의 반의어 또는 다른 사람에 대한 억압으로 볼 뿐만 아니라 다른 사람에게서 인간의 현실적이고 전인적인 의미로부터 생기는 관점을 배제함으로써 초래되는 인간화의 반의어 또는 비인간화라고 본다. 요약하자면, 오늘날 죄나 구원은 사회적이고 공동체적인 강조점을 되찾았다고 할 수 있다…. 오늘날 많은 사람들에게 해방이란 개인적이고 사회적인 하나님의 선물이라고 이해되며, 그것은 지속적으로 다른 사람들과 공유할

때에만 우리의 것이 되는 것이다.[19]

여성신학은 인간과 자연의 관계에 대한 새로운 이해를 바탕으로 생태계의 문제를 숙고하고 창조세계 보전의 길을 찾는 생태학적 여성신학(eco-feminist theology)을 모색한다. 그것은 여성의 해방뿐만 아니라 자연의 해방도 추구하는 것이다. 가부장적 문화는 남자와 여자, 마음과 육체, 인간과 자연을 분리시키는 이원론적 원리를 바탕으로 수립되었기 때문에 이런 이원론적 원리를 제거할 때 여성해방뿐만 아니라 자연해방도 추구할 수 있다. 인간은 창조세계의 한 구성원으로서 다른 창조물과 협력하고 조화를 이루어야 한다. 그러기 위해서는 창조 공동체 속에서 오직 인간만이 척도이며 수장이라는 인간중심주의를 버려야 한다.[20]

생태학적 여성해방주의는 가부장적 문화를 구성하는 이원론에 대한 철저한 분석을 수반한다. 특히 마음과 육체, 문화와 자연, 남자와 여자, 인간과 비인간을 나누는 이원론에 따라 수립된 계급구조에 초점을 맞춤으로써 여자에 대한 억압과 자연에 대한 억압과의 관계를 분석한다. 그 목표는 이러한 관계를 비계급적, 비가부장적 방법으로 재개념화하는 것이다. 이렇게 함으로써 생태학적 여성해방주의자들은 세상에 대한 새로운 삶을 추구한다.[21]

19 Letty M. Russell, "Human Liberation in a Feminist Perspective-A Theology," MacHaffie, *Readings in Her Story*, 237-238.

20 Ruether, *Sexism and God-Talk*, 20. 참고. Ch. 3, "Woman, Body, and Nature: Sexism and the Theology of Creation," 72-92.

21 Lois K. Daly, "Ecofeminism, Reverence for Life, and Feminist Theological Ethics," Birch, Eakin & McDaniel, eds., *Liberating Life*, 94.

4. 여성교회론

기독교 여성들은 여성신학적 관점에서 교회의 본질과 특징, 역할과 사명을 재조명하여 전통적 교회론이 지니고 있는 권위주의적이고 가부장적인 성차별 요소를 비판하고 그 내용을 수정, 보완하여 균형 잡힌 교회론을 제시한다. 전통적 교회론에서 가장 강조되는 것은 통일성이다. 교인들의 단합은 교회의 안정과 발전을 위해 절대적으로 필요한 것이었고 이단이나 분파는 교회의 결속력을 저해하는 악의 무리요 세력으로 간주되었다. 교회의 통일은 감독을 중심으로 이루어지게 되었으며 자연히 감독의 지위와 권한이 강화되었고 나아가서 교회와 감독을 동일시하게 되었다. 감독은 그리스도에 비교되었고, 교인들은 감독을 따르고 순종하는 양떼에 비유되면서 감독 중심의 권위주의와 남성 중심의 가부장제도가 교회의 직제와 기능을 지배하게 되었다. 여성신학자들은 교회의 통일이 중요함을 인정하면서도 차별이 내재하고 있는 통일은 완전한 통일이 아니라고 비판한다. "교파 간의 분열이 극복되고 통일을 이룬다고 해도 그 안에 인종이나 계층이나 성이나 부로 인한 분열이 남아 있다면 교회는 진정으로 통일을 이룬 것이 아니다."[22]

교회의 거룩성에 대한 강조 또한 가부장적 사고를 촉진시켰다. 교인들은 그리스도의 신부로서 순결성과 거룩성을 지켜야 했으며, 특히 동정녀 마리아의 순결과 순종은 여성 교인들이 본받고 지켜야 할 이상적 모델로 제시되었다. 여성은 아담을 유혹해서 타락하게 한 이브의 후예로서 선천적으로 죄성과 열등성을 지니고 있다고 생각되었으며, 죄의식을 가지고 남성 또는 남자 성직자에게 겸허하게 순종하는 여성만이 마

22 Russell, *Church in the Round*, 133.

리아를 본받는 모범적 신자로 불리게 되었다. 류터는 그리스도와 교회의 관계를 남편과 아내의 관계로 비유하는 것이 남성에 대한 여성의 종속적 자세를 초래했다고 지적한다. "그리스도와 교회와의 관계를 인간 결혼의 모델로 삼는 것은 부당한 것이며 남편의 구속적 권위에 대한 복종을 통해서 흠 없고, 완전하고, 죄 없는(처녀의?) 존재가 되어야 함을 시사하고 있다."[23]

교회의 보편성과 사도성의 특징도 로마 교회와 감독을 중심으로 하는 교권주의적 가부장제도의 직제를 정착시키는 요인이 되었다. 특히 그리스도의 열두 제자가 모두 남성이고 로마 감독은 그리스도로부터 천국의 열쇠를 받았으며 믿음의 반석이라고 불리는 베드로의 후계자라는 주장과 사도들의 전통은 감독들에 의해서 계승된다는 가르침이 확립되었다. 여성 교인의 사제직은 부인되었고 오로지 평신도로서 또는 남성 성직자를 보좌하는 종속적 직분을 가지고 소극적이고 피동적인 역할을 수행하는 데 만족해야 했다. 이에 대해서 러셀은 다음과 같이 비판한다.

> 가부장적 지배 모형은 사도직이 권위 있는 증인의 자리이며 그 권위는 선택된 남성 지도자들을 통해 보장된다는 생각을 형성하는 데 중요한 역할을 했다. 그러나 초기에 바울이 사용한 '사도'라는 단어의 의미는 복음의 전파를 위해 보냄을 받은 자(롬 1:1; 고전 12:28), 곧 증인 또는 선교사라는 것을 기억하는 것이 중요하다. 그리스도의 사도직의 표시는 이 세상에서 하나님의 보내심을 받아 자유롭게 하는 행동, 즉 하나님의 선교에 참여하는 데 나타난다."[24]

23 Ruether, *Sexism and God-Talk*, 141.

24 Russell, *Church in the Round*, 134f.

전통적인 교회론에 나타난 네 가지 표징, 곧 통일성, 거룩성, 보편성, 사도성은 그리스도교 발전 초기에 유대교의 방해와 이단, 분파의 난립 등 어려운 여건 속에서 형성된 것들로서 교회가 지니고 지켜야 할 중요한 요소들이다. 그러나 이 특징들은 교회의 가부장적 체제를 더욱 강화시키는 부정적 요인으로도 작용하게 되었다. 그러므로 전통적인 교회론에서 보다 평등하고 포용적이며 여성의 역할을 신장시키는 내용들을 발굴해서 새롭게 조명할 필요가 있다. 여성교회론을 모색하는 작업은 전통적인 가부장적 교회론을 전적으로 부정하기보다는 전통적 교회론 형성의 역사적 배경과 과정을 이해하면서 잘못되고 불완전한 부분을 수정, 보완하는 방향으로 추진되는 것이 바람직할 것이다.[25]

현대 여성신학자들은 그리스도인들의 공동체인 교회는 '평등주의적 공동체', '성령 충만한 공동체', 또는 '사랑의 공동체'가 되어야 함을 강조한다.[26] 교회는 모든 사람을 받아들이는 포용적 교회가 되어야 한다. 러셀은 여성신학적 교회론을 모색하면서 다음과 같이 교회를 정의한다. 교회는 "예수 그리스도께서 대가를 치르고 사신, 모든 사람을 받아들이는 그리스도의 공동체"[27]이다. 이제 교회는 전통적인 가부장적 모델을 버리고 평등을 추구하는 새로운 모델을 모색해야 한다.[28] 카(Anne E. Carr)의 지적대로 전통적인 가부장적 교회론은 자유와 봉사가 아닌 권위와 복종을 강조하는 계급적이고 군대조직과 같은 모델을 제시하고 있

---

25 Ibid., 44.

26 Carr, *Transforming Grace*, 181, 194-195; Ruether, *Mary—The Feminine Face of the Church*, 84; Schüssler Fiorenza, *In Memory of Her*, 343-351; Russell & Clarkson, eds., *Dictionary of Feminist Theologies*, "Ecclesiology," 74-76; "Marks of the Church," 171-172.

27 Russell, *Church in the Round*, 43.

28 Carr, *Transforming Grace*, 200.

으며, 이러한 모델은 신비와 신비로운 교통과 선교로 이루어지는 복음의 모델과도 상충된다.[29] 교회는 권위주의적이거나 계급적이거나 경직된 조직이 아니라 평등하고 포용적이며 영적으로 충만한 공동체여야 한다. 남성 중심의 또는 남성으로 대표되는 교회론은 이러한 교회의 성격을 충분히 표현할 수 없다. 오히려 교회의 여성성을 부각시키고 강조할 때 바람직한 교회상을 제시할 수 있다.

교회는 초대 기독교 시대부터 여성으로 표현되어왔으며 또한 그리스도의 신부로 불렸다. 그런데 교회를 그리스도의 신부로 조명하면 교회의 표징이 순결과 순종이 되기 때문에 남성에 대한 여성의 수동적 자세를 강조하게 된다. 여성교회론에 적합한 교회의 표상은 어머니이다. 교부들의 글에는 교회를 어머니로 표현하는 '어머니 교회(*Mater Ecclesia*)'의 개념이 많이 등장한다. 흥미로운 사실은 로마 감독의 지상권(至上權, supremacy)을 주장하는 로마 교회에서는 교회를 어머니 교회라고 부르지 않는다는 것이다. 로마 교회가 남성 중심의 교권제도가 가장 견고한 곳이기 때문일 것이다. 어머니 교회라는 호칭의 발생 근원지는 소아시아 프리기아 지방으로 추측되는데, 이 지방은 이방의 여신 숭배가 흥하던 곳이고 몬타누스의 후계자인 여사제 막시밀라와 프리스킬라가 활동하던 곳이기도 하다. 어머니 교회라는 상징은 자녀에 대한 어머니의 따뜻하고 한결같은 사랑과 돌봄을 나타낸다고 할 수 있다.

어머니로서의 교회의 표징 중 하나는 신분의 고하나 빈부의 격차나 남녀의 차별 없이 모든 사람을 받아들이고 끌어안는 '포용성(inclusivity)'이라고 할 수 있다. 예수의 사역은 특히 사회적으로 차별받고 소외된 사

---

29 Ibid., 199.

람들을 대상으로 이루어졌다. 사도 바울의 말대로 "유대인이나 헬라인이나 종이나 자주자나 남자나 여자 없이 다 그리스도 예수 안에서 하나"(갈 3:28)인 것이다. 교회의 대중성과 개방성은 모든 사회계층의 사람들을 포용함으로써 로마제국의 박해를 극복하고 그리스도교가 승리하는 원동력이 되었다. 교회의 또 다른 표징은 '평등성(equality)'이다. 기독교의 가르침에는 모든 그리스도인이 하나님 앞에서 평등하며 모두가 사제라는 내용도 있다. 성직자와 평신도의 구분은 기능적 구분이지 신분적 구분이 아니다. 종교개혁자 마르틴 루터가 중세 로마가톨릭교회 성직자들의 권위주의에 대항하여 만인제사장설을 주장한 것처럼 평신도의 지위와 역할을 강조하는 내용은 여성 사제직의 근거가 될 수 있다. 교회의 또 하나의 표징이 될 수 있는 것은 '사랑의 돌봄(love-caring)'이다. 성서는 그리스도와 가난하고 병든 사람들을 동일시한다(마태복음 25:31-46). 신앙을 구현하는 길은 그런 사람들을 돌보고 돕는 것이며, 그리스도인은 자선을 통해서 하나님을 사랑하고 하나님께 기도한다. 초대교회는 병원, 합숙소, 양로원, 고아원 등을 지어 가난하고 병든 사람들을 돌보았으며, 니케아 공의회(325)는 교회법으로 로마제국의 모든 도시에 병원을 세울 것을 규정했다(Canon 70). '성령 충만(fullness of the Holy Spirit)'도 교회의 표징이 될 수 있다. 교회는 오순절 성령강림 사건으로 출발했다. 교회는 성령의 전으로서 성령이 살아 역사하시는 곳이 되어야 한다. 교회는 권위와 계급으로 이루어지는 경직된 조직체가 아니라 성령이 거하고 역사하는 생동적인 공동체의 장이다. 성령은 콘스탄티노플 공의회의 신조에서 고백하듯이 "생명을 주시는 분(Giver of Life)"으로서 사랑과 진리로 신자들의 삶과 영혼을 일깨우며 그리스도를 닮아가게 양육하신다.

현대 여성신학자들은 동정녀 마리아를 교회의 표상으로 부각시키면서 마리아에게서 전통적으로 강조된 순결과 순종보다는 '마리아 찬가'(누가복음 1:46-55)의 내용을 근거로 해방의 역할을 강조한다.[30] "만일 그리스도가 다른 사람들을 섬기기 위해서 하나님의 능력을 온통 쏟아 부은 것을 상징한다면 마리아 또는 교회는 해방된 인간성을 상징한다."[31] 마리아는 참으로 "완전한 여성과 해방된 인간의 모델"[32]이 된다. 마리아의 순결성은 여성혐오나 여성의 열등성을 나타내는 것이 아니라 남자에게 의존하지 않고 하나님의 해방의 역사를 자신의 삶의 통해 구현시키는 자율성과 주체성을 나타낸다. 류터의 말대로 "우리는 그리스도와 교회를 지배적 남성과 복종적 여성으로 대비시키는 유형론을 넘어설 필요가 있다. 오히려 여기서 우리가 계속 보는 것은 계속되는 낮아짐과 변혁의 과정이다."[33] 마리아는 더 이상 여성 억압의 모델이 아니라 여성해방의 모델이다. 따라서 마리아로 표상되는 교회는 '해방 공동체'이며, 교회로서의 마리아는 억압받는 사람들에 대한 하나님의 우선적 선택을 상징한다.[34]

여성신학자들은 가부장적 전통 속에서 형성된 교회론에 나타난 계급적이고 권위주의적인 요소를 비판하면서 협동적이고 평등주의적인 모습을 찾아내는 작업을 진행시키고 있다.[35] 그 작업의 일환으로 교회의 전통적인 특징인 통일성, 거룩성, 보편성, 사도성 외에 포용성, 평등성, 사랑의 돌봄, 성령충만, 해방성 등의 요소를 강조함으로써 교회의 참된 본질과 특성을 규명하고 제시한다. 여성교회론은 이러한 교회의 특징의

30 Ruether, *Sexism and God-Talk*. 150-152.

31 Ruether, *Mary*, 86.

32 Chung, *Struggle to be the Sun again*, 78.

33 Ruether, *Sexism and God-Talk*, 201.

34 Ibid., 156f.

35 Russell & Clarkson, *Dictionary of Feminist Theologies*, 172.

근거로 "어머니 교회"의 개념을 중시하고 마리아를 교회의 표상으로 부각시킨다. 그러나 러셀의 말대로 교회의 새로운 표징들을 발굴하는 일도 중요하지만 "무엇보다도 중요한 것은 어떤 표징들이 존재하느냐 하는 것이 아니라 그 표징들의 사용과 실천이다."[36] 교회는 시대와 상황의 요청에 따라 자신의 모습을 계속 변화시키고 개혁시켜 나갈 때 하나님께서 맡기신 돌봄과 섬김과 복음 전파의 사명을 충실히 감당할 수 있을 것이다.

5. 여성의 안수

여성은 전체 기독교인의 과반수를 차지하고 있으며 목회, 선교, 교육 활동에서 차지하는 비중도 상당하다. 그러나 교회나 기독교 단체에서 지도자의 위치에 오르는 데는 여전히 많은 장애가 있다. 대표적인 경우가 여성의 성직 안수 문제이다. 반대론자들은 여성이 제단 앞에 섰을 때 남성들은 성적 충동 등 감정적인 분위기에 휩싸이기 때문에 예배의 목적을 온전하게 수행할 수 없으며, 남성보다 열등하게 창조된 여성이 권위 있는 지도자가 되는 성직을 맡을 수 없고, 하나님이나 예수나 열두 사도가 모두 남성성을 가졌기 때문에 여성은 그 역할을 맡을 수 없다는 것이다.

로마가톨릭교회는 제2차 바티칸 회의에서 성차별을 금지했지만 여전히 여성에게 아내와 어머니의 역할을 충실히 수행하라고 촉구했다. 또한 1976년 교황 바오로 6세의 이름으로 공표한 "사제직에 여성을 받

36 Russell, *Church in the Round*, 132.

아들이는 문제에 대한 선언(Declaration on the Question of Admitting Women to the Priesthood)"에서 예수가 여성을 열두 제자의 일원으로 부르지 않았으며 또한 여성의 몸은 남성인 그리스도의 몸을 닮을 수 없다는 이유를 내세워 여성을 사제직에서 제외하는 것을 정당화하면서 다음과 같이 선언한다.

> 목회 사제직에 대한 소망을 표명하는 여성들은 의심할 여지없이 그리스도와 교회를 섬기려는 소망이 동기가 되었다…. 그러나 사제직은 개인의 권리의 한 부분에 포함되는 것이 아니라 그리스도와 교회의 신비스러운 경륜에서 비롯된 것이다…. 그러므로 기독교의 중요한 명제 중의 하나인 세례교인들의 실제적 평등성의 본질에 대해서 더욱 깊이 성찰할 필요가 있다. 평등성은 결코 동질성이 아니다. 왜냐하면 교회는 다양한 지체를 갖고 있으며 각 사람은 그 안에서 자신의 역할을 지니고 있다…. 교회는 기독교 여성들이 자신들이 행한 선교의 위대함을 더욱 철저하게 인식하기를 기원한다. 오늘날 여성들의 역할은 매우 중요한데, 그것은 사회를 갱신하고 인간화하며 교인들로 하여금 교회의 참된 모습을 다시 보게 하는 것이다.

1994년 요한 바오로 2세는 '사제 안수(*Ordinatio Sacerdotalis*: Priestly Ordination)'라는 제목의 사도서신에서 "교회는 여성에게 안수를 주는 어떤 권위도 갖고 있지 않으며, 이 판단은 모든 신실한 교회가 단호하게 지켜야 한다"고 말하면서 그것은 신성한 법으로서 바뀔 수 없는 것이라고 같은 입장을 견지했다. 2007년 교황청은 여성에 대한 안수를 시도하는 주교나 여성은 자동적으로 파문을 당할 것이라는 교령을 발표했고, 2010년에는 그것이 '심각한 불법행위(grave delict)'라고 선포했다. 로마

가톨릭교회의 여성안수 불허 입장은 많은 신학자와 여성단체로부터 거센 비난을 받았지만 아직까지 변하지 않고 있다.

정교회도 마찬가지로 여성의 사제직 안수를 허락하지 않고 있다. 2004년 그리스정교회가 수도원 여집사직을 허락했지만 '안수(ordination)'가 아닌 '임명(appointment)'이라는 용어를 사용했다. 반면에 개신교는 '만인제사장설'에 입각해서 일찍부터 여성들에게 안수의 길을 열어주었다. 퀘이커교도는 17세기 설립 당시부터 여성에게 안수를 주었으며, 감리교는 18세기 후반 존 웨슬리가 여성에게 목회직과 설교직을 허락한 이래 여성들은 200년이 넘도록 목회와 선교의 일익을 담당하고 있다. 1865년 설립된 구세군도 처음부터 여성의 안수를 허락했으며 최고 지휘자인 대장(General) 직에 여성이 여러 차례 오른 바 있다. 뉴질랜드의 성공회는 1990년 처음으로 여성에게 주교 안수를 거행했다. 오순절교회와 성령운동을 하는 교회들은 대부분 시작할 때부터 여성의 안수를 인정함으로써 이 부분의 선도자 역할을 하고 있다. 여성의 안수는 점점 증가하는 추세이며 오늘날 개신교회의 과반이 이를 허락하고 있다.

6. 현대 기독교 여성들

언론가요 작가이면서 가톨릭노동자운동을 창시한 도로시 데이(Dorothy Day, 1897-1980)는 가톨릭 신앙과 급진적 사회운동을 연결시킨 인권운동가요 평화주의자였다. 그녀는 여성참정권운동을 하다가 투옥되기도 했으며, 민방위훈련 시 대피소에 가기를 거부해서 체포, 구금되기도 했다. 데이는 피터 모린(Peter Maurin)과 함께 1933년 사회적 이슈를 다루는 월간지 『가톨릭노동자*Catholic Worker*』를 발행하기 시작했는데 얼마 지나지 않아 매달 10만 부 넘게 인쇄할 정도로 호응을 받았다. 『가톨릭노동자』는 노동조합 편에 서서 기존 사회 체제를 강하게 비판했으며 도시화와 산업주의를 반대했다. 또한 독자들에게 잡지의 주장에 대해서 개인적으로 반응을 나타내 줄 것을 요청하면서 특히 곤궁한 처지에 있는 사람들을 돕는 일을 자선단체에 미루지 말 것을 호소했다. 데이는 자신의 아파트를 접대소로 제공했으며 수십 년이 지난 현재 수백 개로 늘어났다. 그녀는 사랑의 공동체를 이루는 것이야말로 이 땅에 하나님의 뜻을 실현하는 길이라고 생각했다.

> 어떤 사람은 가톨릭 노동자(Catholic Worker)에 대해서 가장 중요한 것이 청빈이라고 하고 또 다른 사람은 공동체라고 말한다. 우리는 더 이상 혼자가 아니다. 그러나 마지막 단어는 사랑이다…. 우리는 서로 사랑하지 않는다면 하나님을 사랑할 수 없다. 우리가 서로 알아야 할 것은 사랑하는 것이다. 우리는 빵을 나누는 가운데 주님을 알고 빵을 나누는 가운데 서로를 안다. 우리는 더 이상 혼자가 아니다. 천국은 잔치이며 이 땅의 삶도 역시 잔치이다. 동료애가 있는 곳은 비록 빵 껍질만 있어도 잔치자리이다. 우리 모두는 오랜 외로움을 알고 있었으며 유일한 해결책은 사랑이라는 것을 배우게 되었다. 사랑은 공동체와 함께 온다.[37]

도로시 데이는 전쟁을 반대하는 평화주의자였지만 나치 치하에서 고통 받으며 신음하는 유대인들을 위한 단체 설립에 참여했다. 가톨릭노동자운동은 전쟁 활동(works of war)이 아닌 자비 활동(works of mercy)을 지원했다. 데이는 미국의 일본에 대한 핵폭탄 투하에 반대하여 시민

37 Dorothy Day, "Postscript to the Long Loneliness," Madigan, ed., *Mystics, Visionaries, and Prophets*, 359.

불복종운동을 벌였는데 이것을 가리켜 참회의 행동이라고 했다. 그녀는 한편으로는 과격한 사회운동가요 또 다른 한편으로는 성자라고 불리면서 많은 사람들에게 영감과 용기를 주었다. 테레사 수녀는 고령으로 거동이 불편한 데이를 방문하여 애덕선교수녀회(Missionary Sisters of Charity)에서 정식으로 인정된 회원에게만 주는 십자가를 그녀의 옷에 달아주었다. 데이는 2000년에 시성 이전의 단계인 '하나님의 종(Servant of God)'의 칭호를 받았다.

테레사 수녀(Mother Teresa of Calcutta, 1910-1997)는 세르비아에서 태어나 알바니아계 민족의 일원으로 또한 종교적으로는 그 지역의 소수자인 가톨릭교도로 자랐다. 태어난 다음날 아그네스라는 기독교 이름을 얻은 그녀는 독실한 신앙을 지닌 어머니 밑에서 신앙생활과 자선활동을 몸에 익히며 성장했다. 어린 10대에 종교적 삶의 소명을 느낀 아그네스는 선교사로 인도에 가기 위해서 우선 아일랜드 로레토수녀회(Irish Sisters of Loreto)에 들어가 기본영어를 배우고 1929년 인도를 향해 떠났다. 그녀는 관습대로 새 이름을 정했는데 테레사였다. 그녀가 택한 테레사라는 이름은 스페인의 아빌라의 테레사와 표기는 같았지만 사실은 '작은 꽃'이라고 불리는 성녀 리지외의 테레사(Thérèse of Lisieux)의 고결함을 본받기 위한 것이었다. 그녀는 캘커타에서 로레토수녀회가 운영하는 학교의 교장이 되어 학생들을 가르쳤다. 1946년 테레사 수녀는 병환 중에 애덕선교회(Missionaries of Charity)의 영감을 받았다. 그것은 '소명 안에 있는 소명(call within a call)'으로서 '가난한 사람들 중의 가장 가난한 사람들(the poorest of the poor)'을 위해서 헌신하는 것이었다. 1948년 테레사 수녀는 첫 번째 빈민촌 학교를 시작했다. 그녀는 자신이 돕는 가난한 사람들에게서 숨겨진 예수를 보았으며 자신은 단지 하나님의 손에 들린 연필이라고 생각했다. 테레사는 계속해서 학교, 진료소, 임종의 집, 나환자의 집, 고아원, 정신질환자의 집, 기형과 장애 어린이의 집, 에이즈 환자 부모의 숙소 등을 설립했다. 애덕선교회의 수녀들은 그녀들이 섬기는 가난한 사람들과 비교될 정도로 철저한 내핍생활을 한다. 이 선교회는 종교가 다르다고 차별하지 않으며 또한 직접적으로 개종을 요구하지 않고 모든 사람을 돌본다. 애덕선교회는 세계 각지에 확산되었고 이와 비슷한 수도회, 관상수녀회, 평신도회가 설립되었다. 테레사 수녀는 1979년 노벨 평화상을 받았으며, 인도에서는 '캘커타의 복녀(Blessed Teresa of Calcutta)'로 불렸다. 교황 요한 바오로 2세는 테레사 수녀가 세상을 떠난 지 6년째 되는 해인 2003년 그녀를 시복(諡福)했다.

영향력 있는 정치운동가, 지혜롭고 통찰력 있는 영성을 지닌 신학자로 알려진 도로테 죌레(Dorothee Soelle, 1929-2003)는 신비주의를 정치적으로 해석하고 고난을 강조하는 해방의 신학을 추구했다. 그녀의 예언자적 음성과 고난 받는 하나님에 대한 비전은 아직도 사람들의 마음을 울리고 있다.[38] 죌레는 기독교 근본주의자를 '그리스도 파시스트(Christofascist)'라고 부르며 또한 '기독교 피학증(Christian masochism)'과 '신학적 가학증(theological sadism)'에 대해 신랄한 비판을 가했다. 기독교 신학 안에서 무자비한 행위와 구원은 형제가 되었으며, 억압적 신론과 억압적 사회는 상호간에 철저한 결탁을 맺고 있다는 것이다. 그녀는 "베트남은 골고다이다", "제3세계는 영원한 아우슈비츠이다"라는 도발적인 말로 고난당하는 사람들의 처지를 나타냈다. 그녀가 제시하는 급진적 기독교는 신비적 체험과 정치적 행동, 고난과 기존 체제에 대한 저항을 연결시킨다. 하나님은 우리가 세우는 기념비나 공중의 중보기도보다는 이 세상에 하나님의 정의로운 통치를 펼치기 위해서 우리의 손을

38 Oliver, *Dorothee Soelle*, 13.

필요로 하신다. 하나님은 취약한 분이다. 왜냐하면 하나님의 힘은 힘없는 사랑이기 때문이다. 하나님은 전능하신 분으로서 권능으로 우리를 조정하는 것이 아니라 모든 피조물에게 그 권능을 부여하고 나누신다. 하나님은 이 세상과 유리된 곳에 계시면서 우리를 세상 밖으로 끌어내는 초자연적인 신이 아니라 세상을 감싸 안고 우리 존재의 근거가 되시는 분이다. 하나님은 더 이상 저 밖에 계신 분이 아니라 이 세상에서 우리 삶의 모든 면에 관여하시는 분이다. 하나님은 우리 가운데 전격적으로 우리 가운데 화육하셔서 모든 것을 신성하게 만드신다. 죌레는 신비주의의 민주화를 요청한다. 왜냐하면 하나님 체험은 소수의 전유물이 아니라 모든 사람이 할 수 있는 것이며 성당이나 교회의 교리 안에 숨길 수 있는 것이 아니기 때문이다.

> 하나님은 하늘에 계시지 않는다. 그분은 십자가에 달려있다. 사랑은 비현실적이고 간섭하고 자기를 내세우는 권세가 아니다. 십자가에 대해서 명상한다는 것은 그런 꿈을 버리는 것을 의미한다…. 고난을 초래하는 하나님은 아무리 나중에 그 고통을 없앤다 해도 결코 옳다고 할 수 없다. 천국은 아우슈비츠를 바로잡을 수 없다. 하지만 위대한 파라오가 아닌 하나님께서 고난과 십자가의 죽음에 참여함으로써 당신이 옳음을 보여주셨다.[39]

아우슈비츠와 같은 비극적인 장(場)을 만드는 자본주의, 소비주의, 핵무기 경쟁, 베트남 전쟁, 그리고 기독교 신학에 대한 죌레의 비판은 매우 준엄하다. 성공이 최고의 미덕이 되고 부가 그 시종이 되는 사회에 살면서 우리는 인간으로서 고난의 비극과 세상의 불의에 대해서 어떤

---

39 Soelle, "Suffering," Oliver, *Dorothee Soelle*, 98.

책임을 져야 하는가? 우리는 억압과 성차별과 그밖에 모든 권위주의에 대항해서 함께 투쟁해야 한다. 죌레는 해방의 신학을 다음과 같이 설명한다.

> 해방의 신학은 소테리아(*soteria*)라는 옛 말을 새롭게 번역하는 데서 출발한다. 그것은 원래 죽음의 위험이나 감옥으로부터의 구출이나 구제를 의미했다. 그것은 전통적으로 대개 구원이라고 번역되었다. 이제 우리는 그 번역을 바꾸어서(신학자들이 해야 할 일이다) 말한다. 소테리아는 해방이다. 그리스도는 해방자이시다…. 구원이 구원받지 못한 사람들을 구원하는 전적 타자(totally other)의 행위인 반면에 해방은 그리스도와 사람들 사이에서 이루어지는 협력이다…. 투쟁에 참여하는 것은 해방의 개념에 필요한 전제이다…. 해방의 신학은 저항의 신학을 배제하지 않는다…. 주체적인 저항의 경험 없이는 해방도 없다.[40]

하나님을 향해 나아가는 인간의 영적 순례는 '변화의 길(*via transformativa*)'이다. 전통적으로 영적 순례의 목표는 이 세상을 벗어나서 하나님과 연합하는 것으로 여겨졌다. 그러나 죌레는 하나님과의 연합이 세상을 벗어나서 하나님에게 흡수되는 것이 아니라 하나님과 함께 서서 상호작용을 하면서 협력하는 것이라고 이해한다. 하나님과 하나가 된다는 것은 곧 하나님의 목적과 하나가 되는 것이다. 또한 피조물과 하나가 된다는 것은 모든 피조물의 가치를 인정하는 것이며 그 가치를 왜곡시키는 세력에 저항하는 것이다. "그러므로 신비로운 종교적 체험의 궁극적 목적은 저항이다…. 사회적, 정치적 실천의 형태로 기존체제에

---

40 Soelle, "Resistance: Toward a First World Theology," Oliver, *Dorothee Soelle*, 142-143.

저항하는 것은 하나님의 소명이다."[41] 우리는 세상에서 행동하는 권한을 하나님으로부터 부여받았는데 그 권한으로 고통당하는 사람들이 아픔을 느끼지 않도록 마비시키라는 것이 아니라 희생자들과 함께 하면서 고통을 제거하라는 것이다. 우리의 행동은 하나님의 행동이며, 우리의 손은 하나님의 손이다. 죌레는 저항의 정신을 핵무기 경쟁, 베트남 전쟁, 남아메리카의 불의에 반대하는 평화운동으로 실천했다.

스페인 식민지였던 라틴 아메리카의 나라의 백성들은 독립 후 독재 정권 치하에서 고통을 당하고 있었다. 1492년 약 1억 명이었던 카리브해 연안과 라틴 아메리카의 인구는 1세기도 지나지 않은 1570년에 이르러 약 1200만 명으로 그 수가 급락했다. 그 이유는 인류 역사상 가장 규모가 큰 대량학살이 있었기 때문이다. 이 지역의 원주민 여성들은 스페인이 지배할 때부터 물건이나 상품 취급을 받았으며 독립 후에는 정치적 탄압과 경제적 착취에 시달려야 했다. 1970년 엘살바도르의 예수회 신부인 그란데(Rotilio Grande)는 작은 지역 공동체를 만들어 신앙모임을 가지면서 어떻게 하면 그들을 억압하는 불의한 체제를 변화시킬 수 있을까를 논의했다. 이렇게 시작된 지역 공동체는 순식간에 확산되었고 그란데 신부가 암살되는 일이 일어났지만 그 기세는 꺾이지 않았고 정부는 위협을 느끼게 되었다. 가톨릭교회는 사제와 교사를 훈련시켜 지역 공동체를 담당하게 했고 빈민들은 그리스도 안에서 단합한 공동체의 힘을 느끼기 시작했다. 그들은 자신들이 하나님의 백성이고, 자신들이 당하는 고통은 하나님의 뜻이 아니라 독재자 때문이며, 해방과 존엄과 평등을 위해 투쟁할 때 하나님이 함께 하시리라고 믿었다. 그리고 투쟁의 방법은 비폭력 저항이었다. 그러나 억압이 점점 심해지자 로

---

41 Ibid., 93.

메로(Oscar Romero) 대주교는 인권을 유린하는 독재 권력에 맞서 투쟁할 권리가 백성들에게 있음을 선포하고 개인적인 예언자가 되기보다는 전 공동체가 예언자가 되어야 함을 당부했다. 로라 로페즈(Laura López, 1950?-1985)와 실비아 아리올라(Silvia Maribel Arriola, 1951-1981)는 그리스도의 사랑으로 예언적 사명을 수행하다가 순교를 한 엘살바도르 가톨릭 여성들이다. 로페즈는 폭탄이 떨어지는 위기의 순간에도 사람들에게 용기를 북돋웠다.

순교자의 십자가가 우리 어깨 위에 놓였습니다. 우리는 십자가의 길을 끝내려고 결심했지만 마지막 승리가 아직 멀리 저 앞에 있습니다. 우리는 그리스도인이고 무엇을 해야 할지 알고 있습니다. 그러나 우선 우리는 희생해야 하고 그렇게 하도록 심각한 결심을 해야 합니다…. 우리는 두려워하면서 미워했습니다. 이제는 그렇게 하지 말아야 합니다. 우리는 영혼에 있는 잘못된 자만심을 버리고 자신과 마주보아야 합니다. 그러면 새로운 사람으로 거듭나고 사랑으로 이루어진 새로운 세상이 나타날 것입니다.[42]

엘살바도르 사람들은 로라 로페즈를 기리며 그녀를 주교라고 불렀는데 그 이유를 함께 일했던 동료가 설명한다.

로라는 구아자파(Guazapa)의 주교였습니다. 왜냐하면 그녀는 폭탄이 떨어져서 많은 사람들이 죽는 때에도 떠나기를 거절했습니다. 한 번은 그녀가 우리에게 말하기를, 선한 목자는 결코 양을 버리지 않으며 오직 한 사람만 남아도 구아자파에 머물면서 복음을 전할 것이라고 했습니다.[43]

---

42 Madigan, *Mystics, Visionaries, and Prophets*, 406-407.

43 Ibid., 408.

또 다른 순교자인 실비아 아리올라의 동료는 비록 그녀가 곁을 떠났지만 그녀를 기억하는 사람들의 마음속에 그리고 마을 공동체와 함께 영원히 살아 있다고 말한다. 아리올라가 일했던 공동체에서는 그녀를 기리는 찬송가를 만들어 부르는데 가사 중에 사람들이 그녀에게 묻는다. "실비아, 어디를 갑니까?" 그다음 가사에서 그녀가 화답을 한다. "내 무덤에서 나를 찾지 마세요. 나는 사람들과 함께 있습니다. 나는 새 역사의 길을 열기 위해 갑니다."[44]

아프리카 가나의 오두요예(Mercy Amba Oduyoye, 1934-)는 아프리카 문화, 이슬람 율법, 서구문명, 기독교 전통이 모두 반(反)여성적이며 아프리카 여성들이야말로 대표적인 '억압받는 자들'이라고 단언한다. 그녀는 세계교회협의회에서 오랫동안 일했으며 활발한 강연과 저술 활동을 하고 있다. 오두요예는 아프리카 여성들이 기독교 문화와 신학에 큰 기여를 할 수 있다고 생각한다. 우리는 각 나라의 현지인들이 지니고 있는 토착 문화와 신앙에 마음을 열고 눈과 귀를 기울여야 한다. 서구 기독교의 전통적인 교리나 성례전은 특별한 문화적 상황에서 끊임없이 재해석되어야 하며, 반대로 개별적인 문화와 전통은 기독교 신학에 의해서 비판적 성찰을 받을 필요가 있다. 그녀는 정의를 표방하는 해방의 신학이 여성에게 가해지는 불의에 대해서는 외면하고 있다고 비판한다.

> 여러 차례의 국제대회가 있었지만 제3세계의 대표자들은 반(反)성차별주의가 우선 과제는 아니라고 말한다. 때때로 그들은 말하기를, 그들 세계에서는 남성과 여성이 각자의 위치를 알고 성실하게 역할을 수행하고 있기 때문에 성차별이 논의의 주제가 되지 않는다고 한다…. 그런데 사실 성

44 Ibid., 412.

차별은 우리 대부분이 속해 있는 복잡한 억압의 망의 일부분이며, 우리 자신을 그것에 적응시키는 것은 결코 억압의 요인을 완화시키지 않는다.[45]

오두요예는 1988년부터 추진된 세계교회협의회의 '여성과 연대하는 교회(The Churches in Solidarity with Women)'의 프로젝트에 적극적으로 참여하여 세계 여성의 동등성과 존엄성을 신장하는 일에 매진했다. 그녀는 교회가 세상의 가난하고 어려운 처지에 있는 사람들에게 관심과 애정을 기울일 것을 호소한다.

나는 하나님의 형상대로 지음을 받은 존재들이 당연히 지녀야 할 존엄성을 훼손하는 성차별, 인종차별, 불의에 더 이상 참을 수 없는 지경에 이르렀다…. 나는 여성이요 흑인으로서 내가 인정하고 감당할 수 없도록 만드는 어떤 태도도 받아들이기를 거부한다. 나는 짓밟히고 있는 모든 사람들 그리고 인간 공동체에서 비인간성의 종말을 보기 위해서 투쟁하기를 원하는 모든 사람들과 함께 할 것이다.[46]

오두요예는 아프리카 여성으로서 토착 문화와 신앙을 기독교 전통과 조화시키려고 노력하고 또한 에큐메니칼 관점에서 예수 그리스도의 보편적 사랑을 온 인류에게 전하기 위해 헌신함으로써 사랑과 정의가 펼쳐지는 새로운 미래의 세상을 꿈꾸는 기독교 여성들에게 선구자의 역할을 하고 있다.

---

45 Oduyoye, "Reflections from a Third World Woman's Perspective: Women's Experience and Liberation Theologies," Fabella and Torres, eds., *Irruption of the Third World*, 249.

46 Oduyoye, "The Empowering Spirit of Religion," Thistlethwaite and Engel, eds., *Lift Every Voice: Theologies from the Underside*, 246.

미국 태생으로서 노트르담 수녀회 소속인 도로시 스탱(Dorothy Mae Stang, 1931-2005)의 어릴 적 꿈은 가난한 사람들을 위해 자신의 몸을 바치는 것이었다. 그녀는 선교지원서에 중국에 가기를 희망한다고 기입했으나 하나님의 계획은 그녀의 것과는 달랐다. 도로시 수녀는 1966년 브라질 아마존 지역으로 파견되어 가난한 농부들을 돕는 일을 하게 되었다. 지구의 허파(earth's lungs)라고 불리는 아마존의 열대우림은 풍부한 자원으로 개발의 가능성이 매우 컸고 이를 파악한 많은 개발업자들과 투자자들이 모여들었다. 그러나 불법적이고 무분별한 개발은 아마존의 우림과 수자원을 황폐화시키고 농민들은 억압과 착취에 나날이 좌절과 고통을 겪어야 했다. 위정자들은 자연의 파괴와 농민의 고난을 보면서도 묵과하고 있었다. 도로시 수녀는 아마존의 자연과 농민을 살리기 위한 운동을 벌였다. 그녀는 표어가 새겨진 티셔츠를 즐겨 입었는데 그것은 포르투갈어로 "A morte da floresta é o fim da nossa vida", 즉 "숲의 죽음은 우리 삶의 종말이다"라는 글귀였다. 도로시 수녀의 환경운동과 농민운동은 농장주인들과 개발업자들의 사업에 지장을 주었고 그녀는 제거해야 할 주요대상이 되었다.

2005년 2월 12일 도로시 수녀는 아마존의 열대우림을 보존하고 농민의 자립공동체를 세우는 일을 의논하기 위해 길을 가고 있었다. 갑자기 그녀의 앞에 두 명의 괴한이 나타나 무기가 있느냐고 물었다. 도로시 수녀는 "나의 무기는 성경입니다"라고 대답하고 복음서를 펼쳐서 팔복을 읽기 시작했다. "심령이 가난한 자는 복이 있나니…. 의에 주리고 목마른 자는 복이 있나니…. 평화를 위해 일하는 자는 복이 있나니…." 괴한은 6발의 총을 쏘았고 그녀는 그 자리에서 숨을 거두었다. 도로시 수녀의 순교는 많은 사람들에게 충격과 함께 감동을 주었다. 아마존의 농민들은 그녀를 '아마존의 성녀'라고 불렀으며 로마 교황청은 그녀의 시성을 논의하고 있다. 도로시 수녀의 이야기는 2008년 "그들은 도로시 수녀를 죽였다(They Killed Sister Dorothy, 2008)"라는 제목의 다큐멘터리로 제작되었고, 이어서 그녀의 헌신적인 사역과 순교를 그린 오페라 "아마존의 천사(Angel of the Amazon, 2009)"가 제작되었다. 그밖에도 그녀의 희생적 삶을 기억하고 계승하기 위한 행사와 사업이 계속해서 진행되고 있다. 도로시 수녀의 다큐멘터리에서 내레이터를 맡았던 영화배우 마틴 쉰(Martin Sheen)은 성 프란체스코의 평화의 기도와 인도의 시인 타고르의 시에서 영감을 받고 그녀에 대한 시를 썼는데 그중 일부를 소개하면 다음과 같다.

주여 우리를 평화의 도구로 써주소서.

도로시 수녀처럼 우리도 심령의 뜻과 육신의 일이 하나를 이루는 길을 찾게 하옵소서.

그녀처럼 우리도 크게 사랑하고, 신실하게 의를 행하고, 모든 형제자매들과 함께 낮추어 살면서 선지자 미가의 명을 이루게 하옵소서.

주여 우리를 평화의 도구로 써주소서.

도로시처럼 우리도 평화를 위해 일하는 자에게 복이 주어진다는 오랜 약속에 합당하게 하옵소서.

수녀처럼 우리도 버려지는 제3세계와 그곳의 온 백성을 들어올리게 하옵소서.[47]

* * *

현대 기독교 여성들은 교회와 사회에서 자신의 자유와 권리 신장을

---

47 Murphy, *Martyr of the Amazon*, 161.

위해 부단히 노력해왔을 뿐만 아니라 여성들의 연대를 바탕으로 더욱 활발한 선교와 교육과 봉사활동을 하고 있다. 미래학자 존 나이스비트(John Naisbitt)는 그의 저서 『메가트렌드*Megatrends*』(1982)에서 장차 세상을 변화시킬 거대한 흐름을 예측하면서 미래는 지식과 서비스의 사회, 글로벌 경제, 분권화, 네트워크의 조직사회가 될 것이며 21세기를 주도할 핵심 요소는 3f, 즉 female(여성), fiction(상상), feeling(감성)이 될 것이라고 전망했다. 또한 2010년 미래학자들의 모임인 토플러 협회(Toffler Associates)는 '향후 40년 동안 일어날 40가지의 일(40 For the Next 40)'이라는 보고서에서 "앞으로 전 세계적으로 여성 지도자들의 비율이 예측하기 어려울 정도로 증가할 것으로 보인다"고 발표했다. 21세기는 '여성의 세기'가 될 것이라는 전망에 많은 사람들이 동의한다. 여성이 지니고 있는 특성과 잠재력이 발휘되고 사회 각 분야에서 두드러지게 활약할 것이며, 강인한 힘과 통솔력, 권위주의로 대변되는 남성 지도자의 시대가 가고 유연성과 포용력, 배려와 공감을 특징으로 하는 여성 지도자의 시대가 온다는 것이다.

21세기는 사회연결망과 교통수단, 경제체제의 발전으로 하나의 커다란 마을을 이루고 상호연관성(interconnectedness)과 함께 다양성(plurality)의 특징을 지니는 글로벌 사회를 형성하고 있다. 글로벌 시대의 시민은 다양한 민족, 인종, 계층, 젠더의 차이를 인정하면서 인간의 존엄성, 자유, 권리를 보장하고 사회적, 문화적, 정치적 편견과 차별을 불식시키는 일에 힘을 모으고 있다. 아울러 인간 사회뿐만 아니라 생태계를 포함한 온 창조공동체의 번영과 공존공생을 위해서도 각고의 노력을 경주하고 있다. 새로운 시대, 새로운 상황에서 하나님의 뜻을 펼치고 복음 전파의 사명을 수행해야 하는 기독교도 이에 맞추어 자체적인 변화와 혁신을 추진해야 한다. 특히 가부장적 사고에 근거한 남녀차별의 교리나 제도를 근본적으로 바꿔야 한다. 여성해방의 기치를 내걸고 운동을 벌이던 기독교 여성들 중에는 완고한 교회의 권위주의와 가부장제에 실망과 좌절을 느끼고 기독교 신앙을 포기하거나 교회를 떠나는 사람들이 있다. 여성도 그리스도 안에서 똑같은 교회의 구성원이요 남성과 동등한 동반자임을 인정하고 여성의 지위와 역할을 보장하고 신장해야 한다. 그러기 위해서는 양성평등을 향한 의식화 작업과 함께 신학적, 제도적 개혁이 필요하다. "하나님이 자기 형상 곧 하나님의 형상대로 사람을 창조하시되 남자와 여자를 창조하시고…"라는 창세기 1장 27절의 말씀과 "너희는 유대인이나 헬라인이나 종이나 자주자나 남자나 여자 없이 다 그리스도 예수 안에서 하나이니라"는 갈라디아서 3장 28절의 말씀이 그리스도인의 신앙과 생활의 바탕이 되어 동등한 지위와 권리를 가지고 서로 존중하고 연대할 때 태초에 하나님이 천지만물을 창조하고 보시기에 좋았던 그 상태를 회복할 수 있을 것이다.

| 후기 |

지금으로부터 100여 년 전의 우리나라는 철저한 남존여비의 사회였다. 지금은 감히 입에 올리기도 힘든 여필종부, 삼종지도, 칠거지악이라는 말이 당연시되던 시대였다. 여성의 활동은 가정에 국한되었고 가정주부의 가장 큰 임무는 남자아이를 낳는 것이었다. 아들을 낳으면 요 위에 눕히고 좋은 옷을 입혀서 옥을 가지고 놀게 하는 반면 딸을 낳으면 방바닥에 눕히고 기저귀만 채워서 아무렇게나 입혀 돌조각을 가지고 놀게 했다고 한다. 남자아이를 기대하다가 여자아이를 낳으면 그 이름을 섭섭이나 서운이라고 짓기도 했고 딸을 그만 낳으라는 뜻에서 말자나 끝순이라고 짓기도 했다. 아니면 아예 이름을 남자처럼 영남이나 수남이라고 불렀다.

이런 상황에서 여자에게 공부를 가르친다는 것은 정말 힘든 일이었다. 실학파의 대가인 성호 이익은 이렇게 말했다. "부인은 삼계, 즉 근면, 검소, 남녀유별의 법도를 알면 족하고, 독서와 강의는 장부의 일로서 부인이 이를 알면 폐해무궁하다." 또 '여자무제반시덕(女子無才反是德)'이라는 말처럼 "여자가 아는 것이 많으면 복이 적어진다"는 사회적 통념이 있어서 여자가 배우는 것을 처음부터 금지했다. 간혹 사대부 부녀들이 삼강행실도나 이륜행실도, 소학이나 사서 등을 읽기는 했어도 그런 경우는 극히 드물어서 거의 모든 여성이 문맹이었다.

프랑스의 교회사가 달레(C. C. Dallet)는 1874년 『한국천주교회사 *Histoire de l'Eglise de Corée*』(1874)를 저술했는데 그 책에서 당시 한국 여성의 위상을 다음과 같이 서술한다. "여자는 남자의 반려가 아니라 노예에 불과하고 쾌락이나 노동의 연장에 불과하며 법률과 관습은 여자에게 아무런 권리도 부여하지 않고, 말하자면 아무런 정신적 존재도 인정하지 않는다. 남편이나 부모의 지배 아래 있지 않는 여자는 누구나 주인 없는 짐승처럼 먼저 차지하는 사람의 소유물이 된다는 것은 널리 인정되고 법정에서도 공인된 원칙으로서 논박하려고 생각하는 사람은 아무도 없다."

미국의 동양학자이며 목사인 그리피스(W. E. Griffis)는 『은자의 나라 한국*Corea, the Hermit Nation*』(1882)이라는 책을 썼는데 역시 한국 여성의 낮은 위상에 대해서 지적한다. "한국 여성들에겐 도덕적 생활이 없다. 여자는 쾌락이나 노동의 도구일 뿐 남자와 동등한 존재나 동반자로 여겨지지 않는다. 여자에겐 이름이 없다. 어렸을 때는 가족이나 친한 친구들 사이에 부르는 별명이 있으나 처녀가 되면서부터는 부모가 아니면 그 별명도 부르지 않는다. 바깥사람들에겐 그저 아무개 딸 혹은 아무개 누이로 불린다. 결혼 후에는 아예 이름이 묻혀버린다. 철저하게 이름 없는 존재가 된다…. 시집간 고을이나 집안 이름을 딴 명칭이 붙여지고 아기를 낳으면 아무개 어미가 된다."

1900년대 초에 대표적인 문인으로 활동했던 춘원 이광수는 기독교에 대해서 비판적인 시각을 갖고 있었다. 그럼에도 불구하고 그는 기독교가 한국의 근대화에 끼친 영향에 대해서 긍정적인 평가를 한다. 이광

수는 1917년 고주(孤舟)라는 필명으로 『청춘』지에 발표한 「야소교의 조선에 준 은혜」라는 글에서 기독교가 세운 여덟 가지의 공헌을 열거한다. "서양사상의 유입, 도덕의 진흥, 교육의 보급, 여자의 지위 향상, 조혼제도 폐지, 한글 보급, 사상 자극, 개인의식의 자각"이다. 그중에서 네 번째로 열거한 공헌, 즉 '여자의 지위 향상'에 대해서 이광수는 이렇게 말한다. "여자의 지위를 높임이외다. 남존여비는 동양윤리의 전과요, 특히 조선에서 여자는 견마나 다름없었소. 그네는 교육을 받을 권리가 없었고, 자기의 인격을 주장한다든가 독립한 생활을 영위함은 몽상도 못했소. 그런데 같이 회당에 출석하여 같이 찬송을 부르게 되매, 상제의 앞에 평등한 자녀라는 사상을 얻게 됨은 야소교의 덕이외다…. 최초의 여학교도 야소교회의 여학교여니와, 최초의 여학생도 야소교회의 여학생이외다…. 또 여자의 재혼을 승인한 것은 야소교회였소…. 재혼은 여자의 큰 죄악이라는 사상을 깨뜨려주어 조선 여자에게 귀중한 자유 일조를 더 준 것은 야소교회였소."

그리피스가 지적한 대로 한국 여성들은 이름도 없이 그저 김씨네 딸이라든가, 서울 댁이라든가 또는 개똥이 엄마라고 불릴 뿐이고 자신의 고유한 이름을 갖지 못했다. 이름이 없다는 것은 곧 노예 신분이라는 사실을 나타내는 것이다. 이런 처지에 있던 한국 여성들이 그리스도의 복음을 받아들이면서 자아에 눈을 뜨게 되었고, 구속된 삶에서 벗어나 자유를 찾게 되었고, 새로운 삶을 개척할 수 있는 희망과 용기를 갖게 되었다. 그리고 이러한 일의 시발점이 된 것은 곧 세례를 받는 일이었다. 한국 여성들은 세례를 받고 이름을 얻음으로써 인간으로서의 기본권과 정체성을 갖게 되었다.

이름을 갖게 된 여성들은 자신과 인생을 보는 눈이 바뀌게 되었다. 평양에서 애국부인회를 창설했던 김세지는 자신이 세례 받은 일을 이렇게 증언한다. "오랫동안 이름 없이 살던 나는 주의 은혜를 힘입어 세례 받던 날로부터 여자된 권리 중의 한 가지를 찾게 되었다. 이로 보면 조선 여자의 해방은 우리 그리스도교로부터 시작되었다고 할만하다." 세례를 받고 평안도 지방의 전도부인으로 활약했던 김서커스도 세례 받고 이름을 갖게 된 일이 일생에 가장 기쁜 사건이라고 하면서 이렇게 말한다. "우리 조선 여자들은 몇 천 년 동안을 남자의 압박 아래서 성명이 없이 살았다. 만일 우리 조선에 예수의 빛이 비추이지 아니했던들 조선의 여자계가 오늘 이만치 발달되기 어려웠을 것이다. 바로 말하면 조선여자의 자유운동은 그리스도의 빛이 우리 반도에 비치던 날로부터 시작된 것이다. 이런 의미에 있어서 나는 나의 세례 받던 날을 내 일생의 가장 기쁜 날이라 한 것이다." 세례 받으면서 이름을 얻게 된 일은 당시 여성들에게 봉건적 남성중심의 차별구조로부터 해방과 자주를 선포하는 사건이었다.

이화학당의 설립자인 스크랜튼 선교사는 1888년 3월 여성들을 모아서 주일예배를 시작했다. 한국의 여성들은 복음을 받아들임으로써 이름을 얻고 자유를 맛보게 되었을 뿐만 아니라 평안과 위로를 받을 수 있었다. 조선정부에서 여러 차례 금령을 내려서 '예수 이름으로 가르치고 말하는 모든 것'을 금지했지만 예배에 참석하려는 여성들의 열심을 막을 수는 없었다. 스크랜튼 선교사가 예배에 오는 여인을 보고 걱정하자 그녀는 이렇게 사정했다. "매주일 밤 제가 여기에 올 수 있도록 허락해주세요. 우리 집에는 쌀도 떨어지고 땔감도 떨어지고 살림살이가 매우 어렵습니다. 하지만 여기에 와서 좋은 말씀을 듣고 아름다운 노래를 들으면 나의 마음이 가벼워집니다. 제가 매주일 올 수 있도록 허락해주세요."

복음의 핵심은 '자유'와 '평안'과 '기쁨'이다. 기독교 여성들은 시련과 장애를 극복하면서 새 하늘과 새 땅을 꿈꾸어왔다. 그 꿈은 그리스도 안에서 자유를 누리고 기쁨을 맛보는 세상에서 사는 것이며 모두가 하나님 앞에서 평등한 존재로서 연대하며 사랑의 공동체를 이루는 것이다. 기독교 여성들은 2천 년의 역사를 통해서 볼 때 결코 미미하거나 무능한 존재가 아니었고 결코 가정주부나 목회와 선교의 보조자에 머물지 않았다. 그들은 열악한 삶의 정황과 가부장적 장벽에도 불구하고 자주적이고 창의적인 삶을 추구했으며 일반적으로 인식되어오던 것보다 더 적극적이고 자율적으로 복음 전파와 목회사역의 사명을 감당했다. 신약성서가 담고 있는 여성의 평등과 자유에 대한 가르침은 초대 기독교에서 위계질서가 형성되고 성직자 중심의 제도와 권위주의가 자리 잡으면서 퇴색하게 되었다. 하지만 여성들은 순교와 수덕적 삶을 통해 신앙의 절개와 열정을 보여주었다. 중세 기독교 여성들은 수도원주의 운동에 참여하여 수녀로서 또는 평신도 여성종교인으로서 수도와 봉사와 선교의 길을 걸었다. 특히 여성들에게 수녀원의 삶은 주체적 사고와 자립적 생활, 지도력 연마, 학문 연구, 창의력 발휘, 영성 개발의 기회가 되었다. 종교개혁의 거센 물결이 유럽을 휩쓸었을 때 여성들은 개혁운동에 대해 지지하거나 저항하거나 또는 절충하면서 자신들의 신앙과 사명을 고수했다. 근대사회가 형성되면서 인간의 자유와 권리가 신장됨에 따라 기독교 여성들은 설교권과 성직자 안수를 요구하고 독자적인 목회와 선교 활동을 추진했다. 현대에 이르러 여성들은 사회와 정치 활동에 적극적으로 개입하기 시작했고 기존의 교회 제도와 정책, 전통적인 신학에 대해서도 비판적 성찰을 하고 자유와 평들을 추구하는 대안을 제시했다. 기독교 여성들이 어려운 상황과 고난 속에서도 낙심하거나 좌절하지 않은 것은 그들에게 미래에 대한 꿈이 있었기 때문이다.

1963년 인권운동가인 마틴 루터 킹 2세 목사는 워싱턴의 링컨 기념관 앞에서 '나에게는 꿈이 있습니다(I have a dream)'라는 연설을 함으로써 미국 인권운동의 이정표를 세웠다.

나에게는 꿈이 있습니다.

언젠가는 이 나라가 모든 인간은 평등하게 지음을 받았다는 것을 자명한 진실로 받아들이고, 그 진정한 의미를 신조로 삼아 일어나서 살아가게 되는 날이 오리라는 꿈이 있습니다.

언젠가는 조지아의 붉은 언덕 위에서 예전에 노예였던 사람의 자식들과 그 노예의 주인이었던 사람의 자식들이 형제애를 나누는 식탁에 함께 둘러앉는 날이 오리라는 꿈이 있습니다.

언젠가는 불의와 억압의 열기에 신음하던 저 황폐한 미시시피 주가 자유와 평등의 오아시스로 변할 것이라는 꿈이 있습니다.

나의 네 어린 자녀들이 언젠가는 피부색이 아니라 인격에 따라 평가받는 나라에 살게 되는 날이 오리라는 꿈이 있습니다.

오늘 나에게는 꿈이 있습니다.

완악한 인종차별주의자들과 주지사가 연방정부의 지시에 반대하고 거부한다는 말만 하던 곳인 앨라배마 주가 변하여 어린 흑인 소년소녀들이 어린 백인 소년소녀들과 손을 잡고 형제자매처럼 함께 걸어갈 수 있는 곳이 되리라는 꿈이 있습니다….

나에게는 꿈이 있습니다….

모든 마을과 부락, 모든 주와 도시에서 자유가 울려 퍼지게 할 때 우리는 더 빨리 그날을 향해 갈 수 있을 것입니다.

그날에는 하나님의 모든 자녀들, 흑인과 백인, 유태인과 이교도, 개신교도와 가톨릭교도가 손에 손을 잡고 옛 흑인영가를 함께 부를 수 있을 것입니다.

드디어 자유를!

드디어 자유를!

전능하신 하나님, 감사합니다. 우리가 마침내 자유를 얻었나이다!

마틴 루터 킹 2세가 꾸었던 자유의 꿈은 비단 흑인에게만 해당되는 것이 아니다. 그 꿈은 성차별, 인종차별, 계급차별, 정치·문화·종교적 차별의 굴레 속에서 시련을 겪으며 자유를 갈망하는 모든 사람들의 꿈이며, 나아가서 착취와 오염으로 신음하는 모든 피조세계의 구성원들이 꾸는 꿈이다. 여성들은 오랫동안 자유와 권리를 갈구하며 인고의 세월을 지내왔다. 때로는 순종과 인내로, 때로는 항거와 투쟁으로 차별과 억압의 장벽에 맞서왔다. 이제 새 시대와 새 세상이 열리고 있다. 그 시대는 자유와 평등과 권리가 보장되는 시대이며, 그 세상은 사랑과 정의와 평화가 실현되는 세상이다. 기독교 여성들은 하나님의 백성으로서 새 시대를 열기 위해서, 새 세상을 이루기 위해서 미래를 향한 힘찬 행진을 계속할 것이다.

| 참고문헌 |

세계 여성사

1차 자료

Delamotte, Eugenia, Natania Meeker and Jean O'Barr, eds. *Women Imagine Change: A Global Anthology of Women's Resistance From 600 B.C.E. to Present.* New York & London: Routledge, 1997.

DiCaprio, Lisa and Merry E. Wiesner. *Lives and Voices: Sources in European Women's History.* Boston & New York: Houghton Mifflin, 2001.

O'Faolain, Julia, and Lauro Martines, eds. *Not in God's Image, Women in History from the Greeks to the Victorians.* New York: Harper & Row, 1973.

Young, Serinity, ed. *An Anthology of Sacred Texts by and about Women.* New York: Crossroad, 1993.

2차 문헌

Anderson, Bonnie S., and Judith P. Zinsser. *A History of Their Own: Women in Europe from Prehistory to the Present.* 2 vol. New York: Harper & Row, 1988.

Berger, Iris and E. Frances White. *Women in Sub-Saharan Africa.* Restoring Women to History series. Bloomington & Indianapolis: Indiana University Press, 1999.

Bock, Gisela. *Women in European History,* trans. Allison Brown. Oxford: Blackwell, 2002.

Bridenthal, Renate, Claudia Koonz and Susan Stuard, eds. *Becoming Visible: Women in European History.* Second Edition. Boston: Houghton Mifflin, 1987.

Clay, Catherine, Chandrika Paul and Christine Senecal. *Envisioning Women in World History,* vol. 1. New York: McGraw-Hill, 2009.

Duby, George, and Michelle Perrot, eds. *A History of Women in the West,* 5 vols. Cambridge: Harvard University, 1992-4.

French, Katherine L. and Allyson M. Poska. *Women and Gender in the Western Past*, 2 vols. Boston & New York: Houghton Mifflin, 2007.

Hughes, Sarah S. and Brady Hughes. *Women in World History*, 2 vols. Armonk & London: M.E. Sharpe, 1995, 1997.

Labalme, Patricia H., ed. *Beyond Their Sex: Learned Women of the European Past*. New York: New York University, 1984.

Lerner, Gerda. *The Majority Finds Its Past: Placing Women in History*. New York: Oxford University Press, 1979.

Marvelly, Paula. *Women of Wisdom: A Journey of Enlightenment by Women of Vision through the Ages*. London: Watkins, 2005.

McVay, Pamela. *Envisioning Women in World History*, vol. 2. New York: McGraw-Hill, 2009.

Meade, Teresa A. and Merry E. Wiesner-Hanks, ed. *A Companion to Gender History*. Malden & Oxford: Blackwell, 2004.

Nashat, Guity and Judith E. Tucker. *Women in the Middle East and North Africa*. Restoring Women to History series. Bloomington & Indianapolis: Indiana University Press, 1999.

Navarro, Marysa and Virginia Sánchez Korrol. *Women in Latin America and the Caribbean*. Restoring Women to History series. Bloomington & Indianapolis: Indiana University Press, 1999.

Ramusack, Barbara N. and Sharon Sievers. *Women in Asia*. Restoring Women to History series. Bloomington & Indianapolis: Indiana University Press, 1999.

Seager, Joni. *The Penguin Atlas of Women in the World*. Fourth Edition. Brighton, UK: Penguin Books, 2009.

Smith, Bonnie G., ed. *Women's History in Global Perspective*, 3 vols. Urbana &

Chicago: University of Illinois Press, 2004-2005.
Wiesner-Hanks, Merry E. and Teresa A. Meade. *A Companion to Gender History*. Malden & Dxford: Blackwell, 2004.
정현백, 김정안. 『처음 읽는 여성의 역사』. 파주: 동녘, 2012.

여성사 방법론

Alberti, Johanna. *Gender and the Historian.* Harlow: Pearson Education, 2002.
Clark, Elizabeth A. "The Lady Vanishes: Dilemmas of a Feminist Historian after the 'Linguistic Turn'." Church History 67 (1998): 1-31.
_____. "Women, Gender, and the Study of Christian History." *Church History* 70 (2001): 395-426.
Davis, Natalie Zemon. "'Women's History' in Transition: The European Case," *Feminist Studies* 3 (1976): 83-103.
Downs, Laura L. *Writing Gender History*. London: Hodder Arnold, 2004.
Hartman, Mary S. and Lois Banner, ed. *Clio's Consciousness Raised: New Perspectives on the History of Women*. New York: Octagon Books, 1976.
Hufton, Olwen. "Women, Gender and the *Fin de Siècle*." Michael Bentley, ed. *Companion to Historiography*. London and New York: Routledge, 1997.
Kelly-Gadol. "The Social Relations of the Sexes: Methodological Implications of Women's History." *Signs* 1 (1976): 809-823.
Kent, Susan K. *Gender and History*. Hampshire: Palgrave Macmillan, 2012.
Lerner, Gerder. "Placing Women in History: Definitions and Challenges." *Feminist Studies* 3 (1975): 5-14.
Offen, Karen, Ruth Roach Pierson and Jane Rendall, eds. *Writing Women's History: International Perspectives*. Bloomington and Indianapolis: Indiana University, 1991.
Perrot, Michelle, ed. *Writing Women's History*. Oxford & Cambridge: Blackwell, 1992.
Rose, Sonya O. *What is Gender History?.* Cambridge & Malden: Polity, 2010.
Scott, Joan W. "Women's History." Peter Burke, ed. *New Perspectives on Historical Writings*. University Park: Pennsylvania State University Press, 2001.
Smith-Rosenberg, Carroll. "Hearing Women's Words: A Feminist Reconstruction

of History." Smith-Rosenberg, *Disorderly Conduct: Visions of Gender in American History* (Oxford: Oxford University Press, 1985): 11-52.
Spongberg, Mary. *Writing Women's History since the Renaissance*. Hampshire & New York: Palgrave MacMillan, 2002.
Wiesner-Hanks, Merry E. "Women, Gender, and Church History." *Church History* 71 (2002): 600-20.
Woolf, Daniel. *A Global History of History*. Cambridge: Cambridge University Press, 2011.
거다 러너. 강정하 역. 『왜 여성사인가』. 서울: 푸른역사, 2006.
정용석. "이브의 후예들: 여성사 연구 동향." 『한국교회사학회지』 38 (2014): 19-47.

여성주의 역사

Bennett, Judith M. *History Matters: Patriarchy and the Challenge of Feminism*. Manchester: Manchester University Press, 2006.
Dicker, Rory. *A History of U.S. Feminisms*. Berkeley: Seal, 2008.
Freedman, Estelle B. *No Turning Back: The History of Feminism and the Future of Women*. New York: Ballantine Books, 2002.
______, ed. *The Essential Feminist Reader*. New York: Modern Library, 2007.
LeGates, Marlene. *In Their Time: A History of Feminism in Western Society*. New York and London: Routledge, 2001.
Lerner, Gerda. *Creation of Feminist Consciousness From the Middle Ages to Eighteen-seventy*. New York: Oxford University, 1993.
Loades, Ann, ed. *Feminist Theology: A Reader*. Louisville: Westminster/John Knox, 1990.
Offen, Karen. *European Feminisms, 1700-1950: A Political History*. Stanford: Stanford University Press, 2000.
Schneir, Miriam, ed. *Feminism: The Essential Historical Writings*. New York: Vintage, 1994.
Stansell, Christine. *The Feminist Promise: 1792 to the Present*. New York: Modern Library, 2010.
거다 러너. 김인성 역. 『역사 속의 페미니스트』. 서울: 평민사, 2007.

여성관의 역사

Agonito, R., ed. *History of Ideas on Woman: A Source Book*. New York: G. P. Putnam's Sons, 1977.

Allen, Prudence. *The Concept of Women*, 2 vols. Grand Rapids & Cambridge: Eerdmans, 1997, 2002.

Blamires, Alcuin, ed. *Woman Defamed and Woman Defended: An Anthology of Medieval Texts*. Oxford: Clarendon, 1992.

Bloch, R. Howard. "Medieval Misogyny." *Representations* 20 (1987): 1–24.

______. *Medieval Misogyny and the Invention of Western Romantic Love*. Chicago & London: University of Chicago Press, 1991.

Boulding, Elise. *The Underside of History: A View of Women through Time*. Boulder: Westview, 1976.

Bullough, Vern L., Brenda Shelton, and Sarah Slavin. *The Subordinate Sex: A History of Attitudes Toward Women*. Revised Edition. Athens and London: University of Georgia, 1988.

Clark, Beverley. *Misogyny in the Western Philosophical Tradition: A Reader*. New York: Routledge, 1999.

Okin, Susan M. *Women in Western Political Thought*. Princeton: Princeton University Press, 1979.

Rogers, Katharine M. *The Troublesome Helpmate: A History of Misogyny in Literature*. Seattle: University of Washington, 1966.

Schmidt, Alvin John. *Veiled and Silenced: How Culture Shaped Sexist Theology*. Macon: Mercer University, 1989.

Tuana, Nancy. *The Less Noble Sex: Scientific, Religious, and Philosophical Conceptions of Woman's Nature*. Bloomington and Indianapolis: Indiana University Press, 1993.

Wilson, Katharina M. and Elizabeth M. *Makowski. Wykked Wyves and Woes of Marriage: Misogamous Literature from Juvenal to Chaucer*. Albany: State University of New York Press, 1990.

아를린 색슨하우스. 박의경 역. 『정치사상과 여성: 고대그리스에서 마키아벨리까지』. 광주: 전남대학교출판부, 2015.

정용석. "기독교 여성관의 역사." 『대학과 선교』 13 (2007): 307–337.

기독교 여성사

1차 자료

Clark, Elizabeth A., and Herbert Richardson, eds. *Women and Religion: A Feminist Sourcebook of Christian Thought*. New York: HarperCollins, 1977.

Leng, Felicity. *Invincible Spirits: A Thousand Years of Women's Spiritual Writings*. Grand Rapids: Eerdmans, 2007.

MacHaffie, Barbara J., ed. *Readings in Her Story: Women in Christian Tradition*. Minneapolis: Fortress, 1992.

Madigan, Shawn, ed. *Mystics, Visionaries, and Prophets: A Historical Anthology of Women's Spiritual Writings*. Minneapolis: Fortress Press, 1998.

Mayeski, Marie Anne. *Women: Models of Liberation*. Kansas City: Sheed and Ward, 1988.

Oden, Amy, ed. *In Her Words: Women's Writings in the History of Christian Thought*. Nashville: Abingdon, 1994.

2차 문헌

Blevins, Carolyn D. *Women in Christian History: A Bibliography*. Macon: Mercer University, 1995.

Coon, Lynda L., Katherine J. Haldane, and Elisabeth W. Sommer. *That Gentle Strength: Historical Perspectives on Women in Christianity*. Charlottesville: University of Virginia, 1990.

Deen, Edith. *Great Women of the Christian Faith*. New York: Harper & Row, 1959.

Ellsberg, Robert. *Blessed among All Women: Women Saints, Prophets, and Witnesses for Our Time*. New York: Crossroad, 2005.

Hammack, Mary L. *A Dictionary of Women in Church History*. Chicago: Moody, 1984.

Hardesty, Nancy A. *Great Women of Faith: The Strength and Influence of Christian Women*. Grand Rapids: Baker, 1980.

Harris, Louise. *Woman in the Christian Church*. Brighton: Green Oak, 1988.

Ide, Arthur Frederick. *Sex, Women, and Religion*. Dallas: Monument, 1984.

Jones, Kathleen. *Women Saints: Lives of Faith and Courage*. Maryknoll: Orbis, 1998.

Kadel, Andrew. Matrology: *A Bibliography of Writings by Christian Women from the First to the Fifteenth Centuries*. New York: Continuum, 1995.

Kienzle, Beverly M., and Pamela J. Walker, eds. *Women Preachers and Prophets through Two Millennia of Christianity*. Berkeley/Los Angeles/London: University of California, 1998.

LaCelle-Peterson, Kristina, *Liberating Tradition: Women's Identity and Vocation in Christian Perspective*. Grand Rapids: Baker Academic, 2008.

MacHaffie, Barbara J. *Her Stoty: Women in Christian Tradition*. Philadelphia: Fortress, 1986.

Malone, Mary T. *Women and Christianity*. 3 vols. Maryknoll: Orbis, 2000-2003.

McInerney, Maud B. *Eloquent Virgins from Thecla to Joan of Arc*. New York: Palgrave Macmillan, 2003.

McNamara, Jo Ann Kay. *Sisters in Arms: Catholic Nuns Through Two Millennia*. Cambridge: Harvard University, 1996.

Miller, Richard W., ed. *Women and the Shaping of Catholicism: Women through the Ages*. Liguori: Liguori, 2009.

Moore, Rebecca. *Women in Christian Traditions*. New York and London: New York University Press, 2015.

Ranft, Patricia. *Women and Spiritual Equality in Christian Tradition*. New York: St. Martins, 2000.

_____. *A Woman's Way: The Forgotten History of Women Spiritual Directors*. New York: Palgrave, 2000.

Ruether, Rosemary Radford, ed. *Religion and Sexism: Images of Woman in the Jewish and Christian Traditions*. New York: Simon and Schuster, 1974.

_____. *Women and Redemption: A Theological History*. London: SCM, 1998.

Ruether, Rosemary Radford, and Eleanor McLaughlin. *Women of Spirit: Female Leadership in the Jewish and Christian Traditions*. New York: Simon & Schuster, 1979.

Severance, Diana L. *Feminine Threads: Women in the Tapestry of Christian History*. Ross-shire: Christian Focus, 2011.

Tavard, George H. *Woman in Christian Tradition*. Notre Dame: University of Notre Dame, 1973.

Tucker, Ruth A., and Walter L. Liefeld. *Daughters of the Church: Women and Ministry from New Testament Times to the Present*. Grand Rapids: Zondervan, 1987.

______. *Extraordinary Women of Christian History*. Grand Rapids: Baker Books, 2016.

Turpin, Joanne. *Women in Church History: 21 Stories for 21 Centuries*. Cincinnati: St. Anthony Messenger, 2007.

바버라 J. 맥해피. 손승희 역. 『기독교 전통 속의 여성』. 서울: 이화여자대학교 출판부, 1995.

정용석. "기독교 역사와 여성." 『여성신학논집』 제3집. 이화여자대학교 여성신학연구소, 2003: 1-48.

성서의 여성

Bach, Alice, ed. *Women in the Hebrew Bible: A Reader*. New York & London: Routledge, 1999.

Bellis, Alice O. *Helpmates, Harlots, and Heroes: Women's Stories in the Hebrew Bible*. Louisville: Westminster/John Knox, 1994.

Boer, Esther A. de. *Mary Magdalene: Beyond the Myth*, trans. John Bowden. Harrisburg: Trinity Press International, 1997.

Bristow, John T. *What Paul Really Said About Women: An Apostle's Liberating Views on Equality in Marriage, leadership, and Love*. New York: HarperSanFrancisco, 1988.

Brock, Ann G. *Mary Magdalene, The First Apostle: The Struggle for Authority* Cambridge: Harvard University Press, 2003.

Brooten, Bernadette J. "Early Christian Women and Their Cultural Context: Issues of Method in Historical Reconstruction." Adela Yarbro Collins, ed. *Feminist Perspectives on Biblical Scholarship*. Atlanta: Scholars, 1985: 65-91.

Byrne, Brendan. *Paul and the Christian Woman*. Collegeville: Liturgical Press, 1988.

Chilton, Bruce. *Mary Magdalene: A Biography*. New York: Doubleday, 2005.

Fiorenza, Elisabeth Schüssler. *In Memory of Her: A Feminist Theological Reconstruction of Christian Origins*. New York: Crossroad, 1983.

Frymer-Kensky, Tikva. *Reading the Women of the Bible*. New York: Schocken, 2002.

Haskins, Susan. *Mary Magdalen: Myth and Metaphor*. London: HarperCollins, 1993.

Jansen, Katherine L. "Maria Magdalena: *Apostolorum Apostola.*" Beverly M. Kienzle and Pamela J. Walker, eds. *Women Preachers and Prophets through Two Millennia of Christianity*. Berkeley/Los Angeles/London: University of California Press, 1998: 57-96.

King, Karen L. *The Gospel of Mary of Magdala: Jesus and the First Woman Apostle*. Santa Rosa: Polebridge, 2003.

Schaberg, Jane D. "How Mary Magdalene Became a Whore?" *Bible Review* 8 (1992): 30-37, 51-52.

Thompson, Mary R. *Mary of Magdala: Apostle and Leader*. New York: Paulist, 1995.

Trible, Phyllis. *God and the Rhetoric of Sexuality*. Philadelphia: Fortress, 1978.

이경숙. 『구약성서의 여성들』. 서울: 대한기독교서회, 1994.

채승희. "초대교회의 막달라 마리아의 표상(表象) 변화에 대한 역사적 고찰." 『한국기독교신학논총』 56 (2008): 87-111.

최영실. 『신약성서의 여성들』. 서울: 대한기독교서회, 1997.

초대 기독교 여성사

1차 자료

Clark, Elizabeth A. *Women in the Early Church*. Message of the Fathers of the Church 13. Wilmington: Machael Glazier, 1983.

______. *The Life of Melania the Younger*. Studies in Women and Religion 14. Lewiston: Edwin Mellen, 1984.

Egeria. *Egeria: Diary of a Pilgrimage*, trans. George E. Gingras. Ancient Christian Writers 38. New York: Newman, 1970.

Gregory of Nyssa. *The Life of St. Macrina,* trans. W. K. Lowther Clarke. London: SPCK, 1916.

Kraemer, Ross S., ed. *Maenads, Martyrs, Matrons, Monastics: A Sourcebook on Women's Religions in the Greco-Roman World*. Philadelphia: Fortress, 1988.

Miller, Patricia Cox, ed. *Women in Early Christianity*. Washington, D.C.: The Catholic University of America, 2005.

Musurillo, Herbert. *The Acts of the Christian Martyrs*. Oxford: Clarendon, 1972.

Petersen, Joan M. *Handmaids of the Lord: Holy Women in Late Antiquity & the Early Middle Ages*. Trappist: Cistercian, 1996.

Wilson-Kastner. Patricia, et al. *A Lost Tradition: Women Writers of the Early Church*. Boston: University of America, 1981.

Womer, Jan L. *Morality and Ethics in Early Christianity*. Philadelphia: Fortress, 1987.

서원모 외 편역. 『여성과 초대 기독교』. 고양: 크리스챤 다이제스트, 2002.

2차 문헌

Brown, Peter. *The Body and Society: Men, Women, and Sexual Renunciation in Early Christianity*. New York: Columbia University, 1988.

Cameron, Averil. "Desert Mothers: Women Ascetics in Early Christian Egypt." E. Puttick et al., eds. *Women as Teachers and Disciples in Traditional and New Religions*. Lewiston: Edwin Mellen, 1993: 11-24.

Cardman, F. "Acts of the Women Martyrs." *Anglican Theological Review* 70 (1988): 144-150.

Castelli, Elizabeth. "Virginity and Its Meaning for Women's Sexuality in Early Christianity." *Journal of Feminist Studies in Religion* 2 (1986): 61-88.

Cesaretti, Paolo. *Theodora: Empress of Byzantium*. New York: Vendome, 2001.

Church, F. Forrester. "Sex and Salvation in Tertullian." *Harvard Theological Review* 68 (1975): 83-101.

Clark, Elizabeth A. "Ascetic Renunciation and Feminine Advancement: A Paradox of Late Ancient Christianity." *Anglican Theological Review* 63 (1981): 240-257.

______. *Ascetic Piety and Women's Faith: Essays on Late Ancient Christianity*. Studies in Women and Religion 20. Lewiston: Edwin Mellen, 1986.

______. "Piety, Propaganda, and Politics in the *Life of Melania the Younger*." *Studia Patristica* 18 (1989): 167-183.

______. "Devil's Gateway and Bride of Christ: Women in the Early Christian World." Jean O'Barr, ed. *Women and a New Academy: Gender and Cultural Contexts*. Madison: University of Wisconsin, 1989: 81-102.

______. "Early Christian Women: Sources and Interpretation." Lynda L. Coon et al., eds. *That Gentle Strength: Historical Perspectives on Women in Christianity*. Charlottesville: University of Virginia, 1990: 19-35.

______. "Ideology, History, and the Construction of 'Woman' in Late Ancient Christianity." *Journal of Early Christian Studies* 2 (1994): 155-184.

Cloke, Gillian. *This Female Man of God: Women and Spiritual Power in the Patristic Age, AD 350–450*. London/New York: Routledge, 1995.

Coon, Lynda L. *Sacred Fictions: Holy Women and Hagiography in Late Antiquity*. Philadelphia: University of Pennsylvania, 1997.

Cooper, Kate. *The Virgin and the Bride: Idealized Womanhood in Late Antiquity*. Cambridge: Cambridge University, 1994.

Coyle, J. Kevin. "The Fathers on Women and Women's Ordination." *Église et Théologie* 9 (1978): 51–101.

Danielou, Jean. *The Ministry of Women in the Early Church*. New York: Morehouse-Barlow, 1961.

Drury, John. "Gregory of Nyssa's Dialogue with Macrina." *Theology Today* 62 (2005): 210–222.

Elm, Susanna. *Virgins of God: The Making of Ascetism in Late Antiquity*. Oxford: Clarendon, 1994.

Evans, James A. S. *The Empress Theodora: Partner of Justinian*. Austin: University of Texas Press, 2002.

Frend, W. H. C. *Martyrdom and Persecution in the Early Church*. Oxford: Blackwell, 1965.

Gryson, Roger. *The Ministry of Women in the Early Church,* trans. Jean Laporte and Mary Louise Hall. Collegeville: Liturgical, 1976.

Holum, Kenneth G. *Theodosian Empresses: Women and Imperial Dominion in Late Antiquity*. Berkeley/Los Angeles/London: University of California, 1982.

Jensen, Anne. *God's Self-Confident Daughters: Early Christianity and the Liberation of Women*, trans. O. C. Dean. Louisville: Westminster John Knox, 1996.

Klawiter, Frederick C. "The Role of Martyrdom and Persecution in Developing the Priestly Authority of Women in Early Christianity: A Case Study of Montanism." *Church History* 49 (1980): 251–261.

Kraemer, Ross S. "The Conversion of Women to Ascetic Forms of Christianity." *Signs* 6 (1980): 298–307.

_____. *Her Share of the Blessings: Women's Religions Among Pagans, Jews, and Christians in the Greco-Roman World*. New York/Oxford: Oxford University Press, 1992.

Laporte, Jean. *The Role of Women in Early Christianity*. Studies in Women and

Religion series 7. New York: Edwin Mellen, 1982.
Liz, James. *Empresses and Power in Early Byzantium*. London & New York: Leicester University Press, 2001.
Momigliano, Arnaldo. "The Life of St. Macrina by Gregoty of Nyssa." Arnaldo Momigliano, ed. *On Pagans, Jews, and Christians*. Middletown: Wesleyan University, 1987: 333-347.
Salisbury, Joyce E. *Church Fathers, Independent Virgins*. London/New York: Verso, 1991.
______. *Perpetua's Passion: The Death and Memory of a Young Roman Woman*. New York: Routledge, 1997.
Sellner, Edward C. *Wisdom of the Celtic Saints*. Notre Dame: Ave Maria Press, 1993.
Simpson, Jane. "Women and Asceticism in the Fourth Century: A Question of Interpretation." *Journal of Religious History* 15 (1988): 38-60.
Stark, Rodney. *The Rise of Christianity: A Sociologist Reconsiders History*. Princeton: Princeton University, 1996.
Swan, Laura. *The Forgotten Desert Mothers: Sayings, Lives, and Stories of Early Christian Women*. New York: Paulist, 2001.
Thurston, Bonnie B. *The Widows: A Women's Ministry in the Early Church*. Minneapolis: Fortress, 1989.
Torjesen, Karen J. *When Women were Priests: Women's Leadership in the Early Church and the Scandal of Their Subordination in the Rise of Christianity*. New York: HaperSanFrancisco, 1993.
______. "Reconstruction of Women's Early Christian History." Elizabeth Schüssler Fiorenza, ed. *Searching the Scriptures*, vol. 1: *A Feminist Introduction*. New York: Crossroad, 1993: 290-310.
Trevett, Christine. *Montanism: Gender, Authority and the New Prophecy*. Cambridge: Cambridge University, 1996.
Wemple, Suzanne F. *Women in Frankish Society: Marriage and the Cloister 500 to 900*. Philadelphia: University of Pennsylvania, 1981.
Wilson-Kastner. Patricia. "Macrina: Virgin and Teacher." *Andrews University Seminary Studies* 17 (1979): 105-117.
Yarborough, Anne. "Christianization in the Fourth Century: The Example of Roman Women." *Church History* 45 (1976): 149-165.

라은성. 『위대한 여인들의 발자취(초대교회사 편)』. 서울: 그리심, 2005.
정용석. "어머니 교회(MATER ECCLESIA): 초대교부들의 교회론에 대한 여성신학적 재조명." 이화여자대학교 여성신학연구소. 여성신학논집 제2집. 『한국여성과 교회론』 서울: 대한기독교서회, 1998: 83-117.
_____. "초대 기독교 여성." 『한국교회사학회지』 13 (2003): 311-350.
채승희. "마르켈라(325-410)와 아벤티누스 회(會)." 『한국교회사학회지』 29 (2011): 43-71.

중세 기독교 여성사

1차 자료

Amt, Emilie, ed. *Women's Lives in Medieval Europe: A Sourcebook*. New York and London: Routledge, 1993.
Baird, Joseph L. and Jone R. Kane, eds. *La Querelle de la rose: Letters and Documents*. Chapel Hill: University of North Carolina Press, 1978.
Baker, Derek, ed. *Medieval Women*. Oxford: Basil Blackwell, 1978.
Blumenfeld-Kosinski, Renate, ed. *The Selected Writings of Christine de Pizan*, trans. Renate Blumenfeld-Kosinski and Kevin Brownlee. New York & London: Norton, 1997.
Bowie, Fiona. *Beguine Spirituality: An Anthology*. London: SPCK, 1989.
_____ and Oliver Davies. *Hildegard of Bingen: An Anthology*. London: SPCK, 1990.
Brunn, Emilie Zum, and Georgette Epiney-Burgard. *Women Mystics in Medieval Europe*. New York: Paragon House, 1989.
Catherine of Genoa, *Purgation and Purgatory, The Spiritual Dialogue*. Classics of Western Spirituality. New York: Paulist, 1979.
Catherine of Siena, *The Dialogue*, trans. Suzanne Noffke, The Classics of Western Spirituality. New York: Paulist, 1980.
Christine de Pizan. *The Book of the City of Ladies*, trans. Earl Jeffrey Richards. New York: Persea, 1998.
_____. *Poems of Cupid, God of Love*, trans. and ed. Thelma S. Fenster and Mary Carpenter Erler. Leiden and New York: E. J. Brill, 1990.
Colledge, Edmund, and James Walsh, eds. and trans. *Julian of Norwich: Showings*. The Classics of Western Spirituality. New York: Paulist, 1978.

Dinshaw, Carolyn & David Wallace, eds. *The Cambridge Companion to Medieval Women's Writing*. Cambridge: Cambridge University, 2003.

Dronke, Peter. *Women Writers of the Middle Ages: A Critical Study of Texts from Perpetua (203) to Marguerite Porete (1310)*. Cambridge: Cambridge University, 1984.

Francis and Clare, *Francis and Clare: The Complete Works,* trans. Regis Armstrong and Ignatius Brady. Classics of Western Spirituality. New York: Paulist, 1982.

Hadewijch. *Hadewijch: The Complete Works*, trans. Mother Columba Hart. New York: Paulist, 1980.

Haight, Anne Lyon, ed. *Hrotswitha of Gandersheim: Her Life, Times and Works, and a Comprehensive Bibliography*. New York: The Hroswitha Club, 1965.

Harris, Marguerite T., ed. *Birgitta of Sweden: Life and Selected Revelations*. Classics of Western Spirituality. New York: Paulist, 1990.

Julian of Norwich, *Showings,* trans. James Walsh. Classics of Western Spirituality. New York: Paulist, 1978.

Kempe, Margery. *The Book of Margery Kempe*, trans. Barry A. Windeatt. London: Penguin, 1985.

Kramer, Heinrich, and James Sprenger. *The Malleus Maleficarum of Heinrich Kramer and James Sprenger*, trans. Montague Summers. New York: Dover, 1971.

Lachance, Paul. *Angela of Foligno: Complete Works*. The Classics of Western Spirituality. New York & Mahwah: Paulist, 1993.

McNamara, Jo Ann, et al., ed. and trans. *Sainted Women of the Dark Age*. Durham and London: Duke University, 1992.

Nichols, John A., and Lillian T. Shank, eds. *Distant Echoes*. Medieval Religious Women, vol. 1. Kalamazoo: Cistercian, 1984.

_____. *Peace Weavers*. Medieval Religious Women, vol. 2. Kalamazoo: Cistercian, 1987.

Petroff, Elizabeth A., ed. *Medieval Women's Visionary Literature*. New York: Oxford University, 1986.

Porete, Marguerite. *The Mirror of Simple Souls*. Classics of Western Spirituality. New York: Paulist, 1993.

Spearing, Elizabeth, ed. *Medieval Writings on Female Spirituality*. Penguin

Classics. New York: Penguin Books, 2002.
Thiébaux, Marcelle. *The Writings of Medieval Women: An Anthology*. New York & London: Garland, 1994.
Willard, Charity C., ed. *The Writings of Christine de Pizan*. New York: Persea, 1994.
Wilson, Katarina M., ed. *Medieval Women Writers*. Athens: University of Georgia, 1984.
Winkworth, Margaret, ed. *Gertrude of Helfta: The Herald of Divine Love*. Classics of Western Spirituality. New York: Paulist, 1993.
마저리 켐프. 정덕애 역. 『마저리 켐프 서』. 서울: 황소자리, 2010.
크리스틴 드 피장. 최애리 역. 『여성들의 도시』. 서울: 아카넷, 2012.

2차 문헌

Ahlgren, Gillian T. W. "Julian of Norwich's Theology of Eros." *Spiritus: A Journal of Christian Spirituality* 5 (2005): 37-53.
Altman, Leslie. "Christine de Pizan: First Professional Woman of Letters (1364-1430?)." Jeanie R. Brink, ed. *Female Scholars: A Tradition of Learned Women before 1800*. Montreal: Eden Press Women's Publications, 1980: 7-23.
Atkinson, Clarissa W. *Mystic and Pilgrim: The "Book" and the World of Margery Kempe*. Ithaca: Cornell University, 1983.
Bardsley, Sandy. *Women's Roles in the Middle Ages*. Westport: Greenwood, 2007.
Barker, Paula S. Datsko. "The Motherhood of God in Julian of Norwich's Theology." *Downside Review* 100 (1982): 290-304.
Bauerschmidt, Frederick C. *Julian of Norwich and the Mystical Body Politic of Christ*. Notre Dame and London: University of Notre Dame, 1999.
Beer, Frances. *Women and Mystical Experience in the Middle Ages*. Woodbridge and New York: Boydell, 1992.
Bennett, Judith M. et al., eds. *Sisters and Workers in the Middle Ages*. Chicago and London: University of Chicago, 1989.
Birk, Bonnie A. *Christine de Pizan & Biblical Wisdom: A Feminist-Theological Point of View*. Milwaukee: Marquette University, 2005.
Bitel, Lisa M. *Women in Early Medieval Europe, 400-1100*. Cambridge: Cambridge University Press, 2002.

Bornstein, D., ed. *Ideals for Women in the Works of Christine de Pizan*. Detroit: Michigan Consortium for Medieval and Early Modern Studies, 1981.

Boyce-Tillman, June. "Hildegard of Bingen: A Woman for our Time." *Feminist Theology: The Journal of the Britain & Irland School of Feminist Theology* 22 (1999): 25-41.

Bradley, Ritamary. "Mysticism in the Motherhood Similitude of Julian of Norwich." *Studia Mystica* 8 (1985): 4-14.

Brooke, Christoper, The Age of the Cloister: The Story of Monastic Life in the Middle Ages. Mahwha, NJ: HiddenSpring, 2003.

Brown-Grant, Rosalind. *Christine de Pizan and the Moral Defence of Women: Reading beyond Gender*. Cambridge: Cambridge University, 1999.

Bynum, Caroline Walker. *Jesus as Mother: Studies in the Spirituality of the High Middle Ages*. Berkeley: University of California, 1982.

Carney, Margaret. *The First Franciscan Woman: Clare of Assisi and Her Form of Life*. Quincy: Franciscan, 1993.

Cavallini, Giuliana. *Catherine of Siena*. London and New York: Continuum, 1998.

Collis, Louise. *Memoirs of a Medieval Woman: The Life and Times of Margery Kempe*. New York: Thos Y. Crowell, 1964.

Curtayne, Alice. *St. Brigid of Ireland*. New York: Sheed & Ward, 1954.

De Ganck, Roger. *The Life of Beatrice of Nazareth*. Kalamazoo: Cistercian, 1991.

Donohue-White, Patricia. "Reading Divine Maternity in Julian of Norwich." *Spiritus* 5 (2005): 19-36.

Dreyer, Elizabeth. *Passionate Spirituality: Hildegard of Bingen and Hadewiijch of Brabant*. New York & Mahwah: Paulist, 2005.

Eckenstein, Lina. *Women Under Monasticism: Chapters on Saint-Lore and Convent Life between A.D. 500 and A.D. 1500*. New York: Cambridge University, 1963.

Evangelisti, Silvia. *Nuns: A History of Convent Life, 1450-1700*. Oxford: Oxford University Press, 2007.

Fatula, Mary Ann. *Catherine of Siena's Way*. Wilmington: Michael Glazier, 1987.

Feldman, Laurie. "St. Catherine of Siena: An Exploration of the Feminine and Mystic." *Anima* 4 (1978): 57-63.

Finnegan, Mary J. *The Women of Helfta: Scholars and Mystics*. Athens and

London: The University of Georgia, 1991.

Flanagan, Sabina. *Hildegard of Bingen (1098-1179): A Visionary Life*. London: Routledge, 1989.

Flinders, Carol L. *Enduring Grace: Living Portraits of Seven Women Mystics*. San Francisco: HarperSanFrancisco, 1993.

Furlong, Monica. *Visions and Longings: Medieval Women Mystics*. Boston: Shambhala, 1997.

Gabriel, Astrik L. "The Educational Ideas of Christine de Pizan." *Journal of the History of Ideas* 13 (1955): 3-21.

Gies, Frances, and Joseph Gies. *Women in the Middle Ages*. New York: Thomas Y. Crowell, 1978.

Goetz, Hans-Werner. *Life in the Middle Ages: from the Seventh to the Thirteenth Century*. Notre Dame: University of Notre Dame Press, 1993.

Goodman, Anthony. E. *Margery Kempe and Her World*. London & New York: Routledge, 2002.

Gottlieb, Beatrice. "The Problem of Feminism in the Fifteenth Century." Julius Kirshner and Suzanne F. Wemple, eds. *Women of the Medieval World*. Oxford: Basil Blackwell, 1985.

Grundmann, Herbert. *Religious Movement in the Middle Ages*, trans. Steven Rowan. Notre Dame: University of Notre Dame Press, 1995.

Hamburger, Jeffrey F. and Susan Marti, eds. *Crown and Veil: Female Monasticism from the Fifth to the Fifteenth Centuries*. New York: Columbia University Press, 2008.

Jaffee, Clella I. "Dhuoda's Handbook for William and the Mother's Manual Tradition." Molly M. Wertheimer, ed. *Listening to Their Voices: The Rhetorical Activities of Historical Women*. Columbia: University of South Carolina Press, 1997: 177-198.

Kearns, Conleth. *The Life of Catherine of Siena*. Wilmington: Michael Glazier, 1980.

Kelly, F. Douglas. "Reflections on the Role of Christine de Pizan as a Feminist Writer." *sub-stance* 2 (1972): 63-71.

Kelly, Joan. "Early Feminist Theory and the Querelle des femmes, 1400-1789." *Signs* 8 (1982): 4-28.

Kirshner, Julius, and Suzanne F. Wemple, eds. *Women of the Medieval World*.

Oxford: Basil Blackwell, 1985.

Kors, Alan C. and Edward Peters, eds. *Witchcraft in Europe 1100-1700: Documentary History*. Philadelphia: University of pennsylvania Press, 1972.

Lambert, Malcolm. *Medieval Heresy: Popular Movements from the Gregorian Reform to the Reformation*. Oxford & Cambridge: Blackwell, 1992.

Ledoux, Claire M. *Clare of Assisi: Her Spirituality Revealed in Her Letters,* trans. Colette Joly Dees. Cincinnati: St. Anthony Messenger, 2003.

Llewelyn, Robert, ed. *Julian, Woman of Our Day*. London: Darton, Longman and Todd, 1985.

Lucas, Elona K. "The Enigmatic Threatening Margery Kempe." *Downside Review* 105 (1987): 294-305.

Maddocks, Fiona. *Hildegard of Bingen: The Woman of Her Age*. New York: Doubleday, 2001.

Margolis, Nadia. "Christine de Pizan: Poetess as Historian." *The Journal of the History of Ideas* 47 (1986): 361-375.

______. *An Introduction to Christine de Pizan*. Gainesville: University Press of Florida, 2011.

Mayeski, M. Anne. *Dhuoda: Ninth Century Mother and Theologian*. Scranton: University of Scranton Press, 1995.

______. *Women at the Table: Three Medieval Theologians*. Collegeville: Liturgical, 2004.

McDonnell, Ernest W. *The Beguines and Beghards in Medieval Culture, with Special Emphasis on the Belgian Scene*. New Brunswick: Rutgers University, 1954.

McGinn, Bernard, ed. *Meister Eckhart and the Beguine Mystics: Hadewijch of Brabant, Mechthild of Magdeburg, and Marguerite Porete*. New York: Continuum, 1994.

______. *The Flowering of Mysticism: Men and Women in the New Mysticism (1200-1350)*. The Presence of God: A History of Western Christian Mysticism, vol. Ⅲ. New York: Crossroad, 1998.

McSheffrey, Shannon. *Gender and Heresy: Women and Men in Lollard Communities*, 1420-1530. Philadelphia: University of Pennsylvania Press, 1995.

Meleod, Enid. *The Order of the Rose: The Life and Ideas of Christine de Pizan*.

Totowa: Rowman and Littlefield, 1976.

Morewedge, R. T., ed. *The Role of Women in the Middle Ages*. Albany: State University of New York, 1975.

Murk-Jansen, Saskia. *Brides in the Desert: The Spirituality of the Beguines*. Eugene: Wipf & Stock, 2004.

Newman, Barbara. *Sister of Wisdom: St. Hildegard's Theology of the Feminine*. Berkeley and Los Angeles: University of California Press, 1987.

______. *Voice of the Living Light: Hildegard of Bingen and Her World*. Berkeley: University of California Press, 1998.

Nuth, Joan M. *Wisdom's Daughter: The Theology of Julian of Norwich*. New York: Crossroad, 1991.

Obbard, Elizabeth R., ed. *Medieval Women Mystics: Gertrude the Great, Angela of Foligno, Birgitta of Sweden, Julian of Norwich*. Hyde Park: New City, 2002.

O'Driscoll, Mary. "Catherine the Theologian." *Spirituality Today* 40 (1988): 4-17.

Parks, Carola. "Social and Political Consciousness in the Letters of Catherine of Siena." Matthew Fox, ed. *Western Spirituality: Historical Roots, Ecumenical Routes*. Santa Fe: Bear, 1981: 249-260.

Pelphrey, Brant. *Christ Our Mother: Julian of Norwich*. Wilmington: Michael Glazier, 1989.

Pernoud, Regine. *Women in the Days of Cathedrals,* trans. Anne Côté-Harriss. San Francisco: Ignatius, 1998.

Perrin, J. M. *Catherine of Siena*. Westminster: Newman, 1965.

Peters, Marygrace. "The Beguines: Feminine Piety Derailed." Spirituality Today 43 (1991): 36-52.

Petersen, Joan M., ed. *Handmaids of the Lord*. Trappist: Cistercian, 1996.

Petroff, Elizabeth A. *Body and Soul: Essays on Medieval Women and Mysticism*. New York: Oxford University, 1994.

Power, Eileen Edna. *Medieval Women*. Cambridge: Cambridge University, 1975.

Pozniak, Karen. "Motherhood of God: A Theme from Julian of Norwich: Relevance for Present Spirituality." *Sisters Today* 58 (1987): 289-297.

Quilligan, Maureen. *The Allegory of Female Authority: Christine de Pizan's Cité Des Dames*. Ithaca and London: Cornell University, 1991.

Radcliff-Umstead, Douglass, ed. *The Roles and Images of Women in the Middle*

Ages and Renaissance. Pittsburgh: Center for Medieval and Renaissance Studies, 1978.

Raitt, Jill, ed. *Christian Spirituality II: High Middle Ages and Reformation*. New York: Crossroad, 1989.

Ranft, Patricia. "An Overturned Victory: Clare of Assisi and the Thirteenth-Century Church." *Journal of Medieval History* 17 (1991): 123-134.

______. *Women and the Religious Life in Premodern Europe*. New York: St. Martins, 1998.

______. *Women in Western Intellectual Culture, 600-1500*. New York: Palgrave MacMillan, 2002.

Redpath, Helen. *God's Ambassadress-St. Bridget of Sweden*. Milwaukee: Bruce, 1948.

Robek, Nesta de. *Saint Elizabeth of Hungary: A Story of Twenty-Four Years*. Milwaukee: Bruce, 1954.

Schipperges, Heinrich. *The World of Hildegard of Bingen: Her Life, Times, and Visions*, trans. John Cumming. Collegeville: Liturgical, 1998.

Schmitt, Miriam, and Linda Kulzer, eds. *Medieval Women Monastics: Wisdom's Wellsprings*. Collegeville: Liturgical, 1996.

Schulenburg, Jane T. "Women's Monastic Communities, 500-1100: Patterns of Expansion and Decline." *Signs* 14 (1989): 261-292.

Scott, Karen. "St. Catherine of Siena, 'Apostola'." *Church History* 61 (1992): 34-46.

Shahar, Shulamith. *The Fourth Estates: A History of Women in the Middle Ages*. New York: Methuen, 1983.

Sheldrake, Philip. *Spirituality and History: Questions of Interpretation and Method*. New York: Crossroad, 1991.

Simons, Walter. *Cities of Ladies: Beguine Communities in the Medieval Low Countries, 1200-1565*. Philadelphia: University of Pennsylvania Press, 2001.

Stuard, Susan M., ed. *Women in Medieval Society*. Philadelphia: University of Pennsylvania Press, 1976.

Tobin, Frank. *Mechithild of Magdeburg: Flowing Light of the Godhead*. New York: Paulist, 1998.

Venarde, Bruce L. *Women's Monasticism and Medieval Society: Nunneries in France and England, 890-1215*. Ithaca and London: Cornell University

Press, 1997.
Webb, Heather. "Catherine of Siena's Heart." *Speculum* 80 (2005): 802-817.
Willard, Charity C. "A Fifteen-Century View of Women's Role in Medieval Society: Christine de Pizan's *Livre des Trois Vertus*." Rosemarie Morewedge, ed. *The Role of Women in the Middle Ages*. Albany: State University of New York Press, 1975: 90-120.
_____. *Christine de Pizan: Her Life and Works*. New York: Persea, 1984.
Williams, Marty, and Anne Echols. *Between Pit and Pedestal: Women in the Middle Ages*. Princeton: Markus Wiener, 1994.
Wilson, Katarina M. and Nadia Margolis, eds. *Women in the Middle Ages: An Encyclopedia*. Westport & London: Greenwood, 2004.
김재현. "중세 여성신학자들." 『중세 영문학』 11.1 (2003): 21-41.
_____. "Mulieres vulgariter dictae beguinae: 메히트힐트를 중심으로 한 베긴회 연구." 『중세르네상스영문학』 12.1 (2004): 43-65.
라은성. 『천상의 누이들』. 서울: 그리심, 2006.
박일. "시에나의 성녀 가타리나의 신앙, 희망, 사랑." 『가톨릭 신학과 사상』 46 (2003/겨울): 40-79.
정미현. "중세 여성신비주의." 『조직신학논총』 5 (2000): 354-383.
_____. "다정스런 우리의 어머니 예수-노르비취의 줄리안을 중심으로." 『기독교사상』 제508호 (2001/4): 214-230.
_____. "노르비취의 줄리안과 신비적 영성." 『한국기독교신학논총』 27 (2003): 207-230.
정용석. "피사의 크리스틴과 '여성에 대한 논쟁'." 『신학사상』 147 (2009): 139-172.
_____. "휘어진 갈빗대: 중세 기독교 사회와 여성에 대한 역사적 고찰." 『대학과 선교』 25 (2013): 7-34.
한순희. "노리치의 줄리안 영성." 『신학전망』 134 (2001/가을): 131-152.

종교개혁 기독교 여성사

1차 자료

Bielecki, Tessa, ed. *Teresa of Avila: Mystical Writings*. New York: Crossroad, 1994.
Beilin, Elaine V., ed. *The Examinations of Anne Askew*. New York/Oxford: Oxford University Press, 1996.

Cohen, J. M. trans. *The Life of Saint Teresa of Ávila by Herself*. London: Penguin Books, 1957.

Karant-Nunn, Susan C. and Merry E. Wiesner-Hanks, ed. and trans. *Luther on Women: A Sourcebook*. Cambridge: Cambridge University Press, 2003.

Ryan, Frances, D. C., and John E. Rybolt, C. M., eds. *Vincent de Paul and Louise de Marillac: Rules, Conferences, and Writings*. Mahwah: Paulist, 1995.

MacKenzie, Paul A. *Caritas Pirckheimer: A Journal of the Reformation Years 1524-1528*. Cambridge: D. S. Brewer, 2006.

McKee, Elsie Anne. *Katharina Schütz Zell. Volume Two: The Writings, a Critical Edition*. Leiden: E. J. Brill, 1999.

______, ed. and trans. *Katharina Schütz Zell, Church Mother: The Writings of a Protestant Reformer in Sixteenth-Century Germany*. Chicago and London: University of Chicago Press, 2006.

Teresa of Avila. *The Interior Castle*, trans. K. Kavanaugh and O. Rodriguez. New York: Paulist, 1979.

Wilson, Katharina M., ed. *Women Writers of the Renaissance and Reformation*. Athens and London: University of Georgia, 1987.

Wright, Wendy, and Joseph F. Powers, eds. *Francis de Sales, Jane de Chantal: Letters of Spiritual Direction*. New York: Paulist, 1988.

2차 문헌

Anderson, James M. *Daily Life during the Reformation*. Santa Barbara, CA: Greenwood, 2011.

Bainton, Roland D. *Women of the Reformation in Germany and Italy*. Minneapolis: Augsburg, 1971.

______. *Women of the Reformation in France and England*. Boston: Beacon, 1975.

______. *Women of the Reformation: From Spain to Scandinavia*. Minneapolis: Augsburg, 1977.

Barker, Paula S. Datsko, "Caritas Pirckheimer: A Female Humanist Confronts the Reformation." Sixteenth Century Journal 26 (1995), 259-272.

Barstow, Anne L. "On Studying Witchcraft as Women's History: A Historiography of the European Witch Persecutions." *Journal of Feminist Studies in Religion* 4 (1988): 1-17.

_____. *Witchcraze: A New History of the European Witch Hunts*. San Francisco: Pandora, 1995.

Becker-Cantarino, Barbara. "'Feminist Consciousness' and 'Wicked Witches': Recent Studies on Women in Early Modern Europe." *Signs* 20 (1994): 152-175.

Beevers, John. *St. Teresa of Avila*. Garden City: Doubleday, 1961.

Betteridge, T. "Anne Askew, John Bale, and Protestant History." *Journal of Medieval and Early Modern Studies* 27 (1997): 265-284.

Blaisdell, Charmarie J. "Renee de France between Reform and Counter-Reform." *Archiv für Reformationsgeschichte* 63 (1972): 196-225.

_____. "Heretics and Politics in Ferrara." *The Sixteenth Century Journal* 6 (1975): 67-93.

_____. "Marguerite de Navarre and her Circle (1492-1549)." Jeanie R. Brink, ed. *Female Scholars: A Tradition of learned Women before 1800*. Montreal: Eden Press Women's Publications, 1980: 36-53.

Chrisman, Miriam U. "Women and the Reformation in Strasbourg 1490-1530." *Archive for Reformation History* 63 (1972): 143-167.

Cover, Jeanne. *Love, the Driving Force: Mary Ward's Spirituality*. Marquette University, 1998.

DeBoer, Willis P. "Calvin on the Role of Women." D. E. Holwerda, ed. *Exploring the Heritage of John Calvin: Essays in Honor of John H. Bratt*. Grand Rapids: Baker, 1976: 236-272.

Douglass, Jane D. "Women and the Continental Reformation." R. R. Ruether, ed. *Religion and Sexism: Images of Woman in the Jewish and Christian Traditions*. New York: Simon and Schuster, 1974: 292-318.

_____. "Christian Freedom: What Calvin Learned at the School of Women." *Church History* 53 (1984): 155-173.

_____. *Women, Freedom, and Calvin*. Philadelphia: Westminster, 1985.

_____. "Marie Dentière's Use of Scripture in Her Theology of History." Mark S. Burrows and Paul Rorem, ed. *Biblical Hermeneutics in Historical Perspective*. Grand Rapids: Eerdmans, 1991: 227-244.

Fairchilds, Cissie. *Women in Early Modern Europe 1500-1700*. Harlow: Pearson Longman, 2007.

Hendrix, Scott H. *Recultivating the Vineyard: The Reformation Agendas of*

Christianization. Louisville & London: Westminster John Knox, 2004.

Hillerbrand, Hans. *The World of the Reformation*. Grand Rapids: Baker Book House, 1981.

Hsia, R. Po-chia, ed. *A Companion to the Reformation World*. Malden, MA: Blackwell, 2004.

Irwin, Joyce L. *Womanhood in Radical Protestantism 1525-1675*. New York: Edwin Mellen, 1979.

_____. "Society and the Sexes." Steven Ozment, ed. *Reformation Europe: A Guide to Research*. St. Louis: Center for Reformation Research, 1982: 343-359.

Jewell, Helen M., *Women in Late Medieval and Reformation Europe 1200-1550*. Palgrave Macmillan: New York, 2007.

Kessler, Ann. *Benedictine Men and Women of Courage*. Seattle: Lean Scholar, 2014.

Leonard, Amy E. "Female Religious Orders." R. Po-chia Hsia, ed. *A Companion to the Reformation World*. Malden, MA: Blackwell, 2004: 237-254.

_____. *Nails in the Wall: Catholic Nuns in Reformation Germany*. Chicago: University of Chicago Press, 2005.

_____. "The personal is Political: Convents in the Holy Roman Empire." Christopher Ocker et al., eds. *Politics and Reformations: Histories and Reformations*. Leiden & Boston: Brill, 2007.

Levack, Brian P. *The Witch-Hunt in Early Modern Europe*. Third Edition. Harlow, England: Pearson Education, 2006.

Lindberg, Carter. *The European Reformations*. Malden & Oxford: Wiley-Blackwell, 2010.

Littlehales, Margaret M. *Mary Ward: Pilgrim and Mystic*. London: Burns and Oates, 2001.

Markwald, Rudolf. K. and Marilynn. M. Markward. *Katharina von Bora: A Reformation Life*. St. Louis: Concordia, 2002.

Marshall, Sherrin, ed. *Women in Reformation and Counter-Reformation Europe: Private and Public Worlds*. Bloomington and Indianapolis: Indiana University, 1989.

Matheson, Peter, ed. *Argula von Grumbach: A Woman's Voice in the Reformation*. Edinburgh: T&T Clark, 1995.

Mazzonis, Querciolo. *Spirituality, Gender, and the Self in Renaissance Italy: Angela Merici and the Company of St. Ursula (1474–1540)*. Washington, D.C.: Catholic University of America, 2007.

McKee, Elsie Anne. "Katherina Schütz Zell: Protestant Reformer." Timothy J. Wengert and Charles W. Brockwell, eds. *Telling the Churches' Story: Ecumenical Perspectives on Writing Christian History*. Grand Rapids: Eerdmans, 1995: 73–90.

_____. *Katharina Schütz Zell. Volume One: The Life and Thought of a Sixteenth-Century Reformer*. Leiden: E. J. Brill, 1999.

McLaughlin, Eleanor L. "Male and Female in Christian Tradition: Was There a Reformation in the Sixteenth Century?" Ruth T. Barnhouse and Urban T. Holmes, eds. *Male and Female: Christian Approaches to Sexuality*. New York: Seabury, 1978: 39–52.

Norberg, Kathryn. "The Counter-Reformation and Women, Religious and Lay." John O'Malley, ed. *Catholicism in Early Modern History: A Guide to Research*. St. Louis: Center for Reformation Research, 1988: 133–146.

Norman, Sr. Marion. "A Woman for All Seasons: Mary Ward (1585–1645), Renaissance Pioneer of Women's Education." *Paedagogica Historica* 23 (1983): 125–143.

Oliver, Mary. *Mary Ward*. New York: Sheed & Ward, 1959.

Orchard, Emmanuel, IBVM, ed. *Till God Will: Mary Ward Through Her Writings*. London: Darton, Longman & Todd, 1985.

Ozment, Steven. *When Fathers Ruled: Family Life in Reformation Europe*. Cambridge and London: Harvard University, 1983.

Peers, E. Allison, ed. *The Life of Teresa of Avila*. Garden City: Image, 1960.

Peters, Greg. *Reforming the Monastery: Protestant Theologies of the Religious Life*. Eugene: Cascade Books, 2014.

_____. *The Story of Monasticism*. Grand Rapids, MI: Baker Academic, 2015.

Ranft, Patricia. *Women and the Religious Life in Premodern Europe*. New York: St. Martin's, 1998.

Roelker, Nancy L. *Queen of Navarre: Jeanne d'Albret 1528–1572*. Cambridge: Harvard University Press, 1968.

_____. "The Role of Noblewomen in the French Reformation." *Archive for Reformation History* 63 (1972): 168–195.

_____. "The Appeal of Calvinism to French Noblewomen in the Sixteenth Century." *Journal of Interdisciplinary History* 2 (1972): 391–418.

Ruether R. Rosemary. "Persecution of Witches: A Case of Ageism and Sexism?" *Christianity and Crisis* 34 (1974): 291–295.

Slade, Carole. *St. Teresa of Avila: Author of a Heroic Life*. Berkeley: University of California Press, 1995.

Snyder, C. Arnold, and Linda A. Huebert Hecht, eds. *Profiles of Anabaptist Women: Sixteenth Century Reforming Pioneers*. Waterloo: Wilfrid Laurier University, 1996.

Steinmetz, David C. "Theological Reflections on the Reformation and the Status of Women." *Duke Divinity Review* 41 (1976): 197–207.

Stjerna, Kirsi. *Women and the Reformation*. Malden & Oxford: Blackwell, 2009.

Swales, J. K., and Hugh McLachlan. "Witchcraft and Antifeminism." *Scottish Journal of Sociology* 4 (1980): 98–127.

Trevor-Roper, Hugh R. *The European Witch-Craze of the Sixteenth and Seventeenth Centuries, and Other Essays*. New York: Harper Torchbooks, 1969.

Weber, Allison. *Teresa of Avila and the Rhetoric of Feminity*. Princeton: Princeton University Press, 1990.

Wengert, T. J., ed. *The Pastoral Luther*. Grand Rapids & Cambridge: William B. Eerdmans, 2009.

Wetter, Immolata. "Mary Ward's Apostolic Vocation." *The Way*, Supplement 17 (1972): 69–91.

Whitney, Elspeth. "The Witch 'She'/the Historian 'He': Gender and the Historiography of the European Witch Hunts." *Journal of Women's History* 7 (1995): 77–101.

Wiesner, Merry E. "Beyond Women and the Family: Towards a Gender Analysis of the Reformation." *Sixteenth Century Journal* 18 (1987): 311–321.

_____. "Women's Response to the Reformation." R. Po-chia Hsia, ed. *The German People and the Reformation*. Ithaca and London: Cornell University, 1988: 148–171.

_____. "Nuns, Wives, and Mothers: Women and the Reformation in Germany." S. Marshall, ed. *Women in Reformation and Counter-Reformation*. Bloomington: Indiana University Press, 1989: 8–28.

_____, ed. *Convents Confront the Reformation: Catholic and Protestant Nuns in Germany*. Milwaukee: Marquette University Press, 2004.

_____. "Ideology Meets the Empire: Reformed Convents and the Reformation." idem. *Gender, Church and State in Early Modern Germany*. Cambridge: Cambridge University Press, 2000: 47-62.

_____. "Women and Religious Change." R. Po-Chia Hsia, ed. *The Cambridge History of Christianity, vol. 6: Reform and Expansion 1500-1660*. New York: Cambridge University Press, 2007: 465-482.

_____. "Society and the Sexes Revisited." David M. Whitford, ed. *Reformation and Early Modern Europe: A Guide to Research*. Kirksville: Truman State University Press, 2008: 396-414.

_____, ed. *Witchcraft in Early Modern Europe*. Boston and New York: Houghton Mifflin, 2007.

Zahl, Paul F. M. *Five Women of the English Reformation*. Grand Rapids and Cambridge: Eerdmans, 2001.

Zophy, Jonathan W. "We Must Have the Dear Ladies: Martin Luther and Women." Kyle C. Sessions and Phillip N. Bebb, eds. *Pietas et Societas: New Trends in Reformation Social History*. Kirksville: Sixteenth Century Journal Publishers, 1985: 141-150.

정미현. "종교개혁 좌파 운동과 여성들." 『세계의 신학』 97 (2002/가을): 230-251.

정용석. "베일 쓴 군대: 독일의 종교개혁과 수녀원의 대응." 『한국교회사학회지』 45 (2016): 119-154.

조용석. "16세기 프랑스 종교 개혁운동과 왕실(귀족)여성." 이화여자대학교 여성신학연구소. 『여성신학논집』 10 (2014): 47-72.

키르시 스티에르나. 박경수·김영란 역. 『여성과 종교개혁』. 서울: 대한기독교서회, 2013.

근대 기독교 여성사

1차 자료

Beilin, Elaine V. *The Examinations of Anne Askew*. New York & Oxford: Oxford University Press, 1996.

Booth, Catherine. *Female Ministry; Or, Woman's Right to Preach the Gospel*. New York: Salvation Army, 1975.

Fox, George. The Works of George Fox, 4 vols. New York: AMS, 1975.

Greene, Dana, ed. *Lucretia Mott: Her Complete Speeches and Sermons*. New York: Mellen, 1980.

Irwin, Joyce L., ed. and trans. *Anna Maria van Schurman: Whether a Christian Woman Should be Educated and Other Writings from Her Intellectual Circle*. Chicago & London: University of Chicago Press, 1998.

Juana Inés. *Sor Juana Inés de la Cruz: Selected Writings,* trans. Pamela K. Rappaport. New York & Mahwah: Paulist, 2005.

______. *A Sor Juana Anthology*, trans. Alan Trueblood Cambridge: Harvard University Press, 1988.

Kahley, Glenn, ed. *The Unabridged Collected Works by Jeanne Guyon*. College Station: Virtualbookworm, 2005.

Keller, Rosemary S. & Rosemary R. Ruether, eds. *In Our Own Voices: Four Centuries of American Women's Religious Writing*. Louisville/London: Westminster John Knox, 2000.

Oden, Thomas, ed. *Poebe Palmer: Selected Writings*. New York: Paulist, 1988.

Ruether, Rosemary and Rosemary Keller, eds. *Women and Religion in America,* 3 vols. New York: Harper & Row, 1981-1986.

Smith, Amanda. *An Autobiography: The Story of the Lord's Dealings with Mrs. Amanda Smith, The Colored Evangelist*. Chicago: Christian Witness, 1921.

Springsted, Eric O., ed. *Simone Weil: Writings*. Maryknoll: Orbis, 1998.

Stanton, Elizabeth Cady. *Eighty Years and More: Reminiscences 1815-1897*. Boston: Northeastern University, 1993.

______. *The Woman's Bible: A Classic Feminist Perspective*. Mineola: Dover, 2002.

Weil, Simone. *Waiting for God*. New York: Harper & Row, 1973.

Whitson, Robley E., ed. *The Shakers: Two Centuries of Spiritual Reflection*. Classics of Western Spirituality. New York: Paulist, 1983.

2차 문헌

Andrews, Edward D. *The People Called Shakers: A Search for the Perfect Society*. New York: Dover, 1963.

Bacon, Margaret H. *Valiant Friend: The Life of Lucretia Mott*. New York: Walker and Company, 1980.

_____. "Lucretia Mott: Holy Obedience and Human Liberation." Carol and John Stoneburner, eds. *The Influence of Quaker Women on American History*. New York and Ontario: Edwin Mellen, 1986: 203-252.

_____. *Mothers of Feminism: The Story of Quaker Women in America*. San Francisco: Harper & Row, 1986.

Balsama, George. "Madame Guyon, Heterodox." *Church History* 42 (1973): 350-368.

Banner, Lois. *Elizabeth Cady Stanton: A Radical for Women's Rights*. Boston: Little, Brown, 1980.

Barker-Benfield, Ben. "Anne Hutchinson and the Puritan Attitude to Women." *Feminist Studies* 1 (1973): 65-96.

Beaver, R. Pierce. *American Protestant Women in World Mission: A History of the First Feminist Movement in North America*. Grand Rapids: Eerdmans, 1980.

Bednarowski, Mary Farrell. "Outside the Mainstream: Women's Religion and Women Religious Leaders in Nineteenth-Century America." *Journal of the American Academy of Religion* 48 (1980): 207-231.

Bedoyère, M. de la. *The Archbishop and the Lady: The Story of Fénélon and Madame Guyon*. London: Collins, 1956.

Bernard, Jacqueline. *Journey toward Freedom: The Story of Sojourner Truth*. New York: Norton, 1967.

Bremer, Francis J., ed. *Anne Hutchinson: Troubler of the Puritan Zion*. Huntington: Krieger, 1981.

Bruneau, Marie-Florine. *Women Mystics Confront the Modern World: Marie de l'Incarnation (1599-1672) and Madame Guyon (1648-1717)*. Albany: State University of New York, 1998.

Cazden, Elizabeth. *Antoinette Brown Blackwell: A Biography*. Old Westbury: Feminist, 1983.

Coles, Robert. *Simone Weil: A Modern Pilgrimage*. Reading, Mass.: Addison-Wesley, 1987.

DuBois, Ellen. "Struggling into Existence: The Feminism of Sarah and Angelina Grimké." *Women: A Journal of Liberation* 1 (1970): 4-11.

Dunn, Mary. *The Cruelest of All Mothers: Marie de L'incarnation, Motherhood, and Christian Tradition*. New York: Fordham University Press, 2016.

Durso, Pamela R. *The Power of Woman: The Life and Writings of Sarah Moore Grinké*. Macon: Mercer University, 2003.

Fiori, Gabriella. *Simone Weil: An Intellectual Biography*. Athens: University of Georgia, 1989.

Flemming, Leslie A., ed. *Women's Work for Women: Missionaries and Social Change in Asia*. San Francisco/London: Westview, 1989.

Flynn, Gerard. "Sor Juana Ines de la Cruz: Mexico's Tenth Muse (1651-1695)." J. R. Brink, ed. *Female Scholars: A Tradition of Learned Women Before 1800*. Montreal: Eden, 1980: 119-136.

Francis, Richard. *Ann the Word: the Story of Ann Lee, Female Messiah, Mother of the Shakers, the Woman Clothed with the Sun*. New York: Arcade, 2000.

George, Carol. "Anne Hutchinson and the Revolution Which Never Happened." Carol V. R. George, ed. *Remember the Ladies: New Perspective on Women in American History*. Syracuse: Syracuse University, 1975: 13-37.

Gifford, Carolyn De Swarte. "Politicizing the Sacred Texts: Elizabeth Cady Stanton and *the Woman's Bible*." Elizabeth Schüssler Fiorenza, ed. *Searching the Scriptures,* vol. 1: *A Feminist Introduction*. New York: Crossroad, 1993: 52-63.

Gill, Gillian. *Mary Baker Eddy*. Cambridge: Perseus Books, 1998.

Gonzalez, Michelle A. *Sor Juana: Beauty and Justice in the Americas*. Maryknoll: Orbis, 2003.

Greaves, Richard L., ed. *Triumph over Silence: Women in Protestant History*. Westport: Greenwood, 1985.

Griffith, Elisabeth. *In Her Own Right: The Life of Elizabeth Cady Stanton*. New York: Oxford University, 1984.

Hambrick-Stowe, Charles E. "The Spiritual Pilgrimage of Sarah Osborn (1714-1796)." *Church History* 61 (1992): 408-421.

Hardesty, Nancy. *Women Called to Witness: Evangelical Feminism in the 19th Century*. Nashville: Abingdon, 1984.

Hartman Mary S. and Lois Banner, ed. *Clio's Consciousness Raised: New Perspectives on the History of Women.* New York: Harper & Row, 1976.,

Hattersley, Roy. *Blood and Fire: The Story of William and Catherine Booth and the Salvation Army*. New York: Doubleday, 1999.

Hill, Patricia R. *The World Their Household: The American Women's Foreign*

Mission Movement and Cultural Transformation, 1870-1920. Ann Arbor: University of Michigan Press, 1985.

Irwin, Joyce L. "Anna Maria Van Schurman: From Feminism to Pietism." *Church History* 46 (1977): 48-62.

______. "Anna Maria Van Schurman and Antoinette Bourignon: Contrasting Examples of Seventeenth-Century Pietism." *Church History* 60 (1991): 301-315.

Israel, Adrienne M. *Amanda Berry Smith: From Washerwoman to Evangelist*. Lanham: Scarecrow, 1998.

James, Janet W., ed. *Women in American Religion*. University of Pennsylvania, 1976.

John, C. B., and Ellen L. Webster. *The Church and Women in the Third World*. Philadelphia: Westminster, 1985.

Kern, Kathi. "Rereading Eve: Elizabeth Cady Stanton and the Woman's Bible, 1885-1896." *Women's Studies* 19 (1991): 371-383.

King, Anne. "Anne Hutchinson and Anne Bradstreet." *International Journal of Women's Studies* 1 (1978): 445-467.

Koehler, Lyle. "The Case of the American Jezebels: Anne Hutchinson and Female Agitation During the Years of Antinomian Turmoil." Jean Friedman and William Shade, eds. *Our Sisters: Women in American Life and Thought*. Chicago: Quadrengle Books, 1968: 53-75.

Krass, Peter. *Sojourner Truth*. New York: Chelsea House, 1988.

Kunze, Bonnelyn Young. "Religious Authority and Social Status in Seventeenth-Century England: The Friendship of Margaret Fell, George Fox and William Penn." *Church History* 57 (1988): 170-186.

______. *Margaret Fell and the Rise of Quakerism*. Stanford: Stanford University, 1994.

LaPlante, Eve. *American Jezebel: The Uncommon Life of Anne Hutchinson, the Woman Who Defied the Puritans*. San Francisco: HarperSanFrancisco, 2004.

Lerner, Gerda. *The Grimké Sisters from South Carolina: Pioneers for Women's Rights and Abolition*. Chapel Hill and London: University of North Carolina, 2004.

______. "Sarah M. Grimké's Sisters of Charity." *Signs* 1 (1975): 246-256.

______. *The Feminist Thought of Sarah Grimke*. New York: Oxford University, 1998.

Lindley, Susan H. "The Ambiguous Feminism of Mary Baker Eddy." *Journal of Religion* 64 (1984): 318-331.

Maybee, Carleton, and Susan Maybee Newhouse. *Sojourner Truth: Slave, Prophet, Legend*. New York: New York University, 1997.

McDonald, Jean A. "Mary Baker Eddy and the Nineteenth Century 'Public Woman': A Feminist Reappraisal." *Journal of Feminist Studies in Religion* 2 (1986): 89-112.

McKissack, Pat. *Sojourner Truth: Ain't I a Woman?* New York: Scholastic, 1992.

Merton, Thomas. *Seeking Paradise: The Spirit of the Shakers*. Maryknoll: Orbis, 2003.

Montgomery, Helen B. *Western Women in Eastern Lands: An Outline Study of Fifty Years of Woman's Work in Foreign Missions*. New York: Garland, 1987.

Murdoch, Norman H. "Female Ministry in the Thought and Work of Catherine Booth." *Church History* 53 (1984): 348-362.

Norton, Mary Beth. "My Resting Reaping Times: Sarah Osborn's Defence of Her 'Unfeminine' Activities, 1767." *Signs* 2 (1976): 515-529.

Painter, Nell I. *Sojourner Truth: A Life, A Symbol*. New York & London: Norton, 1996.

Pauli, Bertha. *Her Name Was Sojourner Truth*. New York: Avon, 1971.

Paz, Octavio. *Sor Juana or, the Traps of Faith*, trans. Margaret S. Peden. Cambridge: Belknap of Harvard University, 1988.

Peden, Margaret S., ed. *A Woman of Genius: The Intellectual Autobiography of Sor Juana Ines de la Cruz*. Salisbury: Lime Rock, 1982.

Perry, Mark. *Lift Up Thy Voice: The Grimké Family's Journey from Slaveholders to Civil Rights Leaders*. New York: Viking, 2001.

Pétrement, Simone. *Simone Weil: A Life*. New York: Random House, Pantheon, 1976.

Plimpton, Ruth T. *Mary Dyer: Biography of a Rebel Quaker*. Boston: Branden, 1994.

Pope-Levison, Priscilla. *Turn the Pulpit Loose: Two Centuries of American Women Evangelists*. New York: Palgrave Macmillan, 2004.

Pritchard, John. *Methodists and Their Missionary Societies 1900-1996*. Abingdon & New York: Routledge, 2014.

Raser, Harold E. *Phoebe Palmer: Her Life and Thought*. Studies in Women and

Religion 22. Lewiston: Edwin Mellen, 1979.

Rees, Richard. *Simone Weil: Sketch for a Portrait*. Oxford: Oxford University, 1966.

Ross, Isabel. *Margaret Fell: Mother of Quakerism*. London: Longmans, 1949.

Ruether, Rosemary R. "The Subordination and Liberation of Women in Christian Theology: Saint Paul and Sarah Grimke." *Soundings* 61 (1978): 168–181.

Smylie, James. "The Woman's Bible and the Spiritual Crisis." *Soundings* 59 (1976): 305–328.

Springsted, Eric O. *Simone Weil and the Suffering of Love*. Cambridge: Cowley, 1986.

Sterling, Dorothy. *Lucretia Mott*. New York: The Feminist Press at the City University of New York, 1999.

Stevensen-Moessner, Jeanne. "Elizabeth Cady Stanton, Reformer to Revolutionary: A Theological Trajectory." *Journal of the American Academy of Religion* 62 (1994): 673–697.

Strange, Lisa S. "Elizabeth Cady Stanton's Woman's Bible and the Roots of Feminist Theology." *Gender Issues* 17 (1999): 15–36.

Thomas, Hilah, and Rosemary Keller, eds. *Women in New Worlds*. Nashville: Abingdon, 1981.

Todd, Margo. "Humanists, Puritans and the Spiritualized Household." *Church History* 49 (1980): 18–34.

Trevett, Christine. "Woman, God and Mary Baker Eddy." *Religion* 14 (1984): 143–153.

Trueblood, D. Elton. *The People Called Quakers*. New York: Harper & Row, 1968.

Ward, Marilynn I. "The Feminist Crisis of Sor Juana Ines de la Cruz." *International Journal of Women's Studies* 1 (1978): 475–481.

Webster, John, and Ellen Webster, eds. *The Church and Women in the Third World*. Philadelphia: Westminster, 1985.

Westerhamp, Marilyn J. "Anne Hutchinson, Sectarian Mysticism, and the Puritan Order." *Church History* 59 (1990): 482–496.

White, Ann. "Counting the Cost of Faith: America's Early Female Missionaries." *Church History* 57 (1988): 19–30.

White, Charles E. *The Beauty of Holiness: Phoebe Palmer as Theologian,*

Revivalist, Feminist, and Humanitarian. Grand Rapids: Francis Asbury, 1986.

______. "The Beauty of Holiness: The Career of Poebe Palmer." *Fides et Historia* 19 (1987): 22-34.

Wiesner, Merry E. *Women and Gender in Early Modern Europe*. Cambridge: Cambridge University Press, 2000.

Wiesner-Hanks, Merry E. *Christianity and Sexuality in the Early Modern World: Regulating Desire, Reforming Practice*. London & New York: Routledge, 2000.

Williams, Selma R. *Divine Rebel: The Life of Anne Marbury Hutchinson*. New York: Holt, Rinehart and Winston, 1981.

Winship, Michael P. *Making Heretics: Militant Protestantism and Free Grace in Massachusetts, 1636-1641*. Princeton: Princeton University Press, 2002.

______. *The Times and Trials of Anne Hutchinson: Puritans Divided*. Lawrence: University of Kansas Press, 2005.

Yaxley, Trevor. *William & Catherine: The Life and Legacy of the Booths, Founders of the Salvation Army*. Minneapolis: Bethany House, 2003.

박명수. "성령, 성결, 여성: 푀비 팔머(Mrs. Phoebe Palmer)의 사역과 신학." 『한국교회사학회지』 10 (2001): 31-57.

현대 기독교 여성사

1차 자료

Beauvoir, Simone de. *The Second Sex*, trans. H. M. Parshley. New York: Knopt, 1953.

Day, Dorothy. *The Long Loneliness: An Autobiography*. New York: Harper and Row, 1952.

Ellsberg, Robert, ed. *Dorothy Day: Selected Writings*. Maryknoll: Orbis, 1992.

Maalouf, Jean, ed. *Mother Teresa: Essential Writings*. Maryknoll: Orbis, 2001.

Oliver Dianne L., ed. *Dorothee Soelle: Essential Writings*. Maryknoll: Orbis, 2006.

Sölle, Dorothee. *Choosing Life*. Philadelphia: Fortress, 1981.

______. *Against the Wind: Memoir of a Radical Christian*. Minneapolis: Augsburg, 1999.

Weidman, Judith L., ed. *Christian Feminism*. San Francisco: Harper & Row, 1984.

2차 문헌

Birch, C., W. Eakin & J. B. McDaniel, eds. *Liberating Life: Contemporary Approaches to Ecological Theology*. Maryknoll, New York, 1990.

Bro, Bernard. *Saint Thérèse of Lisieux: Her Family, Her God, Her Message*. San Francisco: Ignatius, 2003.

Callahan, Annice M. "Dorothy Day: Peacemaker in Our Nuclear Age." Idem. *Spiritual Guides for Today*. New York: Crossroad, 1992: 43-60.

Campbell, Debra. "The Catholic Earth Mother: Dorothy Day and Women's Power in the Church." Cross Currents 34 (1984): 270-282.

Carr, Anne E. *Transforming Grace: Christian Tradition and Women's Experience*. SanFrancisco: Harper & Row, 1988.

Chung, Hyun Kyung. *Struggle to be the Sun Again*. Maryknoll: Orbis, 1990.

Cimbala, Paul A. and Randall M. Miller, eds. *Against the Tide: Women Reformers in American Society*. Westport & London: Praeger, 1997.

Clifford, Anne M. *Introducing Feminist Theology*. Maryknoll: Orbis, 2006.

Coles, Robert. *Dorothy Day: A Radical Devotion*. Boulder: Perseus, 1989.

Conn, Joann Wolski, ed. *Women's Spirituality: Resources for Christian Development*. New York & Mahwah: Paulist, 1986.

Doig, Desmond. *Mother Teresa: Her people and Her Work*. San Francisco: Harper & Row, 1976.

Dossey, Barbara. *Florence Nightingale: Mystic, Visionary, and Healer*. Philadelphia: Lippincott Williams & Wilkins, 2000.

Fabella, Virginia and Sergio Torres, eds. *Irruption of the Third World: Challenge to Theology*. Marynoll: Orbis, 1983.

Forest, Jim. *Love is the Measure: A Biography of Dorothy Day*. Maryknoll: Orbis 1993.

Gill, Gillian. *Nightingales: The Extraordinary Upbringing and Curious Life of Miss Florence Nightingale*. New York: Random House, 2004.

Miller, William B. *A Harsh and Dreadful Love: Dorothy Day and the Catholic Worker Movement*. New York: Liveright, 1973.

______. *Dorothy Day: A Biography*. Harper & Row, 1982.

______. *All Is Grace: The Spirituality of Dorothy Day*. Garden City: Doubleday, 1987.

Murphy, Roseanne. *Martyr of the Amazon: The Life of Sister Dorothy Stang*.

Maryknoll: Orbis, 2007.

O'Barr, Jean. *Perspectives on Power: Women in Africa, Asia and Latin America*. Durham: Duke University, Center for International Studies, 1982.

O'Connor, June E. "Dorothy Day and Gender Identity: The Rhetoric and the Reality." *Horizons* 15 (1988): 7-20.

_____. *The Moral Vision of Dorothy Day*. New York: Crossroad, 1991.

Parsons, Susan F., ed. *The Cambridge Companion to Feminist Theology*. Cambridge: Cambridge University, 2002.

Pears, Angie. "When Leaving is Believing: The Feminist Ethical Imperative of Mary Daly's Rejection of Traditional Religion." *Feminist Theology* 29 (2002): 9-18.

Pinnock, Sarah K. *The Theology of Dorothee Soelle*. Harrisburg: Trinity, 2003.

Riegle, Rosalie. *Dorothy Day: Portraits by Those Who Knew Her*. Maryknoll: Orbis 2003.

Ruether, Rosemary R. *Mary—The Feminine Face of the Church*. Philadelphia: Westminster, 1977.

_____. *Sexism and God-Talk: Toward a Feminist Theology*. Boston: Beacon, 1983.

Russell, Letty M. *Church in the Round: Feminist Interpretation of the Church*. Louisville: Westminster John Knox, 1993.

Russell, Russell M. & J. Shannon Clarkson, eds. *Dictionary of Feminist Theologies* Louisville: Westminster John Knox, 1996.

Sebba, Anne. *Mother Teresa: Beyond the Image*. New York: Bantam Doubleday Dell, 2000.

Spink, Kathryn. *The Miracle of Love*. San Francisco: Harper and Row, 1981.

Thistlethwaite, Susan and Mary Potter Engel, eds. *Lift Every Voice: Theologies from the Underside*. New York: Harper & Row, 1990.

Thompson, Marilyn. *Women of El Salvador*. London: Zed, 1986.

| 찾아보기 |